Musical Instruments of Japan –Travelers from Africa–
Creating a library of sounds

阿《あ》弗《ふ》利《り》加《か》から旅して来た

日本の楽器たち

音の図書館をめざして

及川鳴り物博物館
コレクション
Oikawa Museum of Sound Instruments

及川尊雄
Takao Oikawa

プロローグ「著者の旅」

及川鳴り物博物館 元館長　及川尊雄

一九六九年の夏、登別の温泉街をブラブラ歩いていると、あるお土産屋さんの店先で和太鼓を叩いているこけしが目に入った。その人形が私を見てニコッと笑っているように感じたので思わず買ってしまったのである。その行動が、後々の人生に大きな影響を与えるとは考えもせずに……。

そのことがきっかけとなり、デパートの○○物産展や各地のお土産品屋さんなどにも足を延ばし、和物系のものを中心に「音」に関するものを集めるようになっていった。

やがて、その行動が発展し全国の骨董屋、古道具屋、和楽器店などを巡る旅を始め、音が出るものや日本の楽器に関するものを本格的に蒐集するようになっていった。

その様子を再現してみたい。私は、よく「鳴り物あさりの旅」をする。それも計画を立てずに、あの辺りに行ってみようかなという調子で。そして、その土地で足を棒にして古道具屋や骨董屋を探す。お店発見、心ウキウキ、あせる気持ちを抑え、それからお店の中をジロリと見て、「何か音の出るものあります？」と切り出す。

その旅も今年で四十八年、かなりの数が集まったので一冊にまとめたいと考えるようになった。長い蒐集歴の中で私の元に集まってきた和楽器たちは、それぞれの時代の所有者に愛され、幸福な旅を続けてきたものばかりではない。長い間、興味のある人間に巡り合わず、孤独に過ごしてきたもの、もうすでに楽器としての生命を終わったもの、少し手を差し伸べれば、命がよみがえるものなどさまざまである。

それらの鳴り物に対し、私なりに愛情を注ぎ、彼ら彼女らと苦楽を共にしてきたのである。その結果、当館で暮らす大家族になり、日々の生活を共にするようになった。今の時代、日本の楽器のことを語るのは、時代遅れと考える人がいるかもしれない。

しかし、「日本人の心が形になった日本の楽器」のひとつひとつには、日本にやって来た人々の精神的な積み重ねの「証し」がある。それらの歴史を後の世に伝えるのが、自分自身の仕事なのだと、私は勝手に決めてしまったのである。

この本は楽器事典の要素を含んでいるが、私は研究者ではない。しかし、不確かなことを書くわけにはいかないので、蒐集人生を通し、自分自身の眼で実際に確認したものや、手に触れて感じた事柄を中心に、素直な気持ちで表現したいと考えている。

この本を通し、「日本人の持っている繊細な感性」「楽器製作に生涯をかけた、職人さんたちの技やいろいろな工夫」など、先人たちの努力を感じ取ってもらえればと思っている。

この本をまとめた目的は、過去の日本人の「音に対する思い」を後世に伝えることである。そして、「私のところから旅立つまで」は、楽器たちに愛情を注ぎ、見守り続けたいと考えている。

これから紹介する楽器たちを見て、「ゆったりとしていた日本」「今よりも熱かった邦楽の世界」「時代と共に変化してきた日本人の感性や細かい技術」などを感じ取っていただければ幸いである。

浅学者の文章表現なので、至らないところはお許しくだされ！　されど、疑問点は、ご助言いただければいいと嬉し！

記念すべきコレクション
第1号の郷土玩具

Prologue

Takao Oikawa, Curator
Oikawa Museum of Sound Instruments

It was the summer of 1969. I was strolling through the resort town of Noboribetsu Hot Springs when I couldn't help but notice a wooden *kokeshi* doll beating a Japanese drum in front of a souvenir shop. I could have sworn that the doll was smiling right at me, and before I knew what had happened, I found that I had bought the *kokeshi*. I had no clue what enormous significance that brief act would have on my life years later...

Spurred on by that initial purchase, I began dropping by department stores when they had regional fairs, and trekked farther afield to souvenir shops all across the country in search of Japanese goods. I began collecting various Japanese figures and gifts, focusing primarily on sound-related items.

Before long, one thing led to another, and my journey took me to antique shops, secondhand stores, and shops selling traditional Japanese musical instruments across the length and breadth of the nation. It seemed I was indeed accumulating objects that produced sounds or revolved around Japanese instruments.

I would love to relive each of those days. Even now, I often travel, combing the countryside for percussion instruments. I don't plan ahead; I just take off on the spur of the moment, whenever the spirit moves me to investigate some place or another. Once I arrive, I exhaust myself ferreting out every single secondhand store and antique shop I can find. When I discover a store, I perk up, try to quell my impatience, and step inside for a look around. I usually break the ice by asking, "Do you have anything related to music or sound?"

This is the 48th year of that ongoing journey, and since the number is rather formidable, I thought it time to put pen to paper. Not all of the Japanese instruments I have collected over the years afforded their owners joy (in their respective eras) or travelled peacefully to where they now rest before me. Each has its own story. Some lay abandoned for long periods, failing to find a human who would take interest in them. Others had their musical lifespans cut short, when a bit of rescuing could have seen them restored and creating music once again.

I have given my all to those little musical lads and ladies, and we have been through many a harsh and joyful moment together over the decades. As a result, we have come to make our home as an extended family in this museum, living out our days together. Of course, nowadays some may feel that talking about Japanese instruments relegates one to days gone by.

However, these treasures, each instrumental in forming the Japanese heart, are testament to the accumulated emotions of those who have come to Japan over the years. I have simply taken it upon myself to be the one to communicate their story—their history—to those inhabiting the world today.

This book serves, in part, as an encyclopedia of musical instruments, but I am certainly not a researcher. As I wish to avoid the chance of error, I should like to communicate, as honestly as I can, what I have seen with my own eyes and felt with my own hands during the years I have been engaged in this pursuit.

I sincerely hope this book will communicate the delicate sensitivity possessed by the Japanese people as well as the skills and secrets held fast by the masters producing these instruments throughout their lives. My paramount ambition is to relate—to the next generation—the feelings about music harbored by Japanese now long gone. And I will continue to devote myself to my family of musical instruments as best I can until they start a new journey of their own.

I hope others will feel, as they become acquainted with the instruments herein, the relaxed pace of life in days past, the intensity of traditional Japanese music back then, and how the sensitivity and fine craftsmanship of the Japanese has developed over time.

I ask that readers overlook my inadequacies as a scholar, and would be delighted to hear any suggestions for improvement.

日本の楽器たちは、雨に打たれ、風に吹かれ、
荒波にもまれてもへこたれず
遠い遙～か時代の国々を旅してきました
そして、その先々でいろいろな人間との接触を繰り返し
さまざまな変化を重ねてきたのです

この本は、楽器事典ではありません
過去の人間がつくり上げた鳴り物たちを
後世に伝えるために編集したものです

その間、多種多様な人々に育てられ、
楽器としての力を蓄えてきました
その後、やっとのことで日本にたどり着いたのです
日本に到着してもいろいろな時代を生き延び、旅を続けました
その途中、ふとしたきっかけから一人の人間の「眼」にとまり
鳴り物博物館で暮らす「家族」の一員になったのです

私は学者ではありません
ただ音の出るものが好きで、蒐集を続けてきたのです
私は楽器を生き物として捉え、
それらがもっているＤＮＡに強い興味をもっています
彼女彼らは、私たちに何を語りたいのでしょうか

この本を通し、日本人のもっているすばらしい感性、
楽器製作に生涯をかけてきた職人さんたちの熱い思い、
さまざまな時代を旅してきた鳴り物たちの喜びと悲しみなど
その息吹を感じていただければ、日本の楽器たちにとっても
私にとっても幸せなことなのです

本書の見方

著者が編集で意識したこと

　本書は同名書籍（理論編・出版予定）を写真化したものである。掲載している楽器は和楽器が中心ではあるが、その他、必要に応じて諸外国の楽器やレプリカなどの楽器も取り入れている。

　著者としては、日本の楽器はアフリカからやってきたと考えている。従って、タイトルには「阿弗利加《あふりか》から旅して来た」と書いているが、本書は和楽器のことを細かく伝えるのが目的なので、アフリカの楽器と和楽器との関係についてはスペースの関係上、文章では余り説明していない。

　それでは、本文について話を進めていく。鳴り物に関するコレクションの蒐集歴四十八年、その体験を通して、さまざまなことが思い出として蓄積されている。本書を出版するにあたって、それらの体験を通して感じたことを思い起こしながら、素直な気持ちで話を進めていこうと考えている。

　専門家の研究によると、人類の祖先は約七〇〇万年前（他説もあり）に誕生したといわれている。ということは気の遠くなるような大昔から、人類は旅を続けてきたのである。その旅の先々で「人間の思い、民族の習慣、時代の考え方」などが交ざり合って、音の出るものがつくり出され、変化を続けていったと考えられる。

　私自身、「日本の鳴り物たちの祖先は、遠い遠い遥〜か昔、アフリカからやってきたのではないだろうか」と考えている。

　なぜかというと人間のもっているDNAが鳴り物に乗り移り、それが長い年月の中で変化し、いろいろな鳴り物を生み出してきたのではないかと考えているからである。

　そのDNAを意識し、アフリカと日本の鳴り物とを比較してみると、両者には、何らかの共通点があるのではないかと感じることができる。当館では、アフリカのDNAをもった日本の鳴り物をいくつか収蔵しているが、それは形だったり、音階だったり、その民族の考え方だったりする。そのつながりから、日本の楽器の遠い祖先は、アフリカと関係があると考えている。もちろん、すべての日本の鳴り物がアフリカと関係があるということではない。

　次に、著者が編集で意識したことについて述べてみたい。

○我が恩師は、著者蔵のコレクションなり

　私が楽器蒐集を始めてから四十八年。その間、さまざまな場所から一点一点の楽器を呼び寄せた。その結果、当館で数千点の大家族になったのである。そのひとつひとつには、歴史の荒波を乗り越えてきた力強い生命力が感じられ、それらから感じ取ったことを素直な気持ちで表現したいと考えている。

○時代区分を意識し、テーマ事にまとめて編集

　古代から現代へという時代の流れを意識し、できるだけ同属でまとめるように編集している。

○必要に応じ、アフリカと日本の楽器との関係を調査

私の仮説ではあるが、日本の楽器の祖先は太古のアフリカからやって来たのではないかと考えている。その理由として、日本の楽器の伝播状況を調べていくと、アフリカの楽器にたどり着くケースがあるからである。

○楽器分類は、管楽器、弦楽器、打楽器、その他に分ける四分類法を採用

四分類法を採用したのは、本書で扱う楽器の種類が多く、複雑にならないように、シンプルにまとめたかったからである。

なお、一般的な楽器の分類方法としては、ホルンボステルとクルト・ザックス（H・S分類）の共同研究によるもので、「発音原理」から体鳴楽器、膜鳴楽器、弦鳴楽器、気鳴楽器、電鳴楽器の五つに分ける方法である。

一方、日本では楽器のことを「鳴り物」といい、「演奏方法」で分類する。それは、「吹きもの、弾きもの、打ちもの」という分け方である。

更に、国によってはいろいろな分類方法がある。例えば中国では、「製作材料」による分類方法で、金、石、絲、竹、匏《ほう》、土、革、木の八類に分ける方法がある。

○日本の楽器は手づくりが多いので、サイズは参考程度に

民族系の楽器は手づくりが多いので、同じ楽器でもサイズはさまざまである。その理由は製作された時代、道具の違い、地域性、職人集団の「型」の違い、職人の手の大小の違い、演奏者の体力的な要素、寸法の測り方などから、同種類の楽器でもサイズは一致しないのである。日本の諸文献を読んでみると、楽家録（一六九〇年成立）に記載されているサイズを引用したものが多いが、それらについても「楽家録記載のサイズ」という意識をもってもらいたい。

○次世代を担う若者にも理解しやすい、やさしい文章表現を意識

日本の楽器に関する情報を過去のものにしないためには、若い人たちにも理解できるように、原文引用以外は、やさしい文章表現を心がけている。しかし、内容的には専門家の方々にもお役に立てればと思って書いている部分も多々ある。

○楽器は人間のDNAの影響を受け誕生

楽器は多様な物体に「人間のDNA」が乗り移って誕生し、変化を重ねてきたと考えている。そこで、楽器を生き物として捉え、それぞれのルーツや変遷過程を探り、その結果をまとめたものである。しかし、内容的にはまだまだ不十分なので、識者による更なる研究を願っている。

もくじ

Columns

INDEX

JEJY
LOKANGA-BARA
ANTSIVA
MANANDRIA
KOTRA
FARAY
N'LAPA

第一部

管楽器

管楽器の始まりは定かではないが、想像できることとしては、人間の声帯・唇・歯などを使用し、空気振動を起こして発音したのが最初であろうか。次の段階としては、指笛・口笛などの利用が考えられる。やがて石、土、角などを利用した笛がつくられるようになり、それらのものがさまざまな形に変化し、更に発展を続け、多種多様な形となって、枝分かれしていったと考えている。

石・骨・象牙を使用した笛

原始的な管楽器類としては、石・骨・象牙などを利用したものがある。土笛やトーキングフルート（しゃべる笛）も同族である。石笛出土の一例を紹介すると、函館市日高管内地頭の縄文遺跡中期の地層から出土したものがある（市立函館博物館蔵）。火成岩製でオットセイ形、吹き口の形は三日月形。他に左右に二孔の指孔があり、内部は逆T字形でつながっている。

石笛　中央は、岩手県陸前高田市の堂の前貝塚から出土した縄文時代後期の石笛。孔は人間が開けたものか穿孔貝《せんこうがい》が住み着いて開いたものかは不明である。

リャマ製の骨笛　ボリビア人演奏家から譲り受けた尺八系の骨笛は、管尻に関節部分の狭いところを使用しているので、絞りの役目を果たしている。この笛を使ったボリビア人の演奏は、ビビックリの驚異的なものであった。

象牙製男女ペア笛　全長女性12㎝、男性12.5㎝。指孔は女性は前、男性は後ろで共に1孔。購入時のラベルには、ザイールのマンベトゥ族の笛と記載されていた。

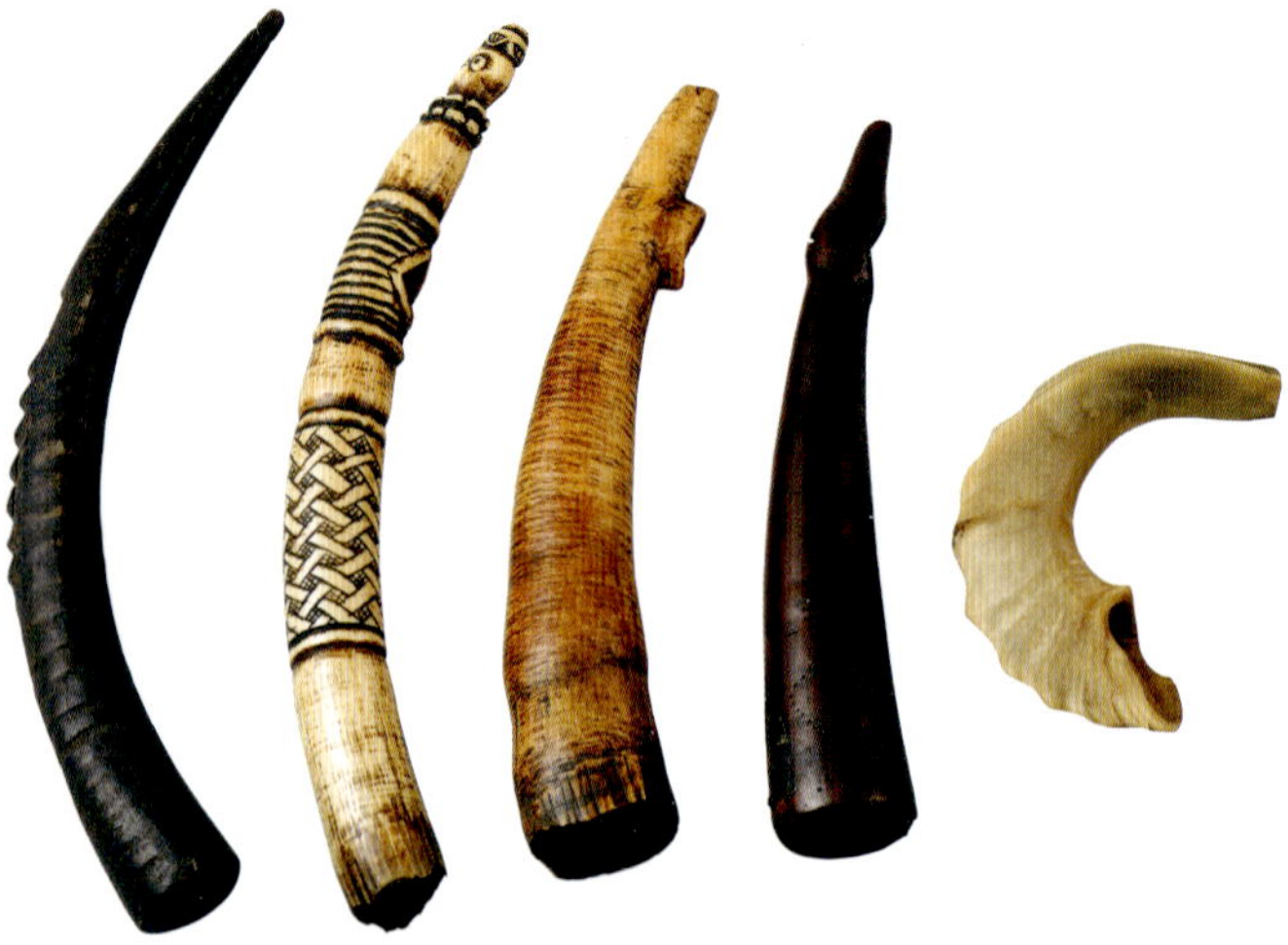

角笛　左側1本目の材質は獣骨、2〜4本目は象牙製、5本目は羊の角でつくられたショファールという楽器で、宗教行事などで使用される。

土笛《どぶえ》

北海道江別市で約二千年前（続縄文時代）のものとみられる土笛が見つかった。また、宮城県の高柳遺跡、埼玉県の後谷遺跡、福島県の毘沙門遺跡などでは縄文時代の土笛が見つかるなど、トーキングフルートに似ている笛が多く出土している。

土笛（レプリカ）　縄文、弥生時代出土の土笛のレプリカ。丸形や卵形の土笛は中国の陶塤（とうけん）の影響を受けている。

トーキングフルート（しゃべる笛）

トーキングフルートは、狩猟の連絡用に使用されていた。著者蔵の「吹き口」は、独ウルム近郊の洞窟で発見された三万五千年以上前のシロエリハゲワシの骨笛に似ており、アフリカで使われていたものがヨーロッパに広まったとも考えられる。また、同種の縦笛が縄文時代の日本にも存在し、各地の博物館で所蔵されている。

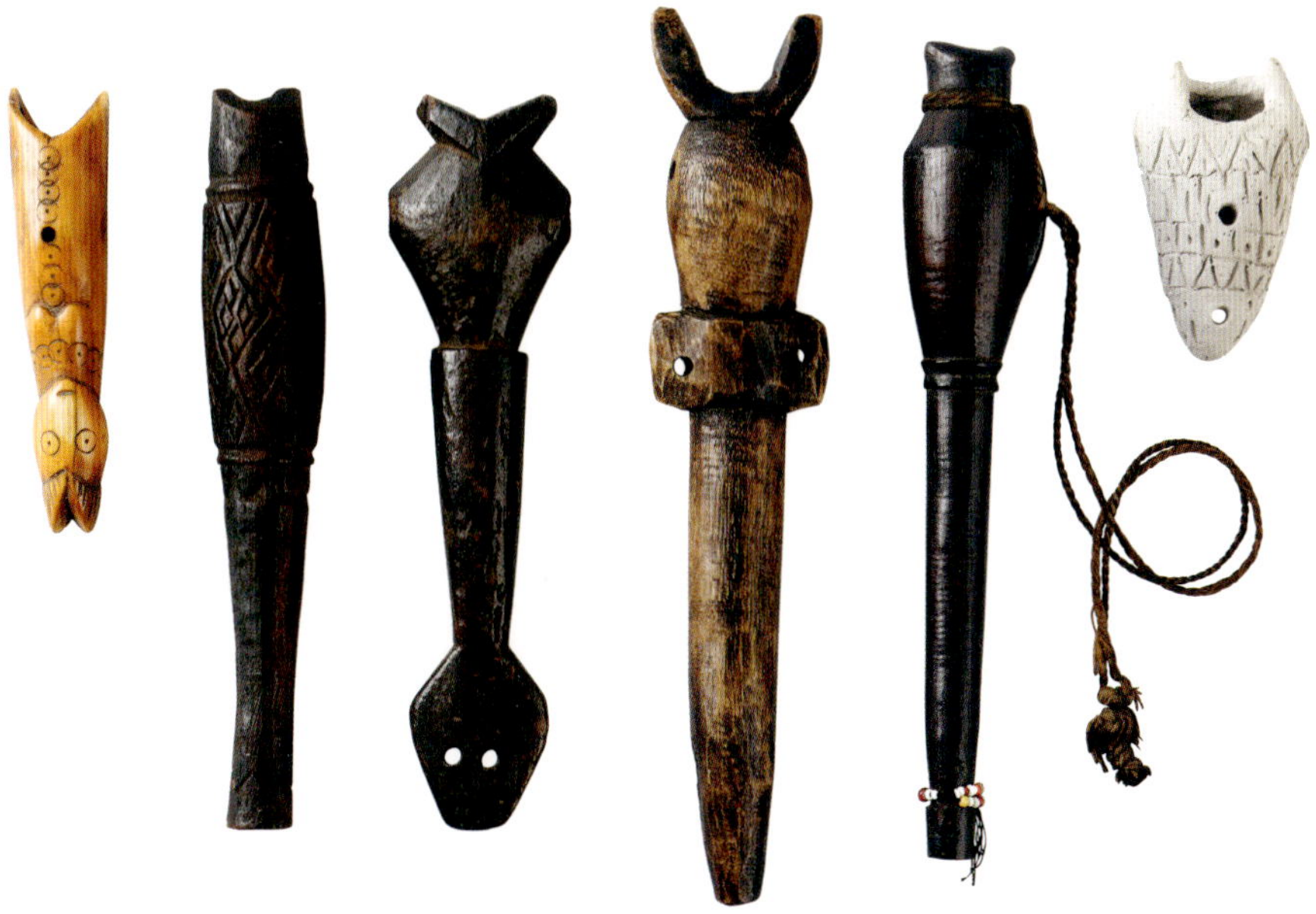

トーキングフルート系縦笛　左から、ザイール製、ティモール島製、ブルキナファソ製が２つ、ティモール島製、日本製土笛（復元品）。北海道の町村農場で2000年前の土笛出土。全長約９㎝、最大幅４㎝、吹き口の両端に高さ1.1㎝の角状突起を有する。吹き口の左右と本体の表裏に指孔あり。（旭川市博物館蔵）

日本のラッパ系吹き物

日本のラッパ系楽器では、トーフ屋のラッパや法螺貝が代表的だが、木や竹でつくられたボヘイ、法螺木、竹法螺などもある。古墳時代後期の古墳から角笛を吹く埴輪が出土しており、その後、木（あるいは陶器）で代用されたのではないだろうか。

日本のラッパ系吹き物　左から２番目は法螺木。木製で、江戸時代に新潟県東頸城郡松之山地方（現十日町市）で使用されたもの。左から３番目は、角の形に似た木製のラッパ系吹き物で、中国出土の陶法螺に似ている。山笠の下に「大」の文字、その下の○の中に「三」の文字が入った焼き判がある。中国の龍山文化（紀元前2800～2300）の地層から同じような形のもの（材質は陶製）が出土している。一番右は、唐人笛（長野県野沢地方）といい「アケビ製」である。

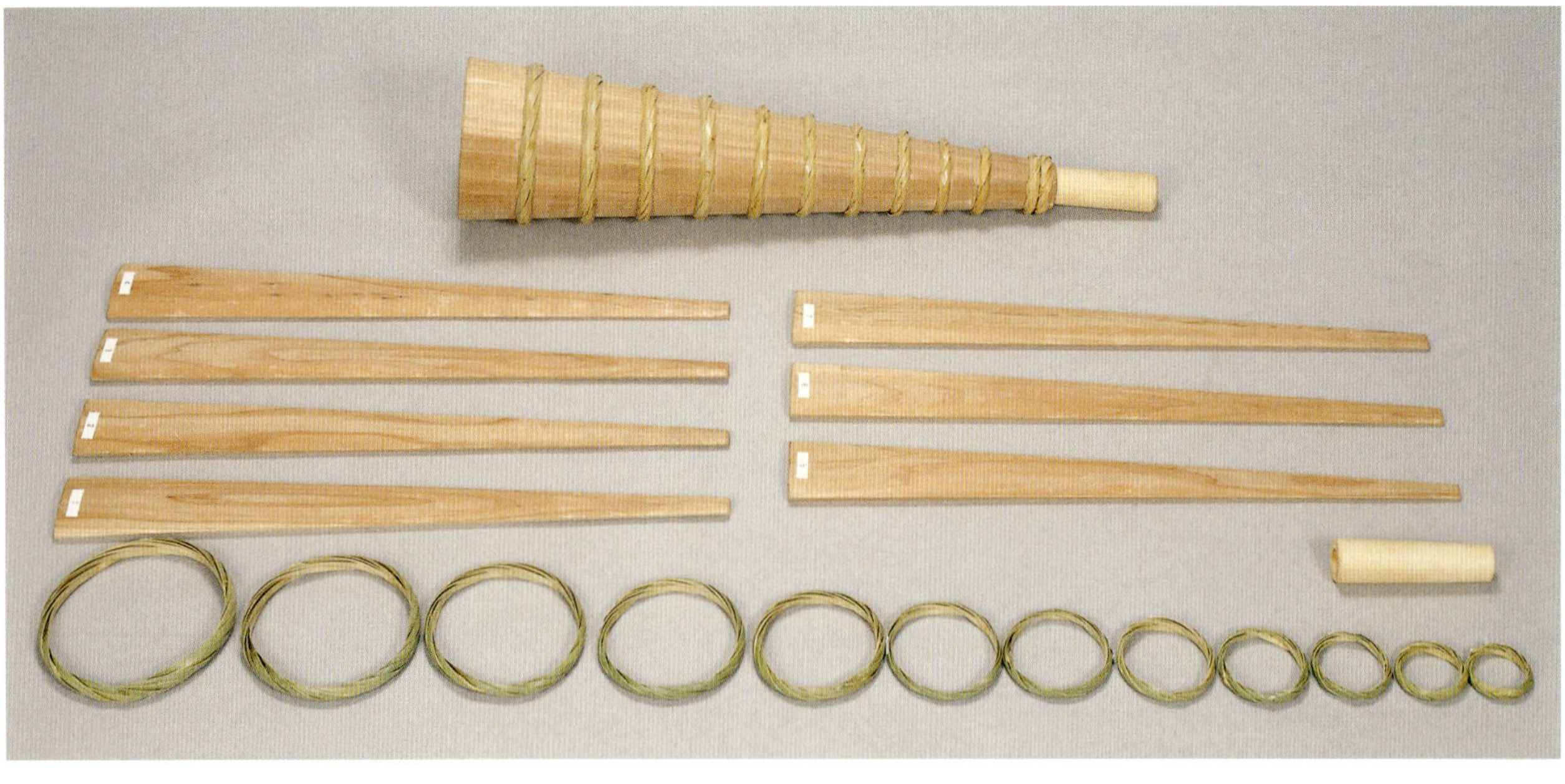

ボヘイ分解写真　ボヘイは、重要無形民俗文化財指定の「六郷のカマクラ」（秋田県仙北郡美郷町六郷）の最終日に行われるドンド焼きの竹打ち行事で吹かれる。７枚の杉板を12個の箍（たが）でまとめ、桐の歌口が付けられている。組み立てたボヘイは、上部写真の一番左に掲載。全長62㎝、直径13.8㎝。

法螺貝　別名軍貝または陣貝。太鼓と共に軍陣中に用いた。現在は山伏の修行やお祭りなどで使用される。吹き口に両唇を当て、唇の振動音で音を出す。唇のサイドで吹くと、音が出やすい場合もある。

トーフ屋のラッパ　吹き口部分の内部にハーモニカのリードに似たものがあり、吹いて吸うと「トー、フー」の２音を出せる。明治中期に、北海道の郵便配達員が「熊よけ」のために携帯したとの記録が残っている。

さまざまな洞《どう》簫《しょう》

洞簫とは中国の縦笛のことで、日本の「尺八の母」に当たるものと思われる。尺八は表四孔、裏一孔の計五孔であるが、洞簫は表五孔、裏一孔の六孔である。更に管尻近くに飾り紐を通す穴が二カ所開いている。全長や竹の太さや歌口がさまざまである。歌口は尺八と違い、竹内部に向かって削られているケーナ型である。

さまざまなタイプの洞簫

洞簫の歌口側面

洞簫の歌口正面

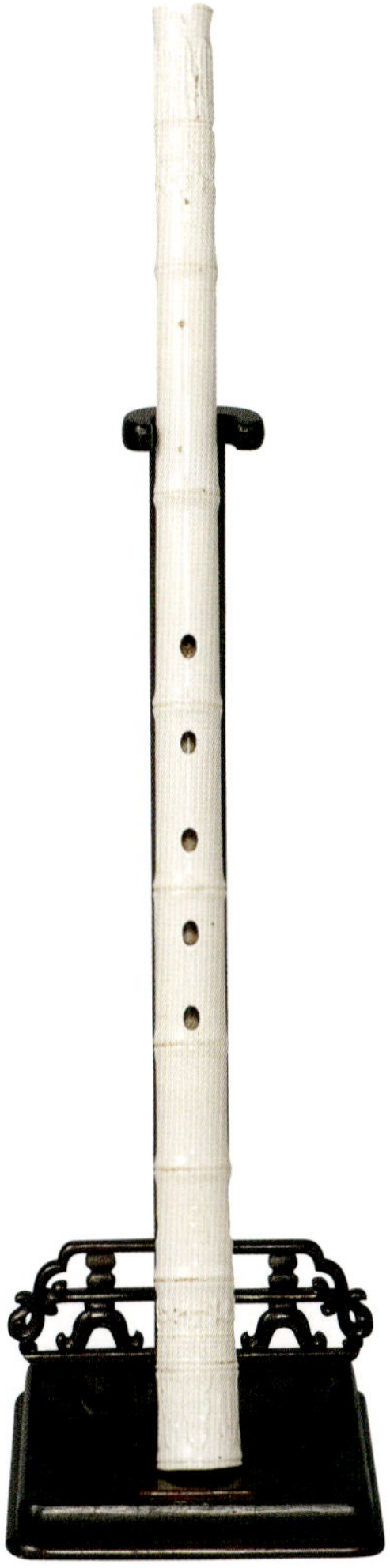

上級白磁製洞簫

洞簫裏の文字

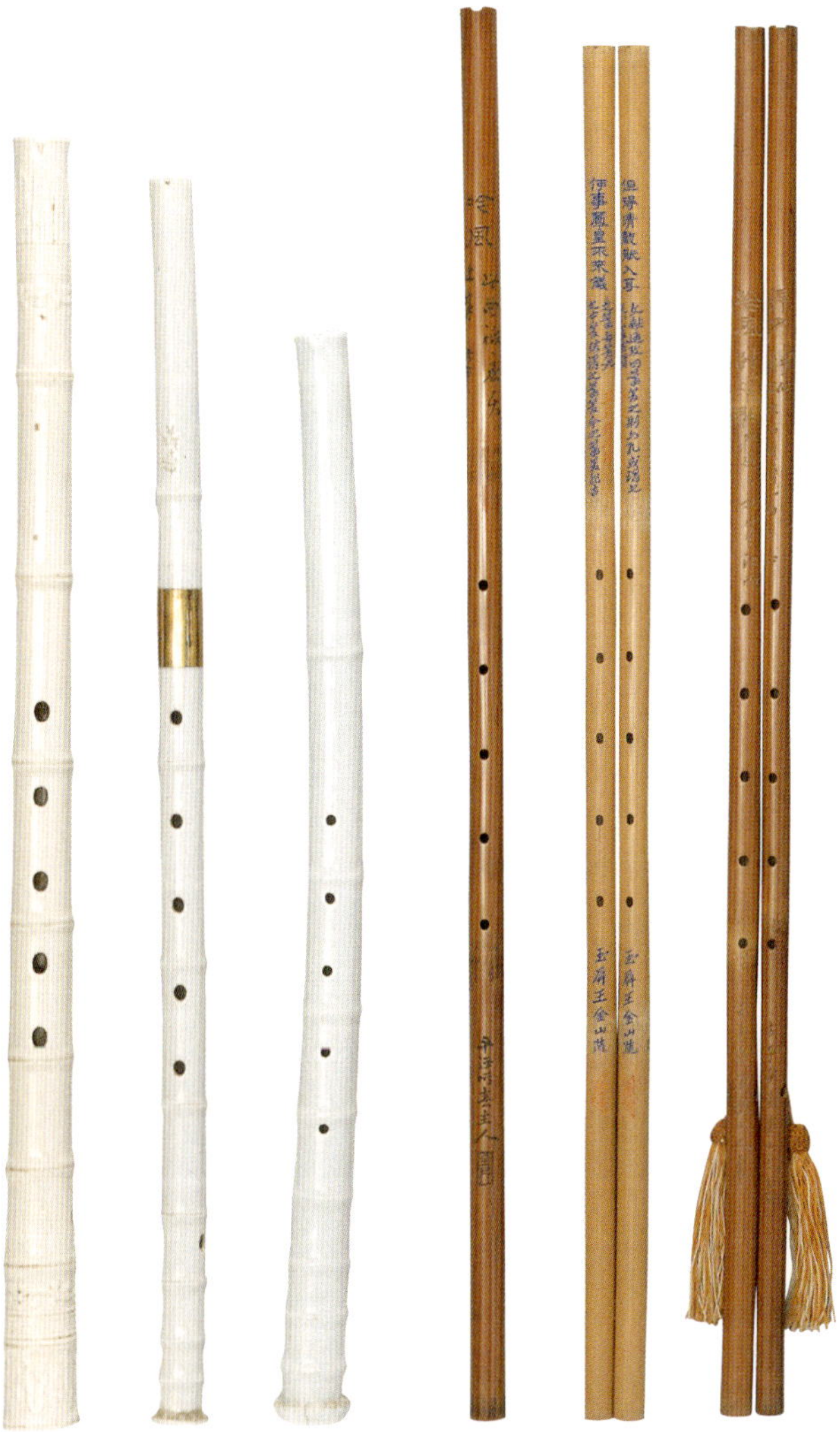

ペア洞簫（2組）・白磁製洞簫（3本）など

ペア洞簫の側面

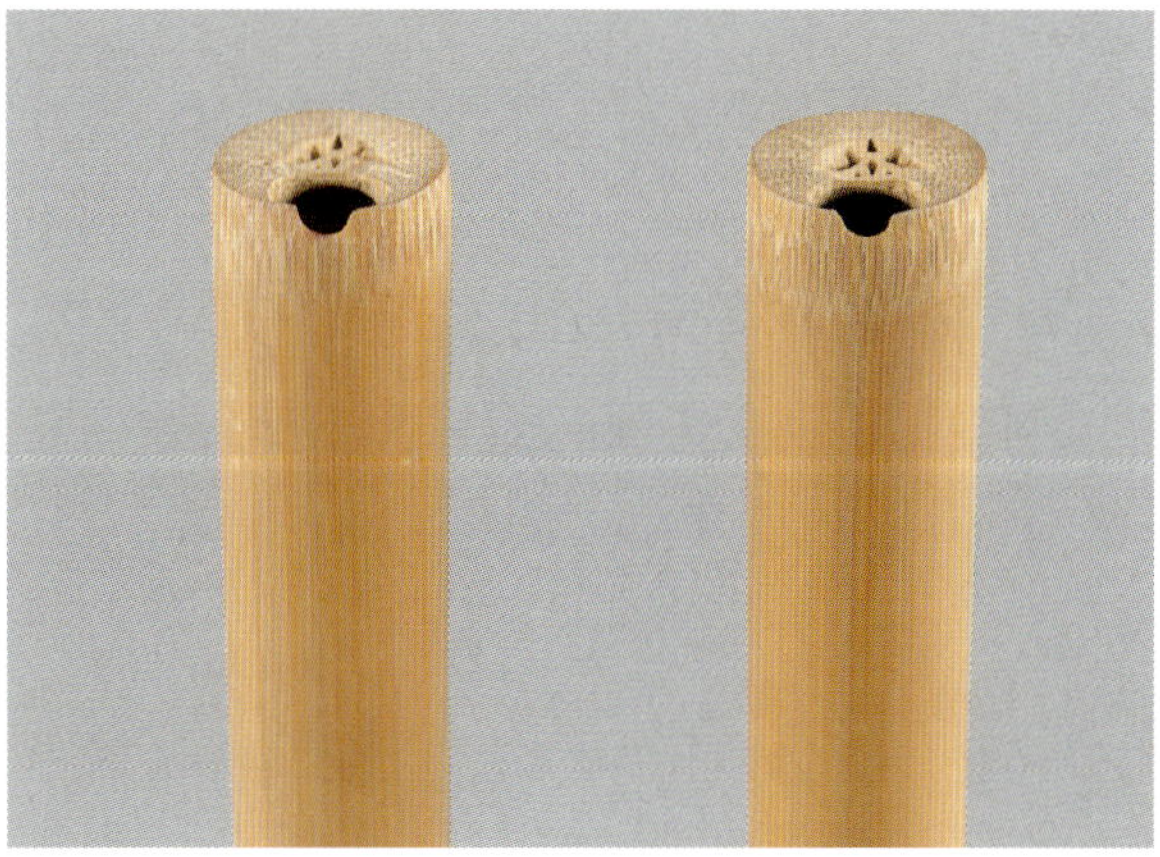

ペア洞簫の歌口　歌口の小さな穴は他に見られない特徴である。

尺八系の古い笛

東雲《しののめ》という銘がついている木管で、楽器図、演奏曲、指使い、古文書が付属している。古文書には次のとおり記載されている。

『此管ハ、周（前一〇四六～前二五六年）ノ篴管《てきかん》ノ遺製ニシテ、漢ノ武帝ノ時（前二世紀末）、「丘仲」ノ作ル所ナリ。モト竹ヲ以テセイス、今コレヲ、木ニアラタメ以テ通シテ木管ト云。開祖は魯秋・桃溪』

「（）と句読点は著者補足」

木管の東雲の銘

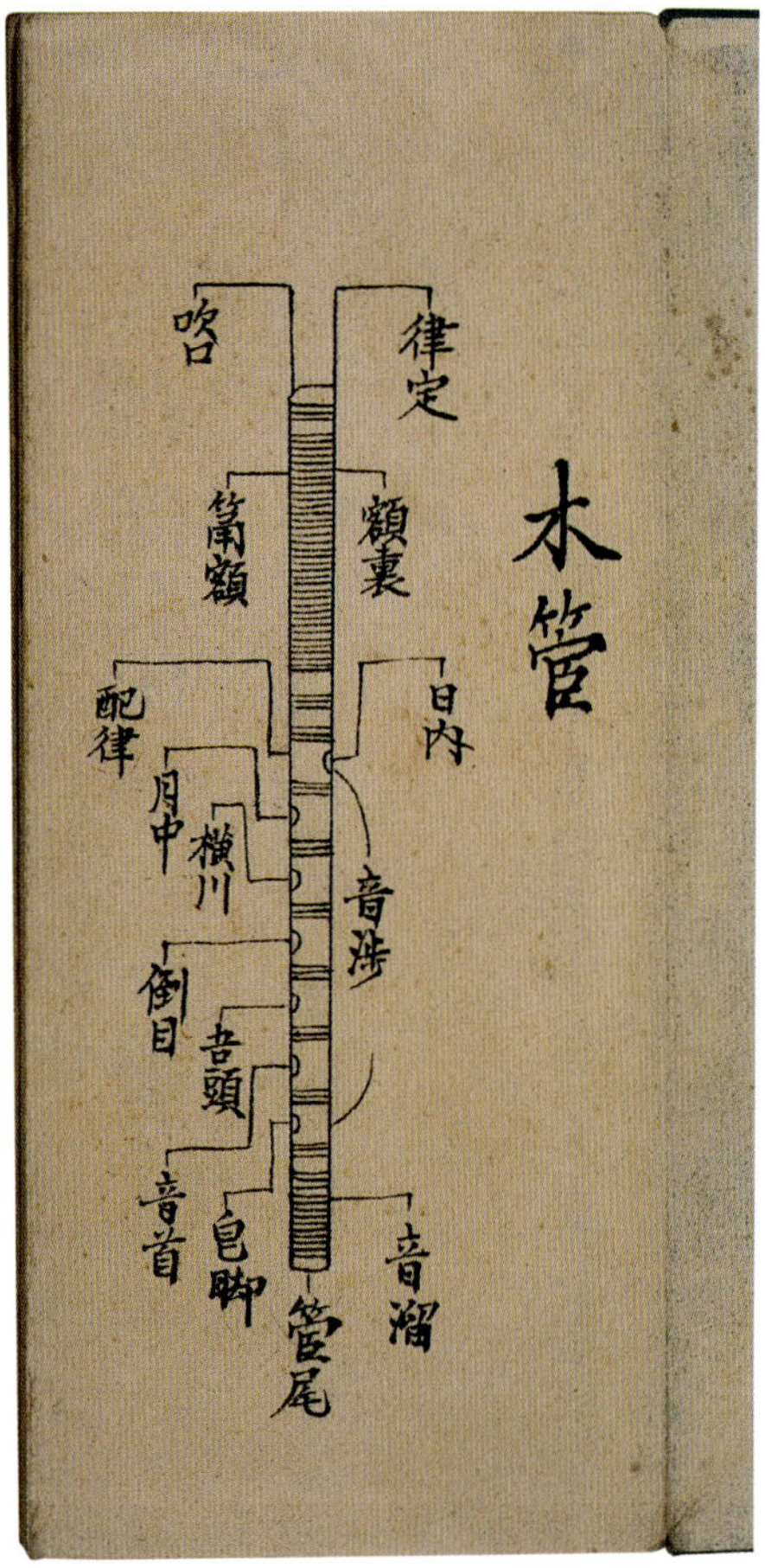

木管の図面

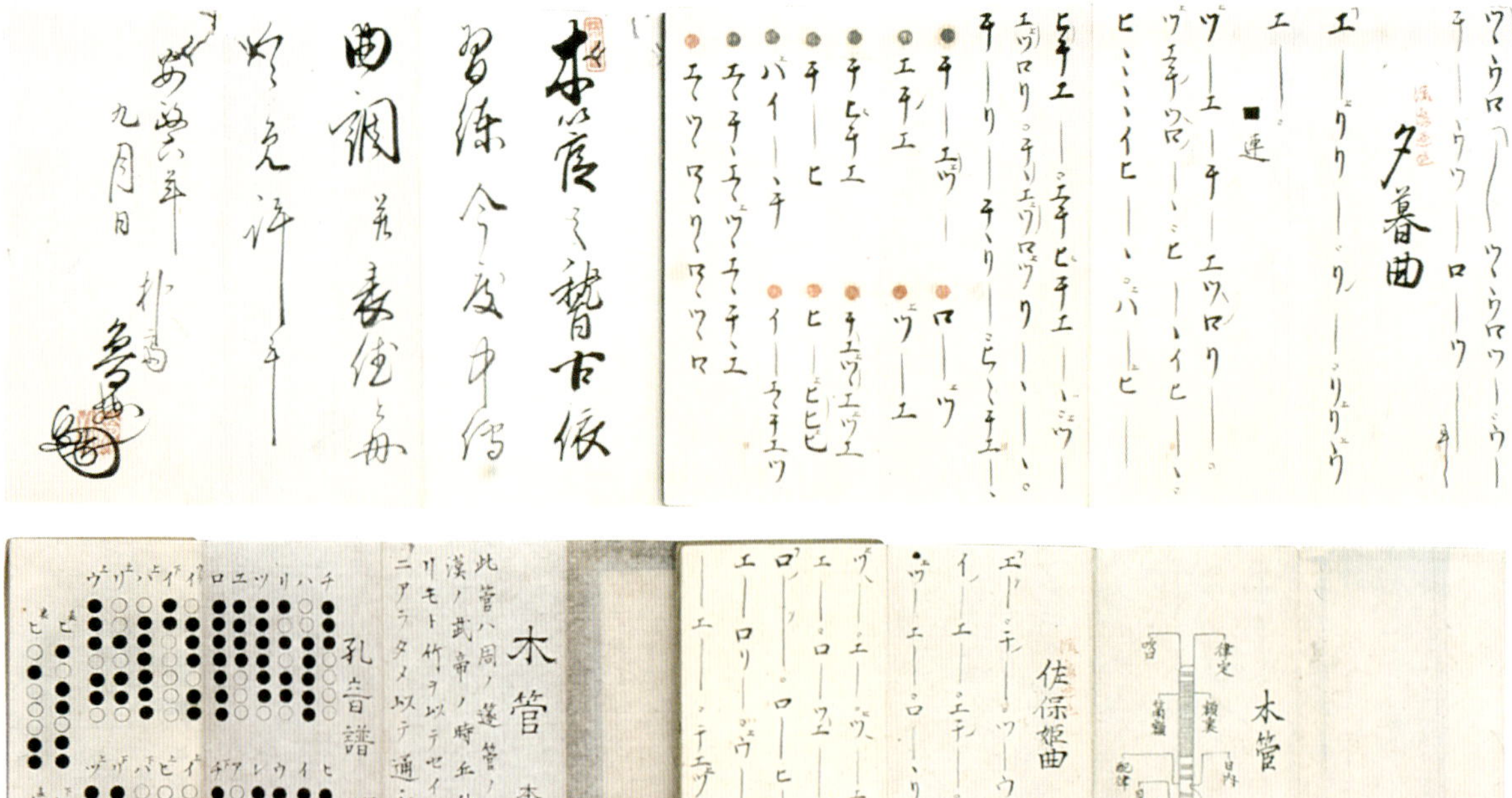

木管楽譜

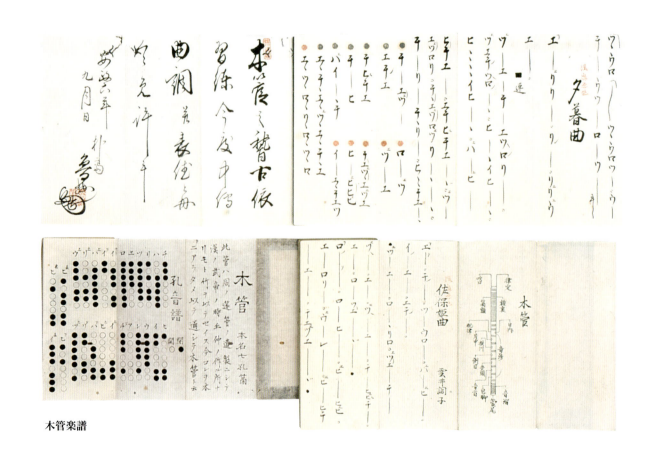

著者のつぶやき

【アフリカ製の裏孔無し4孔縦笛と古い型の一節切】

樺と藤巻き6カ所の2本(23ページの15と16)の一節切は、ごつくて重い感じがした。それに対し、宗捁作や指田作の樺巻き8カ所の一節切は、すんなりとしていて、持った感じも写真の2本とは違っている。重い一節切は96gであるのに対し、指田作は79gと軽い。アフリカ製と著者蔵の一節切とは、長さと律が似ている。アフリカの4孔縦笛は、ウガンダ地方のオルエット(現地語)と思われる。歌口の形はケーナ系、材料は葦系の植物と思われる。筒口はちょうど節のところで切断されている。指孔の位置は歌口から筒口の一直線上ではなく、演奏者から筒口を見て、少し左にずれている。この方が笛の孔を押さえる時に安定感がある。

なお、後漢の学者の馬祐(場祐)は著書「長笛賦《ちょうてきふ》」で、4孔だったものを京房(けいぼう又はきょうぼう、紀元前77 ~ 37年)が5孔にしたと述べている。尺八の遠い先祖は中国ではなく、もっと遠~い国、例えば、アフリカまでさかのぼっていくのだろうか。

歌口の比較　左から天吹、水牛製笛、木管。

さまざまな尺八系縦笛

古代尺八（雅楽尺八）の現物は正倉院と法隆寺に残されている。これら六孔の尺八が時の経過とともに日本の語感に合う音階の五孔に変化したのではないだろうか。古い一節切と古代尺八は形状に一致が多く、また、著者蔵の古い一節切の樺巻きは六カ所で、六孔の尺八から一節切ができたことを示しているのかもしれない。

11　10　9　8　7　6　5　4　3　2　1

1.尺八　2.江戸尺八　3.木管　4.三節切　5.水牛製の縦笛(3個の牛の骨をつなぎ、管尻は竹の節）　6.天吹で曲がっている竹を使用(p23上段で解説）　7～11.一節切　12.指田作(籐巻き8カ所）　13.大森宗捃作(籐巻き8カ所）　14.伝・後醍醐天皇の一節切　15.一節切藤巻き(藤巻き6カ所。普通は8カ所）　16.一節切樺巻き(樺巻き6カ所）　17.正倉院の復原尺八下の写真の6の天吹は、全長外側が二十七・五cm、全長内側が二十七・一cm、歌口直径二cm前後、管尻直径二・三cm前後。管右側に「奉戀《ほうれん》、赤塚休太郎、尊公」、管の真後ろに「一心不乱、松田正之亟」の線刻文字あり。構造は三節、歌口は洞簫系、管尻は節を抜かず、節の中央部に、キリで開けたような小さな穴が開いている。裏孔の五孔目の音がかなり高い位置に開けてある。歌口の竹の厚さは約三mmなのに対し、管尻の竹の厚さは約八mmと肉厚である。指孔は三～四mmであるが裏孔は一番小さい。

歌口正面

歌口側面

管尻裏面

尺八立て付、古い尺八　一節切同様、竹の上下を逆にして製作されている。管尻の節はそのままにし、本体下方の後ろに孔（音の出口）が開いている。全長は58cm、竹の太さは3cm前後、歌口部分の修理は、樺ではなく元結巻き（紙縒）である。なお、この尺八は正倉院北倉に収蔵されている「樺巻尺八」と似ている。その尺八の解説文には、筒口と第一孔の間に「誤ってうがって埋めた痕」があると彫られているが、天皇家に修理した尺八を献上するのかという疑問が残る。

17　16　15　14　13　12

さまざまな尺八系縦笛

支那竹尺八　全長46.3cm。歌口には鹿角がはめられ、形は尺八型である。象牙で縁取りされた指孔が5孔、節の数は17個もある。律は普化尺八と同じで、木佛堂鑑定の他に印がある。中国色を残している。

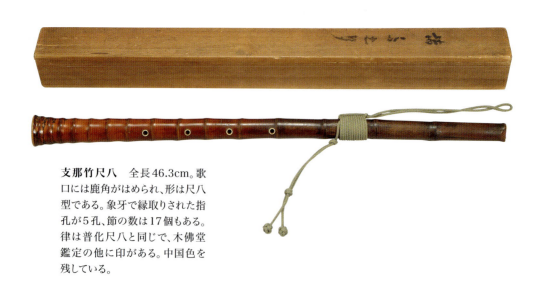

諸外国の尺八系縦笛の歌口
1.リャマ製の骨笛(p14参照)。 **2.**ケーナ。 **3.**インディアンフルート。指孔は表に6孔のみで、踊りながら吹いている姿が線画で描かれている。 **4.**変形尺八(日本)。5孔、歌口はリコーダー風、歌口から9㎝強の所に竹紙を貼る孔がある。 **5.**スリン(インドネシア)。 **6.**羊飼いの笛(ハンガリー)。 **7.**ネイ(トルコ)。 **8.**カバル(ブルガリア)。指孔は前面に7孔、裏に1孔。更に、右側面と左側面に1個ずつ計10個の孔がある。

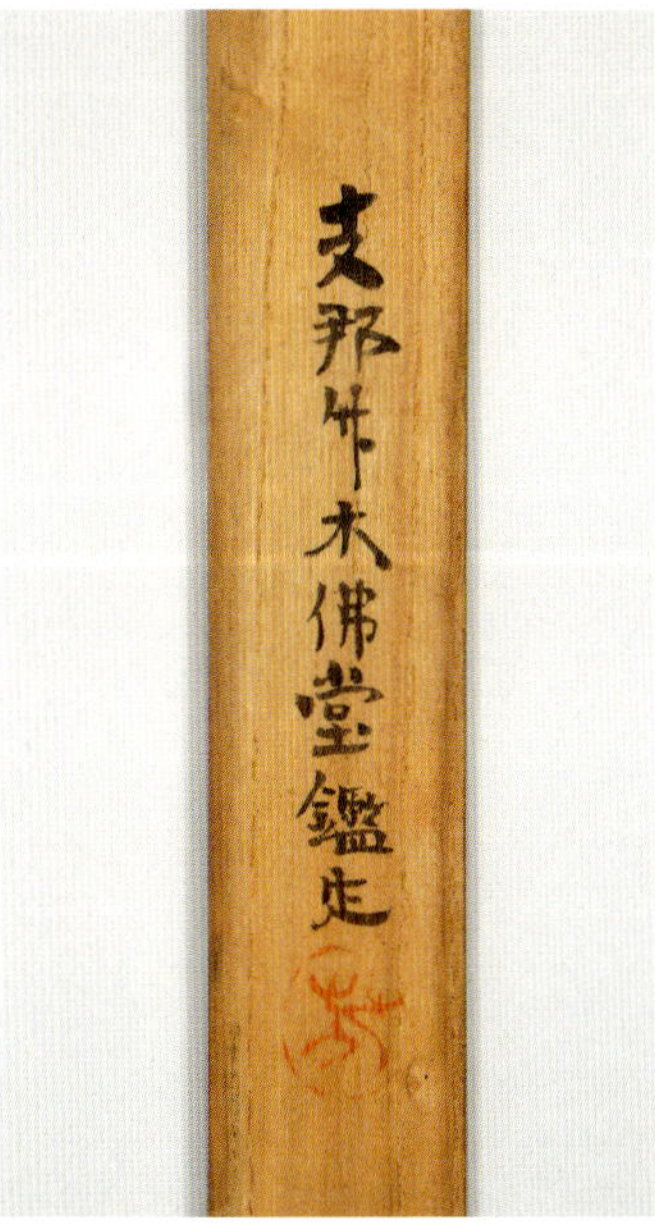

p24に掲載の支那竹尺八の桐箱蓋(ふた)裏に書かれている文字。

伝・後醍醐天皇遺愛の一節切

後醍醐天皇遺愛の一節切は、もう一本存在する。それは、後醍醐天皇が在位していたといわれる吉野の堀家に伝わっているもので、現在は五條市西吉野町の「賀名生の里歴史民俗資料館」に展示されている。著者は堀家で両者を実際に見比べたが、デザインやサイズがほぼ一致していることが確認できた。

著者のつぶやき

吹き口から3分の1くらいの所に、竹の節が1つあるので一節切と呼ばれる。別な話になるが、正倉院に関わる太刀の中で、同形の二振りがセットになっている3組の太刀を確認している。千数百年以上も別れていた「陰陽の二振りの剣」他である。なぜ、セットものの太刀が収蔵されているのだろうか？

そのことと関係するかもしれない話として、京都老舗和楽器店の職人さんに聞いた話で、例えば「箏」を天皇家に献上する場合、同じような2面の箏を製作し、完成品としてより優れている方を選び、天皇家に献上したということである。この一節切にも、そのような物語があるのだろうか……。

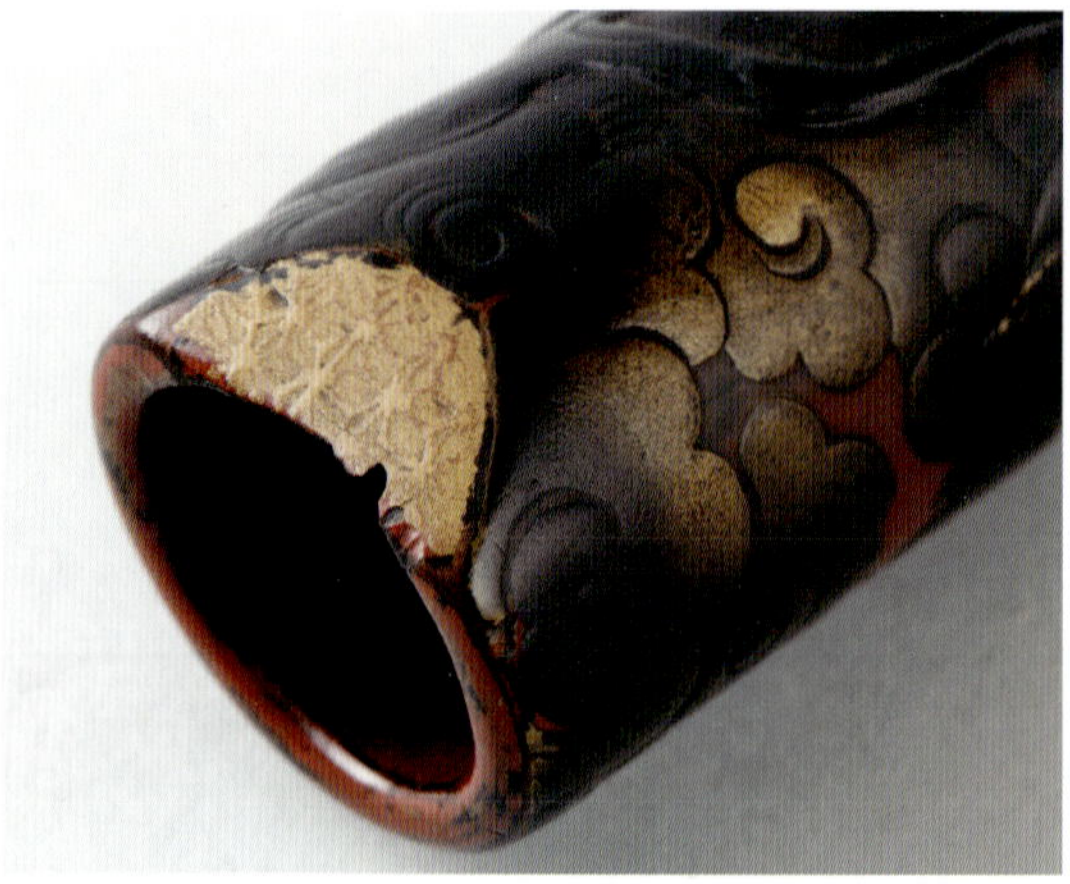

この一節切の歌口と管尻側面には、ネズミの毛１本で書いたような、細かい模様（麻の葉つなぎ文様）が描かれている。

さまざまな一節切（復元尺八も含む）

一節切は、竹の天地を逆にして製作する。著者蔵の一節切の箱には、「ひとよぎり、胴簫、一節切、一輪挿し、胴簫緑香」などと書かれ、さまざまな言い方があったようだ。織田信長に仕えた大森宗勲は、名奏者として一節切を広めた中興の祖として知られている。二十九ページ左側の中央にある一節切に書かれている「宗捃」は、宗勲の息子のことである。

端の一節切（樺巻き6カ所）の歌口は、側面から見ると、中央の一般的な一節切より角度がある。右端の正倉院の復元尺八と歌口の角度が似ていることがわかる。

右端は、著者蔵の樺巻き6カ所の一節切である。この一節切を持った感じは、ごつくて重く、正倉院の復元尺八と似ている。

彫刻入り一節切　「花中君子（蓮の意）」の文字があり、蓮の花が竹の節の上方にある。

松風銘で、大森宗捃作。桑製の箱入り。

黒漆塗り、寝寤の銘あり。

花押と思われる。素竹のみで「樺・藤巻き」はない。

「独友」の銘あり、「指田」という製管師の焼き判がある。

さまざまな一節切

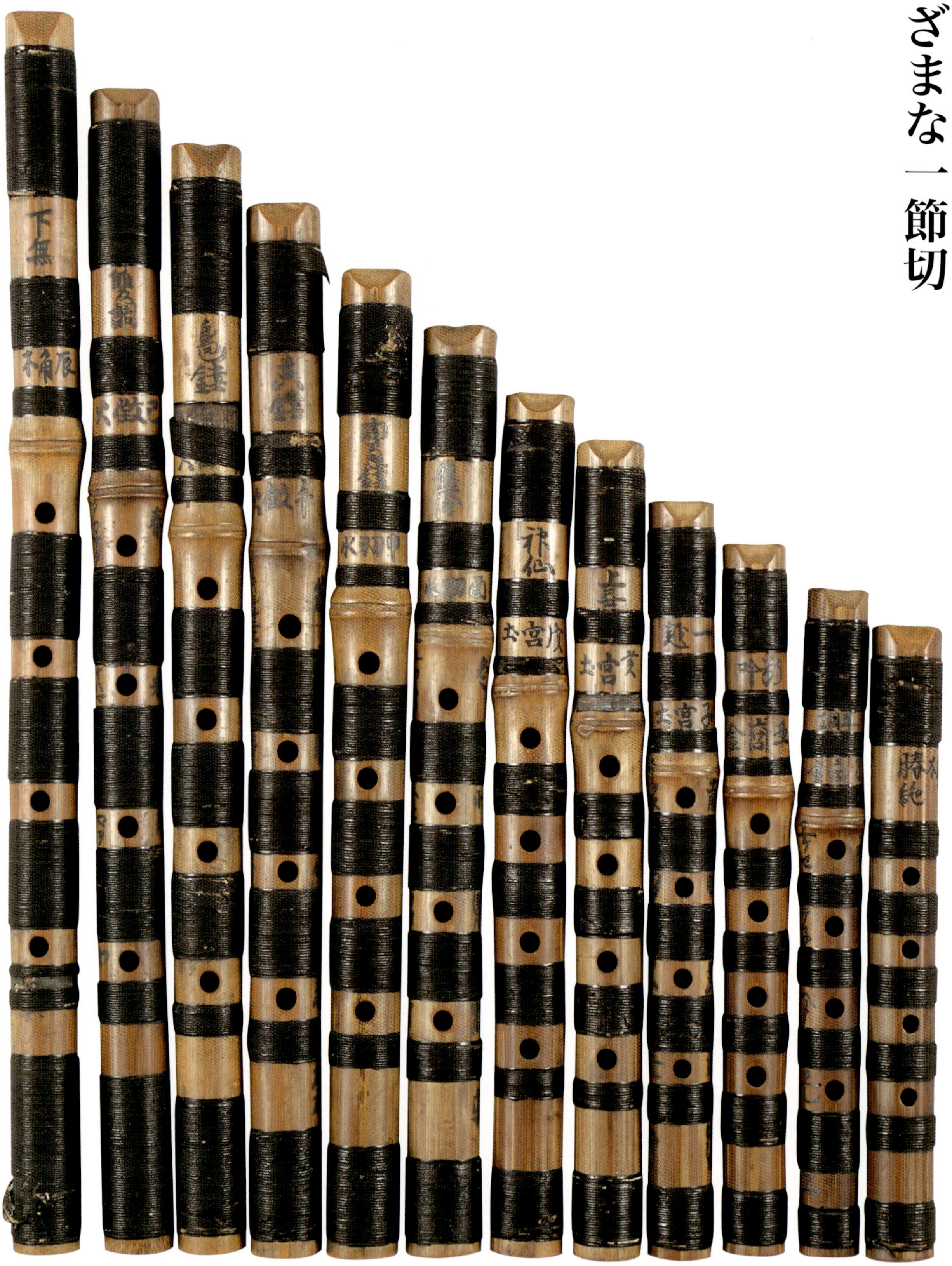

一節切の十二律管　12律は、短い方から、「勝絶（しょうせつ）６寸５分３厘」、「平調（ひょうじょう）６寸９分弱」、「断吟（たんぎん）７寸３分５厘」、「壱越（いちこつ）７寸８分２厘」、「上無（かみむ）８寸４分５厘」、「神仙（しんせん）８寸９分３厘」、「盤渉（ばんしき）９寸６分５厘」、「鸞鐘（らんけい）１尺２分３厘」、「黄鐘（おうしき）１尺９分３厘」、「鳧鐘（ふしょう）１尺１寸５分」、「双調（そうじょう）１尺２寸１分」、「下無（しむ）１尺２寸９分」。

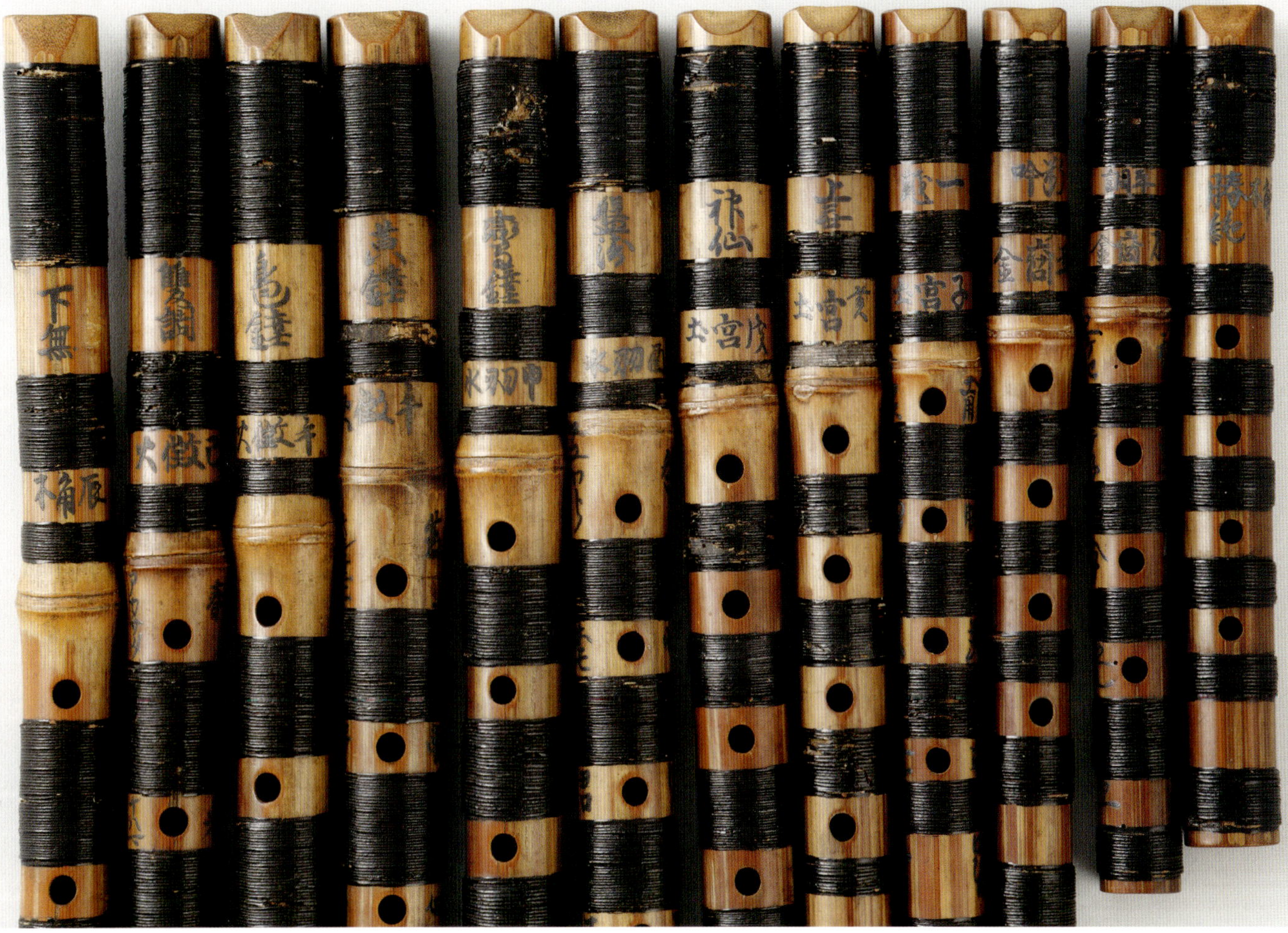

一節切の十二律管のアップ写真

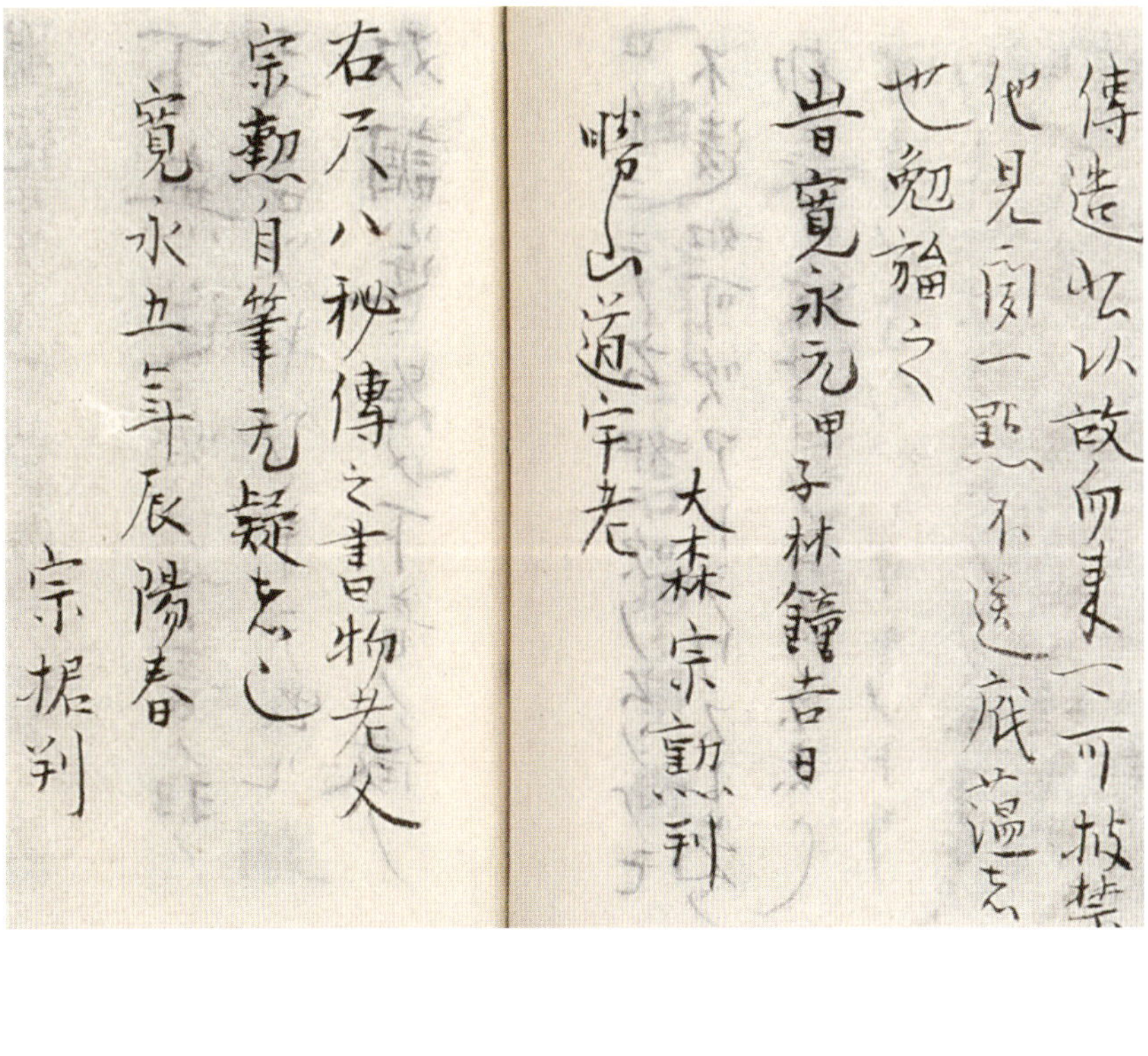

傳造也以故向来不可披葉
他見閑一點不遺底蘊者
也勉旃之
旹寛永元甲子林鐘吉日
大森宗勲判
暁山道宇老

右尺八秘傳之書物老父
宗勲自筆元疑なし
寛永五年辰陽春
宗据判

一節切に関する江戸時代の写本
原本は、寛永元(1624)年に大森宗勲が書いたもので、「右尺八秘伝の書物老父宗勲自筆元疑いなし、寛永5(1628)年辰陽春　宗捃判」の文字がある。

尺八系縦笛のまとめ

普化尺八（虚無僧尺八）が生まれるまでは、多種多様な尺八が存在した。薩摩地方に残る「天吹」、七節五孔の前身と思われる「三節切」、細い竹を使用した尺八、その他の変形尺八などである。

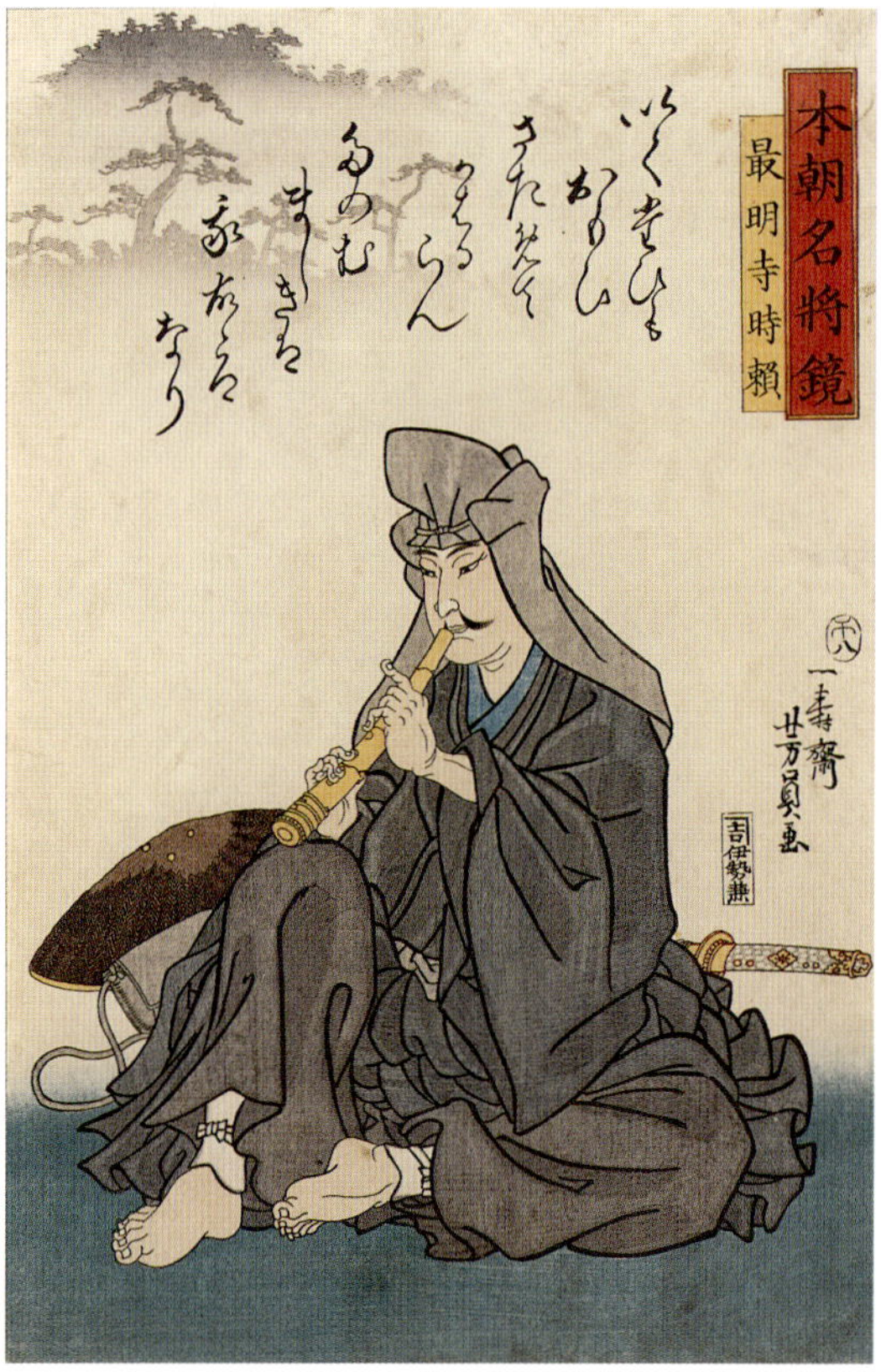

江戸時代の尺八演奏図　近代では正座して演奏するが、膝を立てて演奏している。

尺八の変遷　尺八の変遷の一部を紹介したもので、左から、正倉院復原尺八、伝・後醍醐天皇の一節切、短い三節切、長い三節切、江戸尺八、木管、天吹、普化尺八。

一般的な尺八は、長さ1尺8寸(54.5㎝)、7節が基本形。指孔は表4孔・裏1孔、真竹で製作され中継ぎが一般的である。著者はさまざまなタイプの尺八を所蔵しており、7孔、9孔、無孔、太い竹の内部に細い竹を入れ二重構造になったもの、管尻抜かずの管尻のサイドに孔が開いているもの、木製(ラワン材等)、金属製、プラスチック製、水道パイプ加工製、節が7節以上あるものなどがある。

歌口

側面

変形尺八　朱漆の文字がある。高千穂銘、正平3(1348)年、裏孔の右側に「慎七」という作者名、尺八の管尻近くの竹側面に「露秋」焼き判がある(西田露秋という人物が所蔵していたということと思われる)。全長1尺9寸5分。

尺八系縦笛のまとめ

三節切　普化尺八は七節あるが、この尺八系縦笛は三節なので三節切と呼ばれている。製作方法は、普化尺八のように竹の根を使用せず、一節切と違い竹の根の方を管尻に使用している。「蛩(こおろぎ)」の銘がある。全長35cm。他に42.8cmの三節切も所蔵している。

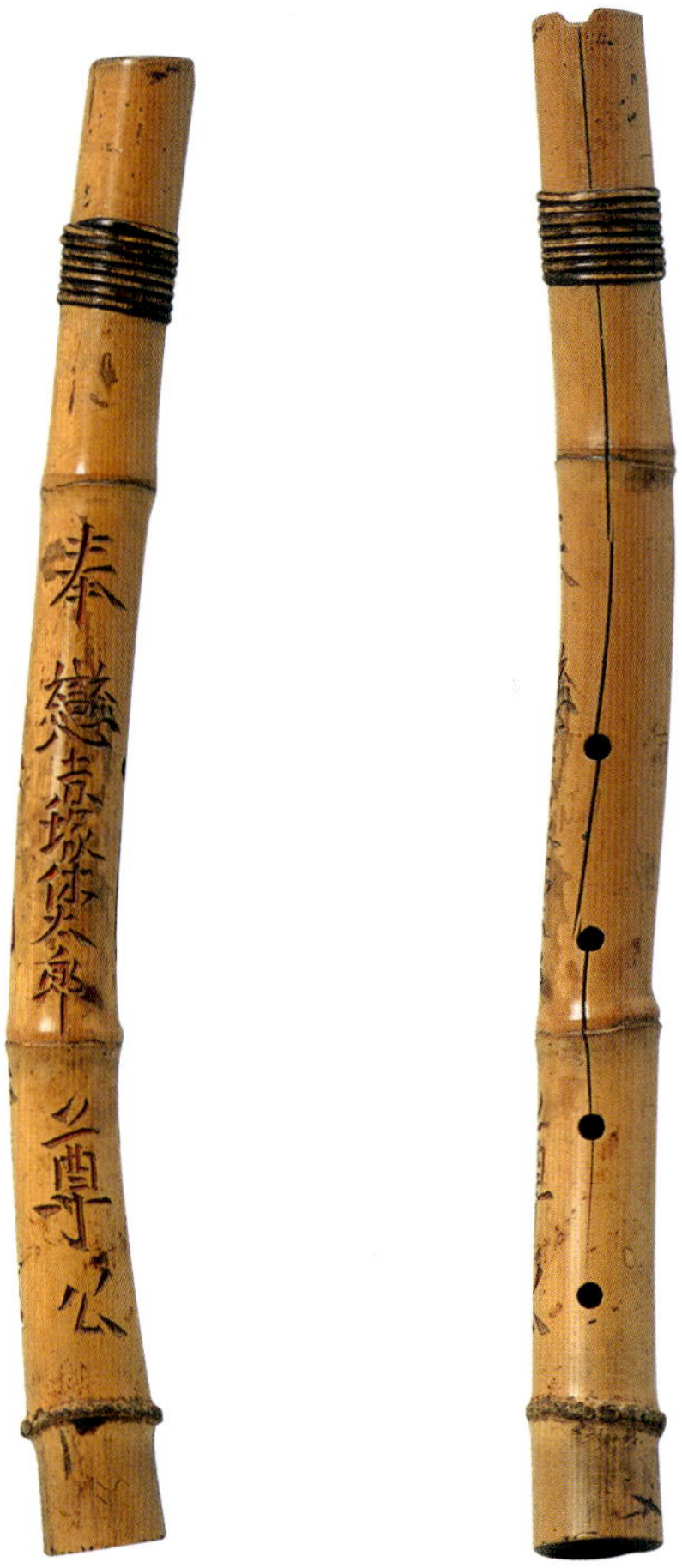

天吹　薩摩地方に残る尺八系の郷土楽器である。三節五孔。詳しい説明はp23を参照のこと。天吹(側面と正面)については、1603年に長崎で刊行された日《にっ》葡《ぽ》辞書に天吹の文字が記載されている。

江戸尺八(左)と三節切(右)の側面

江戸尺八(左)と三節切(右)の歌口

江戸尺八の管尻（左）、三節切の銘と管尻（右）

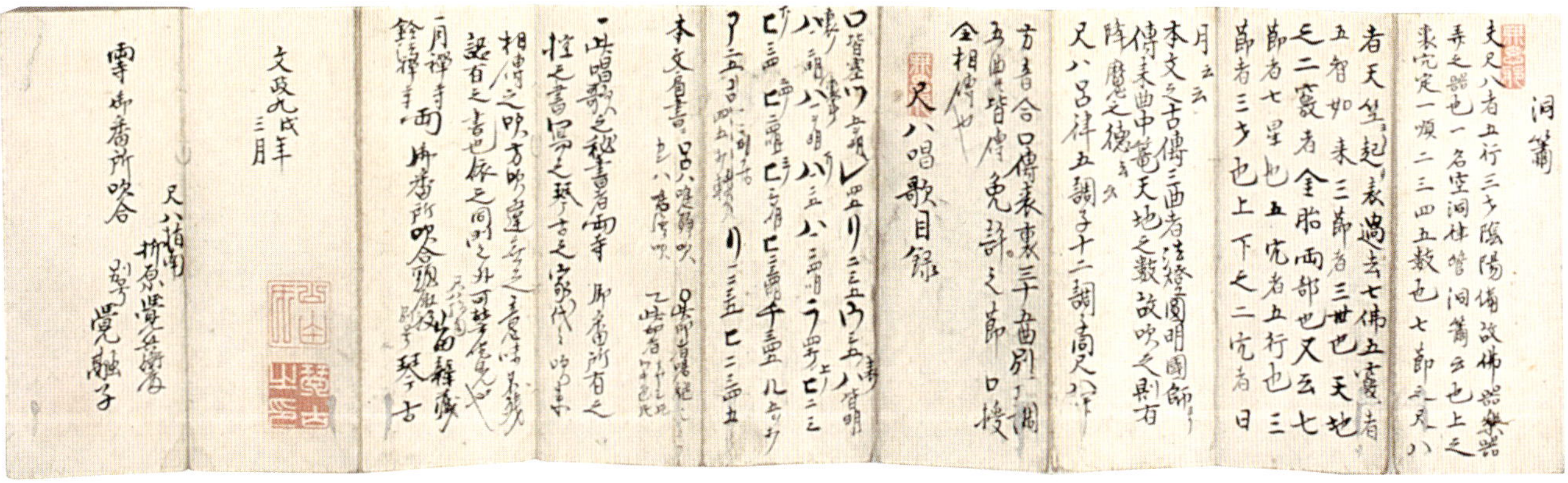

山田辨蔵の譜本　三代琴古没後、その直門たる久松風陽先生の承諾もなく、また、宗家黒澤家の許可もなく、勝手に「琴古」の名を名乗った時の如堂琴古筆曲譜、文政９（1826）年。（三曲・昭和８年６月号より）

尺八系縦笛のまとめ

さまざまな尺八の歌口と歌口側面

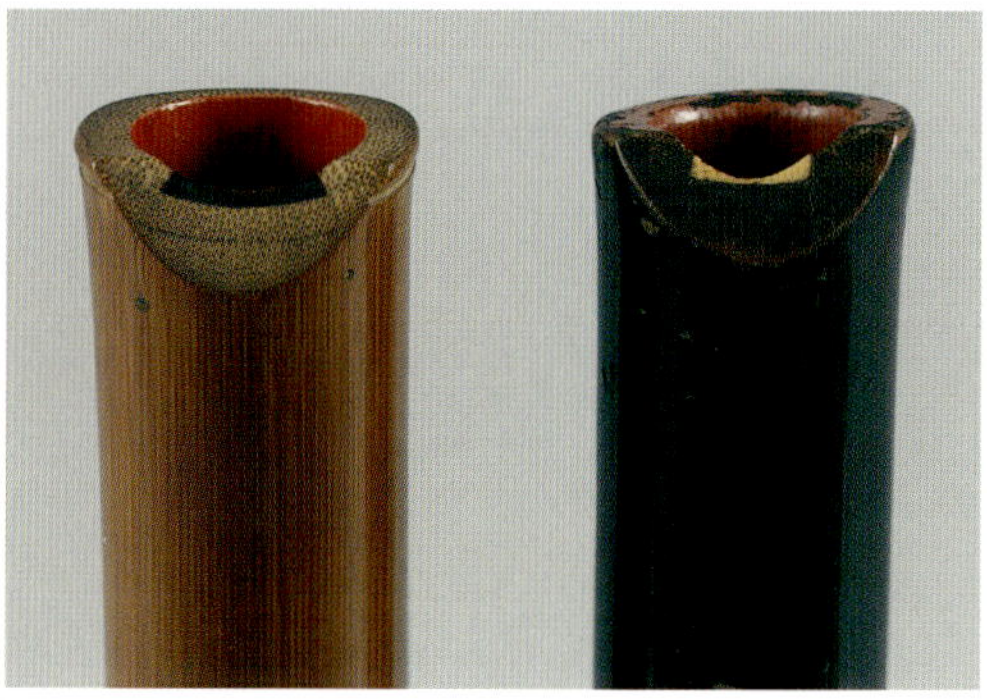

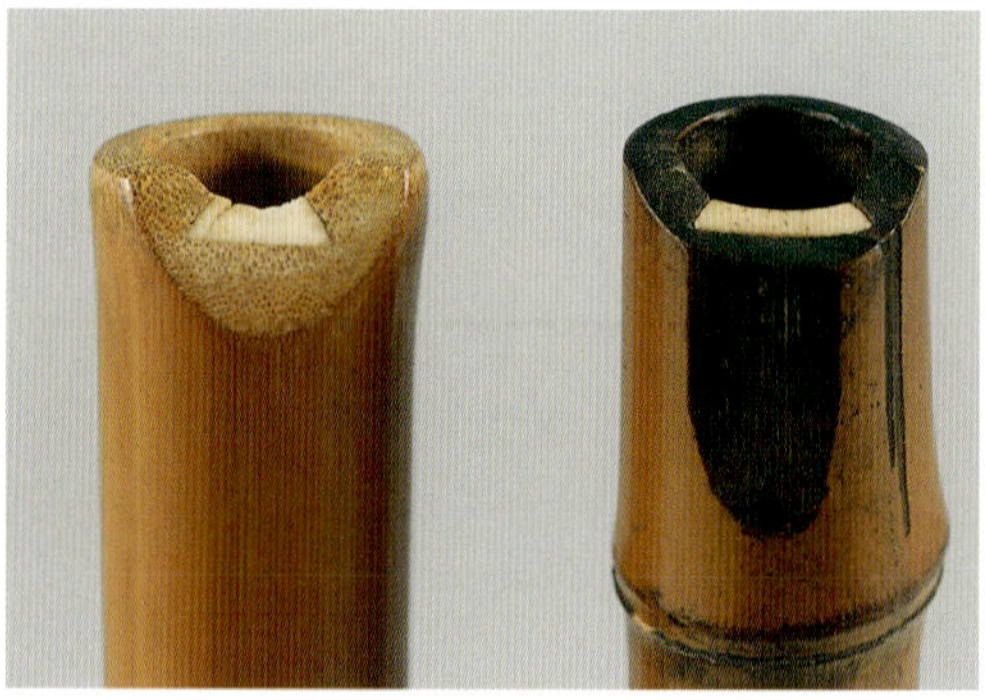

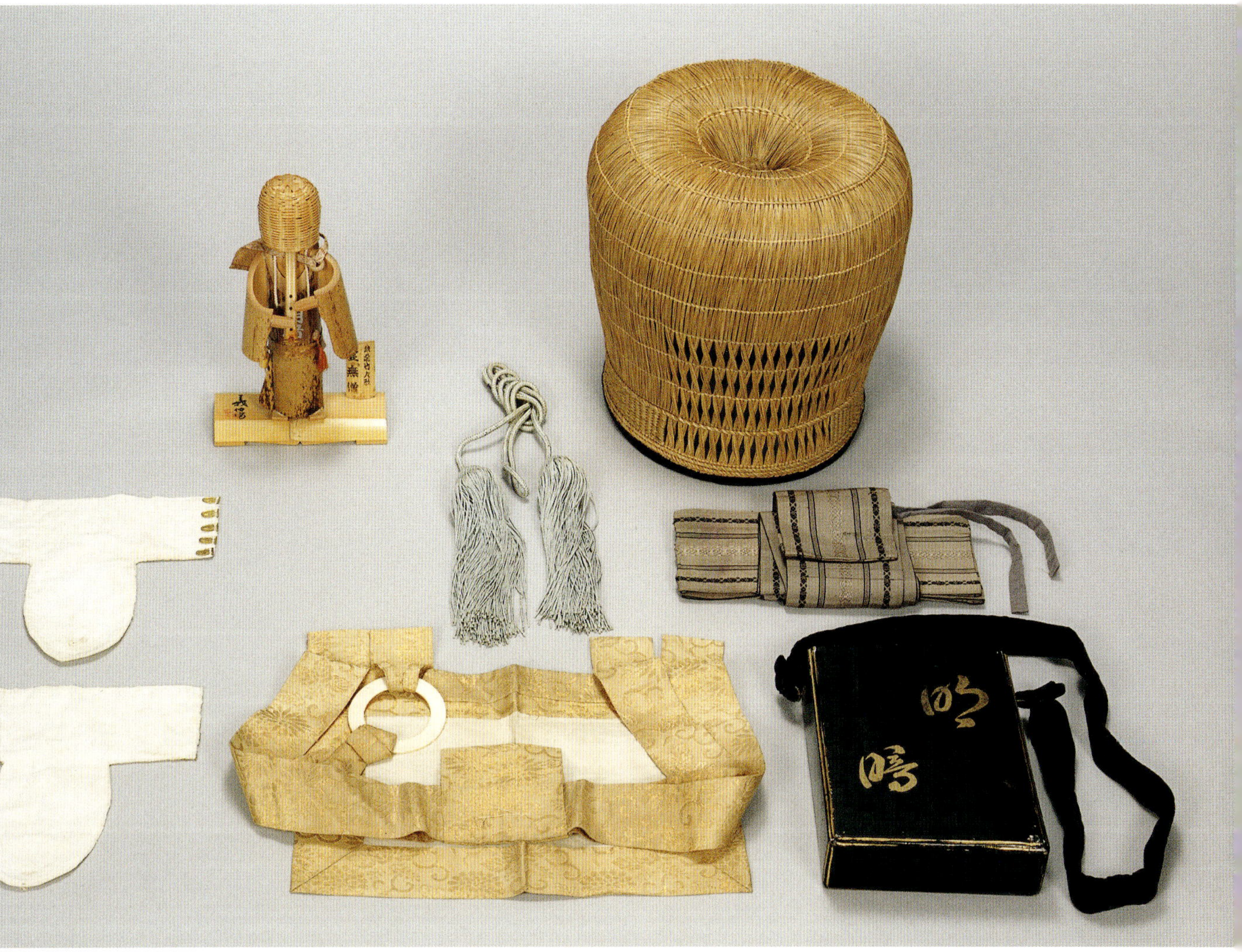

虚無僧使用装束　托鉢時に使用するセット。虚無僧が使用する天蓋とほとんど形は同じだが、天蓋よりも浅くて大きい武士「潜行」の際に使用する「浪人笠」というものもある。

和田三造作の木版画　和田三造(明治16～昭和42年)の木版画で、虚無僧の門付け風景を描いたもの。

外国の笙

笙の起源は、中国南部から東南アジアの諸民族が使用する楽器といわれており、中国西南地区のイ族などの「瓢箪笙」、中国湖南省のヤオ族などの「芦笙」などがある。黒沢隆朝氏が著書「図解世界楽器大事典」で、仏パリの人類博物館でアフリカコンゴ製の笙を見たと記しており、著者も同じ博物館（ケ・ブランリー美術館）を見学し、その笙を確認することができた。

中国笙の変わった吹き方　寛政11（1799）年発行の清俗紀聞巻之八に掲載されているもの。通常は笙を立てて吹くが、寝かせて頭の底を吹いたり、横向きにして吹いている。

瓢箪と竹製の笙　タイやボルネオなどに似たものがある。

さまざまなタイプの笙　左から日本の笙、中国の笙（通常は17本の竹を使用するが、18本使用）、中国製と日本製が合体したような笙（吹き口が日本のものより長い）、方笙、中国の笙。

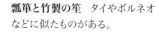

日本の笙

鳳凰が翼を立てて休んでいる姿に似ていることから「鳳笙」とも呼ばれる。雅楽、神楽、仏教音楽、新邦楽で使われる。

武蔵野銘の笙　「武蔵野」銘が付いている笙。「毛」の名が付いた竹に、「永正巳年三月、行尊造」と書かれている。古文書には、「右は行尊造ニ、相違無之候哉、年来等も其比之品ニ有之候哉、代金ハ如何程之品ニ候哉、前段之品御一覧之上、御見極め金談計、委細御申越被下候様、八田末庵、一金三拾両也、右は武蔵野笙、御譲奉申上候ニ付為、御肴料頂戴仕難有、奉存候依之御請申上如、此御座候以上、十一月」という趣旨の記載がある。

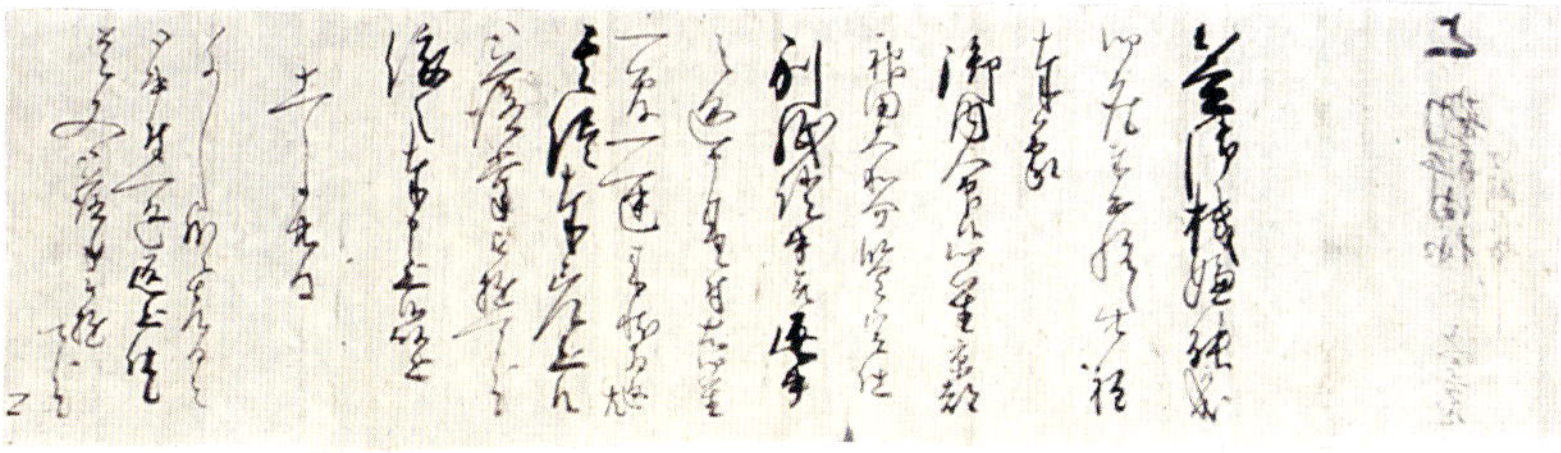

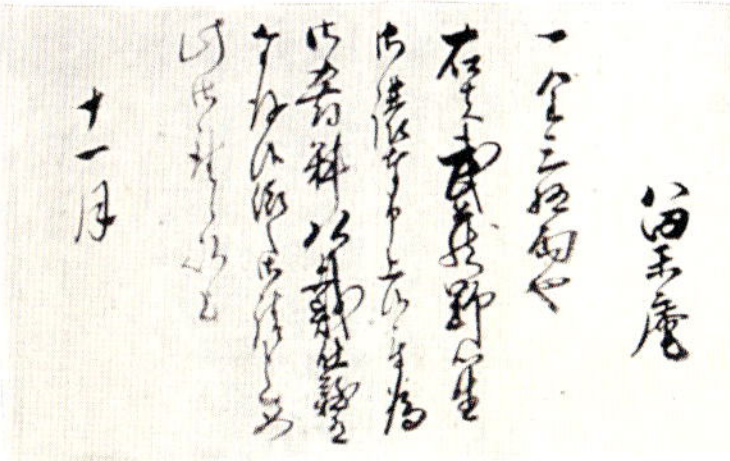

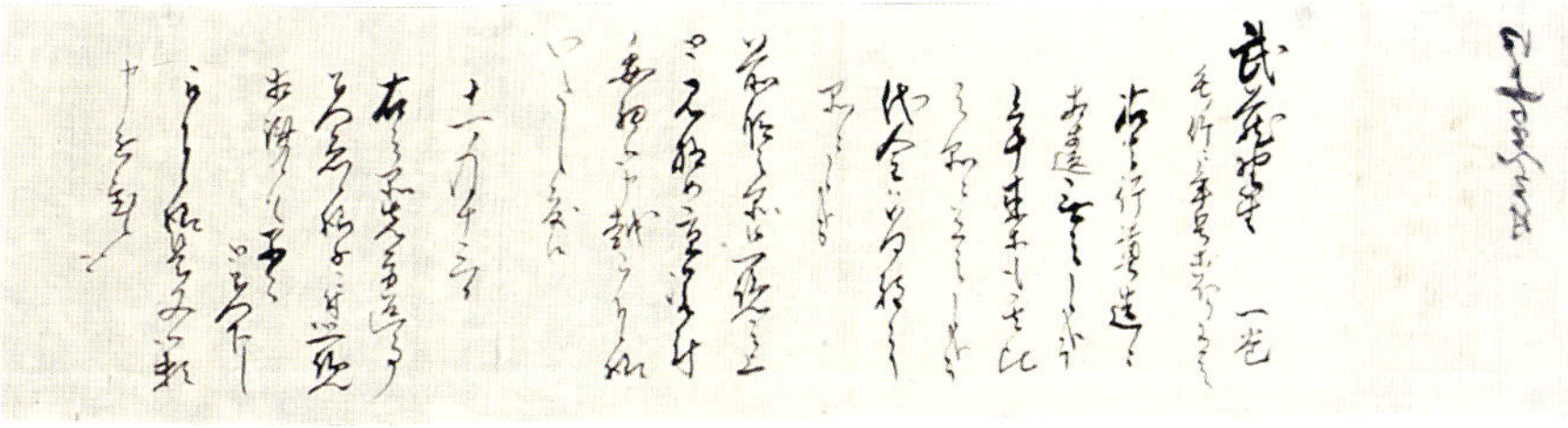

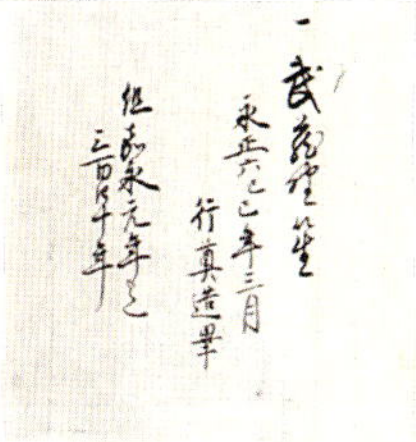

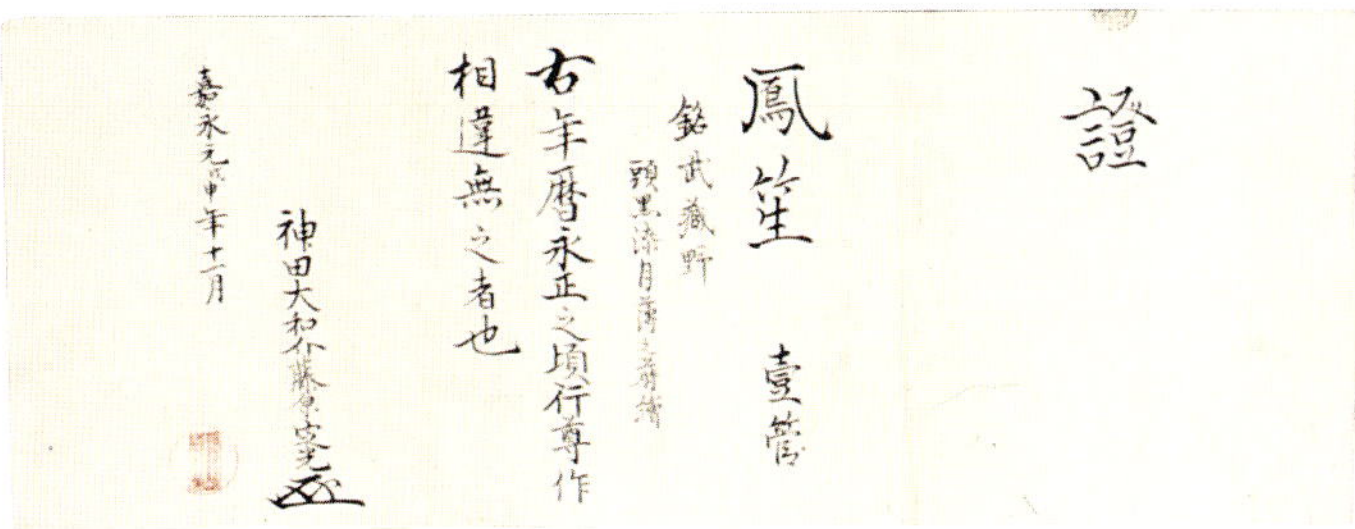
證
鳳笙　壹管
銘武蔵野
右年暦永正之頃行尊作
相違無之者也
嘉永元戊申年十一月

武蔵野銘の笙に添付の古文書

日本の笙

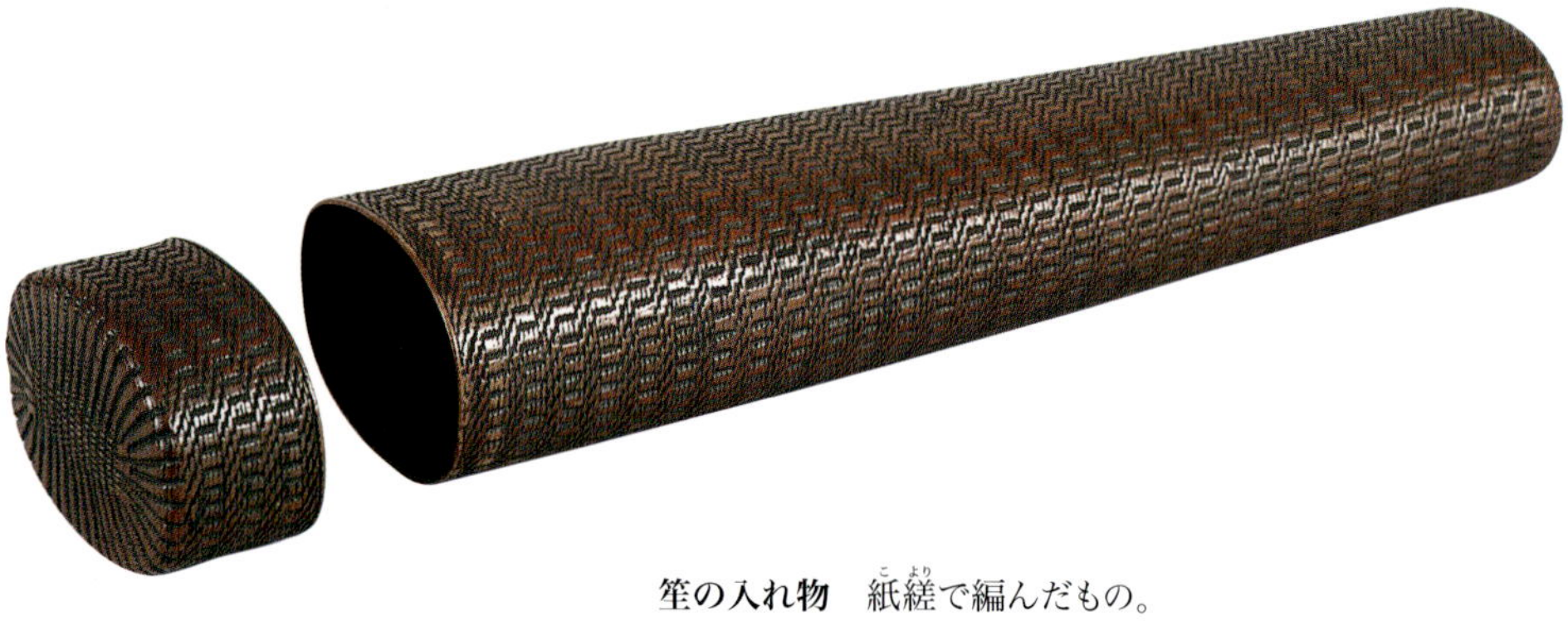

笙の入れ物　紙《こ》縒《より》で編んだもの。

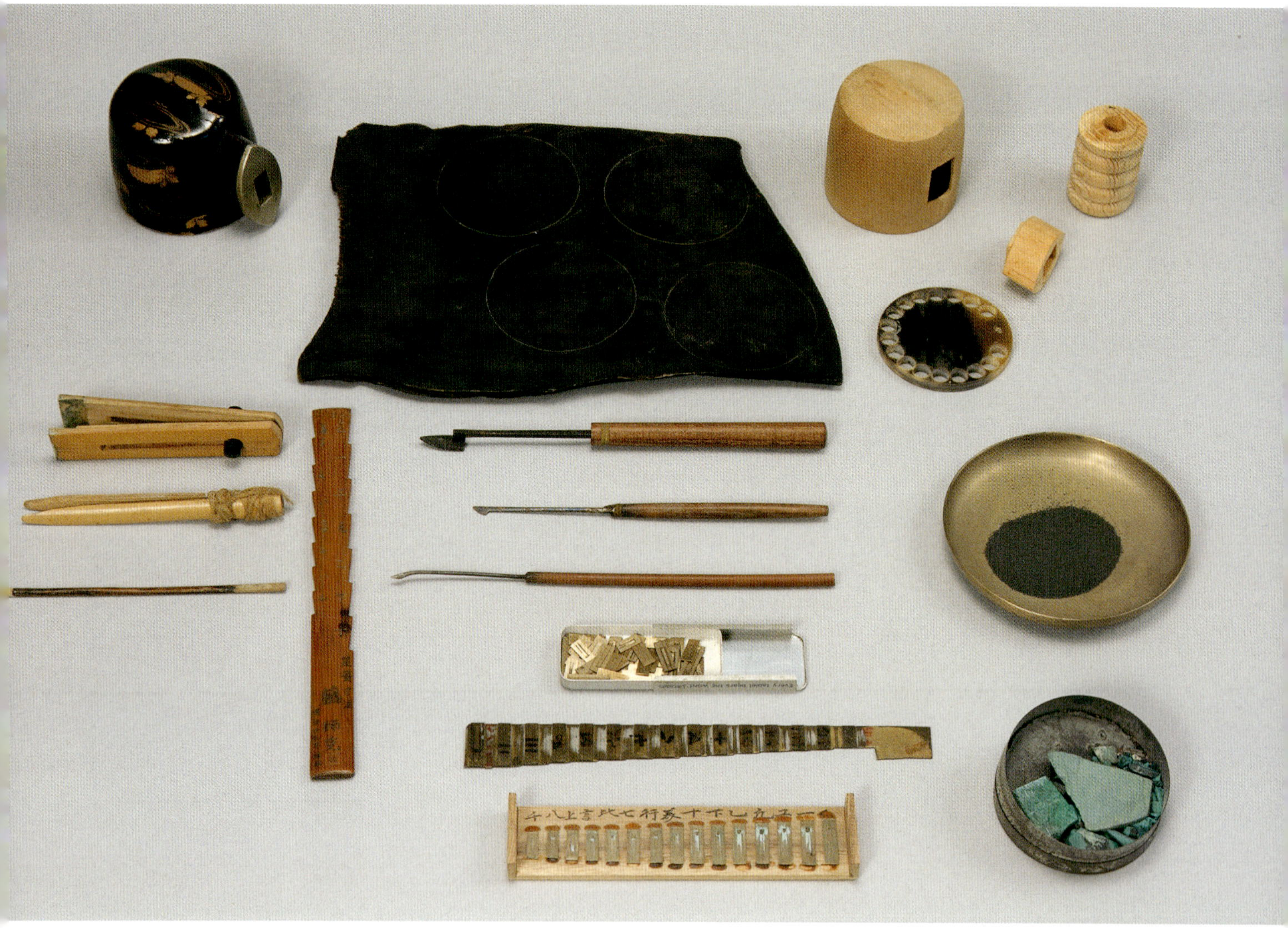

笙の製作道具　左上は頭の完成品、黒いものは牛角、右側は頭の部品、その他笙のリード、リードゲージ、硝石、砂鉄など。

篳《ひち》篥《りき》とチャルメラ

篳篥は雅楽に使用する管楽器である。大篳篥は平安中期に廃絶した。

チャルメラ　チャルメラは、音を大きくするために音の出口を広げてある。日本の管楽器にはあまり見られない特徴である。（左）全長30㎝、表7孔、裏1孔、リード無し、折り畳み式。（右）全長34㎝、表7孔、裏1孔。寝かしているチャルメラは全長34㎝、表7孔、裏孔無し、木製、リードづくりワンセットが付属している。

篳篥入れ　右の篳篥入れは全体に高蒔絵が施されている。

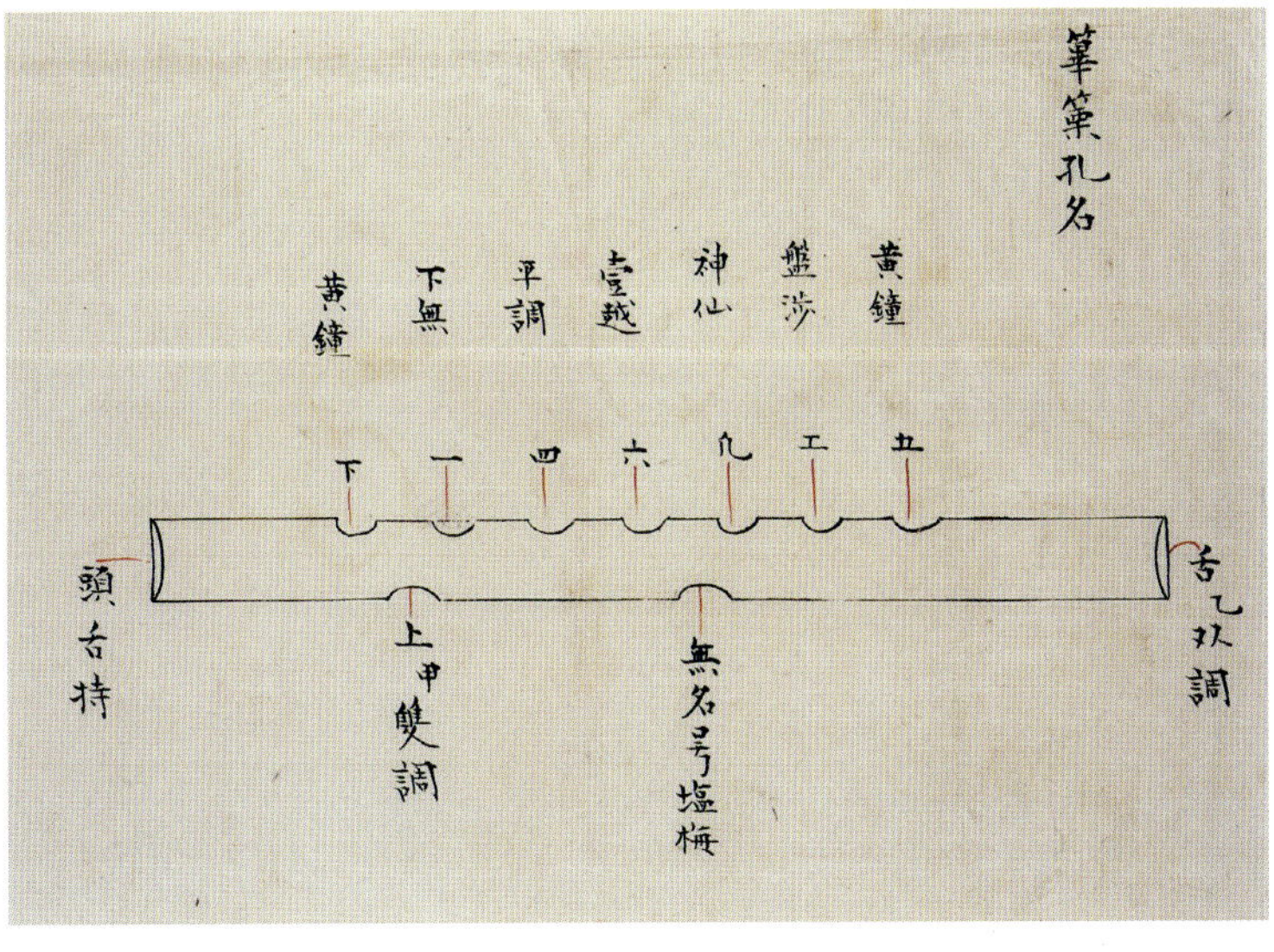

篳篥の孔名　篳篥の運指表で各指孔には名前が付されている。

篳篥とチャルメラ

大篳篥と篳篥　写真の大篳篥は、明治11(1878)年に、音楽家の山井景順が現行の篳篥より4度低い平調切を再興したものと同類。篳篥は全長18cm、大篳篥は全長24cm。表7孔、裏2孔の合計9孔の指孔がある。

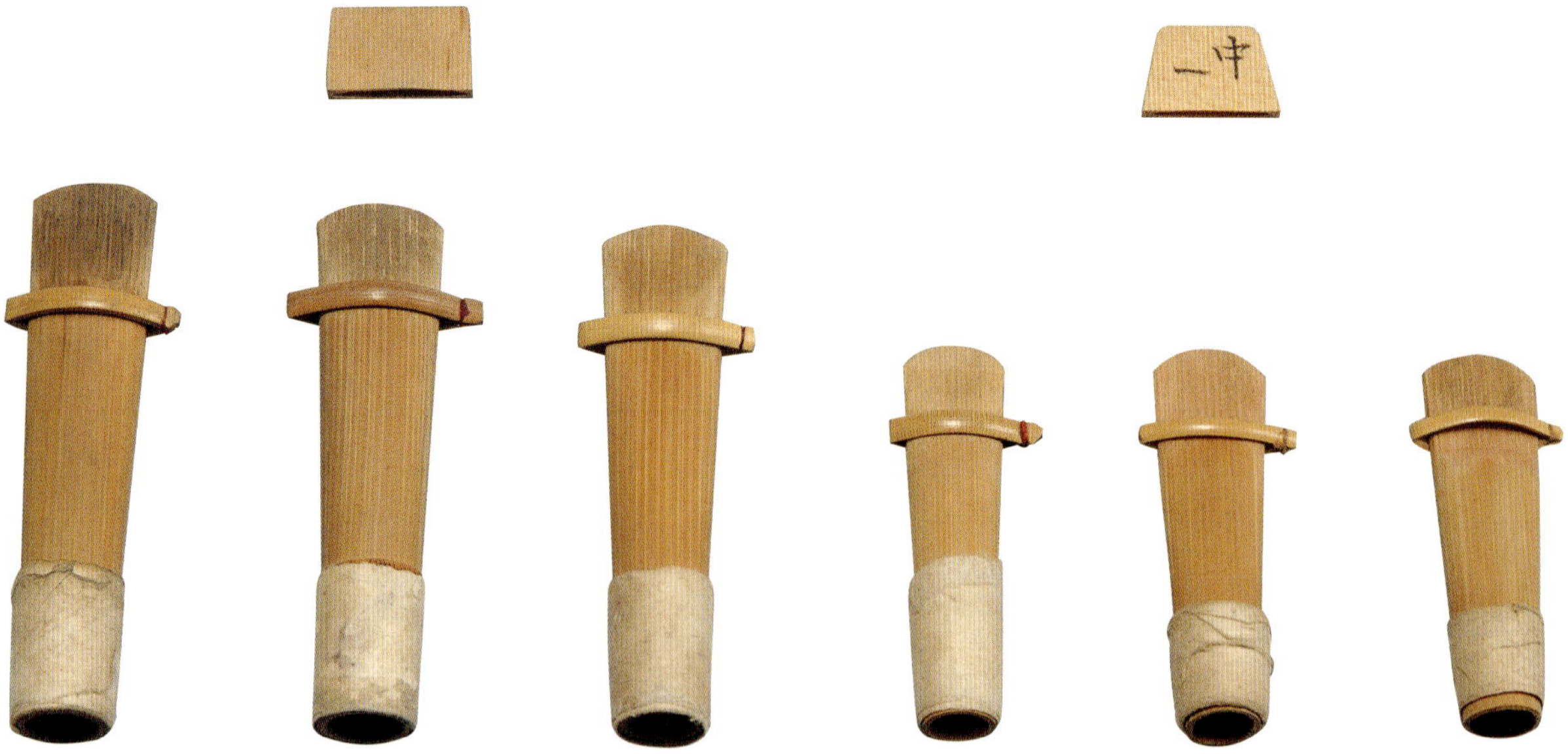

篳篥の舌　左3つが大篳篥の舌、右3つが篳篥の舌。舌(リード)は、音色・音量を決める「責(世目)せめ」、本体下部に巻かれた和紙の「図紙」、先端を保護する「函」で構成される。

中国の横笛

七ページの楽器分類法でも触れたように、中国では製作材料によって分類している。それは、金、石、絲、竹、匏（ほう）、土、革、木の八類に分ける方法である。著者は、中国の金、石、竹、土製の横笛を所蔵しているが、やはり重さの関係から竹製の笛が吹きやすい。中国笛の種類によっては、歌口と指孔との間に孔が開いていて、そこに竹紙を張り、笛を吹いた時にその竹紙が振動を起こし、その雑音を楽しんだのである。

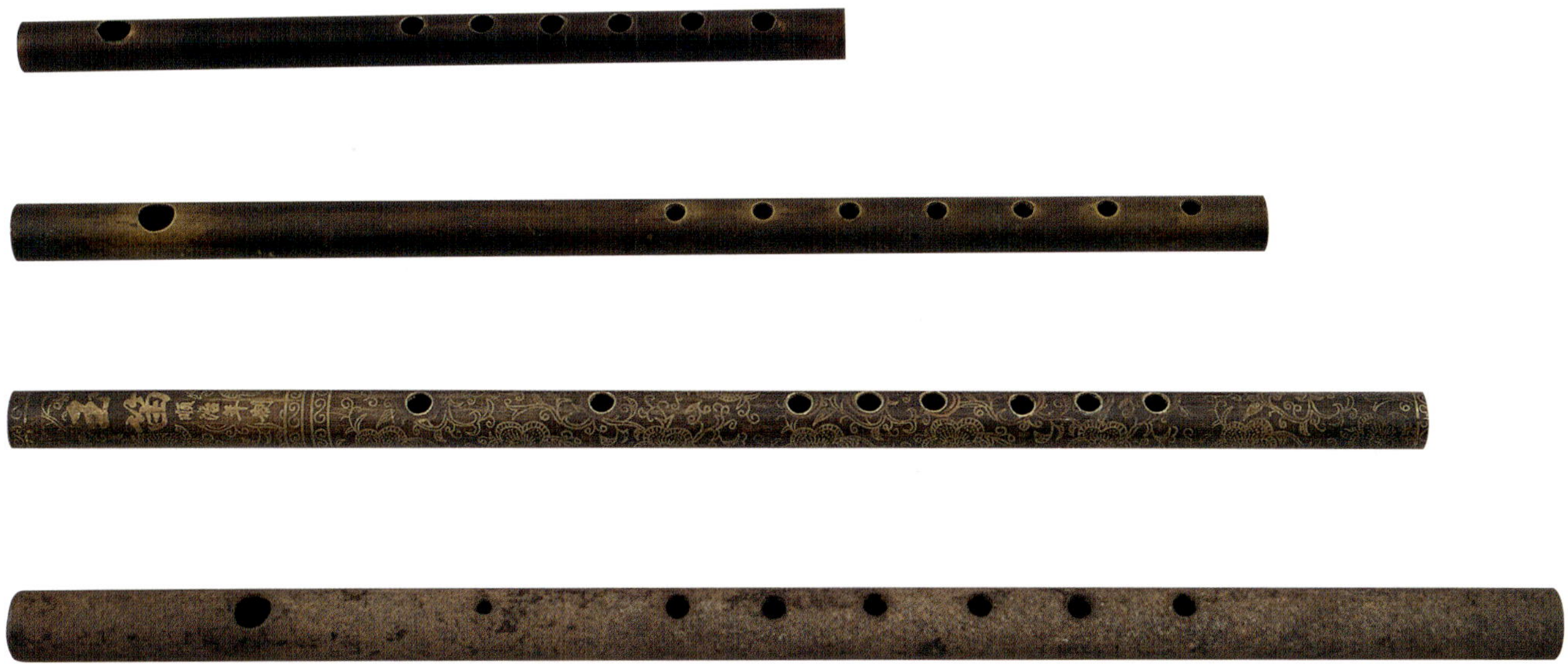

金属製横笛　一番上の横笛は全長30.1㎝、長短2種類の幅(約1.5㎝と約1㎝)の金属を交互に接着し、笛筒状態にしたもの、重量144g、歌口と管尻には補強があり、表6孔裏1孔の7孔笛。一番下の鉄笛は全長46.3㎝、6孔、竹紙を貼る孔あり、更に裏孔あり。鉄を折り曲げて筒状にしたつくり。笛の重量は539gで全体に黒漆が塗ってあった痕あり。

明笛と清笛　明笛には響孔があり、そこに竹紙を貼るが、清笛には響孔がない。上から明笛、明笛、明笛、明笛、明笛、「清笛」、明笛、明笛、明笛（石製）、明笛（石製）。

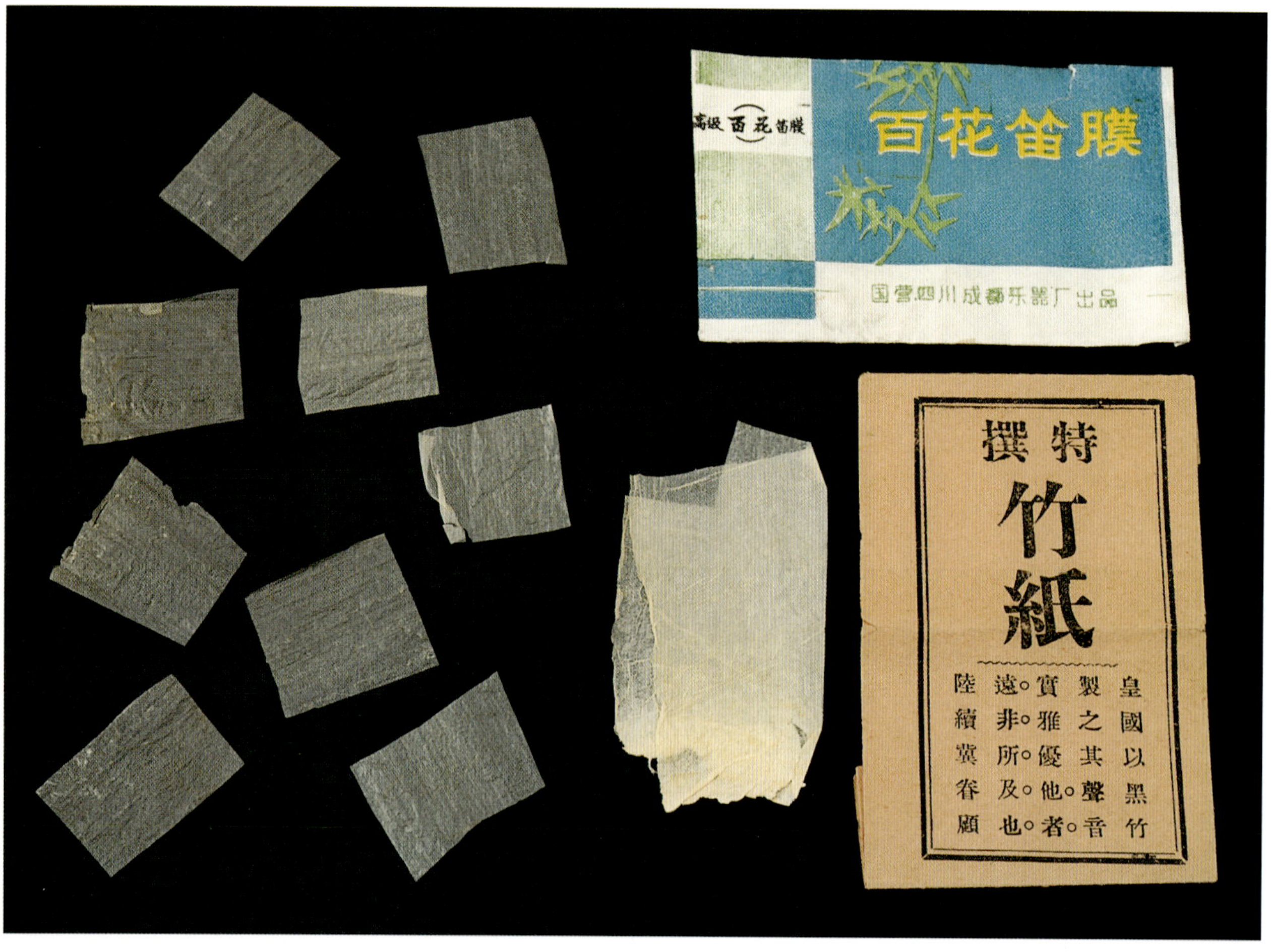

竹紙　歌口と指孔との間に貼る「百花笛膜」中国製。「竹紙」は日本製。笛の音に変化を付けるために使用。

古代文字が書かれた不思議な横笛

笛全体に不思議な神代文字らしきものが、指孔回りに十八個、歌口回りに八個書かれているが判読はできない。明治期府県博覧会出品目録において、明治九年の彦根博覧会に「楠正成神代文字、長濱、大橋氏蔵」とある。全長四十八・四四cm、七孔。著者蔵の笛にも楠正成遺愛の笛という極め書が付いている。(参考文献　日本神代文字―古代和字総観　吾郷清彦著　大陸書房　昭和五十年発行)

日本の横笛

田辺尚雄氏は著書『日本の楽器』で、日本の横笛が初めて古史に見えたのは『日本書紀』と述べている。笛は、指孔の数・長さ・太さ・律などの違いによって多くの種類に分かれる。横笛を五つに分けると、御神楽に使われる「神楽笛」、雅楽に使われる「高麗笛」、同じく「龍笛」、能楽や長唄に使われる「能管」、長唄や祭りなどに使われる「篠笛」がある。

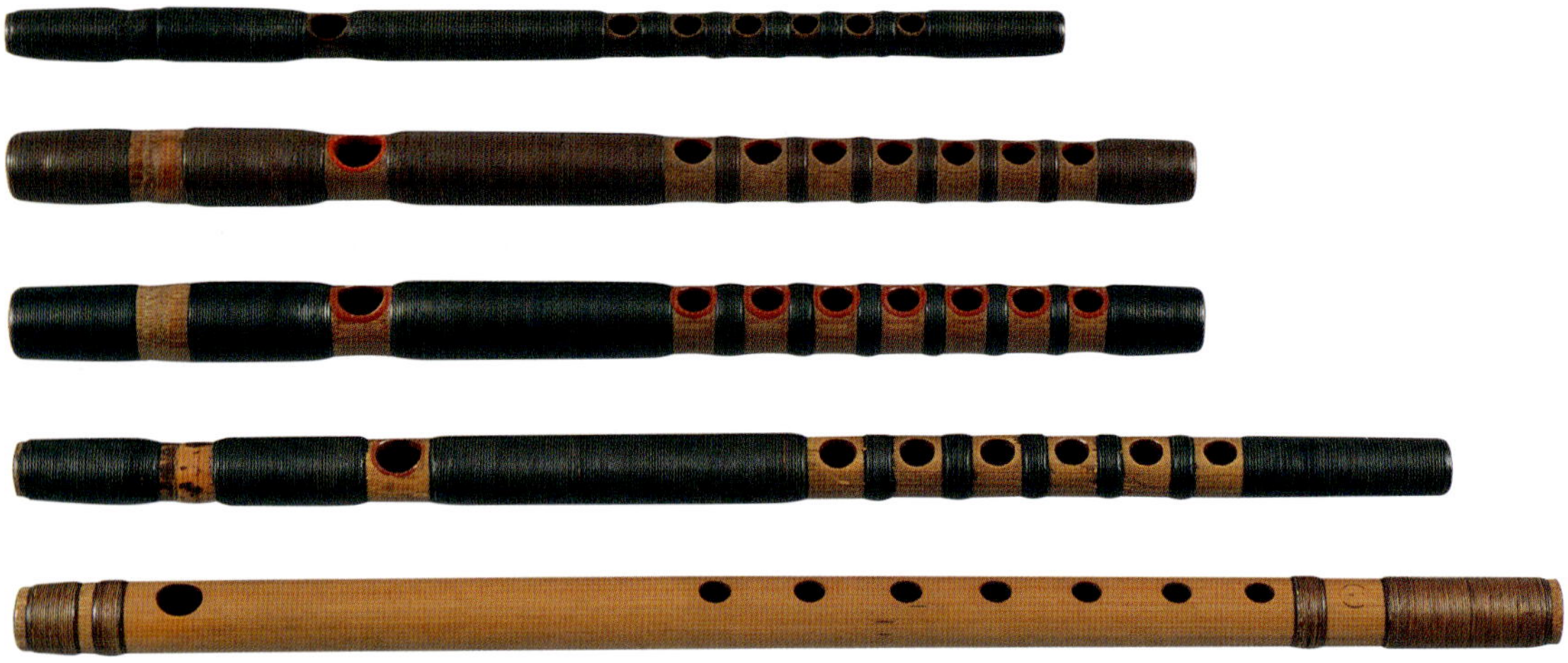

(上から)**高麗笛**　全長37.4㎝、指孔6孔。　**龍笛**　全長40.3㎝、指孔7孔。　**能管**　全長39.3㎝、指孔7孔。　**神楽笛**　全長45.3㎝、指孔6孔。　**篠笛**　47㎝、指孔7孔。

(右から)能管、神楽笛、龍笛、高麗笛　笛の中央部にはめ込まれている唐木は蝉という。昔、宮中の名笛に蝉が止まっているような形の小枝が付いていて、蝉折れという銘が付いていた。ある時、誤って落として破損したので、そのことを残すために唐木がはめ込まれた。

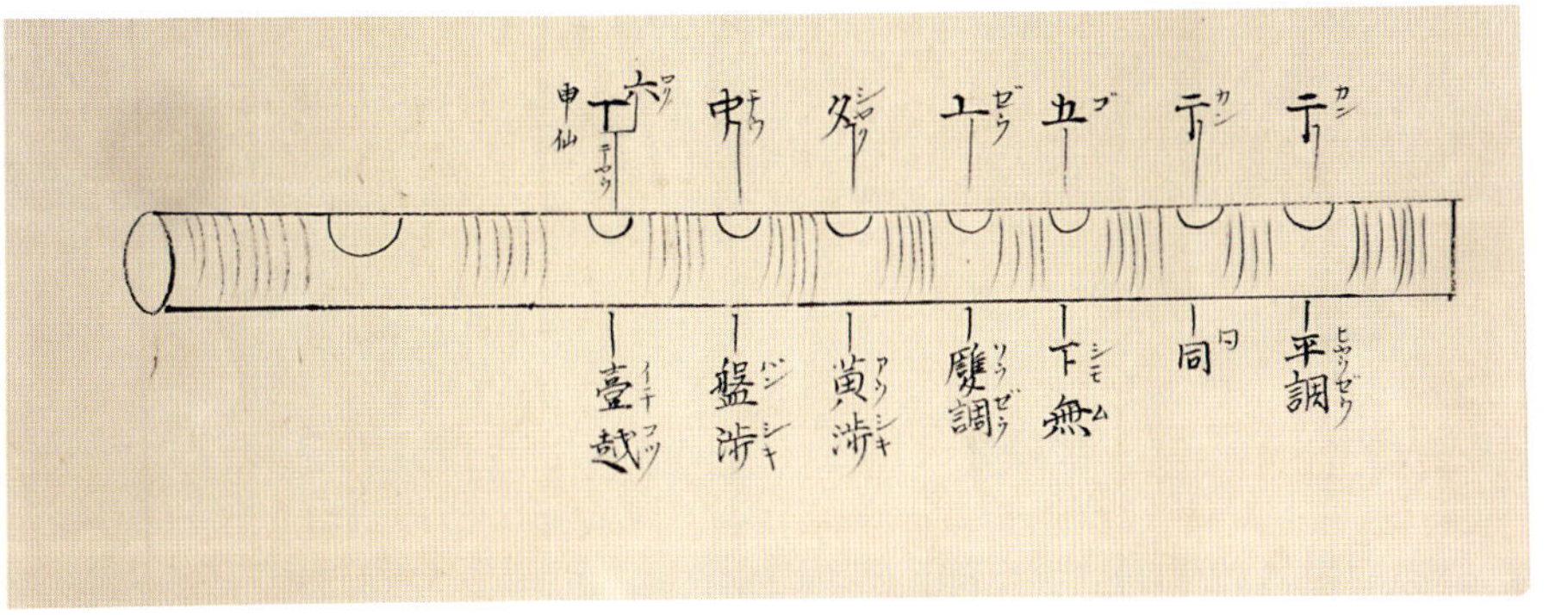

龍笛の指使い

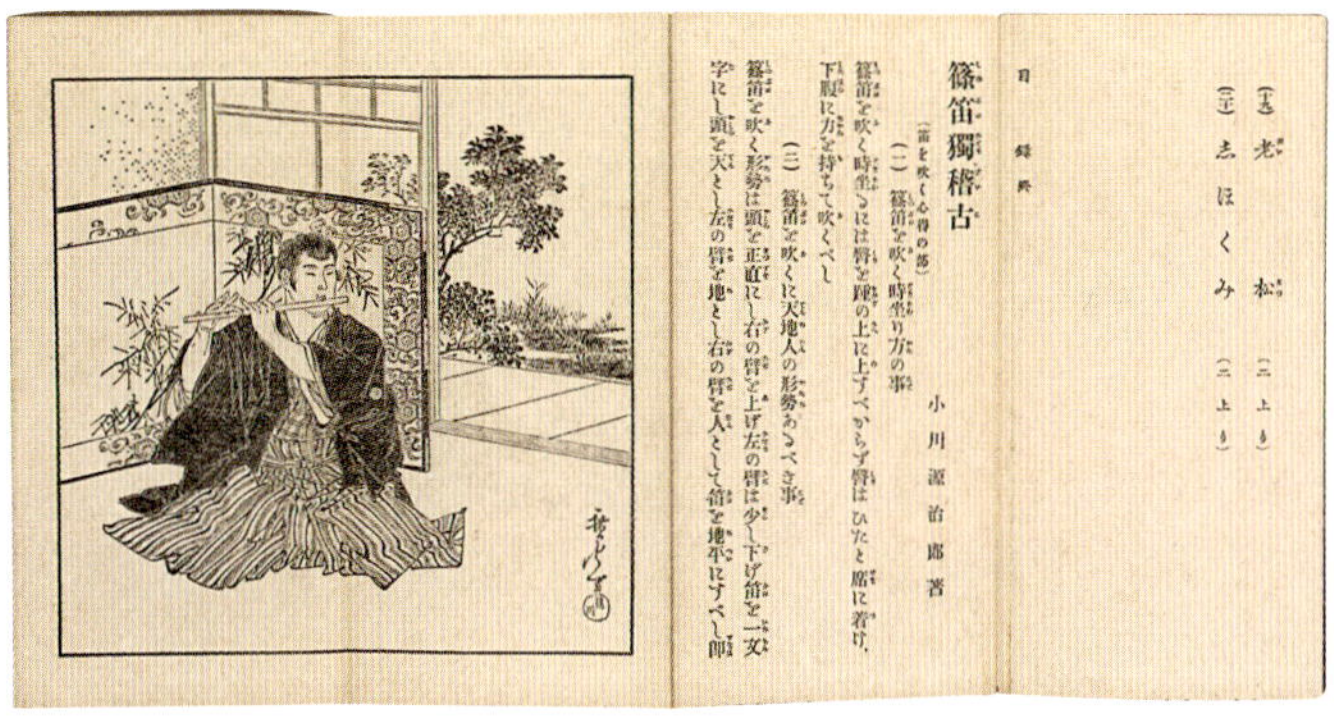

篠笛の教本「篠笛独稽古」
小川源治郎著　矢島誠進堂
明治26年発行。

さまざまなタイプの篠笛　篠竹で製作されているものは篠笛と呼ばれ、長唄や祭りなどで使用される。篠笛には、全長の長い笛から、1、2、3、3半、4、4半、5、5半、6、7、8、9と12本(律)の笛がある。

日本の横笛

浮立笛　佐賀県地方を中心に行われている民俗芸能「浮立」で使用する笛。竹製や木製などがある。上段の浮立笛は、全長43.7㎝。8割り竹を使用、指孔6孔、竹紙孔あり、天蚕（てぐす）巻き多数。下段の浮立笛は全長39.3㎝。9割り竹を使用、指孔7孔、天蚕巻き、赤漆塗り、糸巻きは11カ所。

三つ折れ蒔絵篠笛　保野眞龍の焼き判有り。上段が演奏者側、下段がお客さん側（蒔絵の図柄が多い）全長40.6㎝、上管が15.8㎝＋その内ホゾが4.1㎝、中管15.7㎝＋その内ホゾが4.0㎝、下管17.1㎝＋ホゾなし。見事な高蒔絵が施され、上等品であることがわかる。小判形の焼き判の中に山という文字を図案化したものあり。蒔絵には、研出蒔絵・平蒔絵・高蒔絵など数々の技法がある。その中でこの笛に施されている蒔絵は高蒔絵である。

二つ折れ篠笛

笛巻き用の種類　桜の木の表皮とその製品、藤とその製品（太さはさまざま）、元結巻き用の紙縒など。

日本の横笛

工夫された横笛　一番上は、クラシックで使用するピッコロ。真ん中はワンキーフルートで、紫檀製、全長40㎝、指孔は6孔+ワンキーで計7孔。白色に見えるのは動物の骨製。一番下は、金属輪付き特殊な形をした浮立笛、全長44.2㎝、7孔。

連管用笛筒　笛2管を入れる笛筒。上が銀蒔絵、下が黒柿製。

能管用笛入れ　上から、能管を入れる箱、能管を入れる布製袋、能管を入れる皮製袋。能管用笛筒３点は和紙で製作されており、上から黒漆塗り、梨地塗り、蒔絵付き。

高麗笛入れなど　上から高麗笛入れ、龍笛用笛筒２本、布製の龍笛用笛筒入れ。

第二部で扱う弦楽器は、琴（キン）・箏（ソウ）・琵琶・三味線・胡弓などである。そこで、弦楽器のルーツを調べて見ると、「狩猟用の弓」が変化して生まれたというのが定説になっている。その弓をどのように扱って音を出すのかというと、弦の一部を指ではじいたり、細い棒で叩いたり、小さな弓でこすったりなどの方法で行うのである。弓が変化してできた楽器には、ブラジルの「ビリンバウ」やタンザニアの「ンドノ」がある。なお、本来、琴と箏とは違う楽器であるが、近世の日本では、琴「キン」のことを「コト」と読んだり、箏「ソウ」のことを「コト」と言ったりして、混沌としているのが現状である。

　掲載されている弁財天（左側から京焼、木製、石製、陶器製、檜製、金属製）は、仏教発祥の地インドではサラサヴァーティといわれ、川の女神であり人々から尊敬されている。著者が注目したのは、これらの像が弾いている琵琶である。よく観察してみると日本の盲僧琵琶に似ている。インドネシアのボロブドール遺跡のレリーフでも、同属楽器の実物を見たことがある。

第二部　弦楽器

弦楽器の種類

日本の弦楽器をグループにまとめると、楽弓族は梓弓や綿弓など、チター族は琴や箏など、リュート族は琵琶や三味線や胡弓など、ハープ族は箜篌（くご）や佐賀県土生（はぶ）遺跡で出土した民族ハープなどに分けられる。リラ族は日本に伝わっているかどうかは不明である。以前、大英博物館で見たリラには豪華な飾りがあり、威厳のあるすばらしい楽器であったことを思い出す。

2本の弓　左は藤が7・5・3（数は写真で確認、雛道具の弓を利用）に巻かれた弓で、元は相位弓（そういきゅう）といい、武器ではあるが引きは強くない。右の弓は1本の木でつくった丸木弓である。両方とも楽器ではないが、弦楽器の基という意味で掲載した。

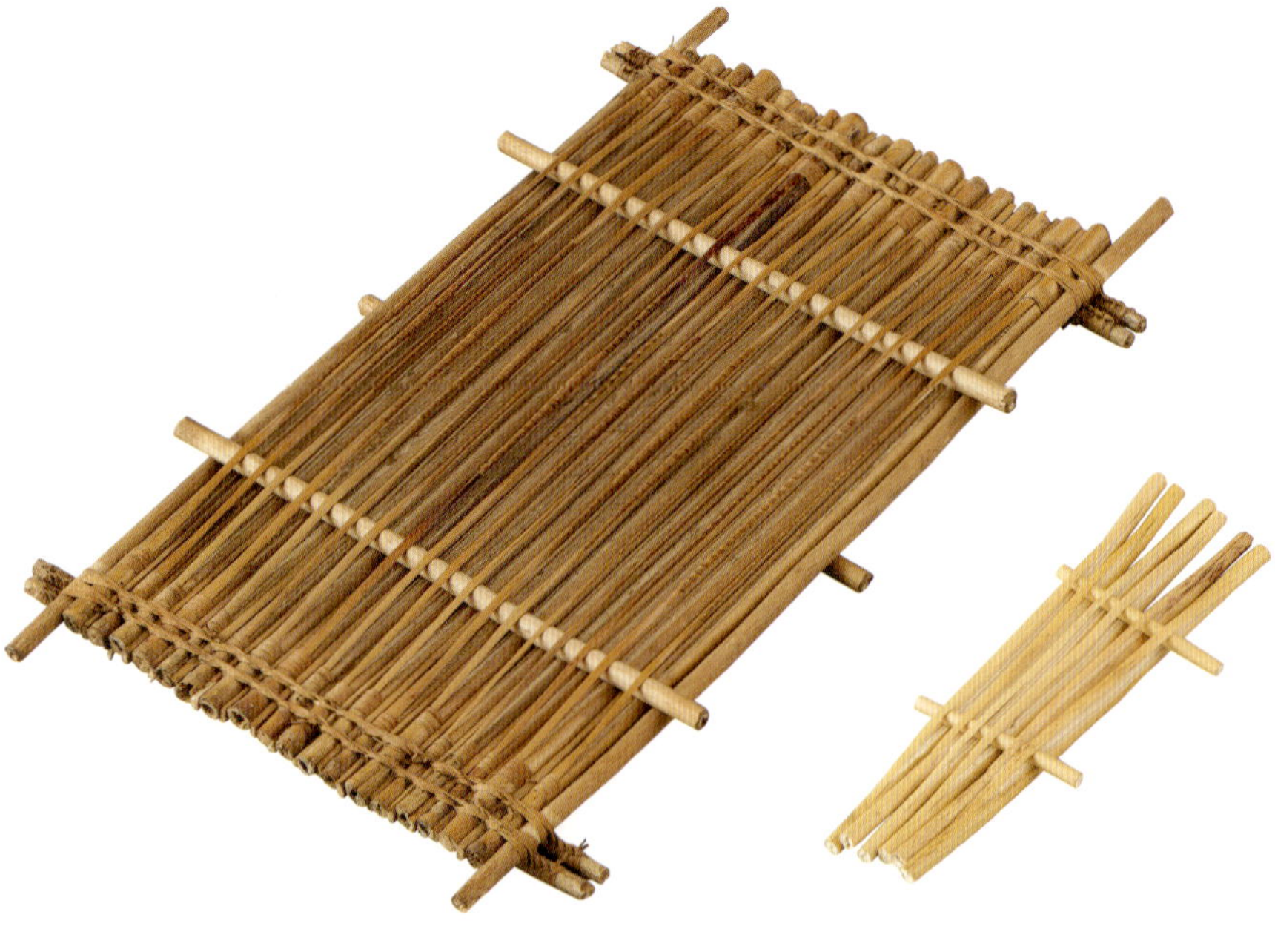

アフリカの筏型チターと沖縄のコッキンナー　コーリャンの茎の表皮の一部を切り出して弦にし、筏（いかだ）のように組み立てた楽器。小さい方の楽器は沖縄竹富島の子ども用玩具で「ふぃんぐる三線」ともいわれ、ふぃんはコーリャンで、ぐるは茎という意味である。つくり方はアフリカのものと同じで、ソテツのトゲや竹片などで掻き鳴らす。他に5弦や8弦も実見。

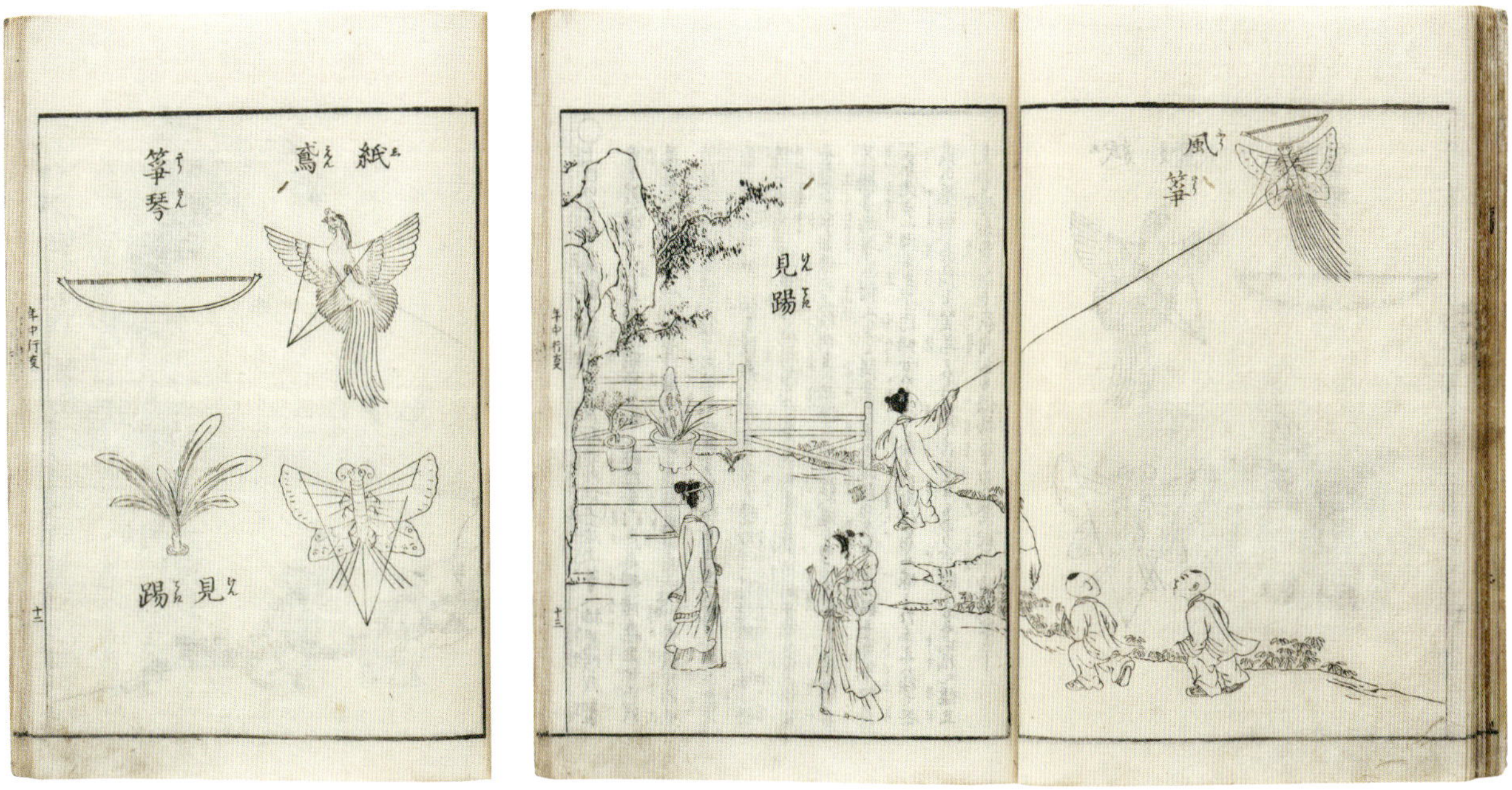

箏琴と風箏　箏琴は弓の弦（つる）を取り付ける部分に、螺旋形の金属線のようなものが取り付けられている。一方、風箏は竹を弓なりに曲げたたこである。それらを合体させ、小児たちは、正月から3月の間に空に揚げ、箏琴から出る音とたこ揚げを楽しむのである（清俗紀聞の1799年版より引用。内容は意訳）。

琴を弾く埴輪　左の埴輪は6世紀のもので、4絃の琴を膝上に置き演奏する。高さ72.7㎝。群馬県前橋市朝倉町出土、重要文化財、相川博物館蔵博物館販売のレプリカ。右の埴輪はお土産品である。

古代琴

古代琴には板式、箏式、その他さまざまなものがある。

出土古代琴には、板式・棒式・箏式などがある。 **1.** 板式。実物大復元品、全長43.7cm、広葉樹材、ヘラ状木製品、四絃琴、縄文時代晩期後半、安土城考古博物館蔵。 **2.** 板式。実物大復元品、全長49.5cm、杉製、琴頭部は鵄尾形、6絃の琴、弥生時代末〜古墳時代初頭、登呂博物館蔵。 **3.** 槽式。実物大復元品、全長150cm、杉製、琴頭部は鵄尾形、6個の突起あり。和琴の祖形と思われる。出土時に欠損部があったので一部予想復元している。古墳時代前期〜中期、守山市蔵。 **4.** 和琴(p57で解説)。

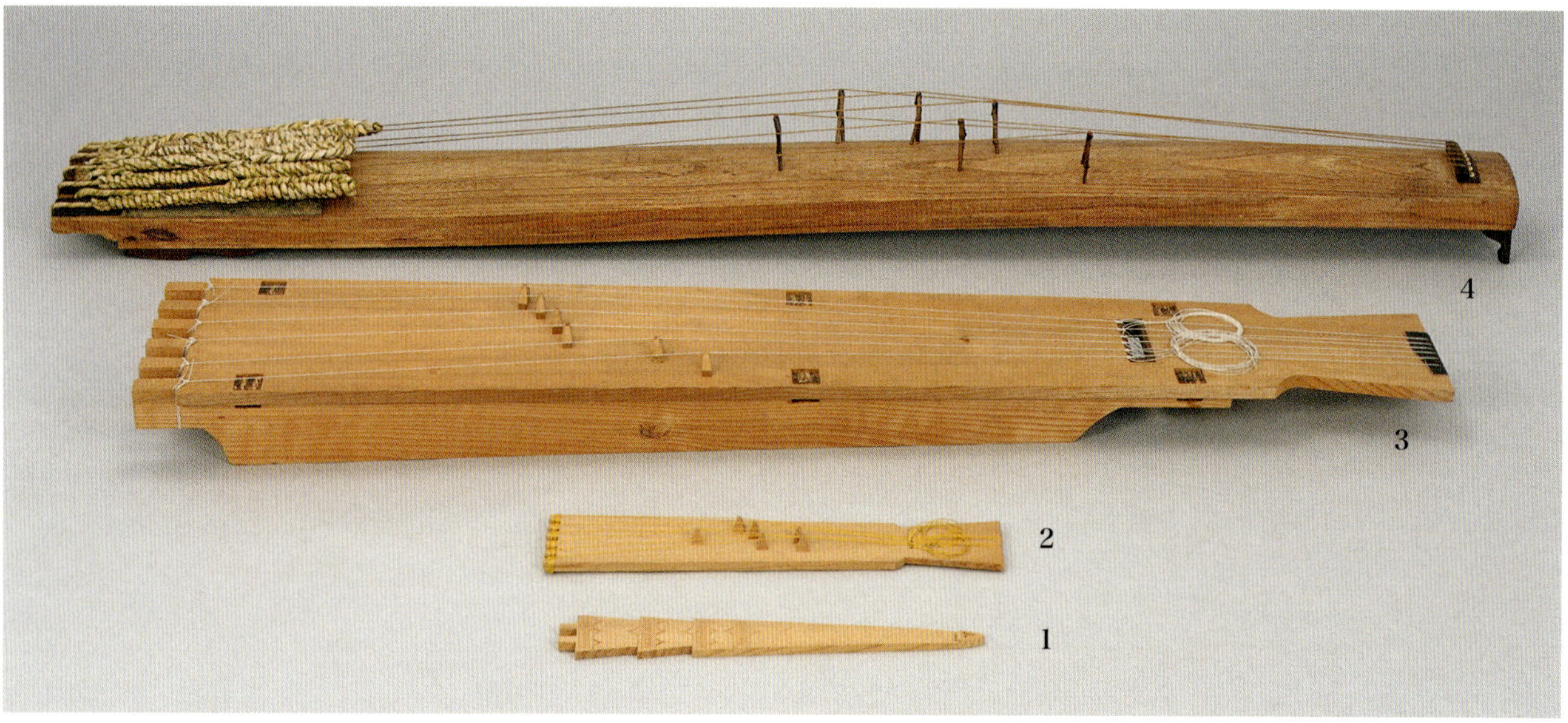

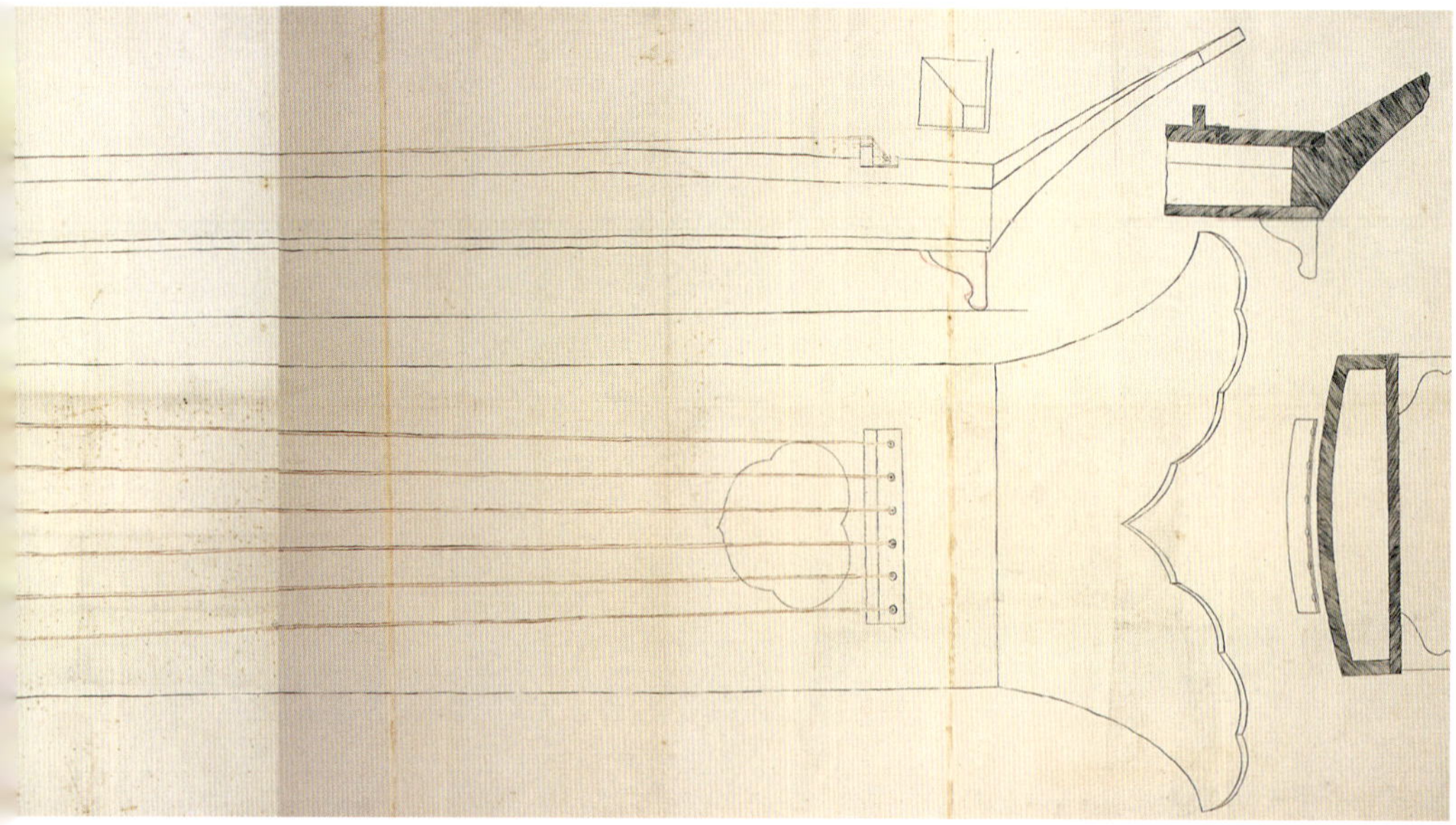

鵄尾琴(とびのをのこと)　形は平安時代に確立し、神社や宮中での儀礼に用いられる。著者蔵の鵄尾琴の実物大設計図は裏打ちがしてあり、製図した時とは違っているかしれないが参考までにサイズを示す。全長263cm、右側先端部分54cm、右幅30cm、左幅33cm、高さ15cm、尾までの高さ26cm。柱の高さは4cm程、幅は5.5cm程。琴軋は7.5cm程、幅は1.2 〜 1.5cm程である。

和《わ》琴《ごん》

別称は、日本琴、大和琴、倭琴、東琴、御琴など多数あり。日本固有の楽器であるといわれ、神楽、東遊、大和舞、久米舞などの古楽の伴奏に用いられる。屋外で演奏する場合には二名が立って和琴の両端を持ち、三人目が楽器中央部で立奏する。人数構成は、他のパターンもある。

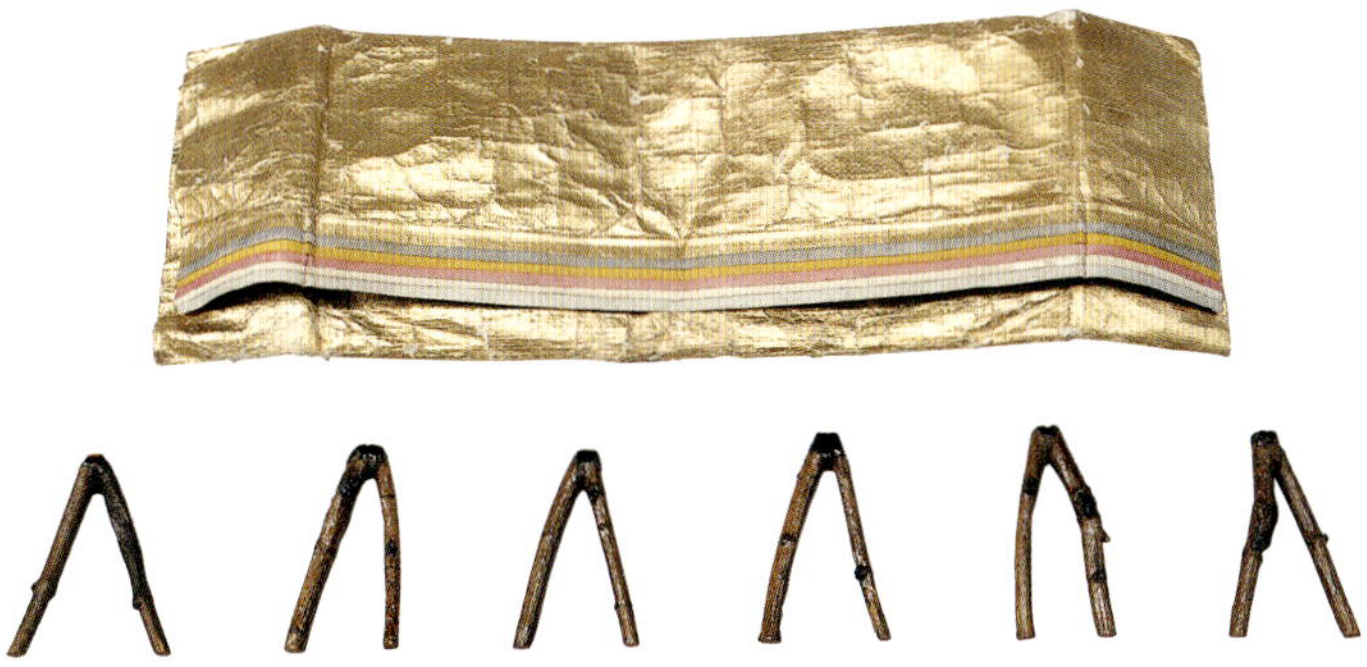

和琴の柱　楓の枝の股の部分を利用して製作、枝の木口径は1㎝程、高さ6.6㎝程、下部脚の広がりは4.5㎝程、他のサイズもあり。和琴の柱入れの袋物は近代のことで、それ以前は紙製であった。

和琴　杉や桐材で製作。6絃、全長187.4㎝、頭部幅15㎝、尾部幅22.8㎝。糸は絹糸製で中に芯がある。絃を張るのには葦津緒(あしずお)を使用し、絃の末端を本体に取り付ける。葦津緒は、白・黄・浅黄・薄萌黄(うすもえぎ)の4色の練絹(生糸を精錬しセシリンを除去し、撚(よ)っていない絹糸のこと)を使用。未使用品のサイズは長さ3.34m、太さ約7㎜程である。和琴の別形体として、龍頭から3分の1あたりが自然な形で盛り上がり、龍尾部分も少し持ち上がっている和琴も実見している。

琴軋(ことさき)　演奏時に使用。形は笏型、鼈甲、水牛、象牙製などあり。写真右端の琴軋が一番良い音がする(著者の感想)。鼈甲製で全長6.48㎝・幅1.42～0.96㎝・厚さ0.19㎝～0.06㎝(幅の細い方が薄い)である。

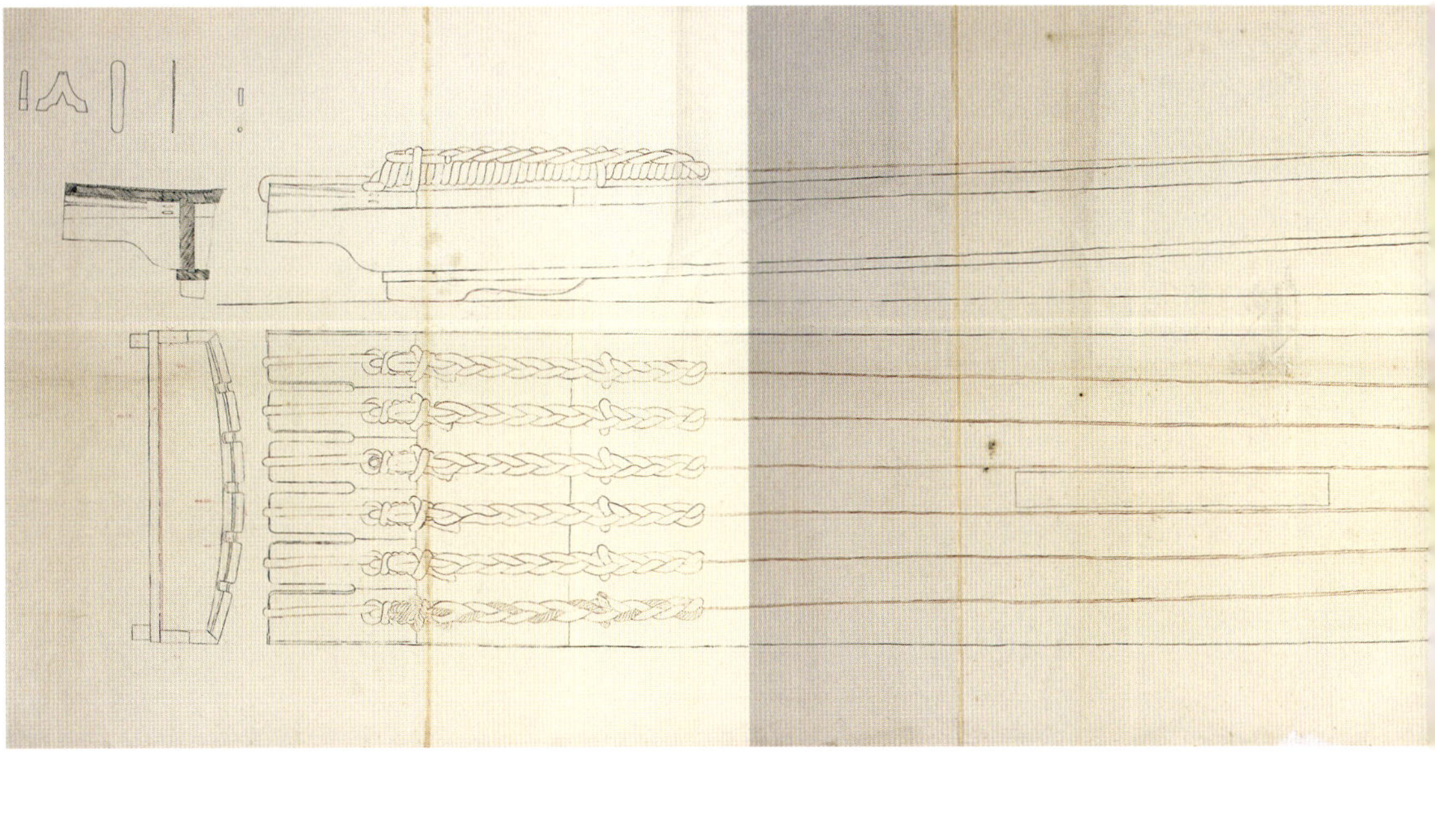

古《こ》箏《そう》

箏は漢代（前二〇二〜後二二〇）に十二〜十三弦に発達。唐代（六一八〜九〇七）には十三弦になっていたという。著者蔵の「古箏」を実見した識者が、千年以上前のものではないかという話をしていたが、著者には相当古い箏としか想像できない。従って、この古箏を見た通りのままを述べてみたい。

古い箏の演奏図　帽子から推理すると「放下僧」と思われるがハッキリしない。

古箏の表面　13絃、本体は桐製、表甲には雲を連想させるような文様が3個描かれている。全長110㎝、幅23〜17㎝、磯幅3.5㎝、高さ9㎝。

古箏裏面　龍頭側には楕円形（13.5×12.2㎝）、龍尾側正方形（9×9㎝）の音孔が開けられている。

龍舌　「鰹節」のような形をしている生田流の龍舌とは違い、「牛舌（ぎゅうたん）」のような形をしていて、リアルな龍の舌を連想させる。写真にはないが糸枕が有り、その両端には、気泡と飾りが左右非対称で入っているトンボ玉がついている。トンボについている飾り紐は右巻きなので日本製と思われる。脚は補足修理したものである。

龍頭側　生田流や山田流の龍頭の形とは違っていて、中国風な文様が描かれている。

龍尾側　雲を連想させる文様と、9枚の鱗を連想させる文様が描かれている。

さまざまな箏

箏の文字を「琴」と書いたりするが、正式には箏と琴とは違う楽器である。「柱」を移動して使用することができるものは「箏」と書き、柱を固定して使用する楽器には琴《キン》と言う文字を使用する。しかし、現在の日本では「箏と琴」と言う文字が厳密な意味では使用されていない。

朝嵐銘の箏　全長150㎝・幅23㎝・元禄4（1691）年8月・石村近江忠貞作、明治21（1888）年11月に、伊藤祐昌が神田（著者注、京都の神田大和介と思われる）より求む。（大正14年9月12、13両日、於・愛知県商品陳列所内龍影閣、楽器図書展覧目録のp8掲載より引用）。

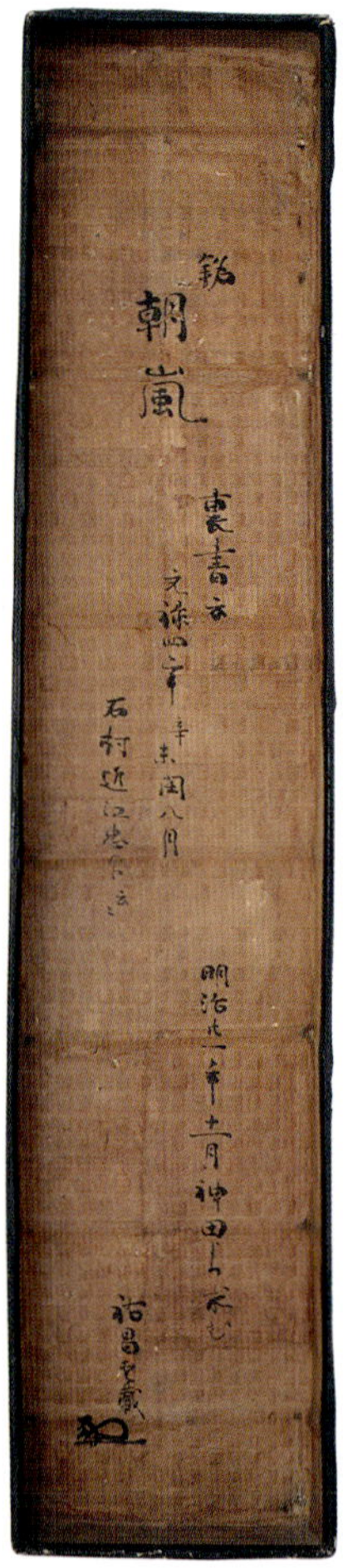

箏箱　朝嵐銘の箏を入れる箱は「一閑張」で製作されている。一閑張とは、箏に合わせて竹製の箱をつくり、そこに和紙を貼り重ね、表面は柿渋で塗り固めてある。普通の箏箱は木製か布袋なので、この琴箱は珍しいつくりになっている。

座奏　日本でも胡坐をかいた状態で座り、箏脚を自分の膝に乗せて演奏している平安時代の古図が残っている。カヤキン（韓国）と七絃琴（中国）も膝に乗せて演奏する。

箏と木製琴箱一式　大坂の植村小七作。全長177㎝、幅23～25㎝、脚付き高さ8.5㎝。箏脚、箏柱、口前などに象牙が使用され、豪華なつくりになっている。

サイズ違いの6面の箏　一番下は小17弦（全長200㎝、幅31㎝、高さ12㎝）。一番上は半箏（全長64㎝、幅22.5～23.5㎝）で京都の今村権七作である。

折り畳み式箏二面　二つ折れは全長91.5㎝、幅26㎝。是成作の山田流三つ折れ箏は、3分割した箏の黒色部分を合わせ、糸孔の開いた鉄棒に糸を取り付ける。それを竜尾側の開閉式の引き出し板を開け、そこに糸を掛けた鉄棒をはめる。全長106㎝強の箏になる。

生田流筝

筝は平安時代以降、女性の教養の一つとして、明治～戦前ぐらいまでは嫁入り道具として用いられてきた。我が国には中国より伝来した楽筝、その流れをくむ筑紫筝、八橋筝、更には、生《いく》田《た》筝、山田筝などの系統がある。掲載の筝は、京生田流本間のサイズで、全長が一九〇・九cm、幅が二十四・二cmである。

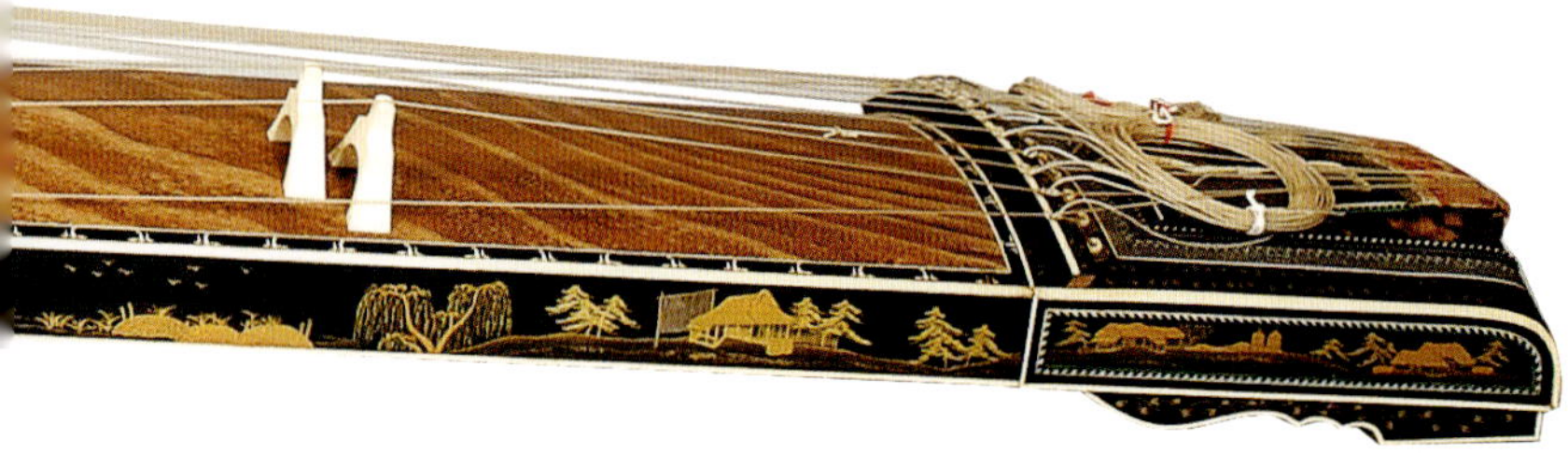

3. 大磯

6. 龍尾

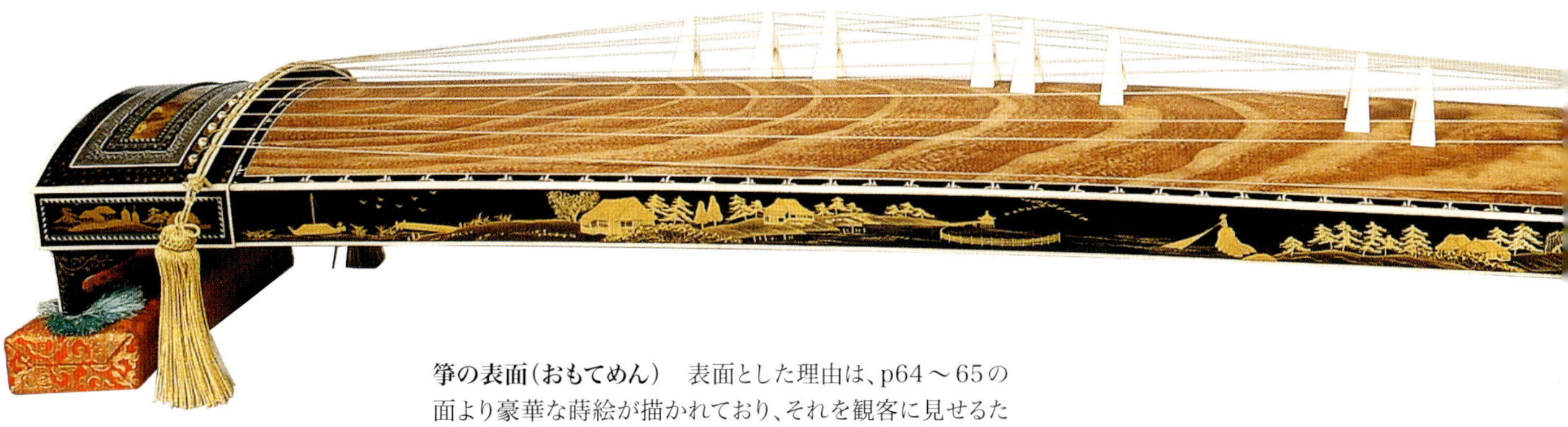

箏の表面(おもてめん)　表面とした理由は、p64～65の面より豪華な蒔絵が描かれており、それを観客に見せるためである。嫁入り道具と考えられる。

1. 龍頭側面

2. 大磯

4. 大磯

5. 大磯

生田流箏

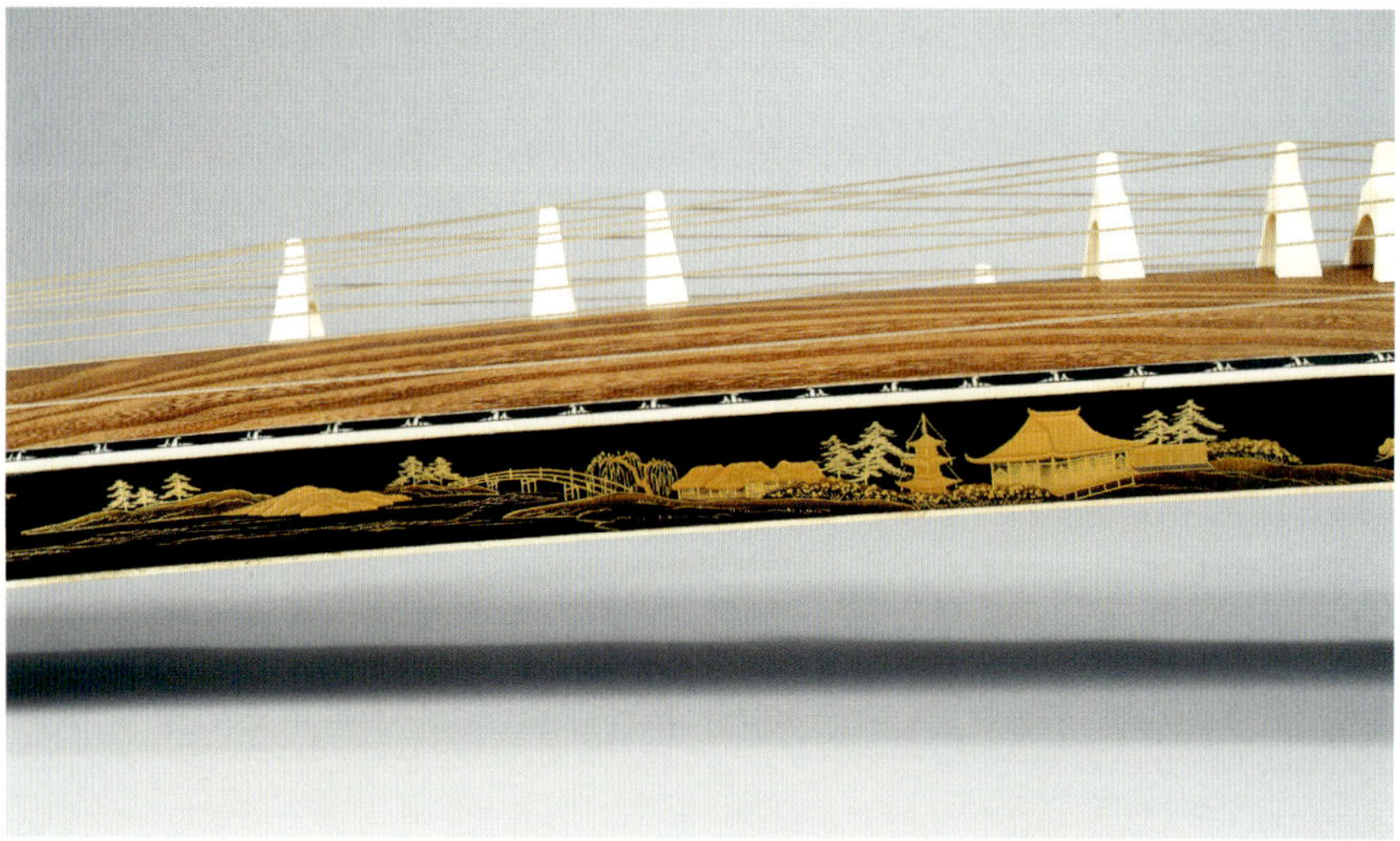

3. 大磯

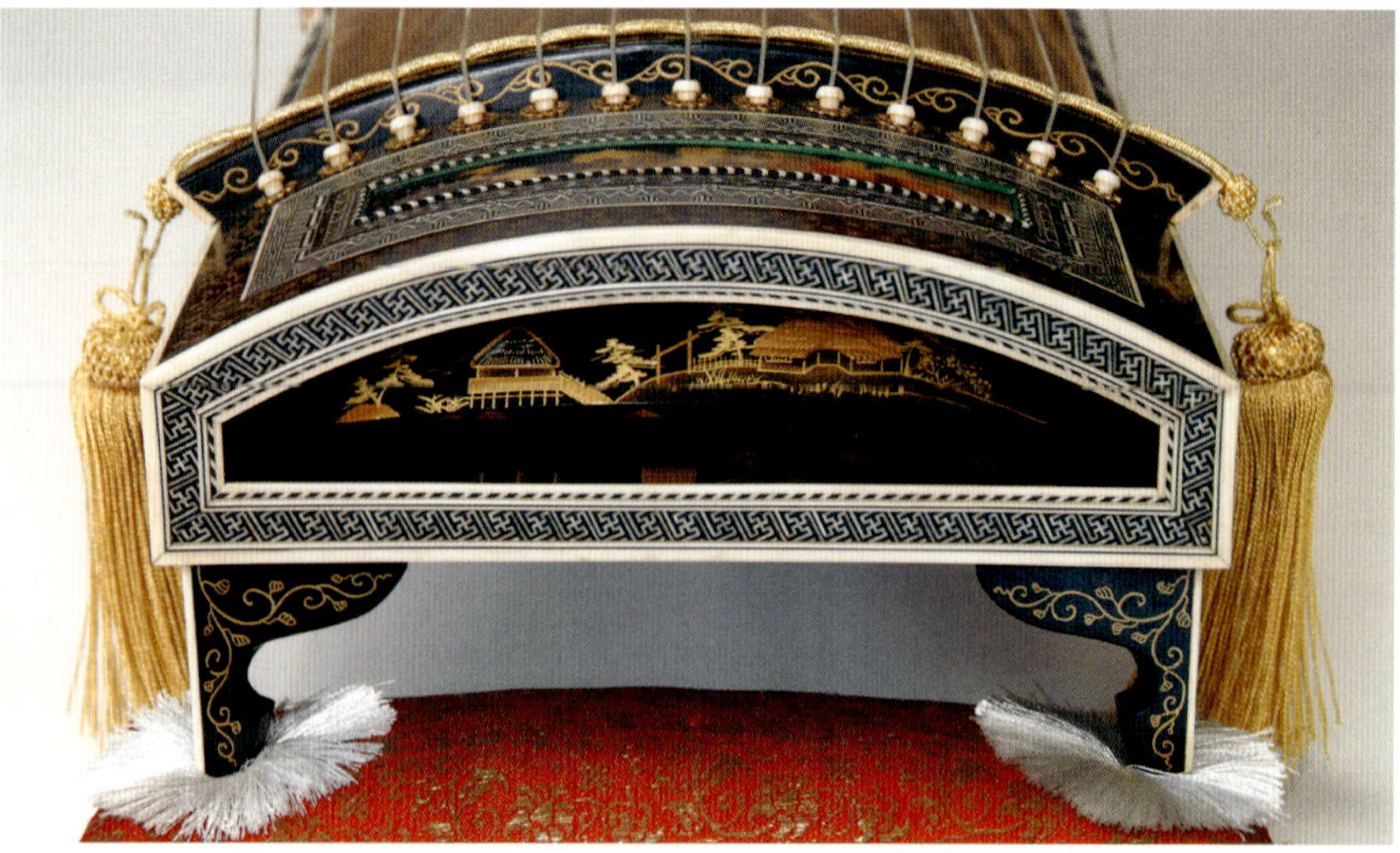

6. 龍頭正面

箏の裏面　箏の大磯部分に描かれている蒔絵の図柄が、前ページ(p62 ～ 63)の蒔絵よりも少ないため裏面になる。演奏する場合、箏に向かって右方向に座るが、生田流の演奏者は角爪を使用するので、少し斜めになって座る。

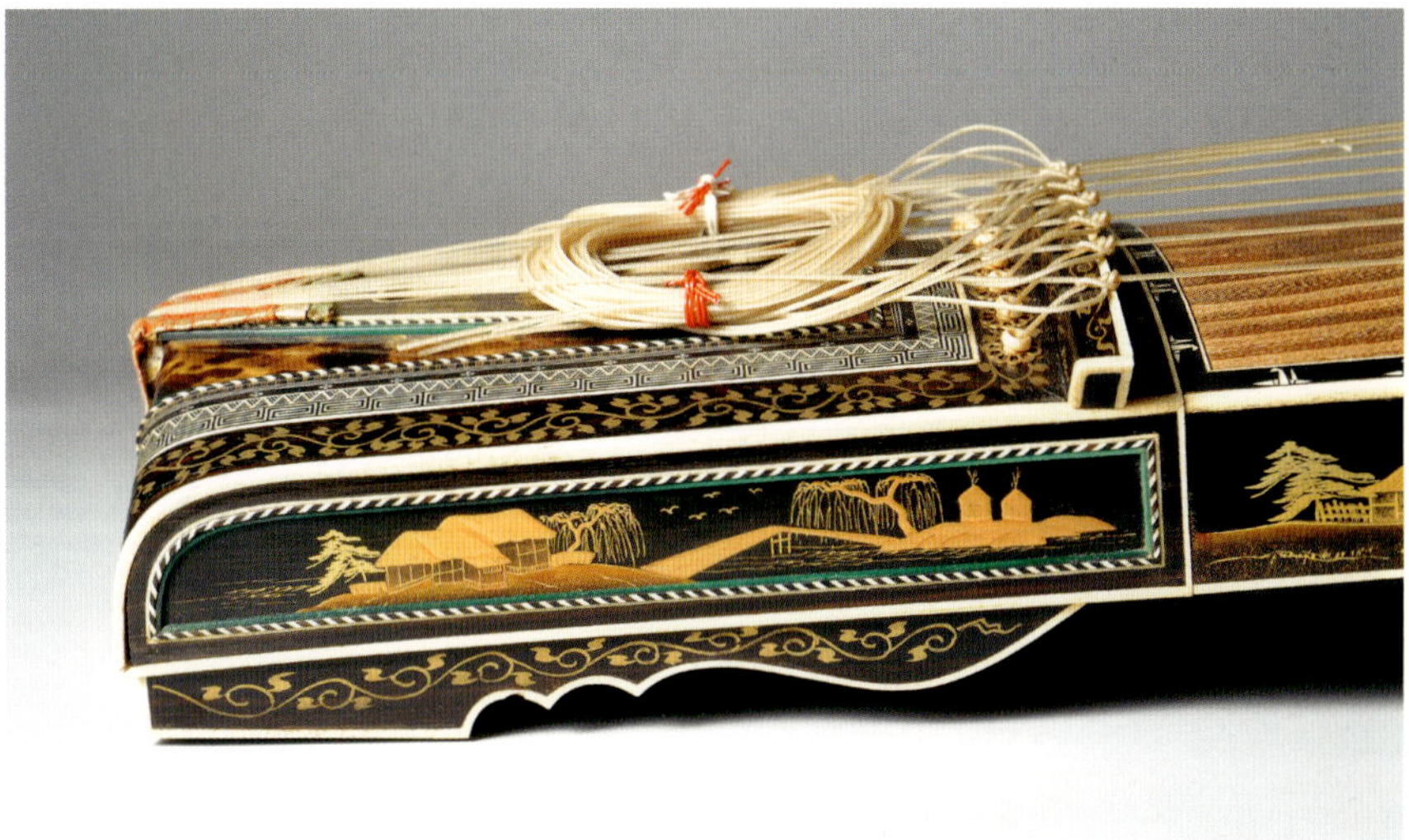

1. 龍尾

2. 大磯

4. 大磯

5. 龍頭側面

生田流箏

源氏物語には、当時の世相が54帖(巻)に分けて書かれている。それを利用して源氏香という香道が考えられた。それは、香元の焚く香の種別を相手側が自己の嗅覚によって判断し、記号として表現する遊戯である。龍舌部分に高蒔絵で描かれている記号は、12帖の須磨(右)と13帖の明石(左)の源氏模様である。両方とも箏(琴)に関係する内容が書かれているので、それを利用したと思われる。

金飾りの龍　龍飾りは金製の方が銀製より高額で、箏の材料なども違っている。箏全体を龍に見立てているので、それぞれの場所に龍に関する名前が付けられている。龍像の飾り細工の回りの装飾は、寄木細工になっている。

銀飾りの龍　金製よりも箏のランクが落ちる。

生田流箏の龍舌　全長190.9㎝、龍舌は上張り象牙製の蒔絵付き。

生田流箏の龍舌　全長190.9㎝、龍舌は紫檀製の蒔絵付き。

生田流箏の龍舌　全長175.8㎝、龍舌は象牙無垢(むく)製の蒔絵付き。

龍舌正面　龍頭＋龍舌３カット(いずれも生田流、但し、１番目と２番目の箏は、全長が６尺３寸であるが、３番目の脚の形が違うものは、全長が５尺８寸である)。

著者のつぶやき

【箏の絃の名称】

低い音から一、二、三、四、五、六、七、八、九、十、斗、為、巾という。教訓抄には、「仁(じん)智(ち)礼(れい)義(ぎ)信(しん)文(ぶん)武(ぶ)斐(ひ)蘭(らん)商(しょう)斗(と)為(い)巾(きん)」と明記してある。その影響を受けて「斗、為、巾」が残ったと考えられる。

【箏の木目と楽器の鳴りの関係について】

楽器の音は木目にそって進む。木目にはさざ波杢(如麟杢、p77の陶器製の木目がさざ波型)、巻き杢、玉杢、柾杢などがある。木目によって音の響き方が違う。同じような内部構造をもった箏を比較した結果、余韻が優れ、音の広がりを感じる順番は、1番はさざ波杢、2番は巻き杢、3番は玉杢。さざ波杢は演奏者側から見て、左右とも同じような木目の方がより良い音がする。木目が違うと音色は落ちる。

龍尾　中に飛天の図柄が螺鈿細工で埋め込まれている。螺鈿細工とは、白蝶貝、夜光貝、アワビなどの貝を利用し、それらをさまざまな形にして埋め込み、漆で固めたもの。

山田流箏

山田検校斗養一(とよいち、一七五七~一八一七)が開祖。箏師の重元房吉に協力し、箏が良く鳴るようにさまざまな改良が行われた。例えば、山田流の箏は縦方向の反りが強いので糸を強く張ることが出来る。糸の間が広く甲の間が平らで弾き良い。脚は取り外しが可能であり、外側にほんの少し湾曲している。一般的には装飾が少なく、箏の鳴りを重視している。山田流本間箏は全長一八一・八cm、半間箏一六六・七cm。掲載の山田箏は初期製作の特殊サイズで、全長百三十cm、幅二十一・五cmとなっている。

山田流箏龍頭

山田流箏龍頭

龍舌と前脚

山田流箏　胴内に作者の落款あり。文政12（1829）年己丑朧月（つちのとうし、おぼろづき）玄辰。御箏師は平安の田中東二郎美矩作で花押あり。表に螺鈿象嵌飾りと金銅製象嵌あり。裏に朱筆題の松南陣人の七言絶句と玄綿翁の和歌あり等々。

龍尾部分の螺鈿細工

箏表面の螺鈿細工

平安拂塵斎　裏面赤漆文字で遊鳳清阮、花押。

箏《こと》柱《じ》

昔の箏柱のサイズと形はさまざまであった。一般的には、生田流の柱の高さは五cm程、山田流の柱の高さは五・五cm程で、材質は象牙・紫檀・紅木・桜などで製作、柱の先端部分に象牙を使用しているものもある。箏柱は全体の調子を変えるために移動して使用する。基本は平調子であるが、他にも多くの種類の調子がある。

飛燕之柱　飛燕の曲を習得した時、燕の蒔絵が描かれ、高さ6cm程の柱を師から拝受する。それを1の糸に掛けた場合、本来とは違う場所に設置するので、視覚的に見ても秘曲を習得した上級者であるということがわかる。上段の箱(右)が象牙製飛燕の柱。その右は普通の柱。他は千鳥と松葉の柱。

松葉と千鳥の柱　松坂春栄と七代目畑伝兵衛の合意に寄り考案された。吉沢検校が作曲した四季の曲を演奏する際に松葉柱を2の糸に、千鳥の曲を演奏する際は千鳥柱を2の糸に使用。サインは左より今村正房、松坂春栄、畑伝兵衛のものである。

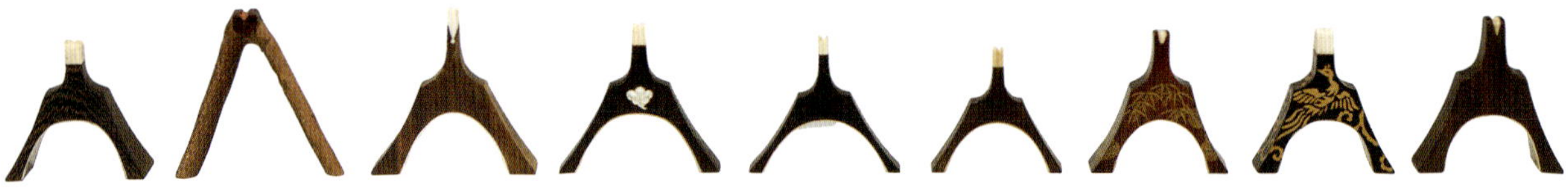

さまざまな箏柱　左から2番目は和琴の柱、4番目は楽箏の柱。

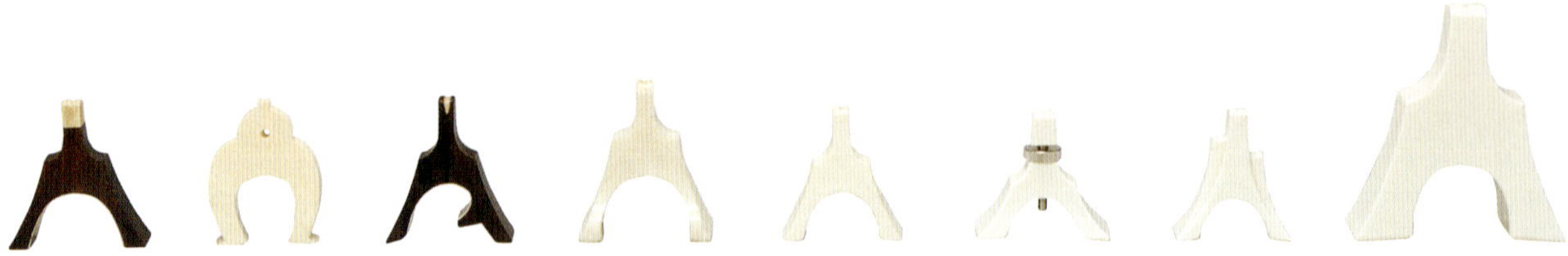

さまざまな箏柱　左から2番目の柱は明楽器の瑟(しつ)に使用。左から3番目は特許取得の巾柱、右端の柱は17弦用でプラスチック製。

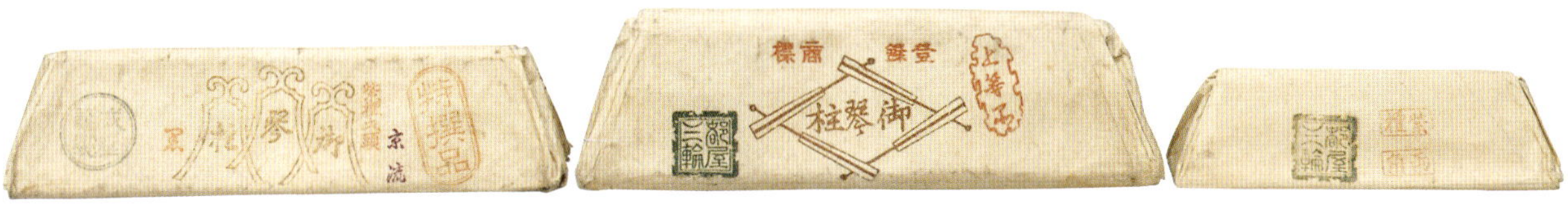

昔の箏柱販売当時の包装　**左**）特選品・京流・紫檀才頭御琴柱などの文字あり。柱の頭部に象牙使用。　**中**）上等品・登録商標として扇子４本を使用したデザインの中に御琴柱の文字あり。柱の頭部に象牙使用。　**右**）紫檀・両角の文字あり。柱先頭の糸筋のみに象牙を使用。

高蒔絵付き箏柱表面　お客様側、蒔絵の図柄が派手である。蒔絵の題材としては、花鳥風月や花鳥草木などがテーマになっていると思われる。

高蒔絵付き箏柱裏面　演奏者側、蒔絵の図柄が表側より地味である。蒔絵の題材としては、花鳥風月や花鳥草木などがテーマになっていると思われる。

箏柱入れ

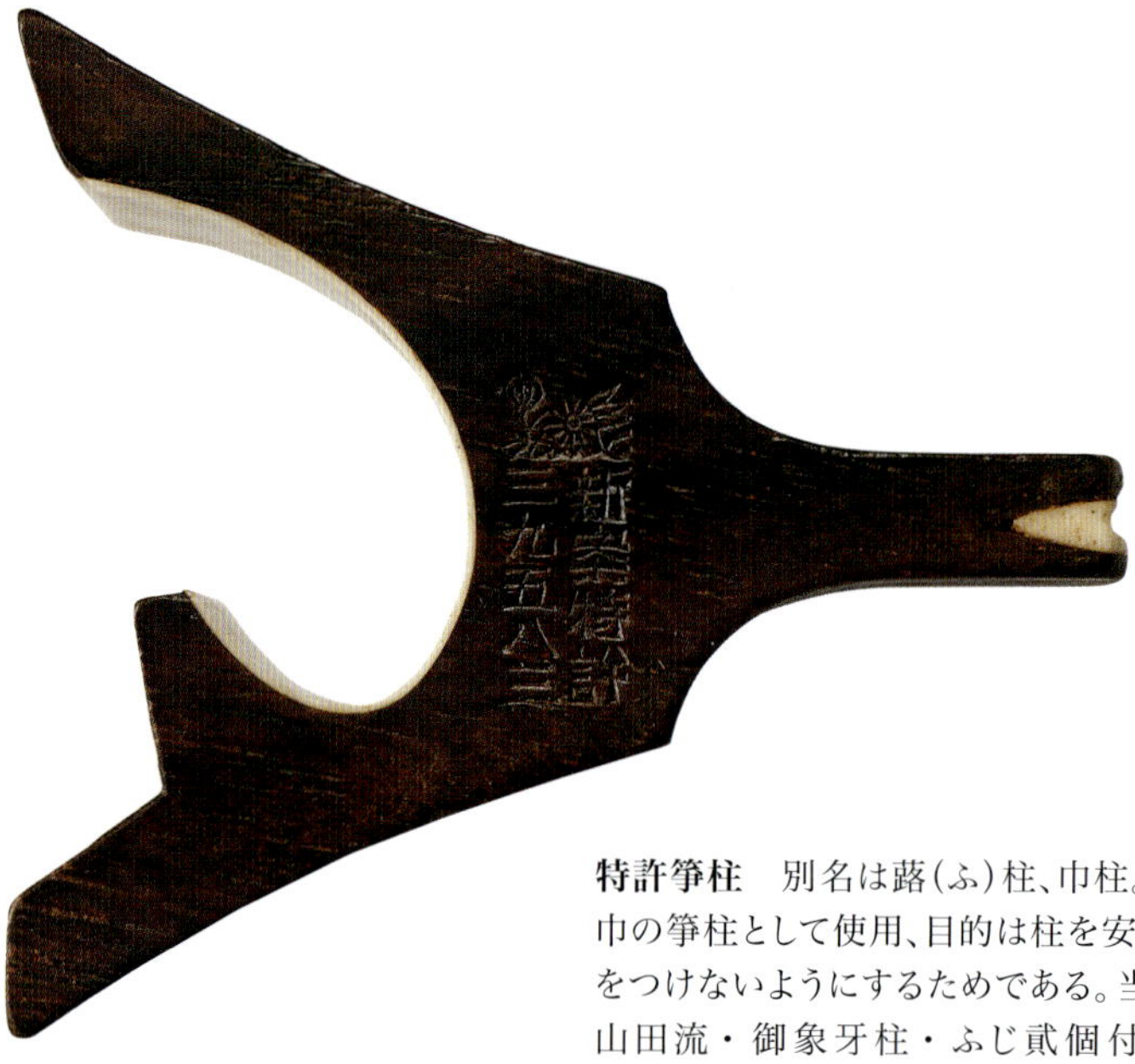

特許箏柱　別名は蕗(ふ)柱、巾柱。考案当時は1の糸と巾の箏柱として使用、目的は柱を安定させて箏本体に傷をつけないようにするためである。当時の箏柱入れには、山田流・御象牙柱・ふじ貳個付・壱組・専売特許3606・出願大正9年3月31日と書かれている。巾柱が考案される前は、柱脚の下から1㎝ぐらいの所まで、和服地のような布を巻きつけていた。

多様な箏柱入れ　箏柱をケースに入れることによって、さまざまな模様に変化するのを楽しんだ。写真右下の蒔絵箱の文字には「紅葉柱」と書かれている。紅葉と楓は同じ系統の植物なので、恐らく和琴の柱を入れる箱と思われる。

箏《こと》枕《まくら》

箏の位置を高くし、演奏しやすくするための道具。箏脚を箏枕に置いたり、箏脚を外して本体を鳥居型（右赤漆のもの）の箏枕に置いたりして使用した。他にも、箏柱入れを箏枕に利用できるようになっているものなどがある。

箏枕５点　左側の２点は錦製箏枕。右側は鳥居型箏枕。その下は木製箏枕２点。

箏爪・爪箱

箏爪の形は流派によって異なる。生田流は角爪で力強い音がする。箏に向かって左斜めに座って弾く。山田流は丸爪で細く柔らかい音がする。箏に向かってまっすぐに座って弾く。曲想や箏本体の相性を考えて複数の爪を使い分けることが理想的である。爪箱は、それぞれの演奏者が自分の気に入った品物を購入し、それを利用して楽しんでいた。

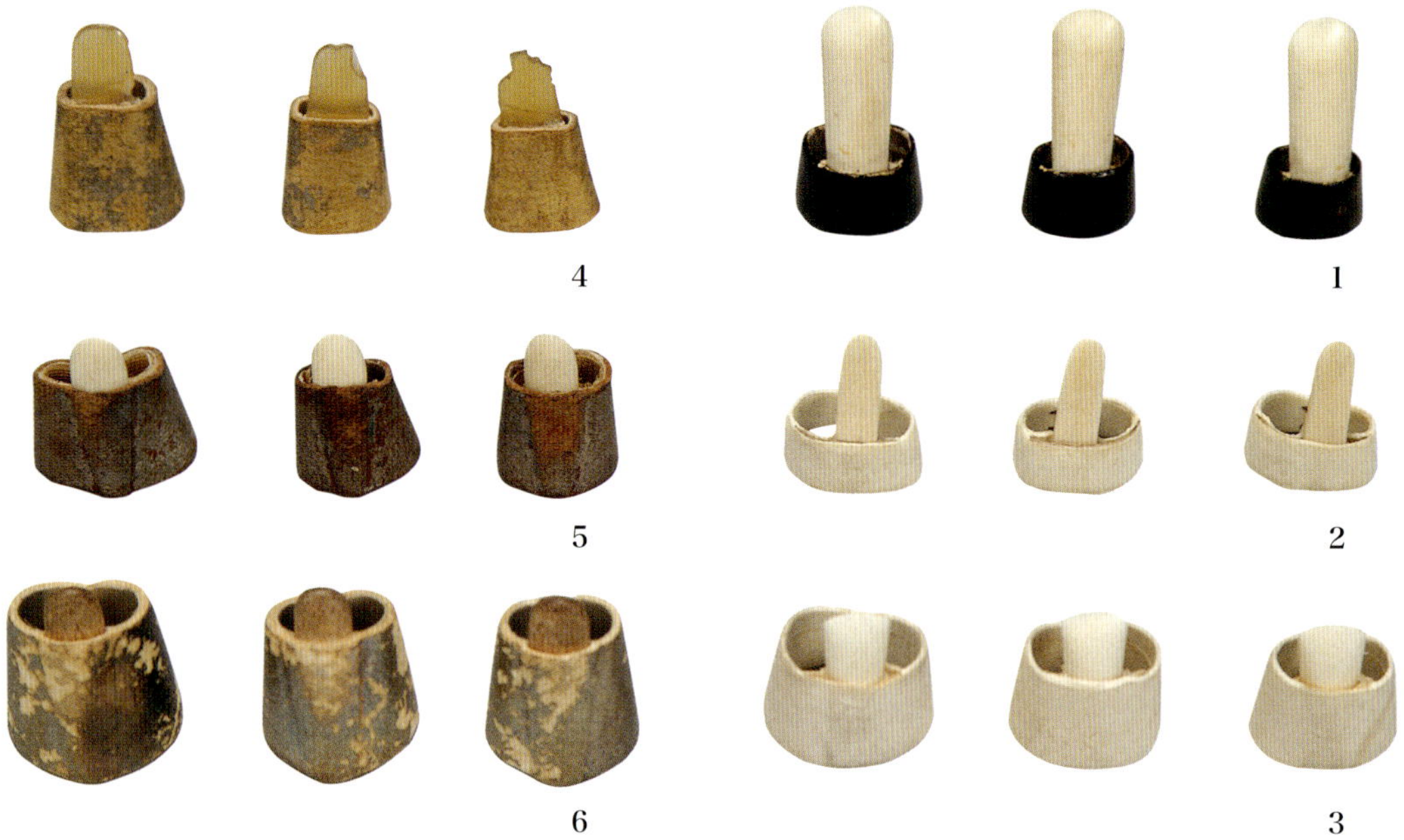

さまざまのタイプの箏爪　3つが1セット。 1. 八橋流　2. 筑紫琴用　3. 吉備楽用　4. ～ 6. 楽箏用

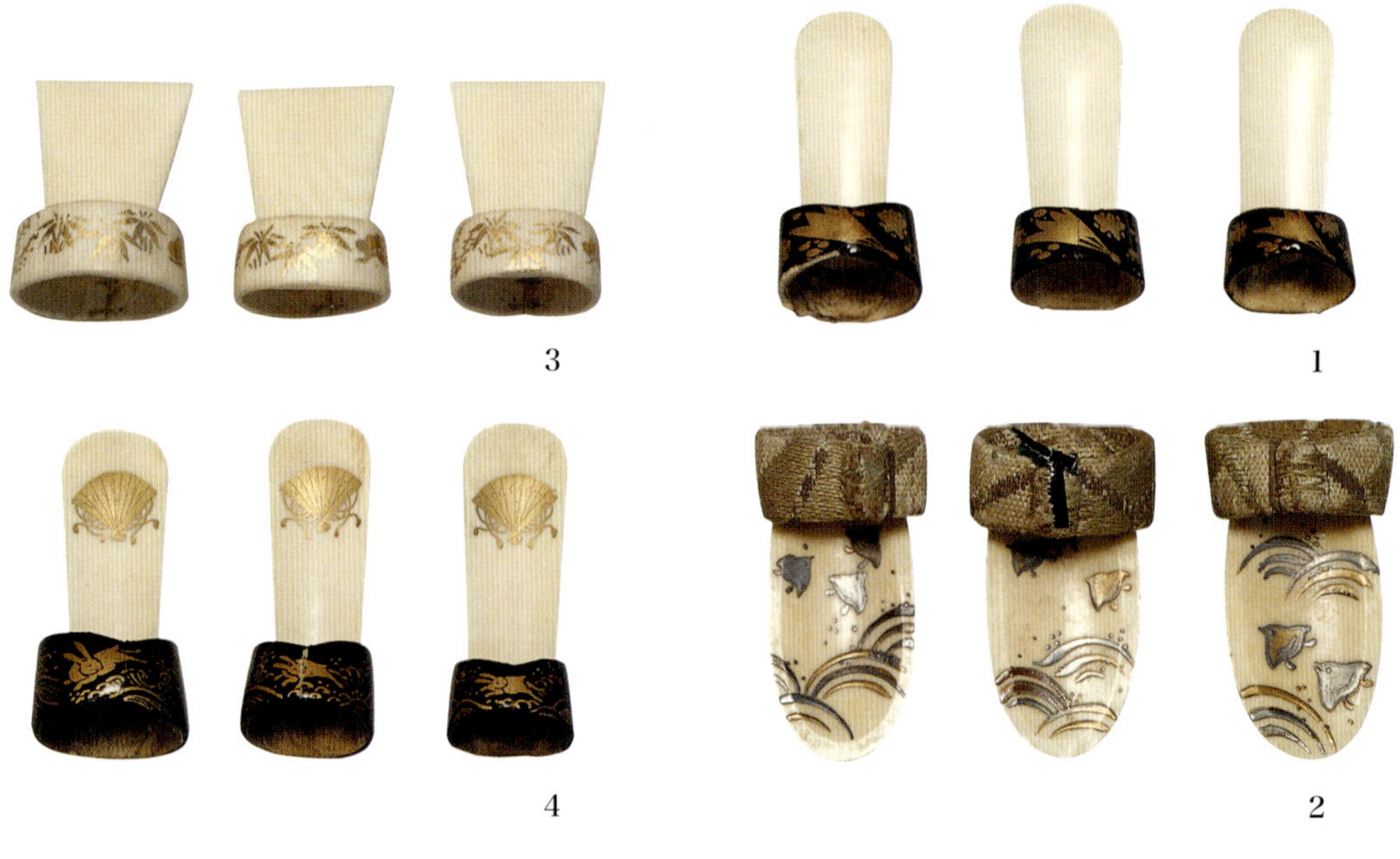

さまざまのタイプの箏爪　1. と4. 八橋流　2. 山田流　3. 継山(つぎやま)流

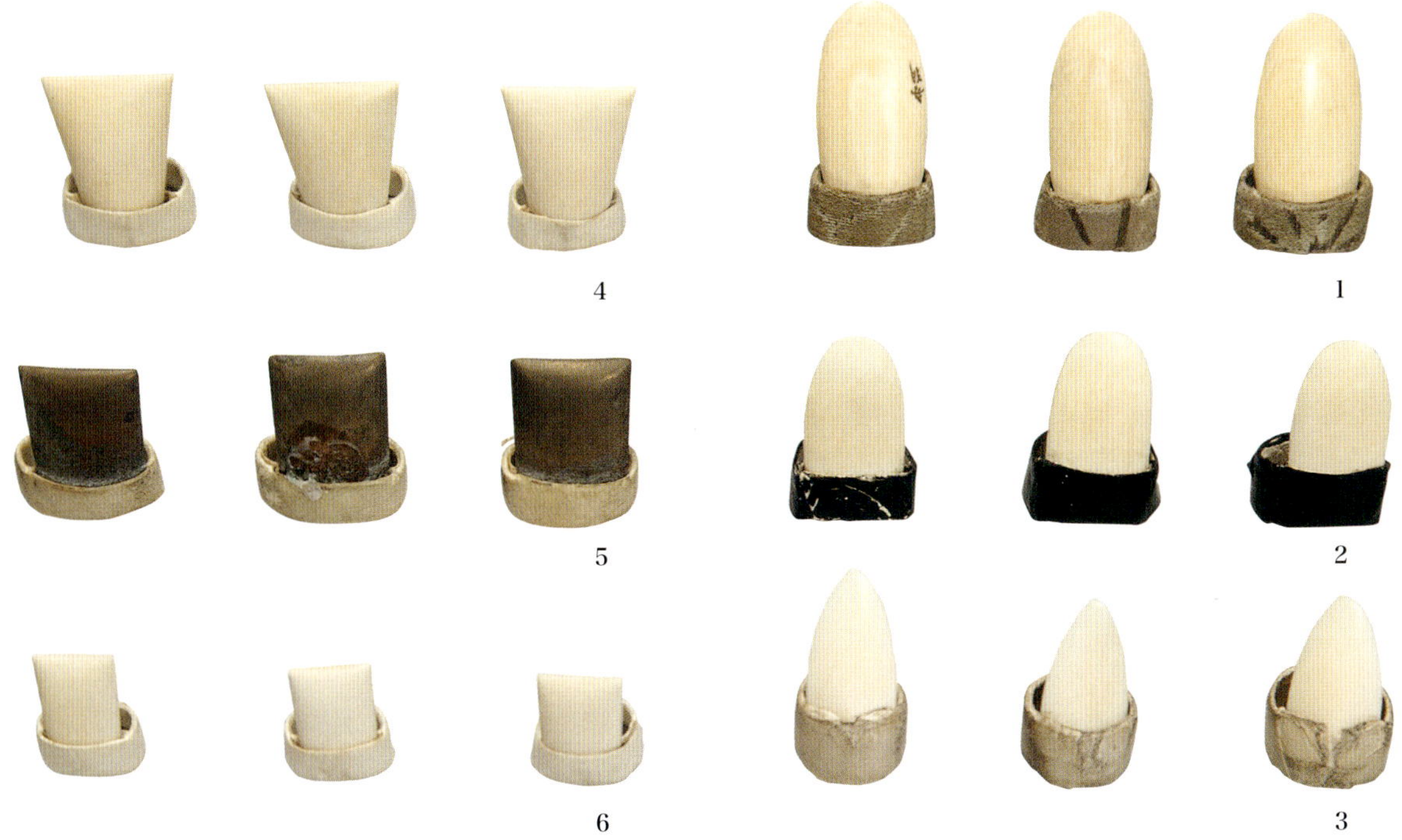

さまざまのタイプの箏爪　1. ～ 3. 山田流円爪３組　4. 継山流　5. 真鍮製生田流角爪　6. 子ども用生田流

さまざまな爪箱　1. セルロイド製　2. 立体的な絵柄の堆朱彫り爪箱　3. 樺細工　4. 蒔絵付き高級爪入れ　5. 麦藁細工　6. 昔の箏爪入れ

糸締め器・箏《こと》糸《いと》

素人が箏糸を張るのは、力がいる大変な作業である。その労力を少しでも軽くするために、糸締め器が開発されたのである。著者が所蔵している糸締め器の特許資料だけでも、六十九点にも及ぶ。箏の絃は絹糸である。しかし、現在は、絹製が少なくなり、テトロンやナイロン製が使用されるようになった。

糸締め器　掲載されている一番原始的な糸締めの道具は中央部にある４本(象牙、紫檀、樫、朴ノ木製)の「糸締棒」である。これを使用する時は棒状のものに糸を巻き付けて行う。

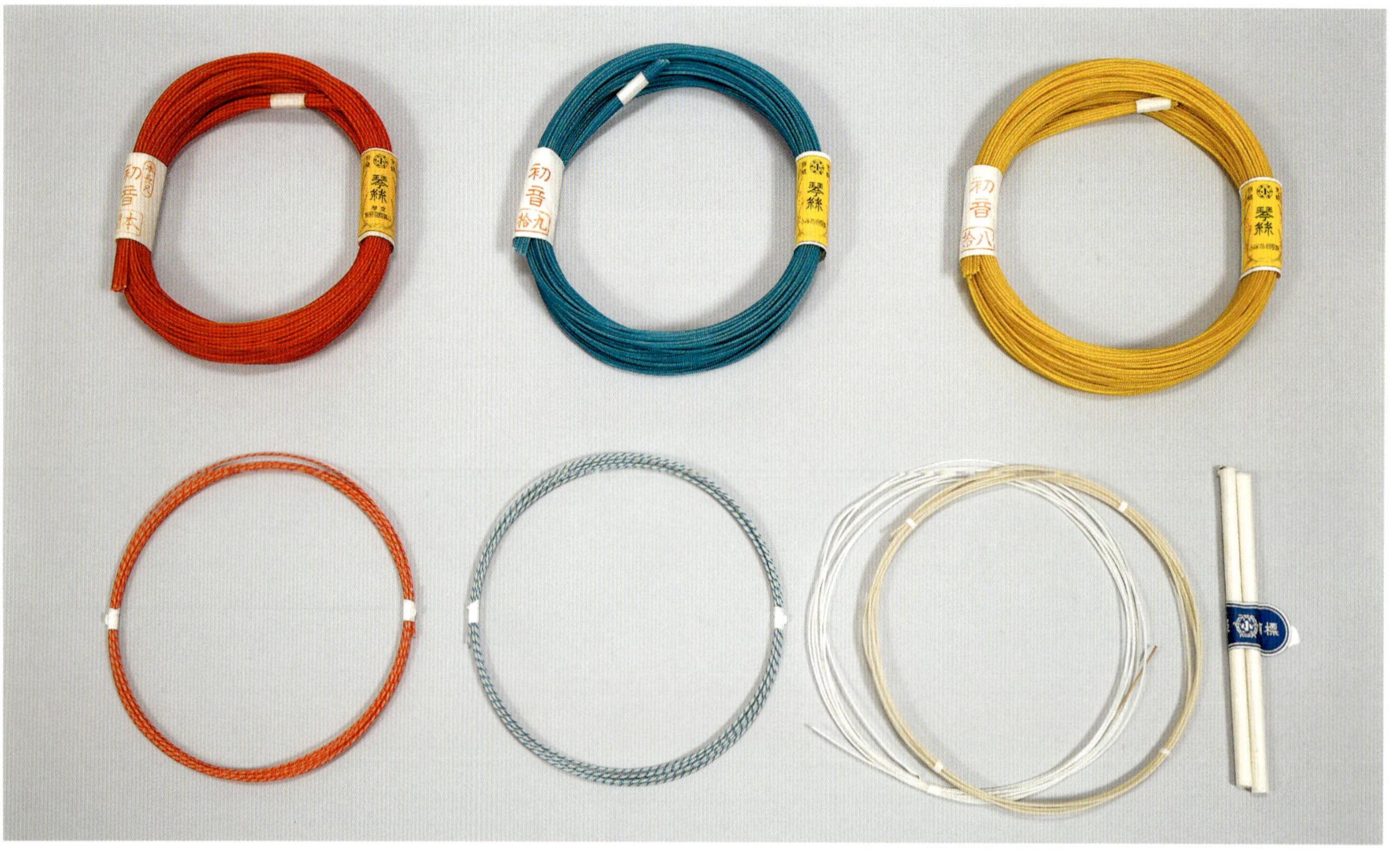

箏糸　糸には右縒と左縒がある。原則として日本の絃楽器は右縒りであるのに対し、正倉院所蔵の弦楽器の糸は左縒りである。大阪の和楽器店では、白がプロ用、青柳が嫁入り道具用、赤が子ども用、黄色が素人用と使い分けて販売していたことがあった。

お土産品

和楽器のミニチュア　イギリスのオークションで出品された和楽器のミニチュア。中身は四絃胡弓・横笛・三味線・箏・小鼓・締太鼓で、象牙を多用している。

著者の蒐集物の中にはミニチュアの楽器が多数ある。これは、本物の楽器を正確に写し取ったものが多く、本体の構造を研究するのには役に立つのである。特に和楽器の高級ミニチュアは、本物を製作する人がつくっていたという話を、和楽器の職人さんから聞いている。

箏のミニチュア　雛道具。上は陶器製で下は桐製。これらの資料を観察するとさまざまなことがわかる。たとえば、陶器製の箏断面部分の木目を見ると、桐の木の内側が箏の表面にしているので普通の木取りとは逆である。さらに、表面の木目は「さざ波型」で、鳴りのよい箏に使用される木目である。このような木取りをした杉製の一絃琴を所有しているが、材料の表面は固いので、音を反射させるために、逆の木取りをしているのかなあと想像していたが……。果たしてどのような理由で逆になっているのかは不明である。

油《ゆ》単《たん》・飾り紐

油単とは箏本体に掛けるカバーのことである。現代の箏袋は、布製やビニール製を使用するが、昔の箏袋は絹製で豪華な和服帯のような感じのものである。当時は、六歳の六月六日から習い事を始めると上達するといわれていたので、少し前のピアノのお稽古と似たものであった。飾り紐は箏のアクセサリである。

江戸時代の絹製箏袋　江戸時代から続く京都老舗和楽器店で購入。ボタン房が付いた手の込んだ品物である。ボタン房というのは、手前側3個の先端の団子のような結びを指す。

油単3点　油単を舞台に下げて、描かれているデザインを楽しみ、休憩時間にはひっくり返し、更に楽しんだといわれている。中央のクジャク模様の油単は、豪華な刺繍が施されている。また、持ち主の家紋が入っているものが多い。

油単の裏側　p78の油単の裏側。蝶々や鶴の図柄が美しい。油単の左右には組み紐が取り付けてあり、お箏に油単を固定することができる。

箏の本飾り　箏の龍尾側に取り付ける。中央の金色の本飾りは上級品である。半飾りといってもっと簡単なものもつくられていた。平たい言葉でいうと箏のアクセサリのような物である。本飾りの上部を見ると、結び目あたりに箏枕と飾り房が付いているが、それらは龍頭部分の龍角で使用する。

箏に関する資料

箏は木目によって音が違う。実験に使用した箏は内部が簾彫りで裏板は柾目、生田流長磯を使用。その結果、音の立ち上がりが早く余韻のある箏は、一番が手前から木目が進んでいくさざ波杢で龍頭側と龍尾側の木目が似ているもの。二番もさざ波杢で龍頭側と龍尾側の木目が揃っていないもの、三番は巻き杢で龍腹の中心より両端に木目が広がっていくもの、四番は見た目が派手な玉杢であった。

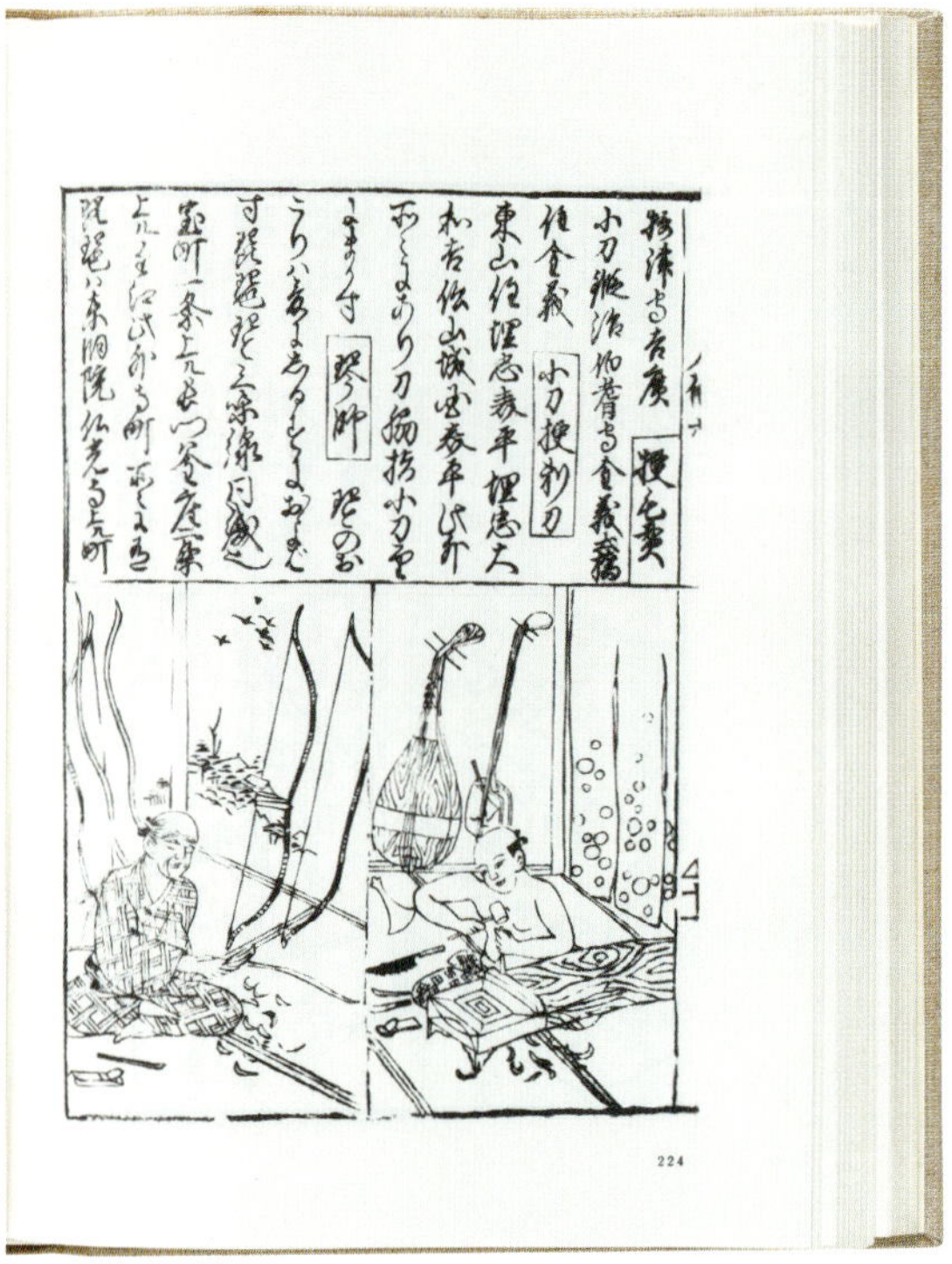

書籍資料　琴師。人倫訓蒙図彙（じんりんきんもうずい）によると、琵琶・琴・三味線は同職也と書かれている。当時はそれだけ技術をもった和楽器屋が存在していたと思われる。現代は完全なる分業である。

十三絃筑紫箏之図　箏の脚の形に特長あり。「撫箏雅譜大成抄 / 文化9（1812）年3月発行」の「上」より引用。

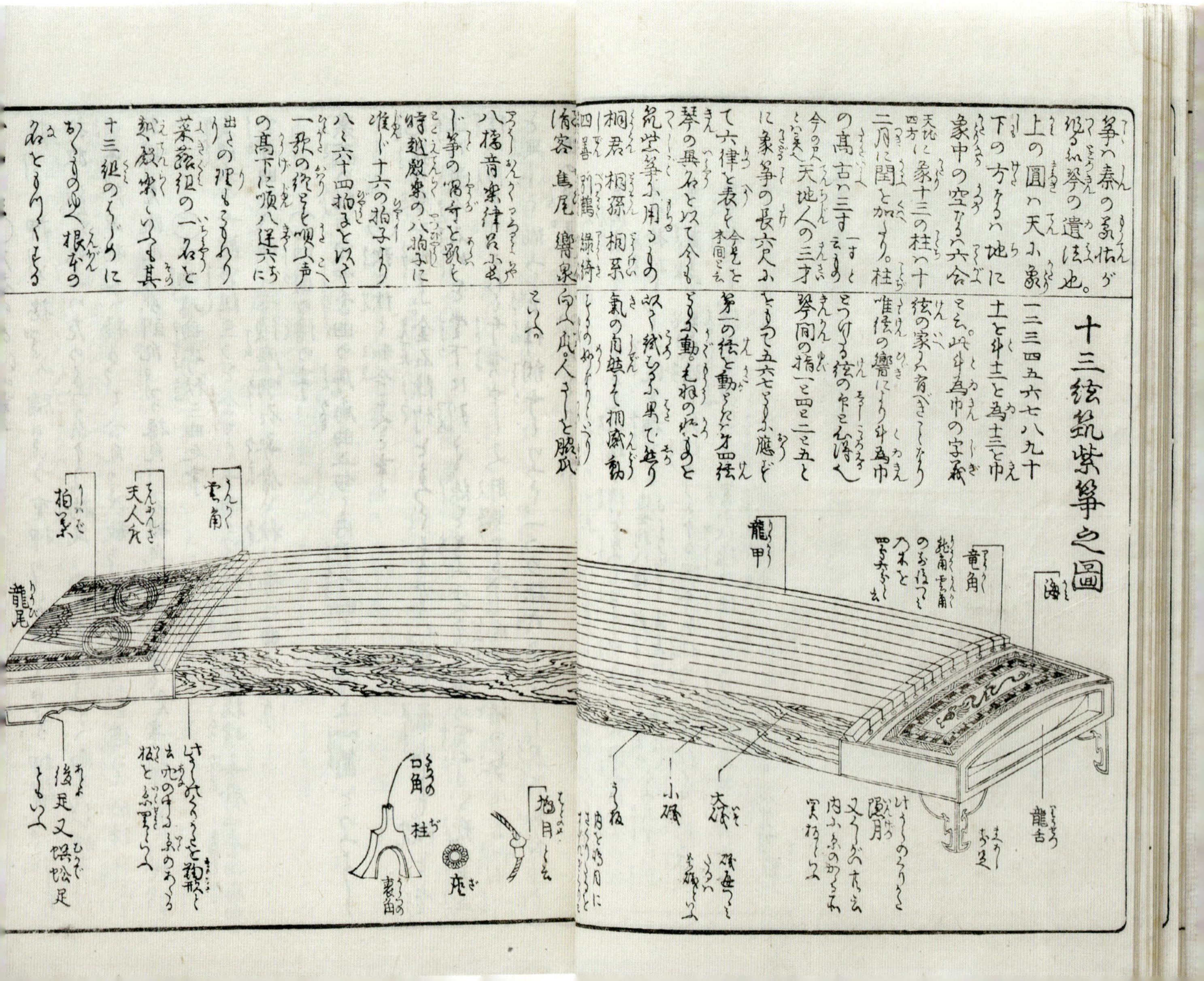

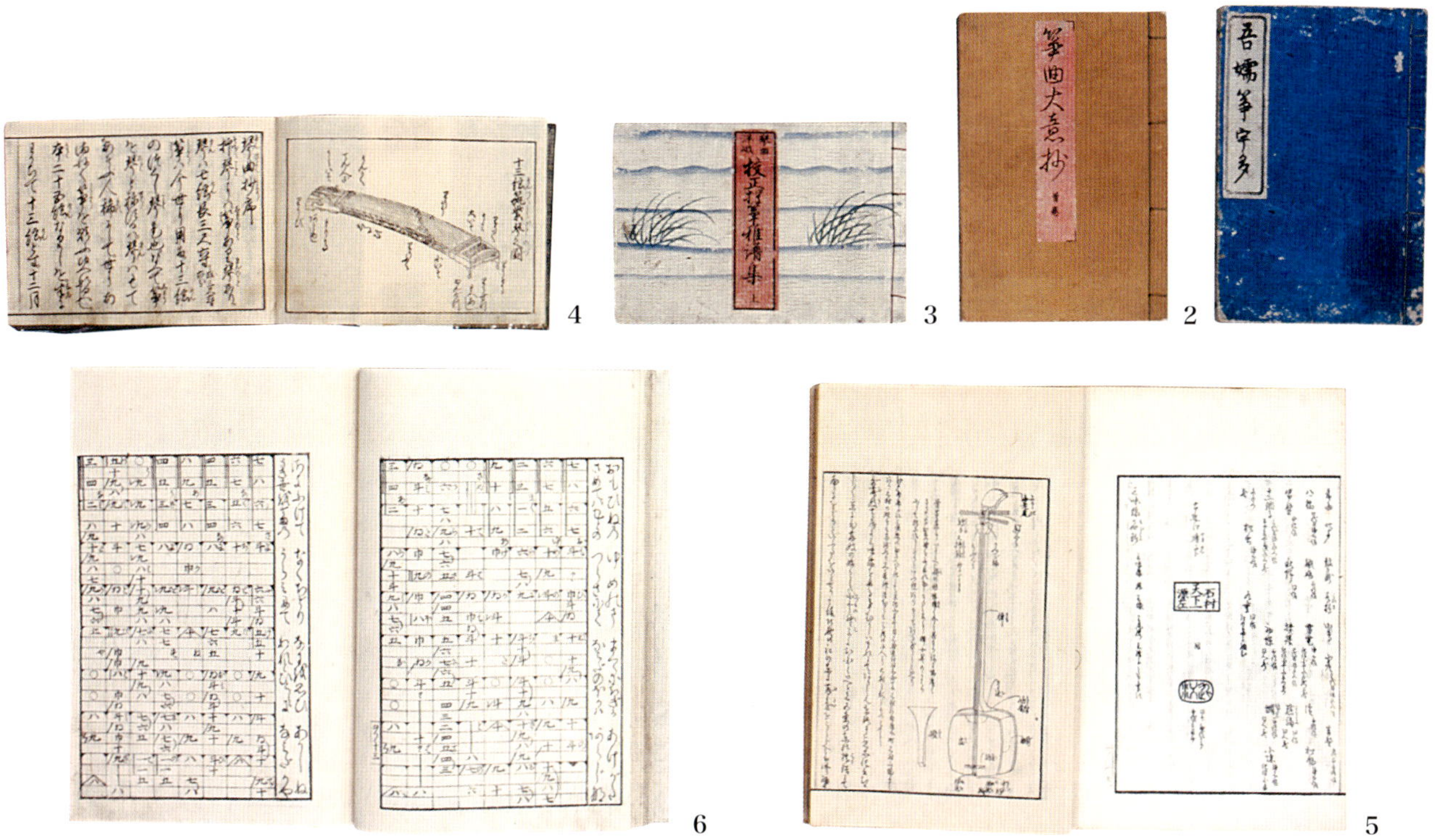

箏の教本　1.「山田検校斗養一著、吾嬬箏宇多（文政７年再刻）」　2.「箏曲大意抄　首巻」　3.「琴曲洋峨　校正撫箏雅譜集上」　4.「琴曲洋峨　撫箏雅譜集」　5.「声曲類纂宮上」弘化４年発行で石村近江の焼き判（小判形）がある。　6.「琴曲指譜　安永9（1780）年発行（寛政12（1800）年補刻）」

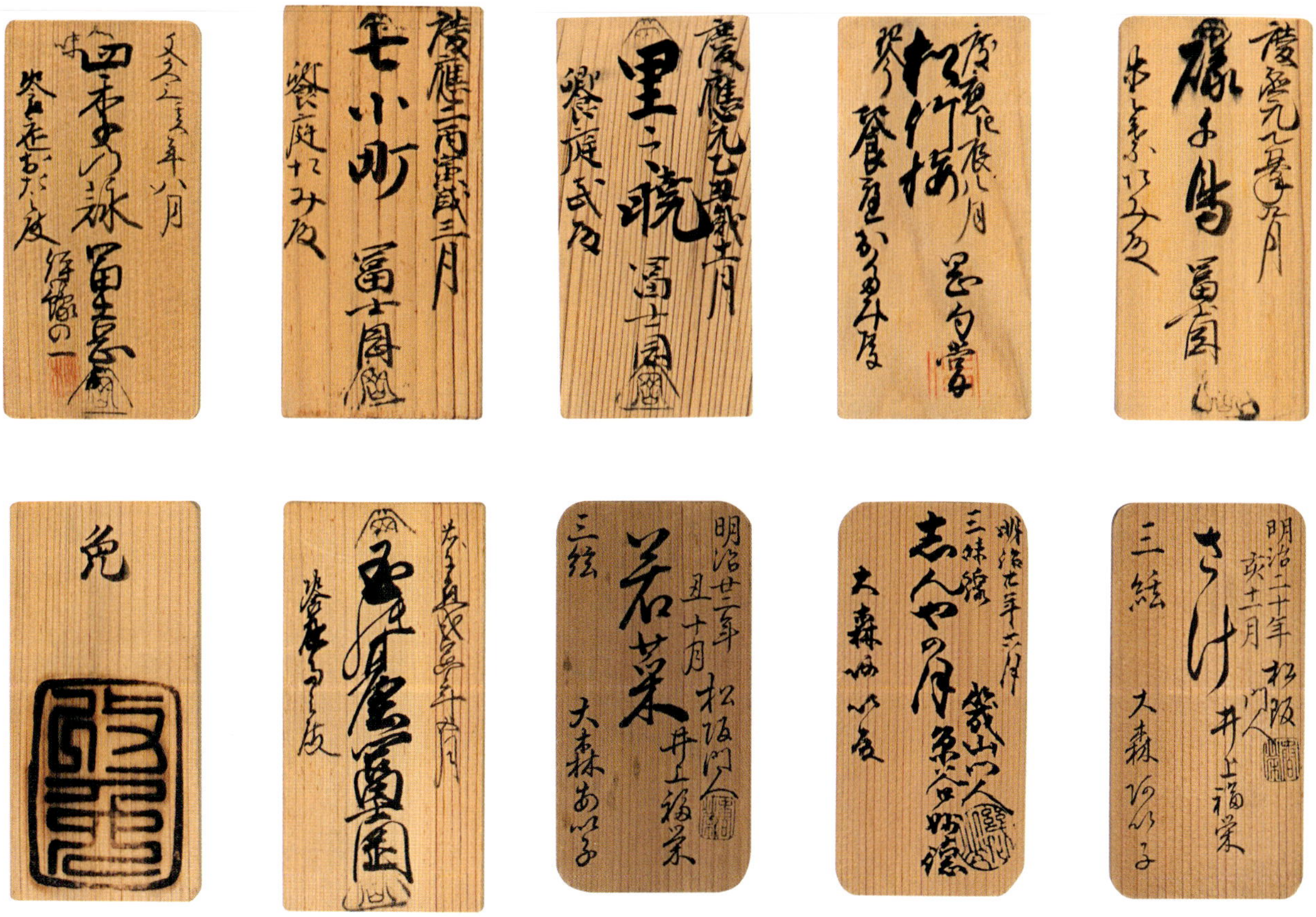

木製免状　箏や三味線の１曲ごとの免状が師匠から発行された。師匠によって異なる。

七絃琴

三十年以上前の話だが、一絃琴の練習に夢中になっていた著者は、七絃琴にも興味をもち演奏会に出かけてみた。そこで強く感じたのは、奏者が自分の両手の爪(指)を使用して演奏するので演奏音は小さいが、聴き手の体の中に「す〜と」入ってくる独特な音だということである。今でも耳に残っている印象の強い音であった。

七絃琴の演奏　老人は七絃琴を、若者は笙を演奏している。日本には奈良朝の頃、中国から伝来したと考えられ、正倉院には変形七絃琴が伝わっている。

黒漆製七絃琴と赤漆製七絃琴
黒漆七絃琴には「中味」という銘があり、宝暦壬甲7月(1752)年製。赤漆は全長120cm、幅19〜13cm、高さ8cm、内記銘には皇和文化9(1812)年歳次壬甲仲春・三岳君所蔵古琴・桐谷山人之刀などの文字あり。

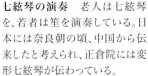

一絃琴

中国では撃琴《げききん》、独絃琴、日本では一絃琴、須磨琴、板琴、一月琴などと呼ばれていた。昔は杉、竹、桜、沢栗などで製作、現在は桐製である。伝来時期は諸説あるが、たとえば、中根香亮著の一絃通史に「一絃琴は寛文（一六六一～一六七二年）の初め頃中国より伝来し、最初、大阪地方で広まったものではないか」という趣旨が書かれている。

清楽用一絃琴　全長106.5cm、龍頭幅11.9cm、龍尾幅糸孔付近で8cm、本体の厚さ約1.5cm。駒は両側に1個ずつ、徽はない。但し、演奏したことがハッキリとわかる糸筋がある。糸巻きの長さは4.8cmと短く本体の後ろ側から差し込む沢栗製と考えられる。一絃琴の表上部には「清楽　物外」、中央部には「駕乎白龍　弾手一絃周遊四海　絶離六縁」（一絃琴ヲ弾ズル毎ニ、即チ百禽（ひゃくきん）飛来ス。時ニ白龍ニ乗リ、四海ヲ周遊ス）の文字が線刻。下部には「忘筌　處藏」と書かれている。

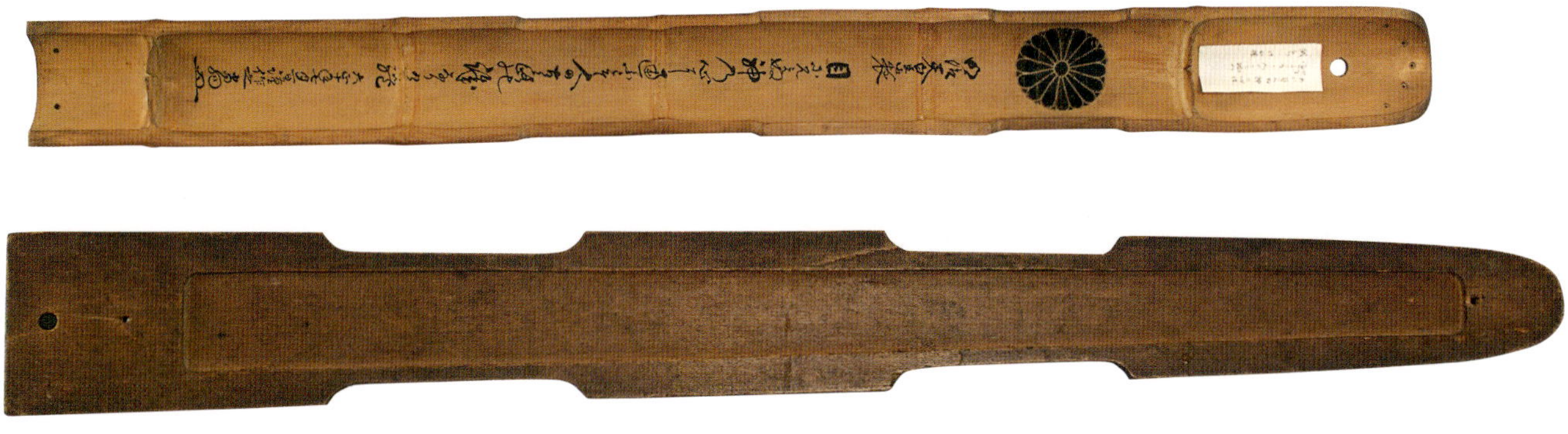

竹製一絃琴と清楽一絃琴の裏面　清楽一絃琴本体裏側に彫り込みがある。その部分の厚さは1cm、彫り込みの長さが87.5cm、龍頭側幅6.2cm、龍尾側幅4.2cm、彫り込みの深さは1cm程である。

一絃琴

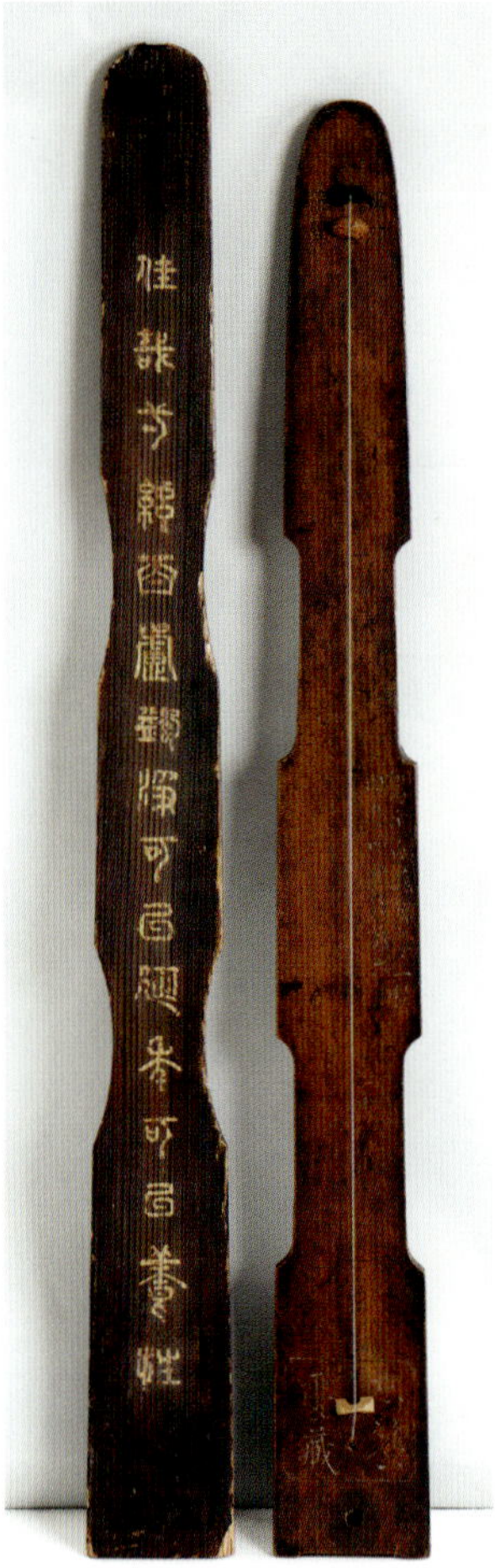

一絃琴二面　写真右の清楽用一絃琴（p83参照）と写真左の一絃琴は、覚峰製作の一絃琴とほとんど同じものである。写真左表面の16文字には、「一絃琴を演奏すると、心が祓（はらい）い清められ、若返えり、心を豊かになる」という趣旨が書かれている。また、裏面には53＋53文字の長文があり、平安朝初期に在原行平が須磨に蟄居（ちっきょ）して、一絃琴を楽しんだという伝説などが書かれている。著者が注目したいのは、この一絃琴の特徴である。かなり古い杉材の行平式である。全長110.5㎝、龍頭幅11.3㎝、龍尾幅7.9㎝、厚さ1.4㎝、柱幅が7.5㎝と相当大きい琴柱がついていた。更に、一絃琴本体の龍頭部分に5本の露（鋲）が撃ち込まれている。これは、覚峰阿闍梨著『須磨琴之記』（1801年）の中にあるように、「一絃琴は五絃琴からできたという話に基づいた証として取り付けたもの」と書かれている。

覚峰阿闍梨直筆の掛け軸　「文質彬彬　然後君子也（ぶんしつひんぴんとして、しかるのちにくんしなり）」。論語にあり「装飾と質朴とがうまくとけあってこそ、はじめて品位の高い人となる」という意味。覚峰阿闍梨直筆、落款は駒谷と麦飯仙人の2個がある。覚峰は一絃琴中興（再興）の人ともいえる。

太隷式（徳弘太隷）一絃琴　杉製で、徽が2列になっているが、2つの徽に蘆管（ロカン）の上下をきちんと合わせると、音程の安定度が増し、音の余韻をしっかりと感じることが確認された。木取りは、木の表面側が本体の裏面になっている。

4面の一絃琴の表面　一番上の七絃琴型一絃琴は、児島百一作で、徽は糸の真下にある。全長106㎝、幅9～13㎝。百一は生涯、百面の琴を製作することを目標としていたといわれている。本体に朱墨で「四五」と書かれているので、45作目という意味かもしれない。

4面の一絃琴の裏面　すべて槽式であるが、上から2番目の一絃琴は裏板が紛失している。

一絃琴の演奏台　簡単な組み立て式で、龍頭を膝の上に置き、龍尾を簡易演奏台に置いて演奏する。

著者のつぶやき

【覚峰自作の一絃琴と対面して】

普通のサイズより龍頭幅が広く、琴柱もかなり大きいので、強いエネルギーを蓄えることができる。その音は龍頭から111cm強の距離を進まなくてはならない。音が龍尾に到達する途中で音の勢いが減少してしまうので、そのロスを補うために音の進む方向に向かって、一絃琴の幅を段々と狭くしてある。その途中で2回のくびれもあるので、音の減少を補うこともできる。覚峰は「音の流れが見（聴こ）えている」かのように、途中の削り具合を工夫し、美しい姿をした一絃琴を完成させたのである。

一絃琴

著者のつぶやき

女性の演奏家が増え、豪華な一絃琴が製作された。特殊な一絃琴として、金刀比羅宮に全長7尺5寸(227.3cm)、横幅9cm、高さ10cmの一絃琴が収蔵されている、全体的には長い板付きカマボコのような形で内部に空間がある槽式。構造は3面の一絃琴をつなげたようになっている。そのひとつひとつには切れ目はないが、高さ2cmの駒(箏の龍角に当たるもの)が4個確認でき、その駒が3つの一絃琴の境目の役割を果たしている。糸巻きはT字型で、演奏者側から見て右端に1本、中央部右側に1本、更に、演奏者の反対側の左端に1本、合計3本が確認できる、本体裏側の左右の端側に、直径5.6cmの円形の音孔あり、絃眼(糸を通す穴)はそれぞれの一絃琴に2カ所×3組設置、徽の数はそれぞれの一絃琴部分に23個×3組が設置されている。糸巻きの様子から3人で演奏できる。

上記一絃琴の分解写真　琴台の脚は4本製。5本脚のものもあり、その場合は台中央部の裏面に脚をプラスする。

飾り一絃琴の側面、龍舌部分
龍舌に当たる部分も鼈甲でできている。

飾り一絃琴の龍尾と龍頭の飾り
桜の木と花弁が見事に描かれている。

一絃琴

一絃琴を演奏する際の蘆管　右手の人差し指と親指で蘆管を持ち、左手の中指にはめた長い蘆管を徽に合わせて演奏する。写真左は著者が名取になった時に松崎一水先生（太縣式宗家）からいただいた袋。

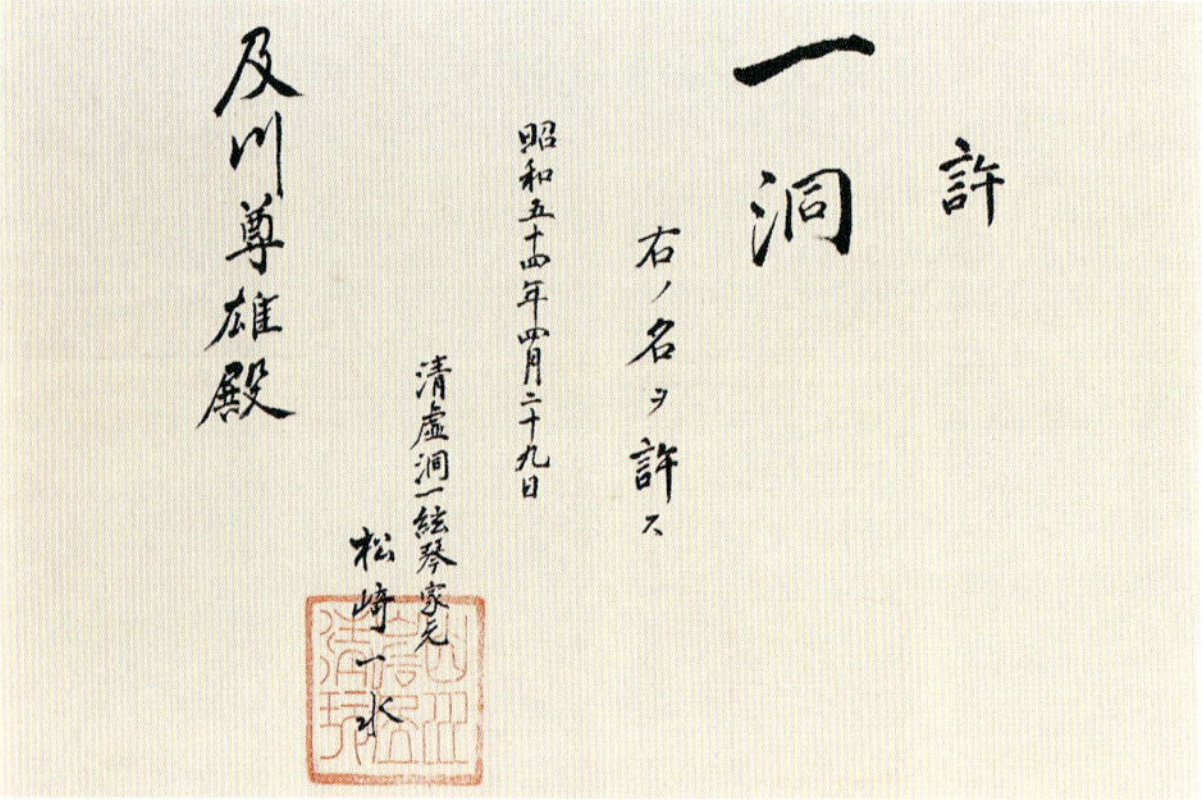

許
一洞
右ノ名ヲ許ス
昭和五十四年四月二十九日
清虚洞一絃琴家元
松崎一水
及川尊雄殿

3

1

4

2

1.一絃琴演奏会の記念写真　2.著者が一絃琴のことを解説しているところ　3.著者が一絃琴の名取り（及川一洞）になった時の免状　4.著者の一絃琴演奏風景

二絃琴

代表的なものは八雲琴で、中山琴主考案の神前楽器。昔は太い竹を割ってつくったが現在は桐製である。昔、竹製であったことを意識し、桐の左右両端と中央部に竹の節を彫刻してある。楽器のサイズは全長一〇九・一cm、頭幅十二・一四cm、尾幅十一・五三cmである。勘所名は低音から高音に向かって「ヤクモコト　ツボハウエヨリシタマデヲ、ワカノミソチニナラヒキメヌル」の三十一個である。琴絃は蒼天色の濃きと淡とを使用する。

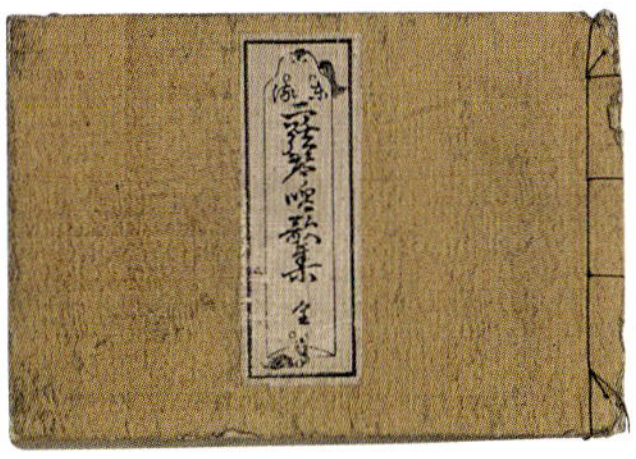

1

2

3

二絃琴譜本など　1.東流二絃琴の譜本　2.八雲琴の譜本　3.真鍋豊平の直筆短冊

八雲琴の延べと二つ折れの表面　二つ折れサイズは全長104cm、幅10.3 ～ 9cm、厚さ2cm、房は紫なので奥許しの演奏家が使用したもの。琴の裏側に9列の簾彫りあり。糸巻き部分の切り込み模様は八雲琴と同じ。徽は31個ある。

八雲琴の裏面　延べと二つ折れの八雲琴の裏面。二つ折れには裏板がなく、後述する東流二絃琴の影響が感じられる。

著者のつぶやき

八雲琴は中山琴主が文政3（1820）年に創案した。葛原勾当創作説もあるが、彼が天保11（1840）年に創作した竹琴は、著者の調べでは、全長2尺余りで3尺6寸の八雲琴とはサイズが異なるため、別物と考えられる。

二絃琴

分解式の八雲琴　一番上はミニ八雲琴。八雲琴の二つ折れ(四つ折れも確認)の分解写真と内部に12個の簾彫りあり。この八雲琴は京都三曲界の至宝といわれた江良千代(明治7～昭和19年)が使用したもの。八雲琴の裏には、半月形と満月形の響き孔あり。

竹製二絃琴　竹筒を半分に割って表面にし、裏は竹本体をつなぐブリッジが3本ある。この二絃琴の裏側には「泊瀬箏」と書かれ、竹扇作とあり。

東流二絃琴　八雲琴を改良したといわれている(明治15年頃、大岸元琴の門弟である加藤亀太郎が東流を名乗った)。八雲琴と異なり裏板がない。

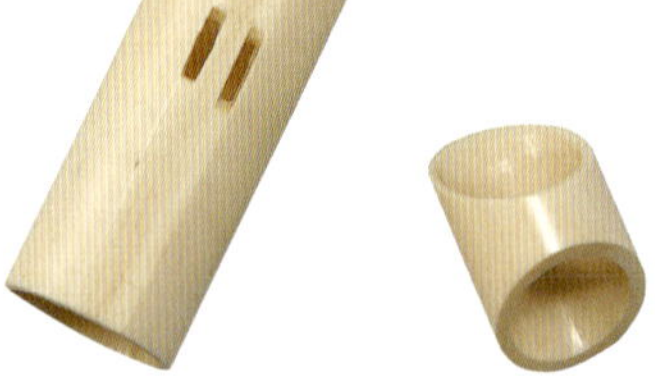

八雲琴の蘆管(ロカン)

竹琴　葛原勾当が考案した二絃琴は、このような形のものであったのかもしれない。徽がない。全長93.5㎝、幅7.5～7㎝、脚を含めた高さ6㎝。演奏面の上駒外側から下駒外側までは61.7㎝。直径7㎝前後の竹を真っ二つに割り、表面の絃真下面を3㎝幅で平らに削ってある。裏面は屋久杉と思われる材料でふさぎ、卵型の穴が上下にあり、さらにお箏のように、前脚と後ろ脚が設置されている。

竹琴の裏面の音穴部分　竹琴の裏面にある文字は「斜抱看月」と読むことができる。

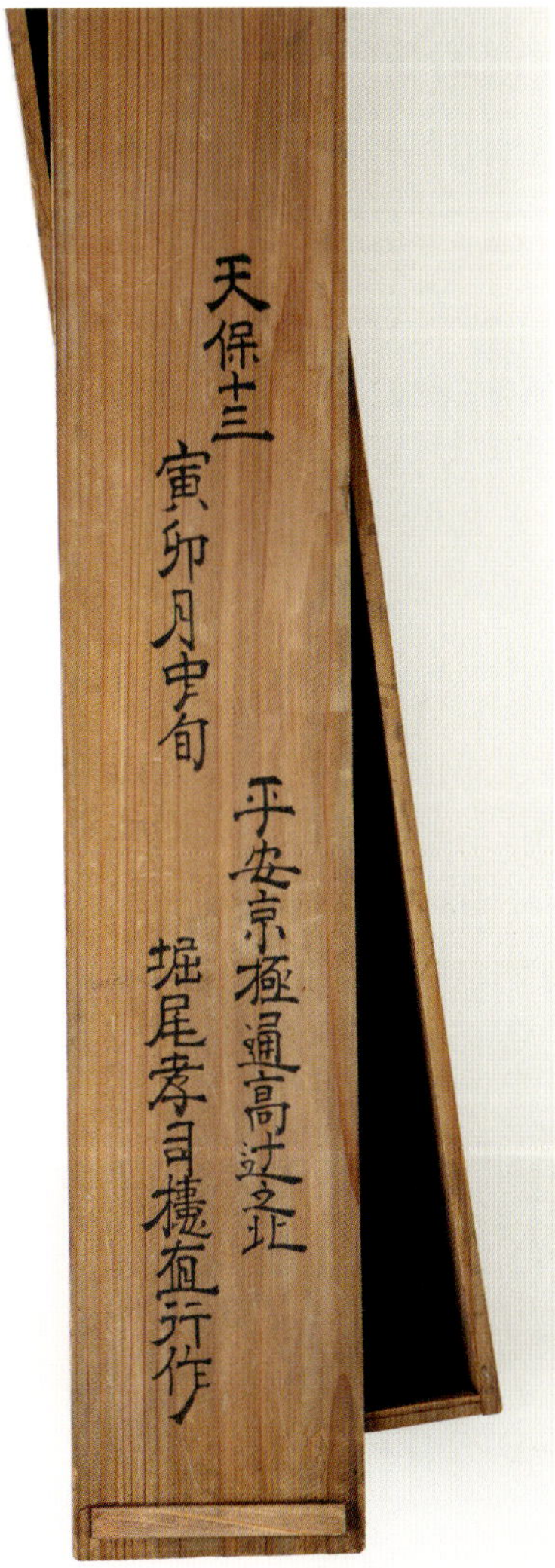

竹琴の箱　箱の裏に天保13(1842)年寅卯月(4月の異称)中旬と書かれている。花押あり。

三絃琴・五絃琴・二十五絃琴

明治以降は時代の変化に伴い、新楽器の考案が流行したのである。それは一絃琴や八雲琴などの影響がもとになっているとも考えられる。三絃琴（長さ五尺九寸五分、幅六寸）を明治十四年五月に重元平八に製作させ、取調掛が買い入れた。現在、この楽器は残っていない。新しい楽器試作品と考えてもよいが用途は不明で、低音用として開発されたものかもしれない。

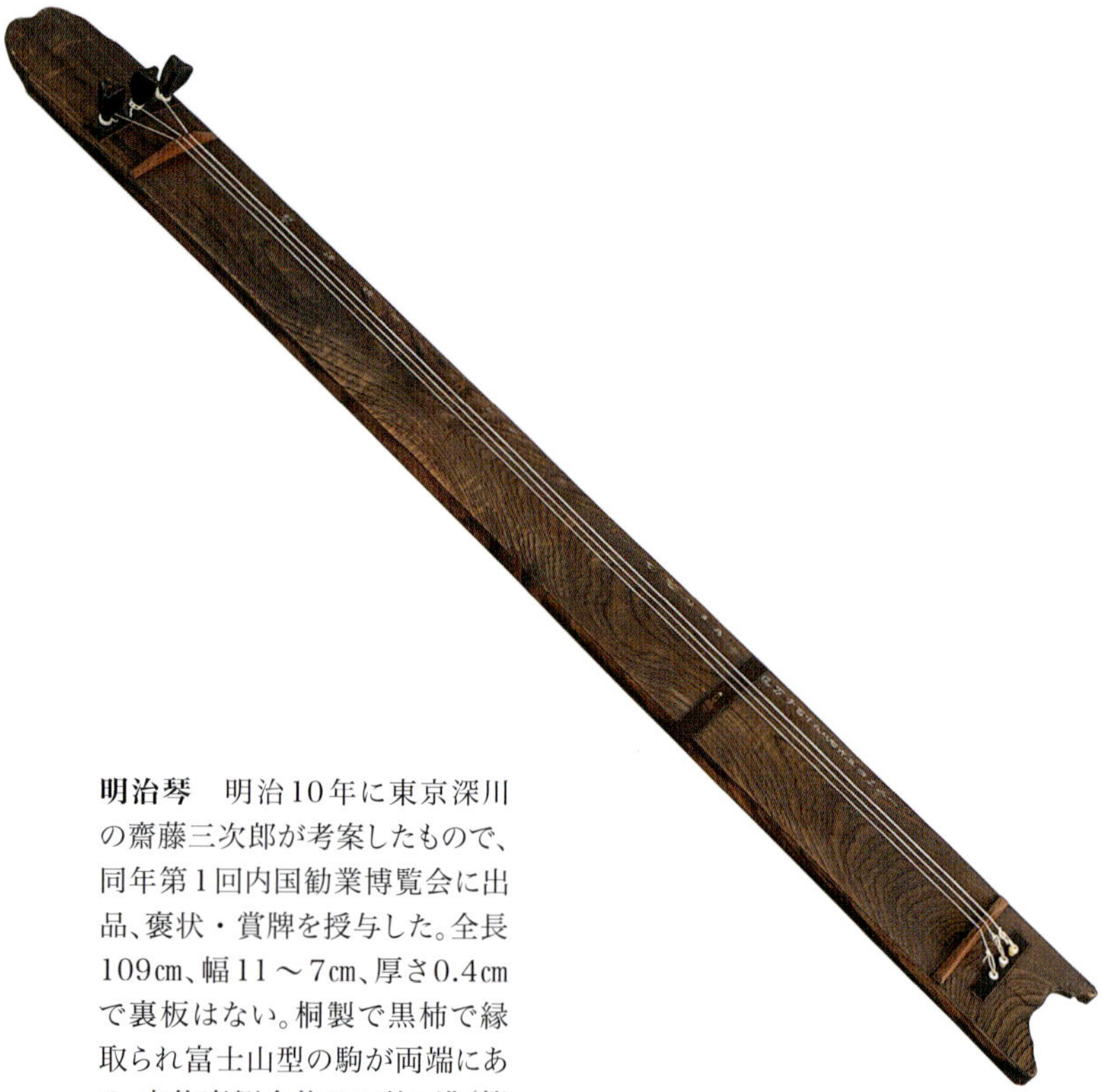

明治琴　明治10年に東京深川の齋藤三次郎が考案したもので、同年第1回内国勧業博覧会に出品、褒状・賞牌を授与した。全長109㎝、幅11～7㎝、厚さ0.4㎝で裏板はない。桐製で黒柿で縁取られ富士山型の駒が両端にある。本体裏側全体に6列の溝（簾彫り）が彫られている。構造は一絃琴・二絃琴と共通性がある。

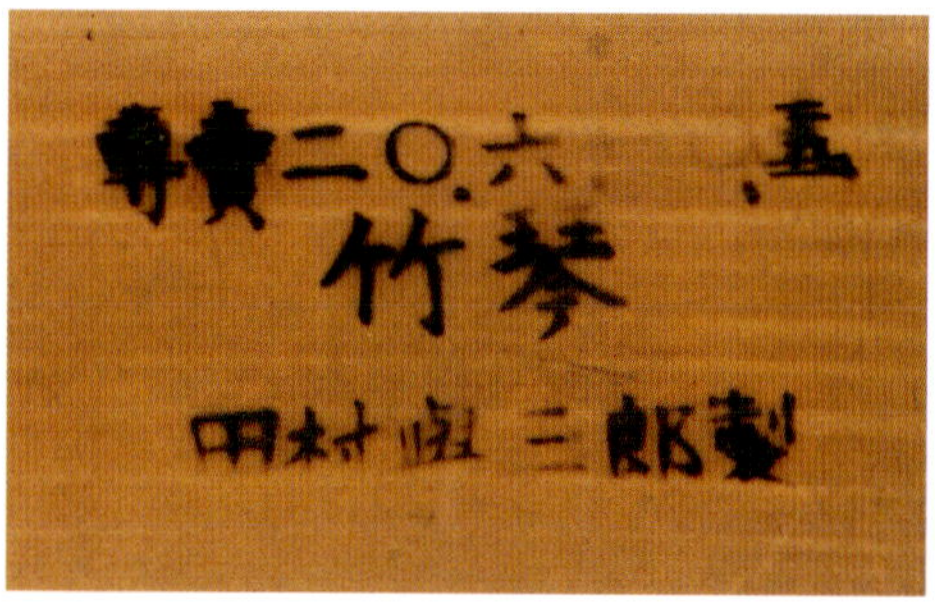

竹琴　明治19年12月に発明製作され、同20年に特許を取得した。竹の筒を半分に切って丸い部分を下側にし、上側の表面には桐板を張って半円型の筒状のものをつくる。沼津の田村竹琴翁（田村興三郎）が考案し、竹琴の焼き版が押されている。

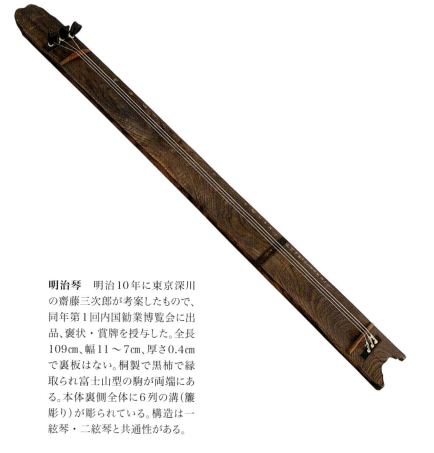

胡弓琴　この楽器は天理教が和胡弓の代わりに考案したもの。その理由と時期は、教祖様の十年祭（明治29年3月）執行後の明治29年4月、内務省から秘密訓令が出て「三味線や胡弓などは、俗器（胴に猫や犬の皮を使用していたためと思われる）であり、神前奏楽の鳴り物としてはふさわしくない」というお達しがあった。そこで、やむなく、三味線は薩摩琵琶を多少変えた（胴は桑などではなく、柔らかくて安価な木材を使用し、胴に腹板を設置する場合にも釘などを使用した。表面には、木の地肌が見えないように漆を塗り、安易なつくりになっている）「三絃薩摩琵琶」を考案したのである。また、八雲琴（二絃）などを参考に、三絃の「胡弓琴」を考案し、和胡弓の代用とした。その後、昭和11年1月26日、教祖50年祭以降にもとに戻された。

トンコリ　樺太アイヌ民族が使用する5絃の竪琴。カーともいう。昔の絃は鯨の腱を乾して、それを叩いて細長くより合わせたものや蝦夷鹿の足筋でつくられた。最近は三味線の糸を使用。北海道興部町在住、西平ウメ氏より譲り受ける。

二十五絃琴　奥野友桂（淡路洲本の人）が江戸時代中頃に考案した琴の一種で、灑琴（さいきん）、連琴ともいう。全長96㎝、幅20 ～15.5㎝、高さ14㎝。奥野友桂の演奏図では、左手に糸締め器兼用蘆管を持ち、右手の中指と人さし指に箏の丸爪のようなものをはめており、別絵図では、筑紫琴用の爪を使用している。著者蔵のものには、一絃琴の蘆管が付いていた。

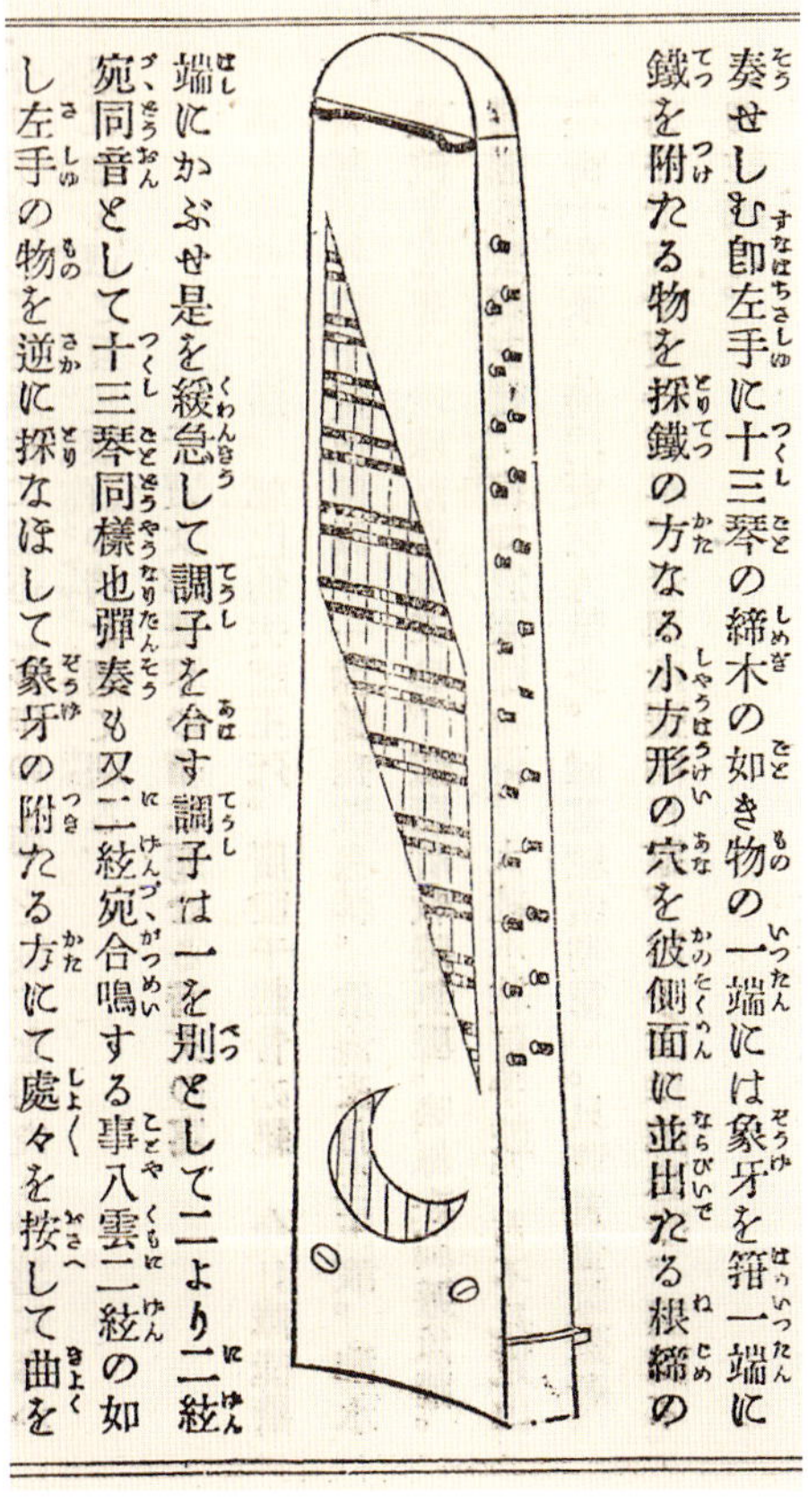
奏《そう》せしむ即《すなはち》左手《さしゆ》に十三琴《つくしごと》の締木《しめぎ》の如《ごと》き物《もの》の一端《いつたん》には象牙《ざうげ》を箝《はさ》一端《いつたん》に
鐵《てつ》を附《つけ》たる物を採鐵《とりてつ》の方《かた》なる小方形《しやうはうけい》の穴《あな》を彼側面《かのそくめん》に並出《ならびいで》たる根締《ねじめ》の
端《はし》にかぶせ是を緩急《くわんきう》して調子《てうし》を合《あは》す調子《てうし》は一を別《べつ》として二より二絃《にげん》
宛《づゝ》同音《どうおん》として十三琴《つくしごと》同様也《どうやうなり》彈奏《だんそう》も又二絃《にげん》宛《づゝ》合鳴《がつめい》する事《こと》八雲《やくも》二絃《にげん》の如
し左手《さしゆ》の物《もの》を逆《さか》に採《とり》なほして象牙《ざうげ》の附《つき》たる方《かた》にて處々《しよ〳〵》を按《おさへ》して曲《きよく》を

二十五絃琴明細図　日用百科全書第五編　琴曲独稽古の二十五絃より。

日本の琵琶五種

日本の琵琶の形は、平家琵琶形と螺鈿紫檀五絃琵琶系に分類できる。それらの変形も存在し、盲僧琵琶はミックス系が多い。著者蔵に、鎌倉から室町時代の残骸に近い琵琶がある。全長約八十四cm、胴幅約三十一・七cmで、虹（ブリッジ）は二本設置され、下方の虹は胴底から約十九cm、上方の虹は胴底から約四十cmのところに設置してある。二本の虹は並行ではなく、下方の虹は左側が五mmほど天神側に上がっている。胴は欅、棹は紫檀、腹板は沢栗の三枚つなぎで膨らみはなく、四絃四柱の平家琵琶形である。鎌倉市の蔵屋敷東遺跡（鎌倉時代）で出土した琵琶は、覆手が左上がりで虹が二本、腹板は三枚つなぎの四絃で、螺鈿紫檀五絃琵琶形である。虹が二本ある点は著者蔵の平家琵琶系の琵琶と共通している。

4　5

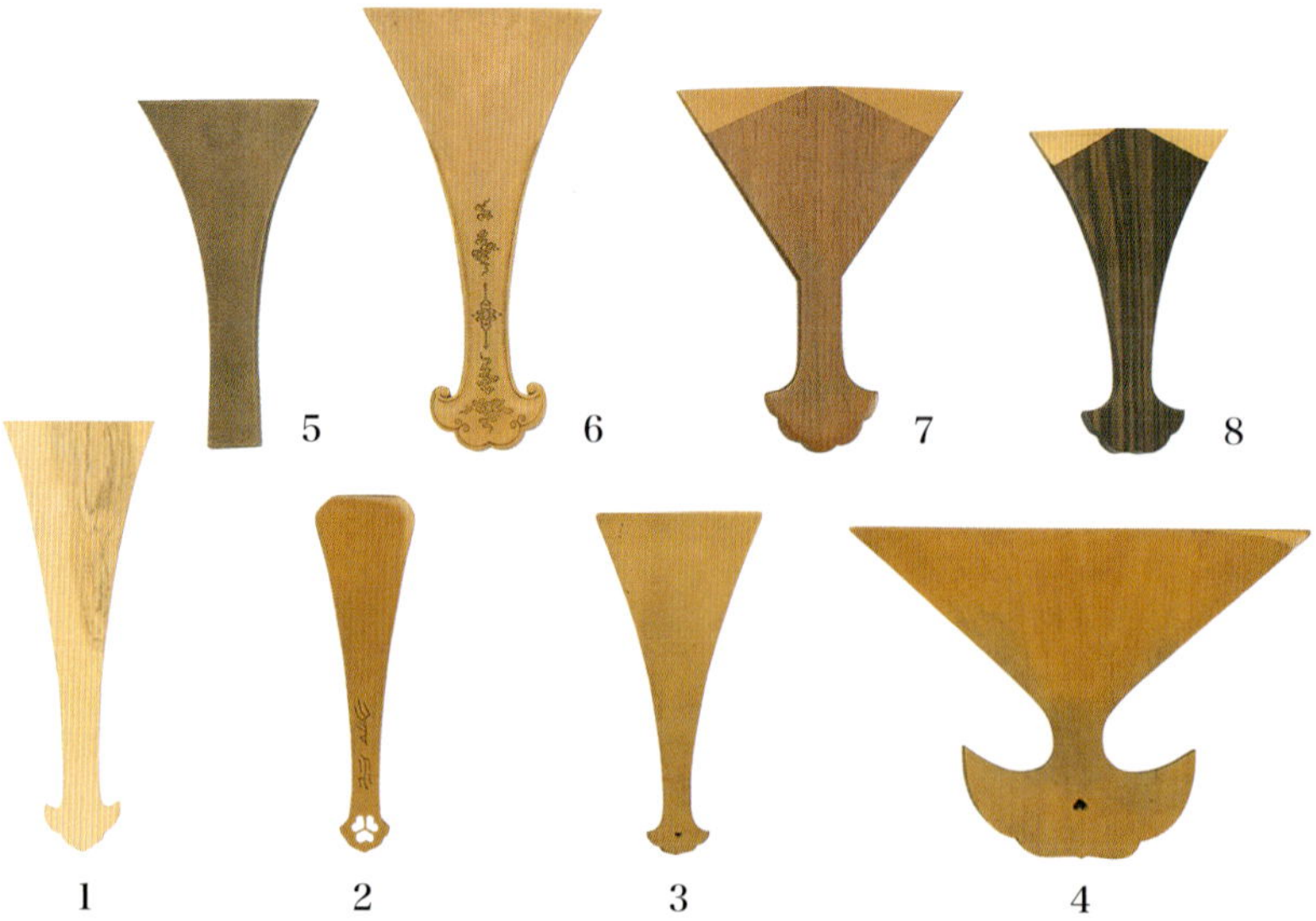

撥類　1.螺鈿紫檀(らでんしたん)五絃琵琶用の復元品　2.楽琵琶　3.平家琵琶　4.薩摩琵琶　5.盲僧琵琶　6.筑前琵琶四絃用　7.五絃用　8.小絃用。材料は柘植、紫檀など。

琵琶5面　1.楽琵琶(全長103cm、胴幅40.5cm)　2.平家琵琶(全長82.5cm、胴幅31.3cm)　3.盲僧琵琶(全長83.5cm、胴幅17.2cm)　4.薩摩琵琶(全長93cm、胴幅33.5cm)　5.筑前五絃琵琶(全長96cm、胴幅33.5cm)。他に特許琵琶や唐琵琶などがある。

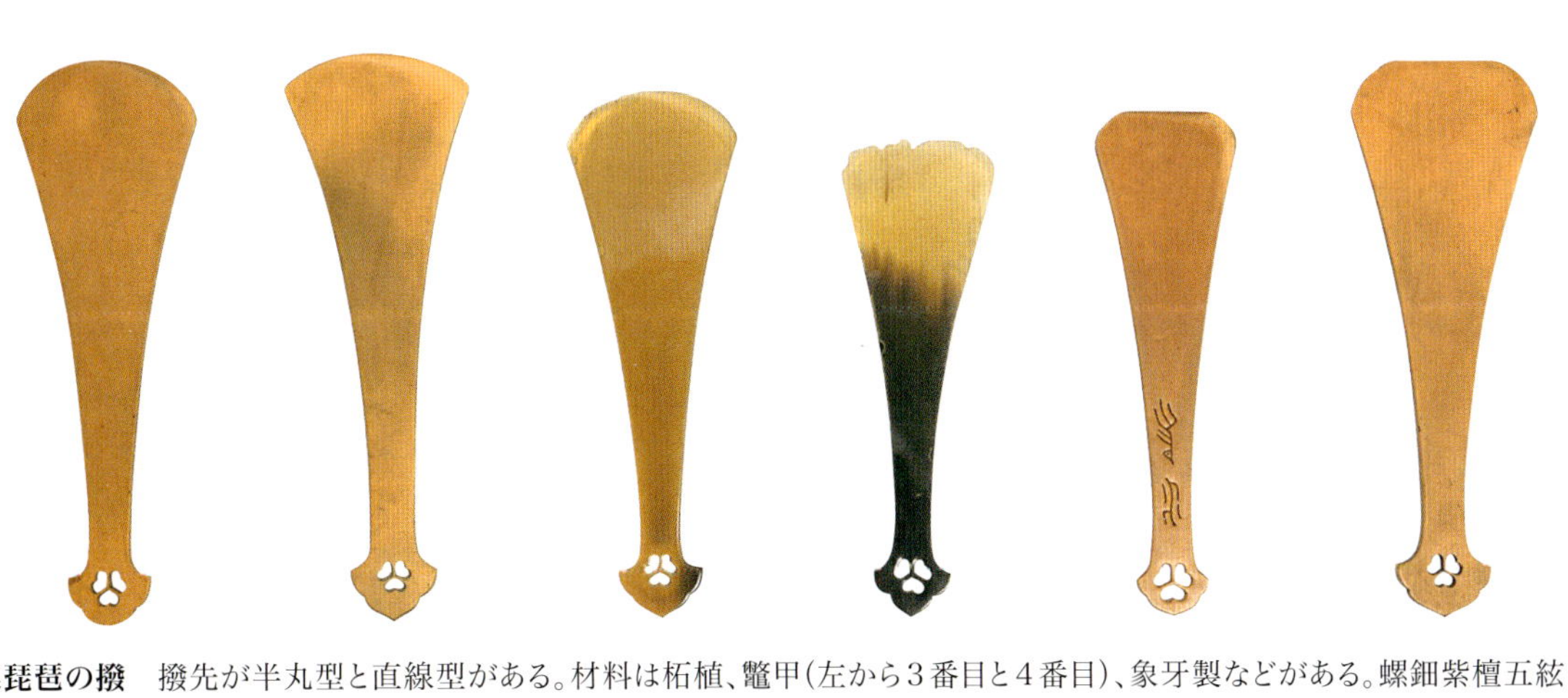

楽琵琶の撥　撥先が半丸型と直線型がある。材料は柘植、鼈甲(左から３番目と４番目)、象牙製などがある。螺鈿紫檀五絃琵琶の握り部分の本には３種類の葉が描かれている。楽琵琶の撥の握り部分の本には猪目(いのめ)３個の透し彫りがある。数は１個に減るが、平家琵琶や薩摩琵琶の撥に受け継がれている。

盲僧琵琶

著者が所有する螺鈿紫檀五絃琵琶系の盲僧琵琶二面の覆手に、五個目の捨て孔のようなものを見つけ、筆者は、五絃を参考に製作したのではないかと考えた。なぜなら、筆者が同様に考えている古代六孔尺八を参考にした樺巻き六個の一節切や、五絃琴を参考にした一絃琴が存在するからである。一絃琴には、銀や錫製の「露」が五個あり、古文書によれば、五絃琴の趣を残す「徽」（音階）を意味しているということである。

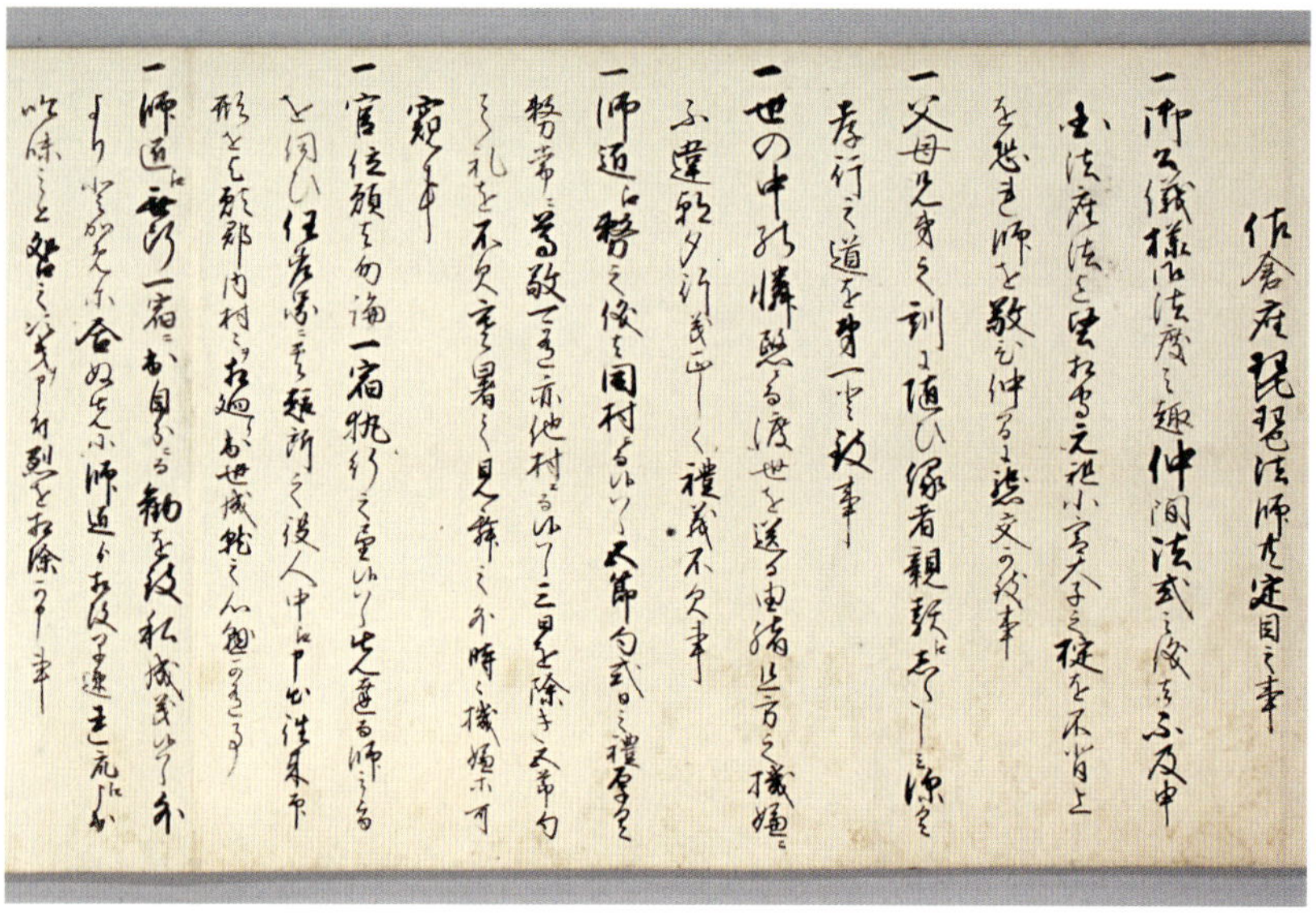

佐倉座琵琶法師の資料　古文書で、宝暦10（1760）年「澤都」名の記載がある。

タイプの違う盲僧琵琶７面の表面　左から４番目の琵琶は、インドネシアボロブドール遺跡のレリーフで確認した直頸琵琶に似ている。

盲僧琵琶の裏面　胴の形はさまざまである。

盲僧琵琶側面　盲僧琵琶裏面の左から５面までの側面写真である。左から４番目の盲僧琵琶の天神は逆にはめ込んであり、その形を見ると直頸琵琶系だったかもしれない。その理由は、絃蔵先端の海老尾を逆に取り付けた修理痕が確認できるからである。

盲僧琵琶

使い込まれた盲僧琵琶　棹部分の手ずれが激しい盲僧琵琶である。この手ずれは、演奏者1代で付く減り具合ではない。恐らく2代目以降も長く使用された楽器と思われる。天神部分が桃割れなので中国系琵琶の影響がある。

柱の位置を知らせる印　八尋兵一製作の琵琶。写真左側の左上の駒部分についている「ボッチ（突起物）」は、目の不自由な人用の印である。更に、この琵琶には、棹の裏面にも鋸で付けた切り傷があり、柱の位置がわかるように工夫されている。

八尋兵一の刻印　兵一の琵琶が元になって、筑前四絃琵琶ができたといわれている。

変わった形の覆手　半月は形のみで孔がなく、覆手の中央部分には、大きな「猪の目」の形をした切り込みがある。半月の中央部に孔が開いていないので、覆手の猪の目の大きさで音を調整したのかもしれない。

楽琵琶

楽琵琶には、「三五」（全長三尺五寸の意）という異称がある。後漢時代基準（一尺二十三・〇九cm）で八十cm前後、唐代基準（同二十四・六cm）で八十六cm前後になる。覆手は、左が僅かに上がり、右が二mm弱薄い。絃蔵の糸巻きを差し込む部分は、海老尾に向かって三・八〜三cm、糸倉の空間幅も二・四〜一・九cmと狭まり、左右天神に音を集める工夫がある。柱の横幅は棹幅より狭く、左右に蟻が通るほどの「蟻道」があり、音の通る道が意識されている。

琵琶稽古図「信義雙調」　「明治23年5月11日発行、国民新聞第百号付録」より。源博雅（みなもとのひろまさ）の子どもで、兄の信義と弟の信明は琵琶の名手であった。信義は玄象（絃上）を信明は牧馬（ぼくば）の秘曲を演奏し、どちらがうまく琵琶を弾くかを競い合ったという話が書かれている。

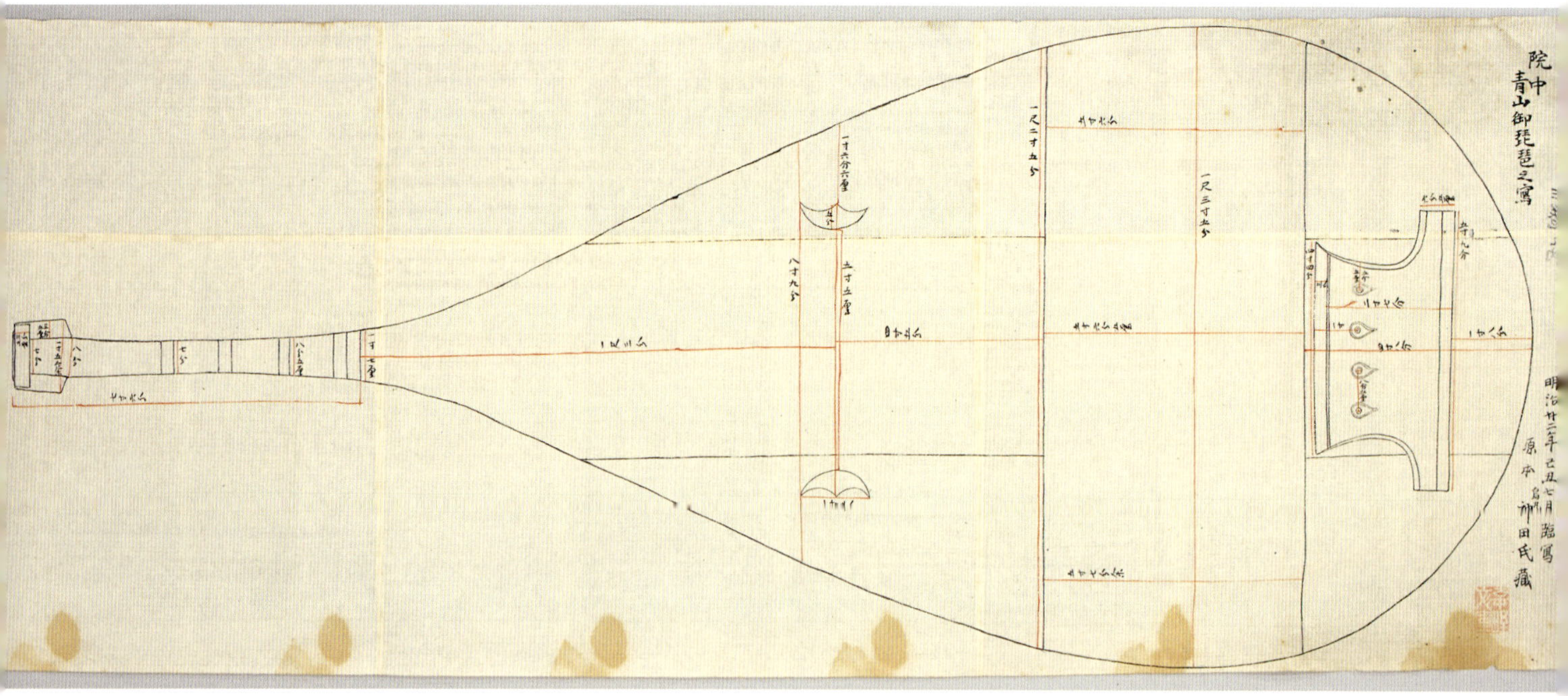

院中・青山御琵琶之写　楽琵琶「青山」の実物大設計図（著者蔵）。全長103cm、胴幅40.9cm、胴厚6.1cm、覆手が胴外側から向かって左側3cm、右側2.3cmで斜めについている。烏丸神田氏所蔵の原本を借り受け、幸野楳嶺（ばいれい）が明治22年に臨写したもの。図面に幸野楳嶺の印がある。楳嶺（1844～95）は、幕末から明治初頭に活躍した京都画壇の日本画家である。琵琶の大きさから写し取ったと思われる。

青山銘の琵琶　日本に渡来した琵琶の中で、遣唐使の藤原貞敏が唐から持ち帰った「青山と玄象」という銘がついている琵琶が知られている。貞敏は838年に遣唐使として唐に渡り、9カ月唐に滞在し839年に帰国した。その間、琵琶の名人廉承武（れんのしょうぶ）に、琵琶の名曲「流泉・啄木」などを学ぶ。帰国の折り、「青山と玄象」という琵琶の名器を譲られ、それらを持ち帰ったといわれている。

「青山銘」琵琶所蔵の組織　福岡市美術館（全長83.5㎝）/ 宇和島伊達文化保存会博物館（全長100㎝）/ 宮内庁三の丸尚蔵館（全長105.3㎝）/ 国立民俗学博物館（全長105㎝）/ 国立劇場（全長104.2㎝）/ 国立歴史民族博物館（全長100㎝）藤原貞敏が唐から持ち帰ったとされる「青山」は、現在どこにあるかは不明。

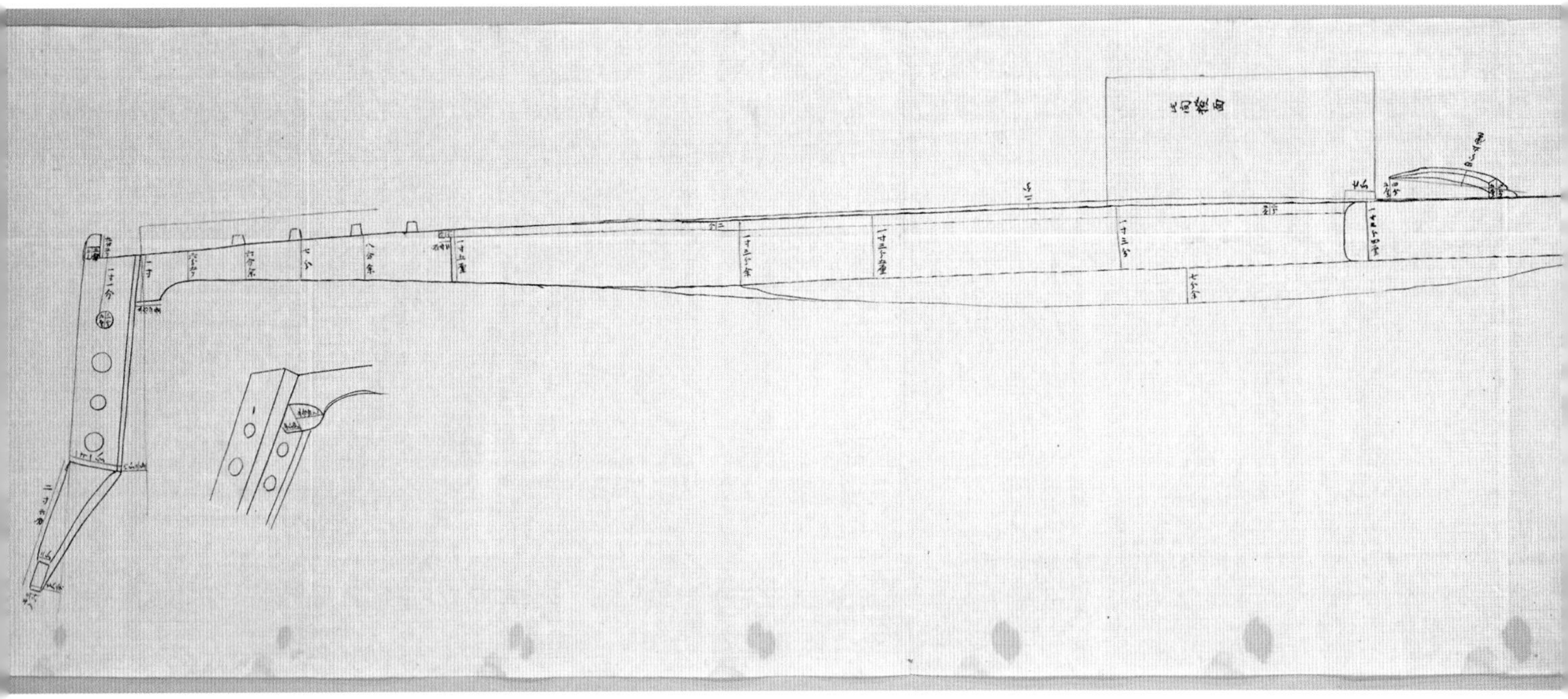

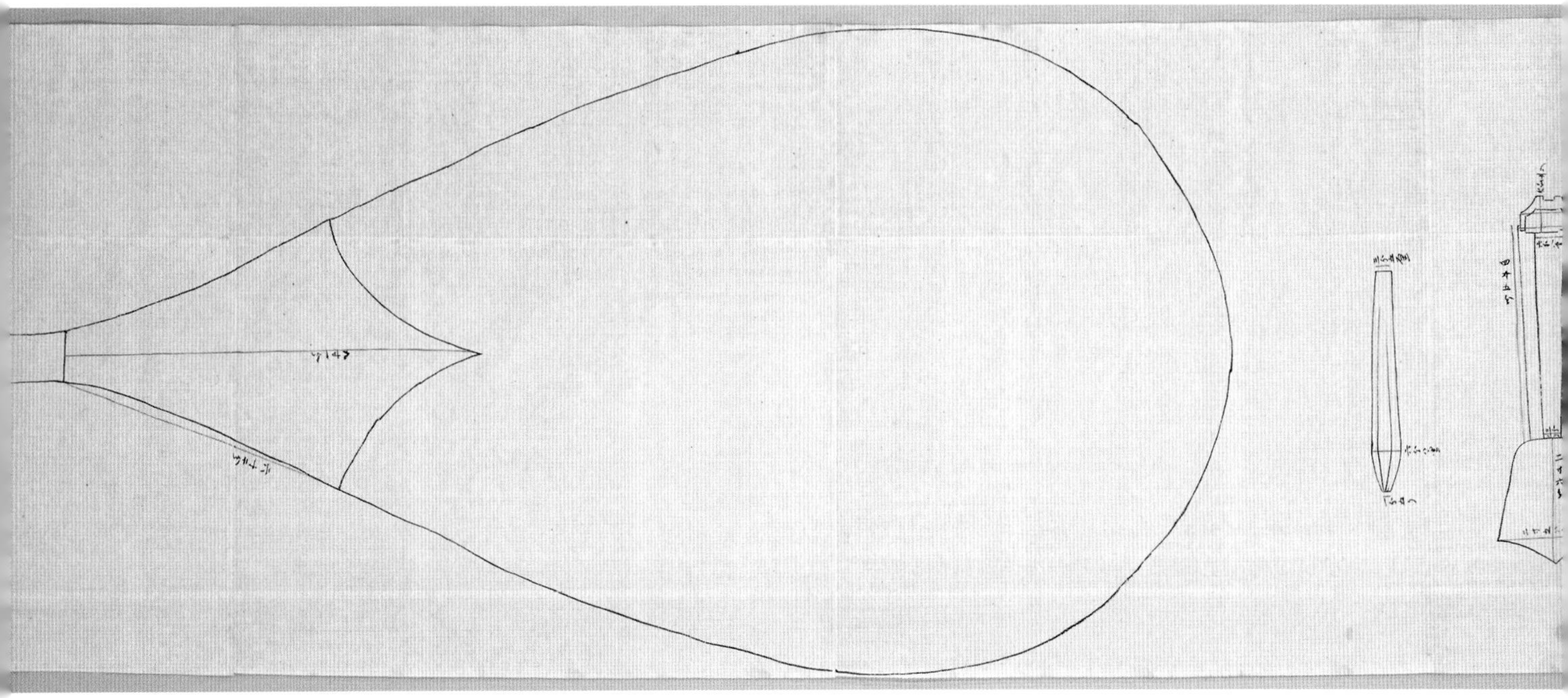

平家琵琶

平家物語の原本の成立は、鎌倉時代前期とされているがはっきりしていない。その平家物語に節や音楽を付けて演奏するのが平家琵琶である。四条天皇の時代に、雅楽の名手藤原行長が平家物語をつくって比叡山の僧「生仏（しょうぶつ）」という盲人に教え、これを琵琶に合わせて語りはじめたといわれているが他説もある。楽器の構造としては、現代の楽琵琶を小さくしたものが平家琵琶で四絃五柱である。柱と柱の間を押さえて演奏する。胴内にはブリッジがあり、表板は胴に張ってある。柱の数は楽琵琶が四個、平家琵琶が五個設置、演奏は柱の上を押さえるのが楽琵琶で間を押さえるのが平家である。また、楽琵琶の柱は低いが平家は高い。

1

平家琵琶3面　**1.** 全長82.5㎝、胴幅31.3㎝、胴厚6.5㎝。製作年不詳。 **2.** 全長83㎝、胴幅33㎝、胴厚8㎝。1831年長田憲豊作。 **3.** 全長79㎝、胴幅31㎝、胴厚5㎝。胴内に墨書があり、「天正８年２月吉日、因幡國（いなばのくに）八上郡大江「能引寺」住、長榮蔵主（ぞうす）作也（なり）」と書かれている。蔵主とは、寺にとって大切な書き物などを管理する役名で、能引寺は虎御前が弾いたといわれる琵琶を収蔵している。

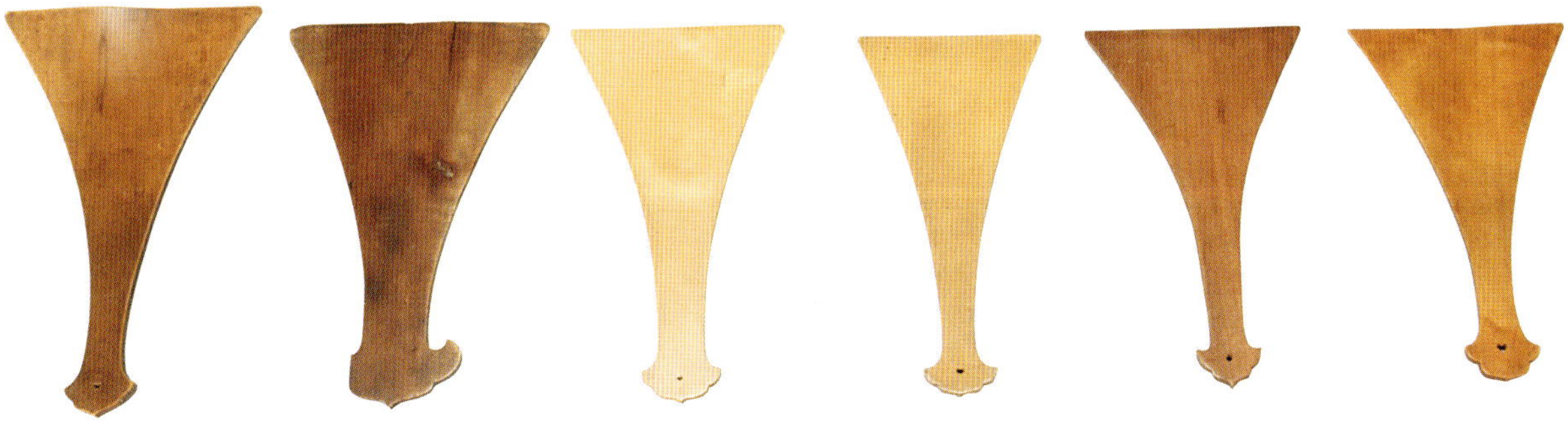

6　5　4　3　2　1

平家琵琶撥6点　6個の撥は、手づくりのため同じ寸法のものはない。 **1.** 全長16.8㎝、幅10.4㎝。 **2.** 全長17㎝、幅10.4㎝。 **3.** 全長18.4㎝、幅9.4㎝。 **4.** 全長20.6㎝、幅12.4㎝。 **5.** 全長18.4㎝、幅12.8㎝。 **6.** 全長19.2㎝、幅12.3㎝。

平家琵琶

平家小琵琶　32番職人歌合わせ絵巻（絵解の姿）に出てくる琵琶に似ている。箱付き。1784年長田憲義作。全長59㎝、胴幅22.5㎝、胴厚4.7㎝。

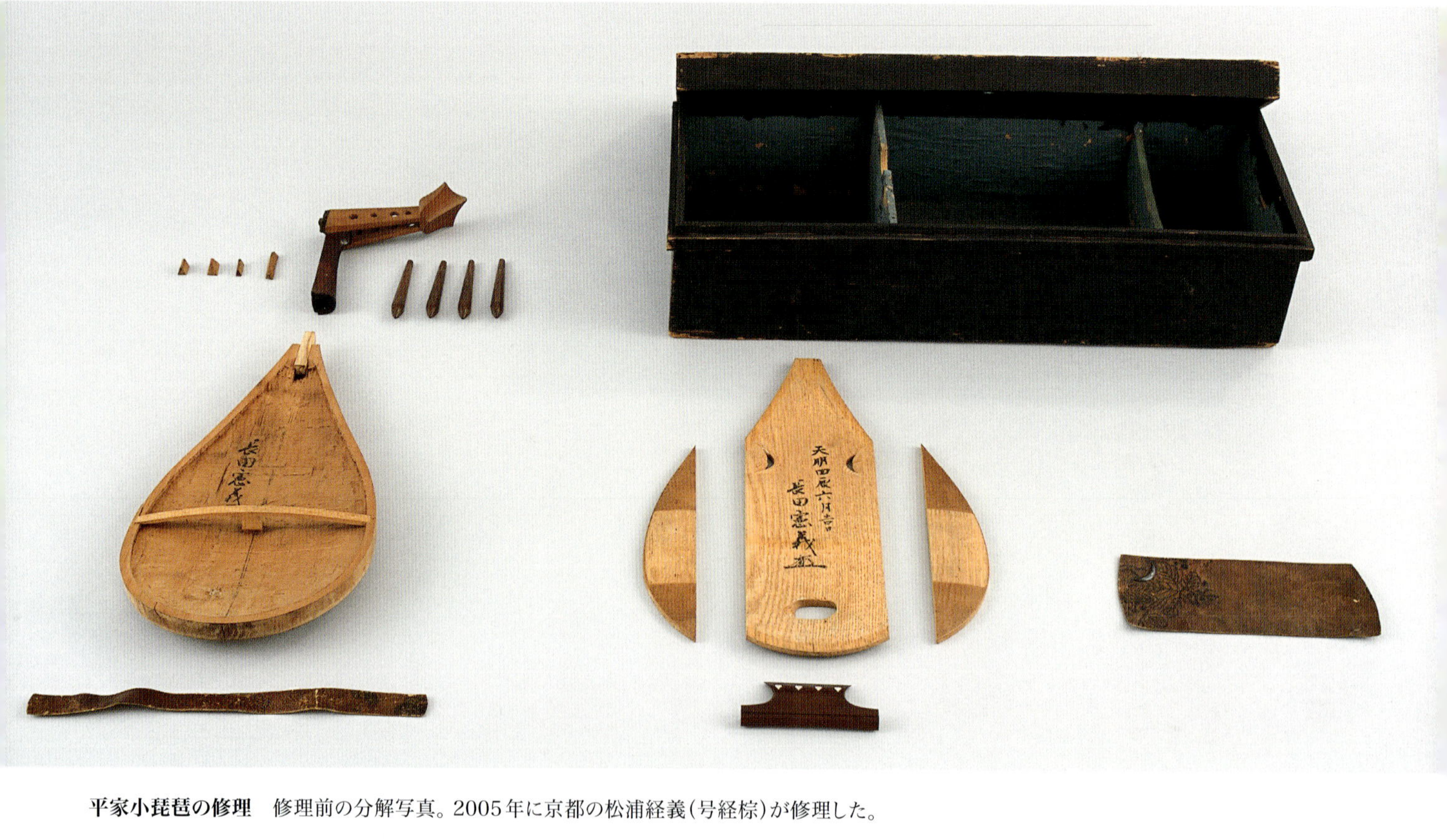

平家小琵琶の修理　修理前の分解写真。2005年に京都の松浦経義（号経棕）が修理した。

机型ケース入りの平家琵琶　中身の琵琶はp103掲載の中央の平家琵琶と同じものである。

平家琵琶のつなぎ目　棹（左側）と胴（右側）のつなぎ目を拡大したものである。本書掲載の平家琵琶のものではないが、製作者がいろいろな工夫をしている。

薩摩琵琶

鎌倉時代初期に源頼朝が島津忠久を薩摩に配したことに合わせ、京都盲僧の本山も薩摩に移され、南九州に薩摩盲僧の派が生まれた。京都盲僧第十九代宝山検校も薩摩に出向き、琵琶楽が伝わった。室町時代には、島津忠良が少年武士の士気鼓舞のために、薩摩盲僧の淵脇寿長院（ふちわきじゅちょういん）と教訓的な曲をつくり、南九州に広がった。盲僧琵琶が改良され、薩摩琵琶に発展していった。幕末に池田甚兵衛が更に発展させ、現在の薩摩琵琶の直接の祖先になったと思われる。

薩摩琵琶演奏図　永田錦心が描いたスケッチとして、錦心のお弟子さんから譲っていただいたものである。永田錦心は少年時代から、日本画の田口米作・寺崎広業画伯に師事し、絵の勉強を重ね、文展にも入選し天才児といわれていた。

錦心流琵琶　宗家は、永田錦心（本名、武雄）で明治18年生まれ。大正5年に、錦心流の宗家となる。昭和2年10月30日に43歳で逝去した。大正15年12月1日の錦心流水号一覧表によると、5061名の演奏家（名取）が所属していた。

錦琵琶　永田錦心の門弟水藤錦穣が創始した流派で、筑前琵琶や三味線などの手法をふんだんに取り入れている。四絃と五絃があり両方とも5柱である。撥は薩摩琵琶より小さ目。錦琵琶の流れを汲む鶴田流琵琶などがある。

和田三造作　薩摩琵琶には流派がある。正派薩摩琵琶（辻靖剛、西幸吉、吉村岳城などの名手がいた）、錦心流（永田錦心）、錦琵琶（水藤錦穣）、鶴田流琵琶（鶴田錦史など）である。

丸山作薩摩琵琶　昭和８年丸山友次郎作、丸山65歳の晩年の作品である。全長93㎝、胴幅33.5㎝、胴厚7.3㎝。写真右は左琵琶の裏面。明治・大正・戦前まで、多くの薩摩琵琶製作者がおり、名人といわれた製作者には、丸山友次郎や林宇助などがいたが、著者は、丸山作の薩摩が一番好きである。それは、心を込めて琵琶製作に打ち込んでいた誠実な態度が感じられるからである。ごまかしや、飾りを付け付加価値を高めようという邪念がなく、贅肉の無い美しい姿の琵琶を製作した。

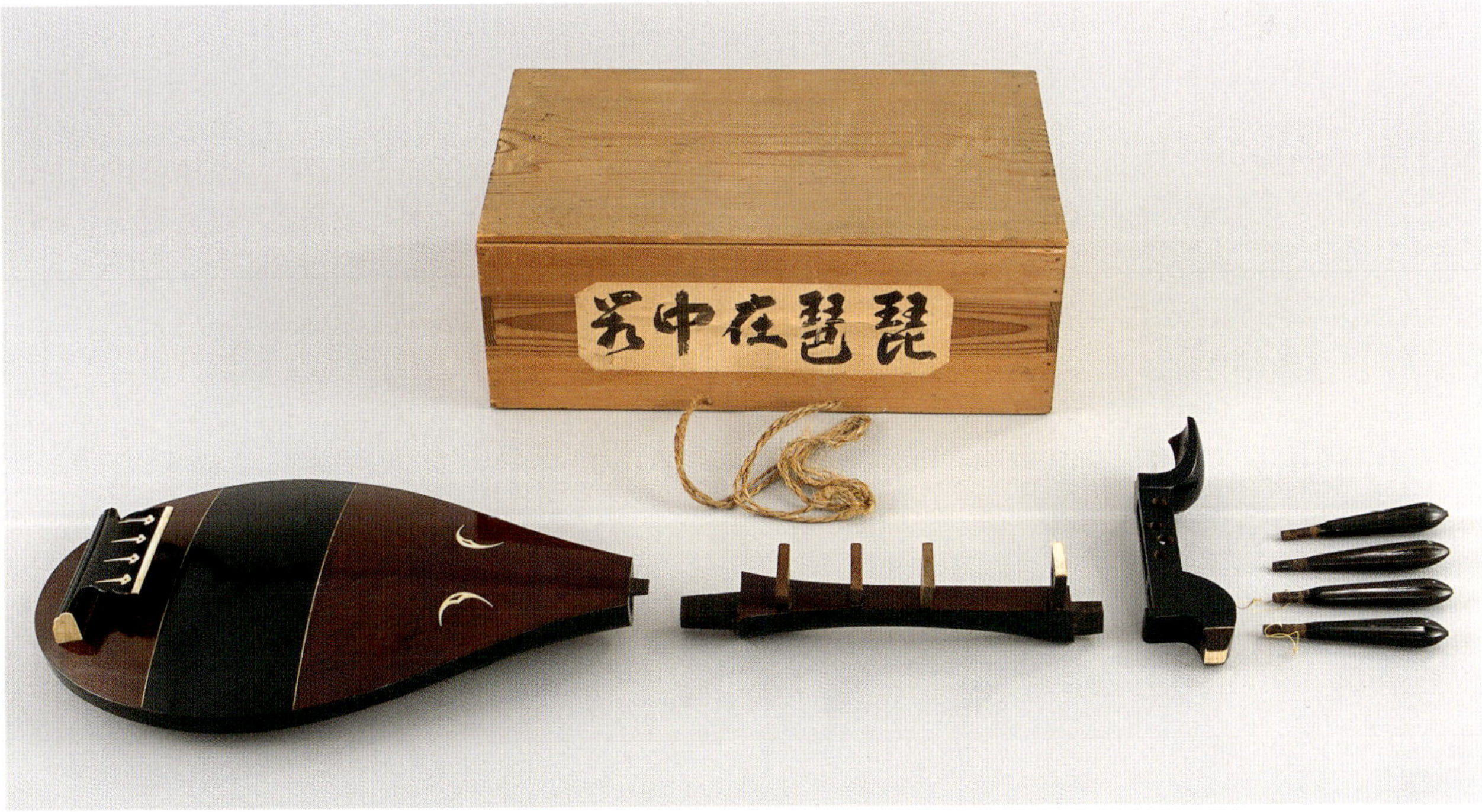

薩摩琵琶　琵琶在中箱に入れることができる三つ折りの薩摩琵琶。普通の薩摩琵琶は延べ棹であるが、この琵琶は３分割ができる薩摩琵琶である。全長93㎝、胴幅33㎝、胴厚8.3㎝。

薩摩琵琶

薩摩系三絃琵琶　明治29年に内務省の指導により、天理教で使用する三味線は俗器(猫や犬の皮を使用)であり、神前演奏には適さないとされた。このため、三味線の代理楽器として、当時の薩摩琵琶を参考に三絃につくり替えたものが写真左の琵琶である。中央に天理教の梅鉢紋が描かれている。他の三絃を分解してみたが、釘打ちだったり、雑木を使用し、全体に色を付けたりで簡単なつくりになっている。写真右の三絃は、材料の使い方は筑前琵琶であるが柱の数が5柱ではなく、薩摩と同じ4柱である。使用目的は不明である。高台寺(創建は1606年)霊屋の内陣部分の「楽器尽くし」に三絃の琵琶の蒔絵がある。

薄型薩摩琵琶(左側)　練習用と思われる。全長93㎝、胴幅30.5㎝、胴厚3.5㎝。右の薩摩琵琶は、p107掲載の丸山作の琵琶である。

錦琵琶　五絃五柱、四絃五柱もある。

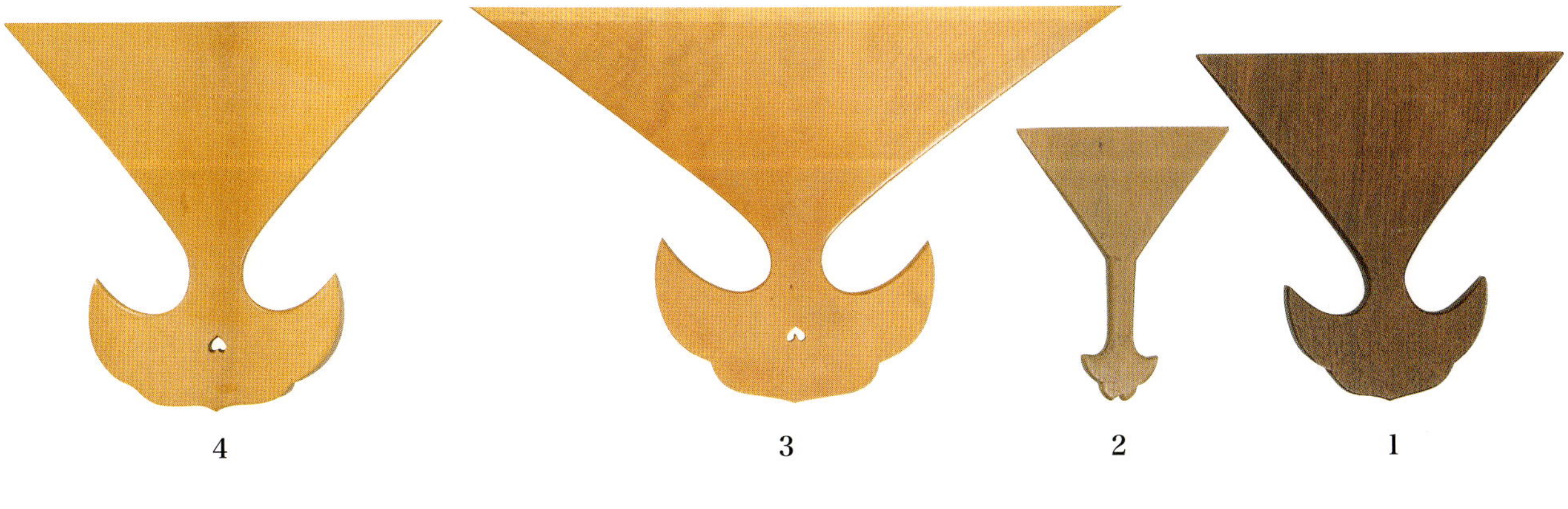

4　3　2　1

薩摩琵琶の撥　**1.**花梨製三絃用で全長15.6㎝、撥幅16.8㎝。 **2.**子ども用柘植製で全長12.5㎝、撥幅9.8㎝。 **3.**黄楊(つげ)撥で全長18.8㎝、撥幅30.3㎝。 **4.**現代漆塗り製で全長17.6㎝、撥幅20.2㎝。

筑前琵琶

明治二十年代に、博多の盲僧の子孫、橘智定、吉田竹子、鶴崎賢定などが協力し、八尋兵一製作の筑前盲僧琵琶などを参考に筑前四絃琵琶が創始された。五柱で、腹板はめ込み式、胴内にブリッジはないが、後の筑前五絃琵琶にはブリッジがある。特許庁申請の明治四十三年当時の筑前五絃琵琶は、全長百cm、胴幅は三十九・四cmと大型だった。橘旭翁が薩摩琵琶を参考にした影響である。五柱は、覆手から天神に向かって、水・金・土・火・木という名前がある。撥は厚い。調弦は、四絃がシミシシ、五絃はミシミファ♯シである。

高峰琵琶　1号型サイズ。全長96㎝、胴幅26.5㎝、胴厚7.5㎝である。宗家高峰筑風は明治12(1879)年に博多で生まれた。本名は鈴木徹郎で、女優高峰三枝子の父である。大正元年秋、有楽座に於いて高峰流宗家として発表した。

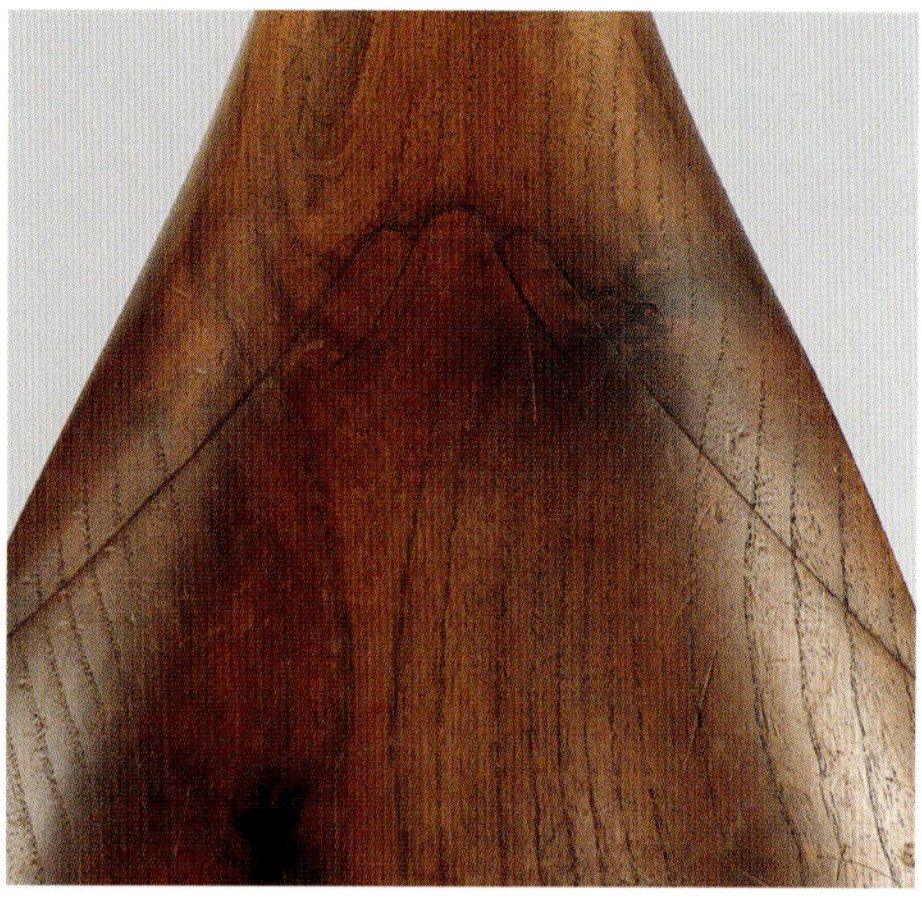

高峰とは高い峰という意味で、富士山をイメージして付けた名前である。従って、琵琶表の覆手に富士山の図柄、裏側にも富士山の図柄が描かれている。

5面の筑前琵琶　**1.**子ども用五絃琵琶　**2.**高音用の小絃五絃琵琶　**3.**低音用の大絃琵琶　**4.**鶯琵琶　**5.**象牙包みの筑前五絃琵琶

5　4　3　2　1

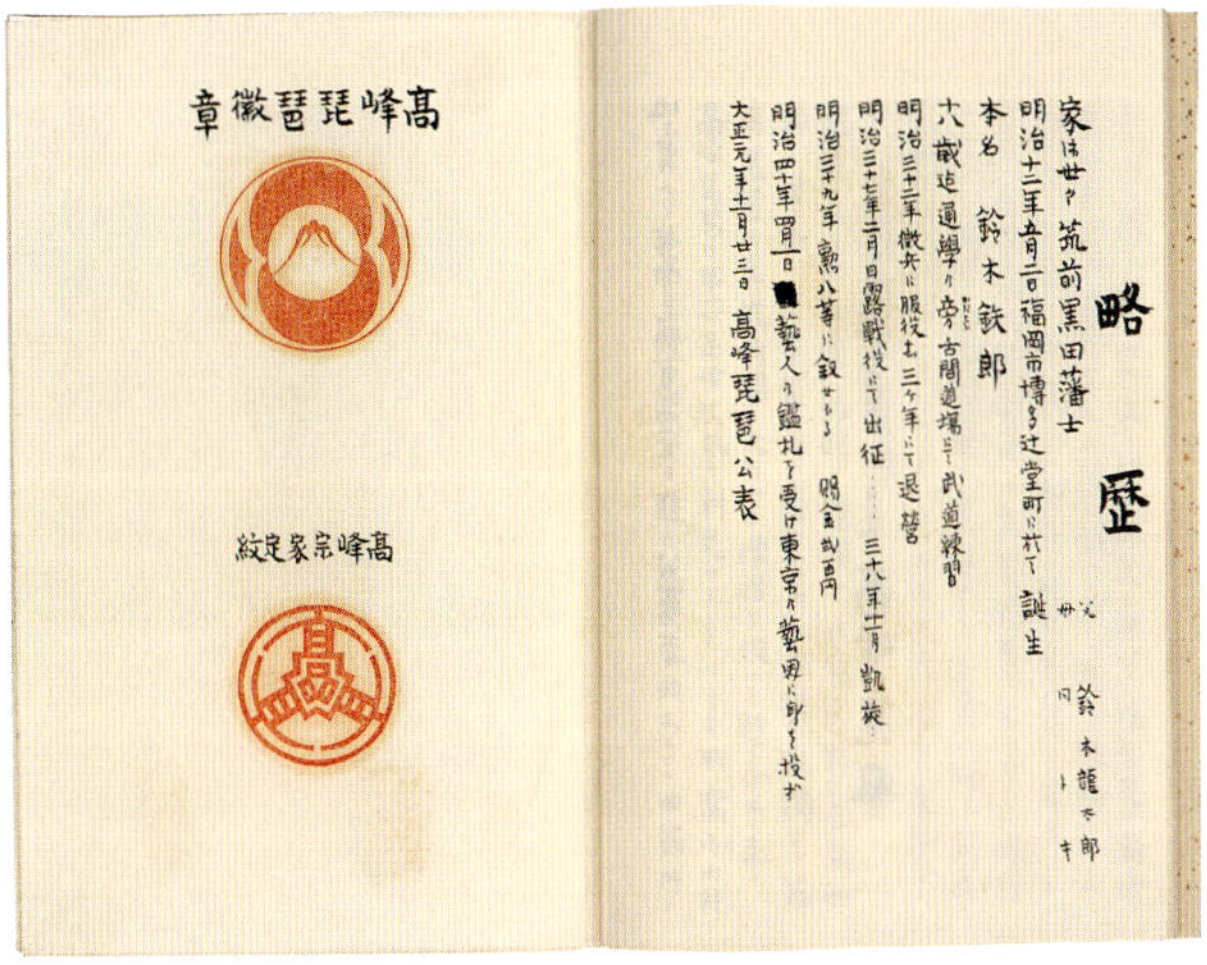

高峰琵琶の徴章、高峰宗家定紋、筑風の略歴

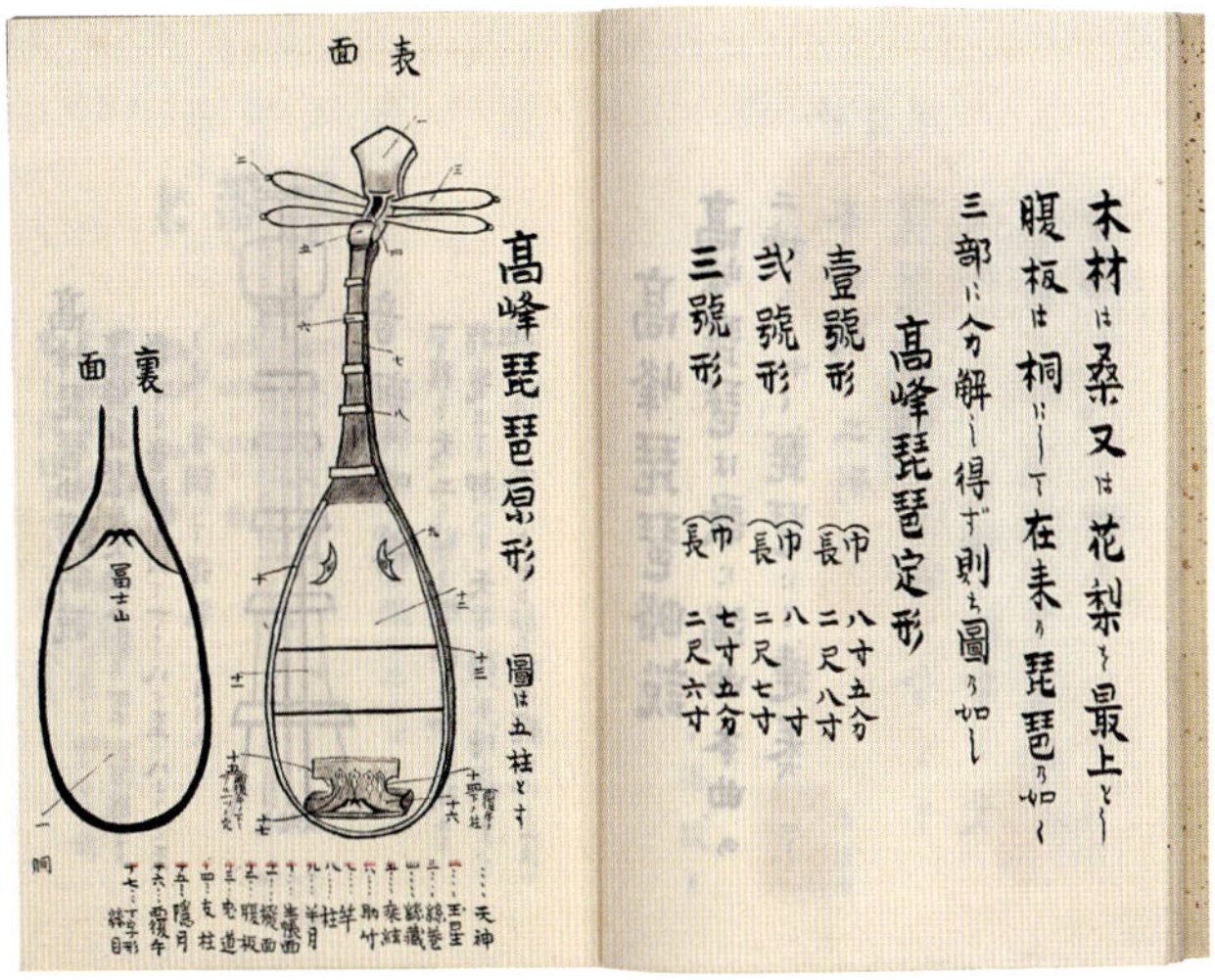

高峰琵琶の構造

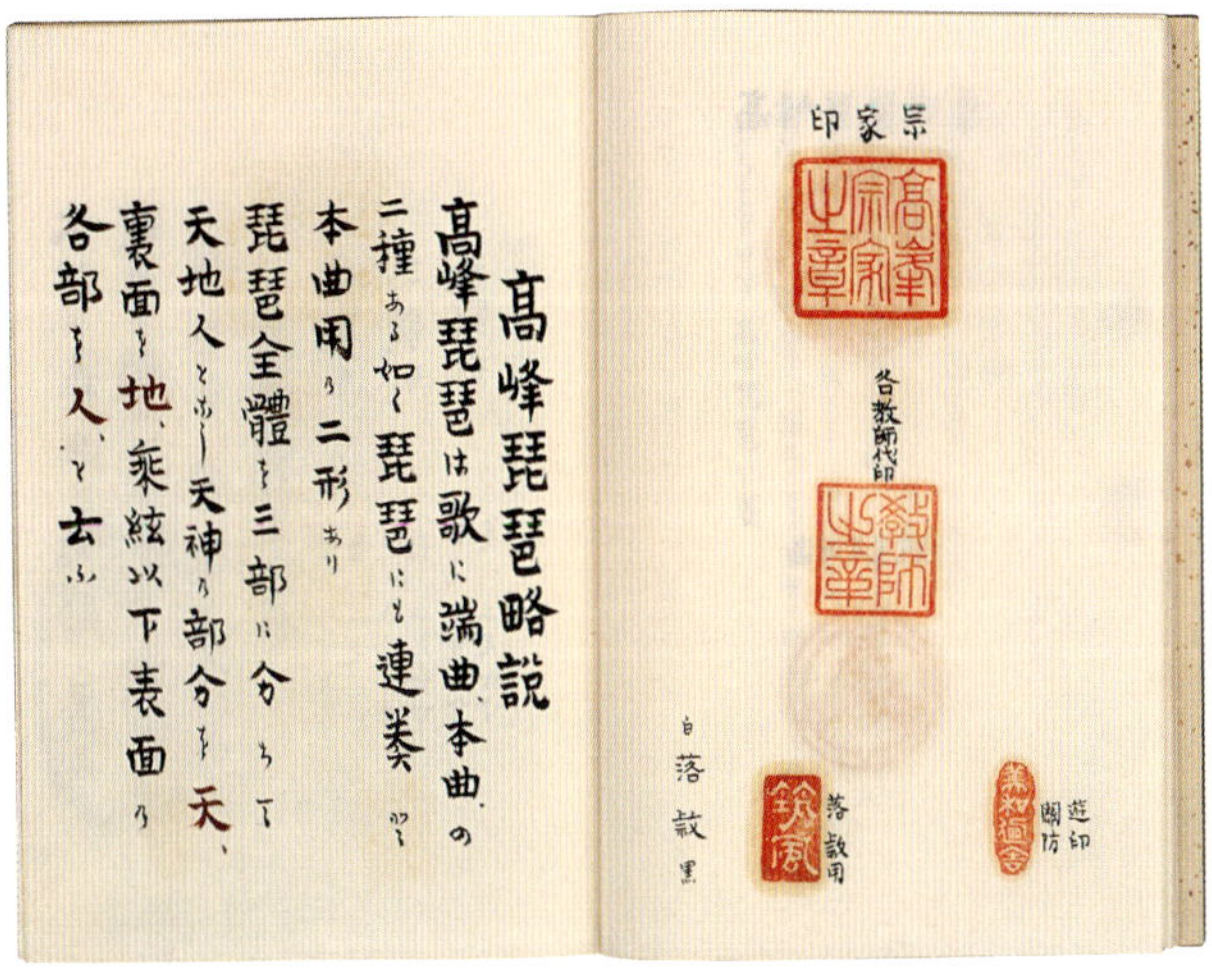

高峰琵琶略説　高峰琵琶は歌に端曲、本曲の二種ある如く、琵琶にも連奏と本曲用の二形あり。琵琶全體を三部に分けて天地人と為し、天神の部分を天、裏面を地、乗絃以下表面の各部を人という。（本文意訳）

高峰琵琶の覆手アップ写真　富士山を形取った象牙が埋め込まれている。

筑前琵琶

筑前四絃と五絃琵琶　昔は一人の演奏家が四絃と五絃を使い分けて演奏していた。現在は両方を演奏する人は少なく、ほとんどの演奏家が五絃を使用している。

琵琶の裏面　左の四絃は鉄刀木(たがやさん)製、右の五絃は桑製である。

五絃と四絃の糸巻部分

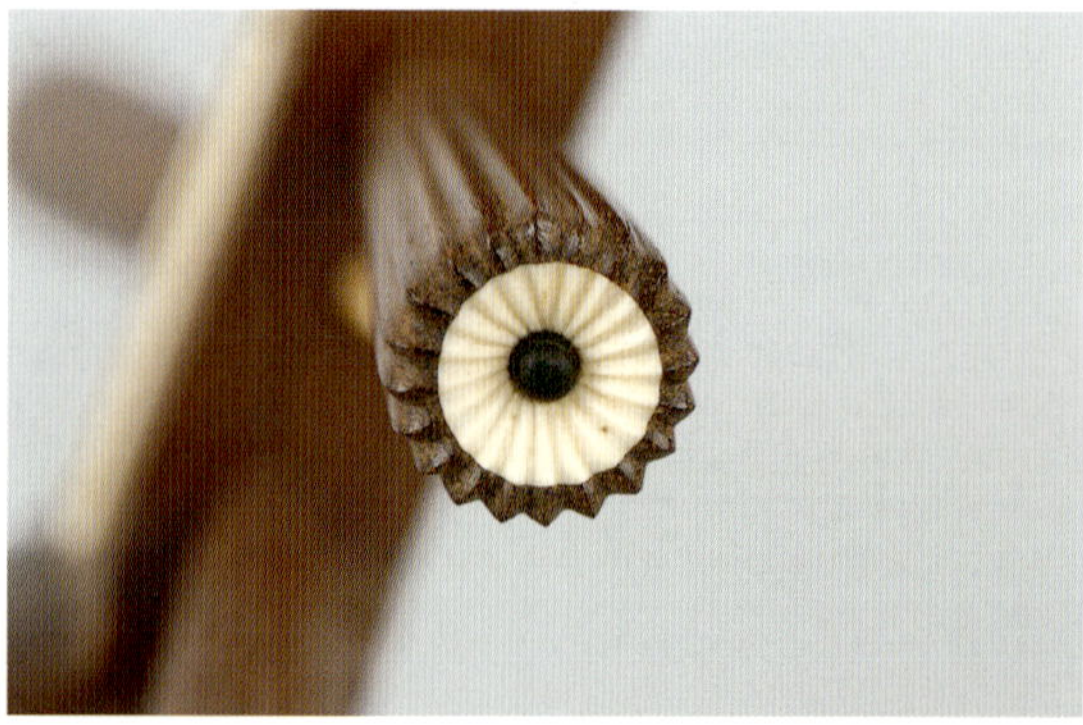

糸巻先端部分

象牙包み筑前五絃琵琶　飾りには、象牙と螺鈿が使用されている。

上から1、2番目は、p112の四絃、五絃セットの覆手アップ。

上から3～5番目は、象牙包みのアップ写真。象牙の糸巻きには、図柄の違う龍が彫られている。

筑前琵琶

特許六絃琵琶の正面と糸巻　この琵琶は演奏家の中では定着しなかった。

五絃琵琶２面と四絃琵琶、小絃琵琶

九絃琵琶の表面と裏面　胴裏に、九重流筑前琵琶初代開祖創作　宗家　法院殿　宇佐美旭風極　の文字あり。

九絃琵琶糸巻部分　胴裏に「九鼎」(きゅうてい)の銘あり。九鼎とは、夏(か)の兎王(うおう)が九州(九つの州という意味)に金を貢がせて鼎(かなえ)をつくり、代々の宝とした。鼎とは、中国古代につくられた青銅器製の器のことで、権威の象徴として利用した。「中日大辞典」編者　愛知大学中日大辞典編讃より引用。上記は著者の意訳。

鶯琵琶　箱裏板に福岡県指定無形文化財、筑前琵琶製作技術保持者、吉塚元三郎謹製の墨書きがある。本人から聞いたところ、献上品として2面製作し、その片割れということだった。取り口までのサイズは全長32.3㎝、胴幅11.3㎝、胴厚6.2㎝。四絃7柱で、半月螺鈿製、覆手は象牙製。琵琶裏面に和服帯に挟む可動式木製道具が設置されている。「象牙蝶貝最高級品、御蔵島桑製作、無形文化財責任、吉塚旭貫堂造」の書きものと象牙製ミニ撥(全長2.9㎝、撥幅3.5㎝)が付属している。

筑前琵琶

津留崎鎮助の刻印　筑前琵琶製作の名人といわれている。偽物が多く、よほど気に障ったのか、著者蔵の筑前五絃琵琶鎮助作には、1面の琵琶に9個の刻印と12個の焼き判が押されたものがある。

磯の彫刻　四絃琵琶に多く見られるが、磯部分の彫刻に喜んでばかりはいられない。胴のひびや割れを、彫刻によって目立たなくしてあることが意外と多い。

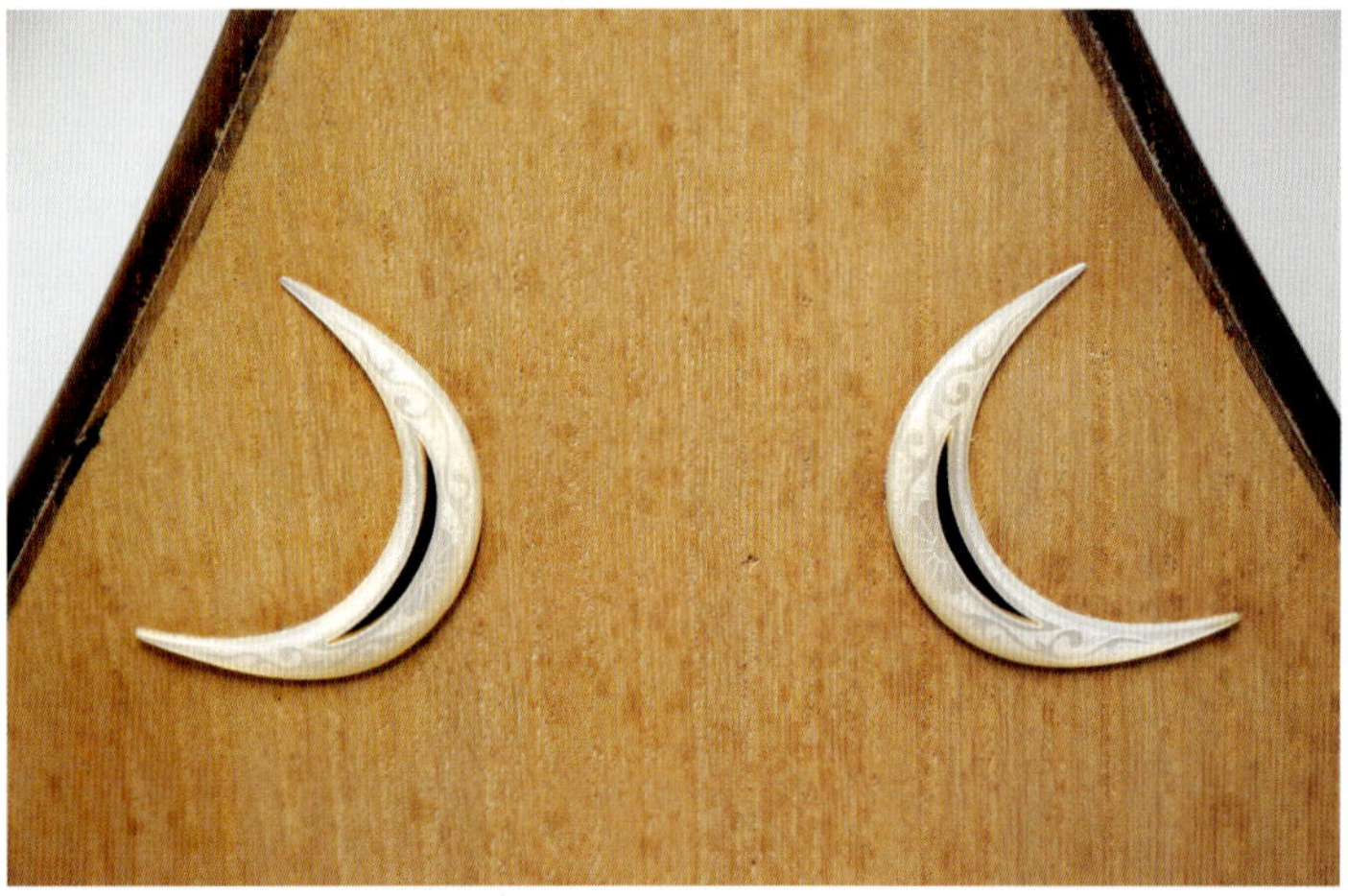

螺鈿製の月　象牙ではなく螺鈿製の半月がはめられている琵琶は、ランク的に高く上質の場合が多い。

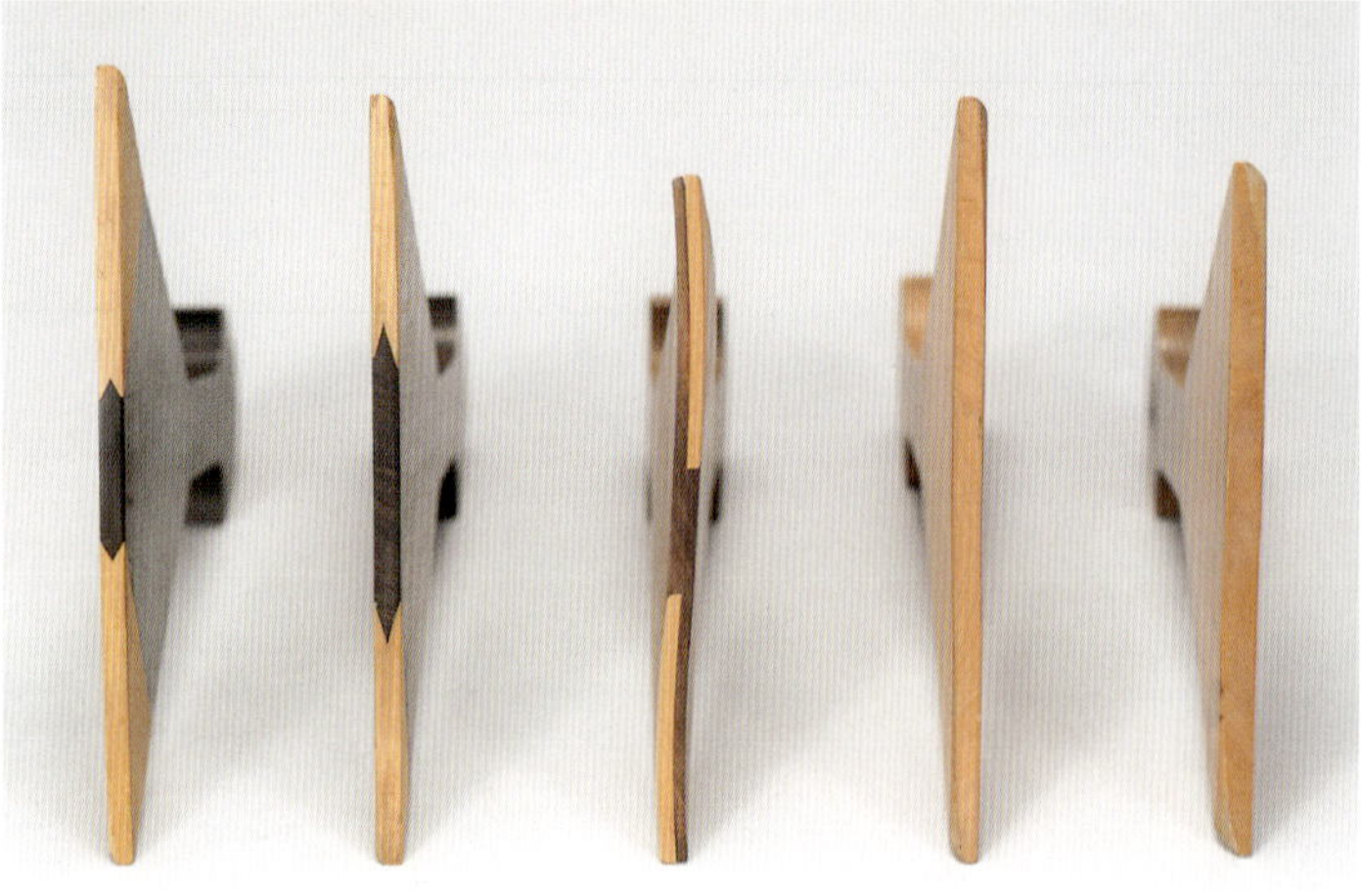

五絃琵琶の撥5点　撥角に黄楊(つげ)材使用の「奴撥」が多いのは、撥の角が減ってきた時に黄楊部分のみの調整や交換がやり易いためと考えられる。写真中央にある左右を曲げて製作した撥は、製作者の工夫が感じられる。

筑前琵琶正式演奏時の旭会使用の法服　法服とは、本来は、裁判官・検事・弁護士など法律関係者が着用するものである。筑前琵琶の関係者に聞いたところによると、昔は、宗家級の人が着用し、法服と呼んでいたが、現在は使用していない。

法服に織り込まれた「旭」の文字
写真左の法服には、三つ葉橘と思われる紋の中に旭会の「旭」の文字が織り込まれている。

琵琶の付属品他

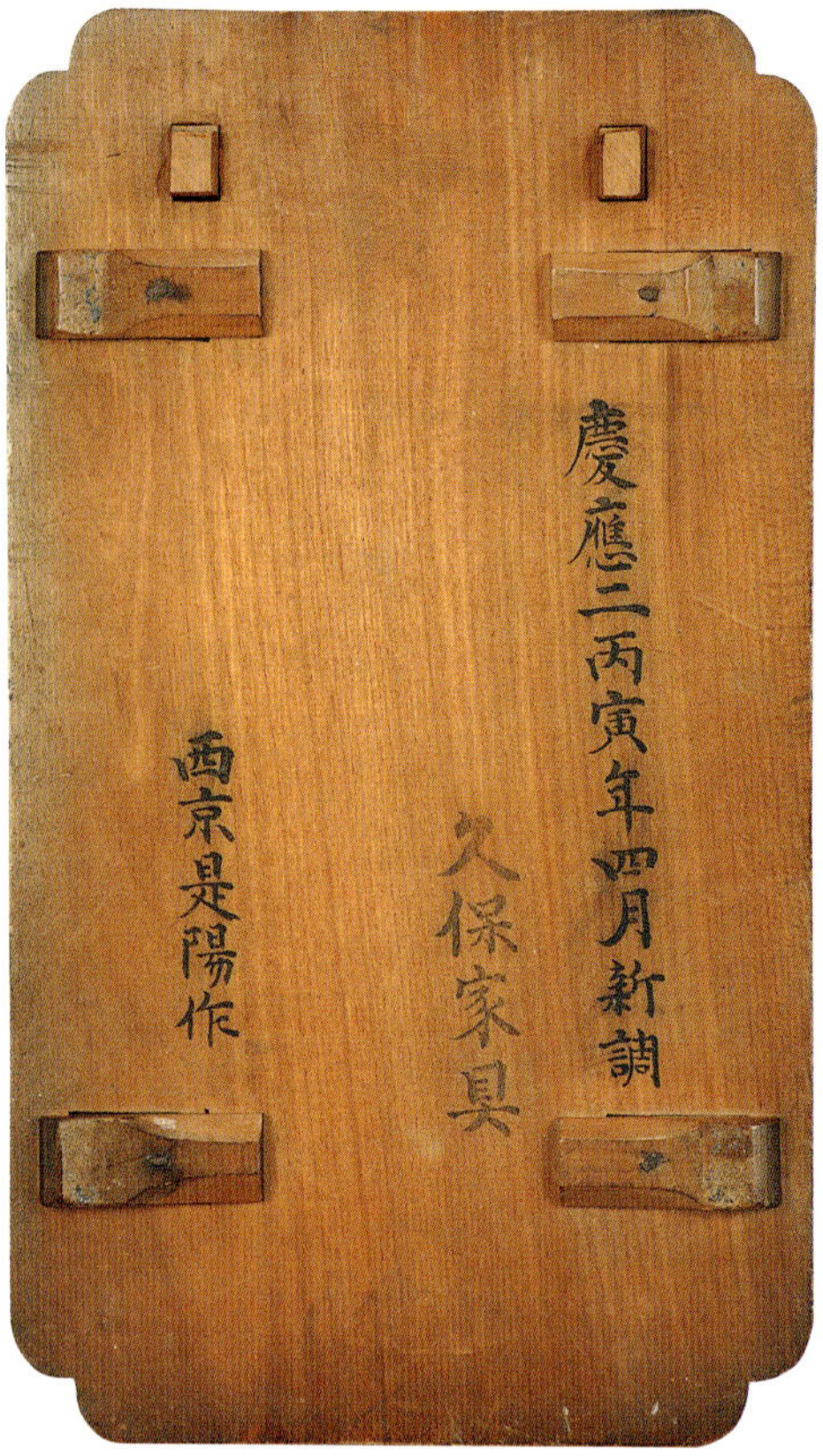

木製琵琶台　慶応２年４月に新調されたもので、西京（京都の異称）是陽作。

内田式琵琶立見台　新案特許を取得した内田式琵琶立見台で、販売元は大阪北区の内田工業所。譜面台と楽器台が一緒になっており、組み立てると楽器立て、折り畳むと譜面台になる。木製と金属製がある。左下の写真は、この見台を組み立てたものである。

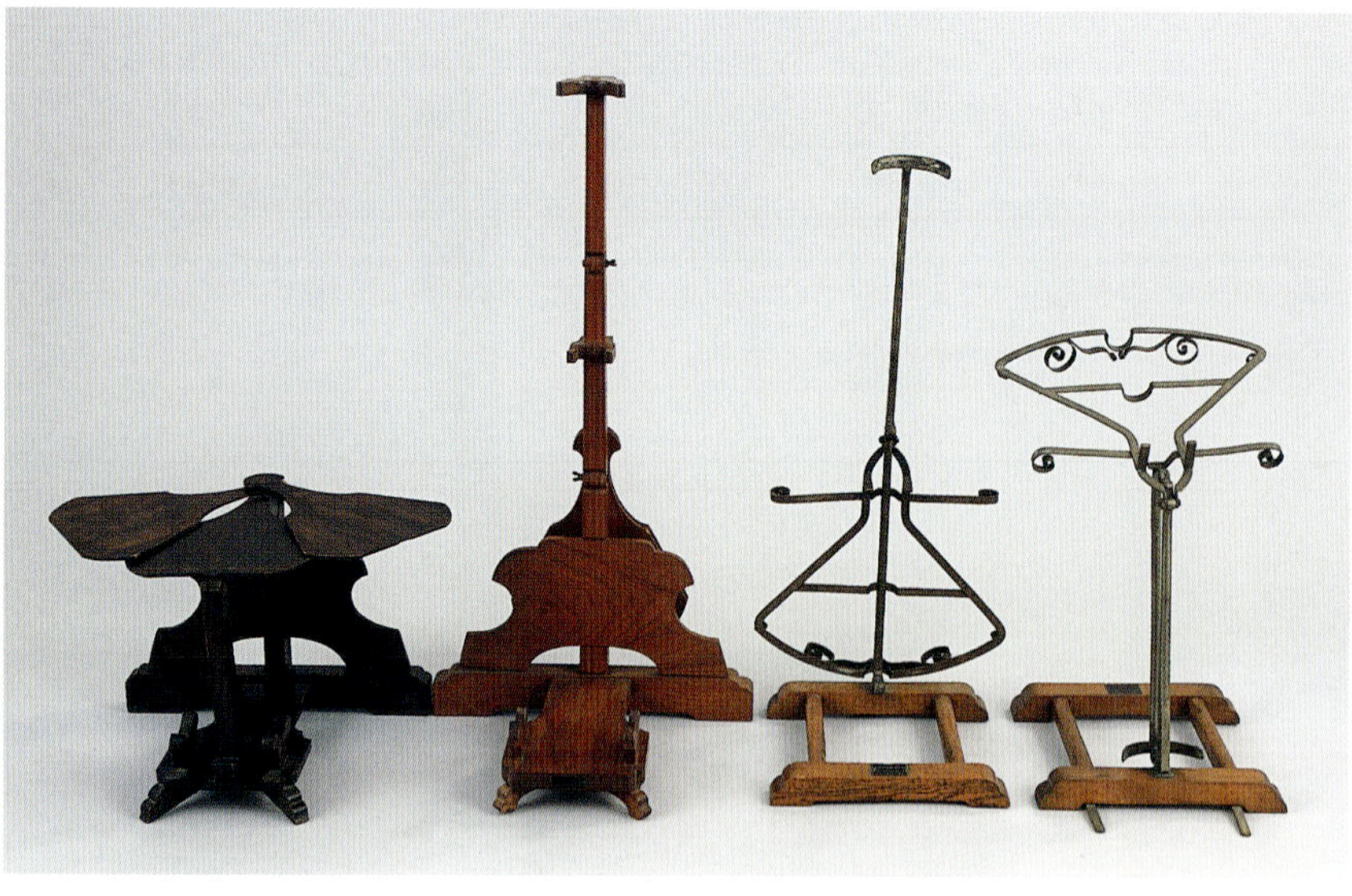

折り畳み式琵琶台兼譜面台兼琵琶置台になっている。

簡易琵琶置き台　胴は床に置き、棹をこの台に乗せる。

硯箱の蓋　硯箱の蓋に、琵琶の意匠が高蒔絵で描かれている。

著者のつぶやき

【琵琶に関する余談】

日本に綿弓(わたゆみ)というものがある。この弓は、綿をほぐしながら綿の不純物などを取り除くために使用するものである。1684年、松尾芭蕉がこの「綿弓」の使用時の音を聞いて詠んだ有名な俳句がある、それは「綿弓や　琵琶に慰む　竹の奥」というものである。つまり、芭蕉は「綿弓の音」を聴き、その音が「琵琶の音」のように聴こえたということであろう。

琵琶胴の内部　1. 2. 筑前四絃琵琶の内部でブリッジがない。 3. 赤文字が書かれた平家琵琶の内部でブリッジが紛失している。 4. 筑前五絃琵琶の内部でブリッジがある。 5. 桑製の薩摩琵琶内部。

唐《とう》琵《び》琶《わ》・月琴・他

唐琵琶と中国現代琵琶　写真左は中国現代琵琶、右は清楽（唐）琵琶（全長90㎝、胴幅25.2㎝、胴厚3.5㎝）。

月琴　月琴内部の針金（焼きが入っている）の形がいろいろとあり、それによって音色が違う。中央の月琴は明治の頃流行した月琴で完品である。右側は現代中国月琴である。

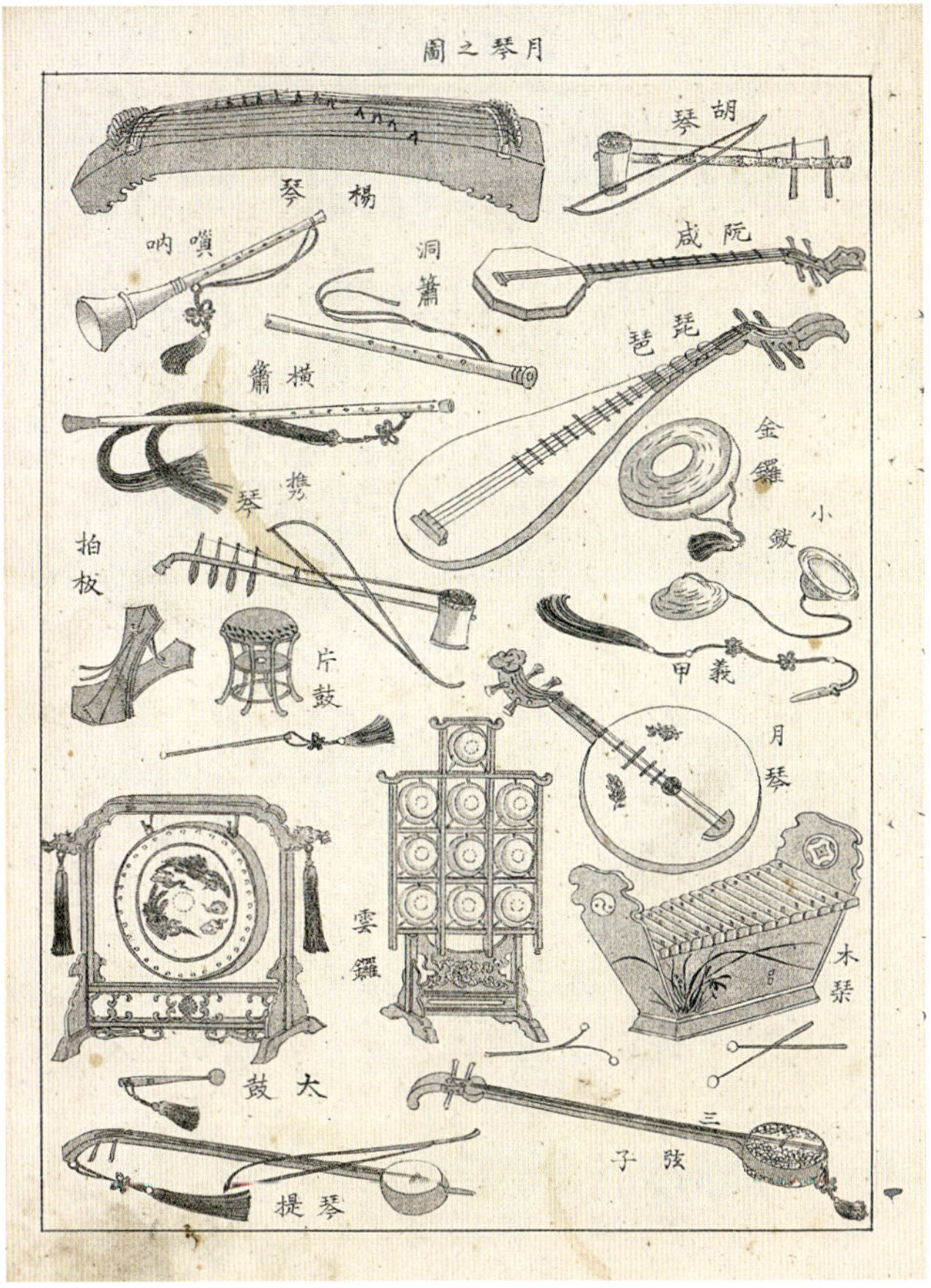

明清楽で使用する楽器の資料
（風俗画報より転載）

清楽（唐）琵琶の糸巻　天神は桃割れになっている。

月琴の版画　清楽合奏の様子を描いている。右側の女性は、月琴演奏用のピックを持っている。月琴の演奏時は、本体を膝の上に置き、少し左斜めに構える。左手で棹を持ち、右手の親指・人差し指・中指で義甲（ピック）をつまむように持ち、胴の下方の蛇皮部分で音を鳴らす。

琵琶の成長について

①名器というものは、製作する人の修練と人間性、更には、神のみぞ知る能力を超えた偶然性が重なった時に誕生する。

②鳴る楽器は、外観のみならず内部にも創意工夫がある。従って、細工師・家具職人・大工さんなどがすばらしい楽器を製作できるとは限らない（もちろん、できないとも言えないが……。）人間の魂を揺さぶることができるすばらしい楽器は、何らかの境地に至った人間によってつくられる。

③すばらしい楽器は、人間との接触を通して「物体」から人の心を洗い清める「生き物」に成長することが可能である。

④鳴る楽器は姿が美しく、気品さがにじみ出ている。これは、蒔絵や螺鈿細工などの飾りが施されているという意味ではない。全体を通しての姿に、無駄な部分が少ない楽器といえるかもしれない。

⑤木取りで大切なのは、製作者が木と対話をしながら行うということである。どの部分をどの方向性で使用したらよいのか、板目がよいのか柾目がよいのか、木の表側がいいのか裏側がよいのか、あるいは内部がよいのか、根っこ側がよいのか木の先端側がよいのか　南側か北側かなどである。

現代では、木目を重要視して木取りをするが、昔の楽器はそうとは限らない。中には材料が高価なため、製作者が木を生かそうと、巧みに接ぎ木して製作したものもある。それはそれで意義があると思うし、材料が高価なため仕方がない場合もある。しかも、木目を人工的に施した楽器があることも事実である。

⑥木材を乾燥するのには、材料を「寝かす期間」が大切である。江戸時代から続く老舗和楽器屋さんに聞くと、「昔の楽器は製作した後、比較的短い時間で鳴り始める」と言っていた。その要因としては、すばらしい材料が十分にあったことや材料を自然界で寝かす期間が長かったということも言えるのである。

戦前までは、次の世代を意識して材料を用意していたようであるが、現代は自然乾燥プラス機械乾燥が多くなっているようである。更に、材料の産地も大切である。例えば、日本産と外国産の「桐」の質の違い、鹿児島産と御蔵島の桑の産地の違い等々を考えなければならない。その材料の産地によって製作方法を変化させたり、楽器として同じように製作し

ても鳴りが悪いという話を製作者から聞いたことがある。

⑦和楽器は、センチやミリ単位では製作はしていない。従って、同じ楽器でも各所のサイズが違う。しかし、接着面やはめ込み部分などは、ちょっとオーバーな表現になるが、一ミリ以下の精度で製作している。

⑧割れる直前の楽器は鳴るといわれている。内部で鳴っている音が表面の材料を押し破って、音が飛び出してくるのである。材料の乾燥が十分でない場合や他の要素が働いて割れることがあるので、一概には言えない事ではあるが……。

⑨お金儲けに重きを置いて製作した楽器と、製作者の魂を重んじて製作した楽器には、全体がかもし出す姿に、おのずと違いが出てくるし鳴りも変わってくると考えられる。

⑩楽器製作に使用している異質の材料（例えば、筑前琵琶でいうと桑・桐・象牙・竹・絹など）が協力し合うことが少ないけれど、音を出して行く回数を重ねて行くと、異なる材料同士が協力し合い、響き合い、音の進む方向が出てきた時に、楽器としての成長を感じることができるのである。その楽器との練習を、更に重ねていくと、異種の材料の協力度が増し、少しずつではあるが、音の進む方向性が定まってくる。

　やがて演奏した音の響きは、一番上の絃蔵、更には最先端の海老尾まで届くようになる。更に、練習を続けていくと、音の到達時間も早くなり、楽器としての実力を身につけていくと考えられる。

⑪この時点になると製作過程で蓄積された各材料のストレスが減少し、「物体から楽器」へと変身していくことができるのである。

　人間に育てられた琵琶は、楽器として成長し、人の気持ちを心地良いものにしてくれる。これは人間に育ててもらった「楽器の恩返し」なのである。その過程の中で名器までに出世できるのは、神のみぞ知ることである。

　余談になるが、中古の楽器は、誰かが育てたものである。その中古楽器を育てた人間の感性と、新しい持ち主との感性の間に共通点があれば好都合である。しかし、それが少なければ、新しいその楽器を手に入れた人間の努力で、以前の持ち主の感性を弾き飛ばさなくてはならない。中古の方が鳴る楽器を育てる時間が少なくてすむとは思うが……。

中国三弦・沖縄三《さん》線《しん》

三弦は外国から中国へ伝来した楽器に改良を加えたものと考えられている。しかし、どのような楽器が三弦誕生に影響を与えたかは、諸説がありハッキリしていない。その輸入時期も、河南省焦作（しょうさく）西の馮封（ひょうふう・ひょうほう）金墓において、三弦らしきものを演奏している破損した楽俑（「らくよう」とは、人形のこと）が発見された。従って、それ以前に、どこかの国から中国に伝来したと考えられる。十四〜十五世紀の頃、中国から伝来した小三弦が沖縄で改良され、七つの代表的な三線の形が考案されたと思われる。

三線には、南風原（ふぇーばる）型、知念大工（ちねんでーく）型、久場春殿（くばしゅんでん）型、久葉の骨（くばぬふに）型、真壁（まかび）型、平仲知念（ひらなかちねん）型、与那城（よなぐしく）型がある。なお、三線の棹は、天神から中子先までを一本物で製作するのが正式なつくり方である。

2　　　1

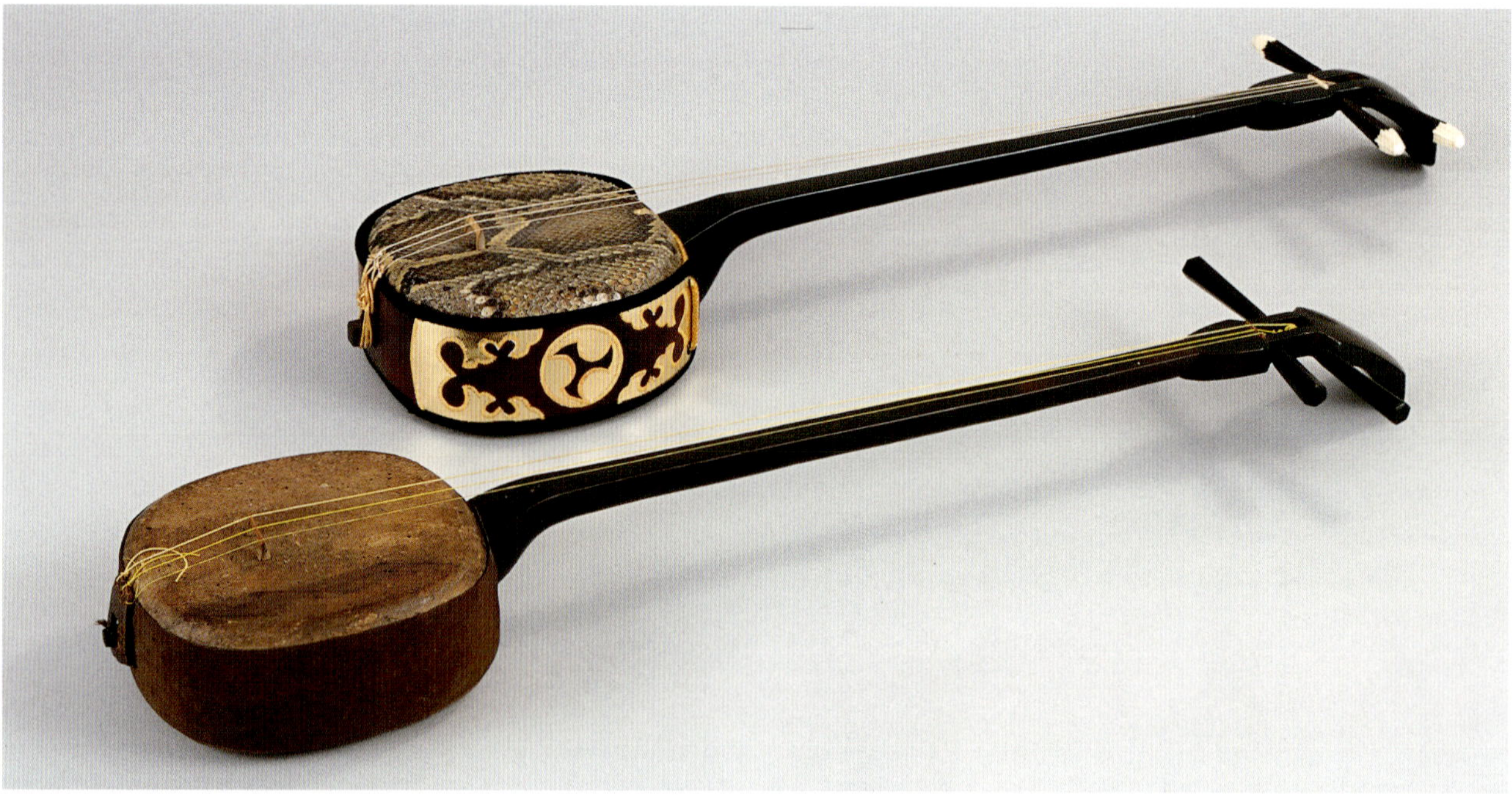

三線　蛇皮製のサイズは上記の4. 三線と同じ。下段の馬革製三線は全長81.5㎝、乳袋真下幅1.85㎝。

5　　4　　3

三弦・三線・三味線のサイズ（乳袋の無いものは、棹の一番細い部分） **1.** 大三弦　全長114㎝、乳袋真下幅2.9㎝。 **2.** 中三弦　全長92㎝、乳袋真下幅2.6㎝。 **3.** 中三弦　全長95.4㎝、乳袋真下幅2.4㎝。 **4.** 三線　全長79㎝、乳袋真下幅2.1㎝。 **5.** 三味線 全長96.7㎝、乳袋真下幅2.5㎝。

三線用牛角製撥　人差し指を筒状部に入れ親指を添えて演奏する。奄美では竹や骨製の棒状形の撥を使用する。

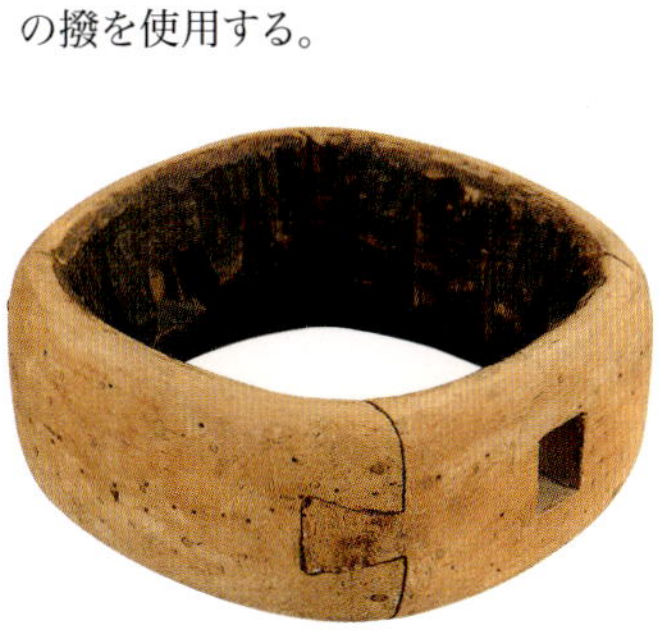

三線胴内部と胴継ぎ部分　胴内部に彫り込みがあり、響板としての工夫を施している。

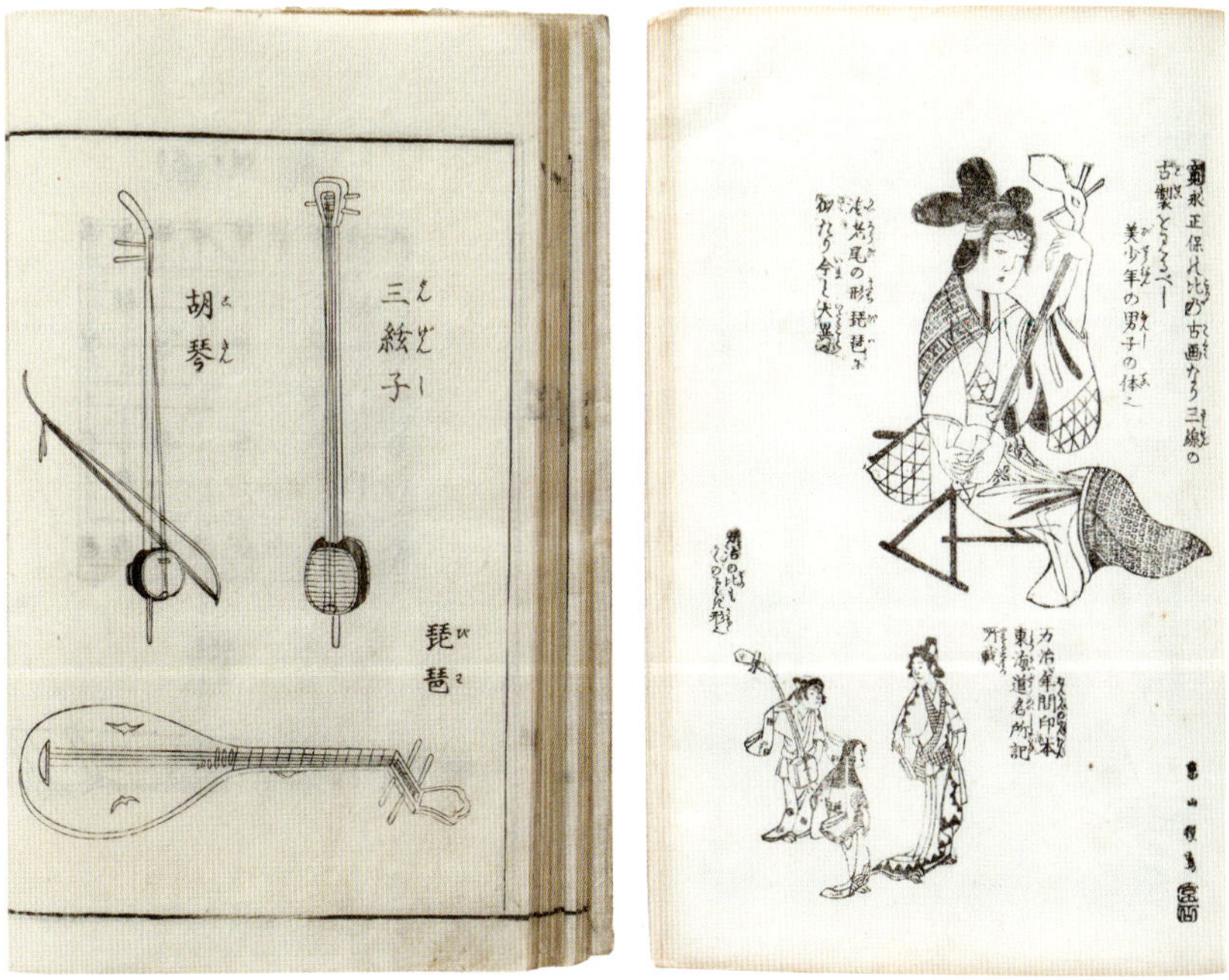

左）清時代の三絃子　この時代の三絃子は天神から中子先までが一本物である（図は清俗紀聞より）。 **右）寛政正保の頃の古画**　三味線の古製で天神部分は琵琶に似ている。天神の曲がりも現代の三味線よりも大きい（図は山東京伝古画より）。

ゴッタン

鹿児島県に伝わる民俗楽器。中国雲南省の楽器古弾（グータン）がゴッタンになったという説がある。構造としては、天神から中子先までは一本の木で製作しているが、天神が別づくりの場合もある。胴の両面には、薄い杉板や渋紙などが張ってある。なお、古いゴッタンで糸蔵内部の中央部に仕切りがあり、内部が二列になっているものもある。

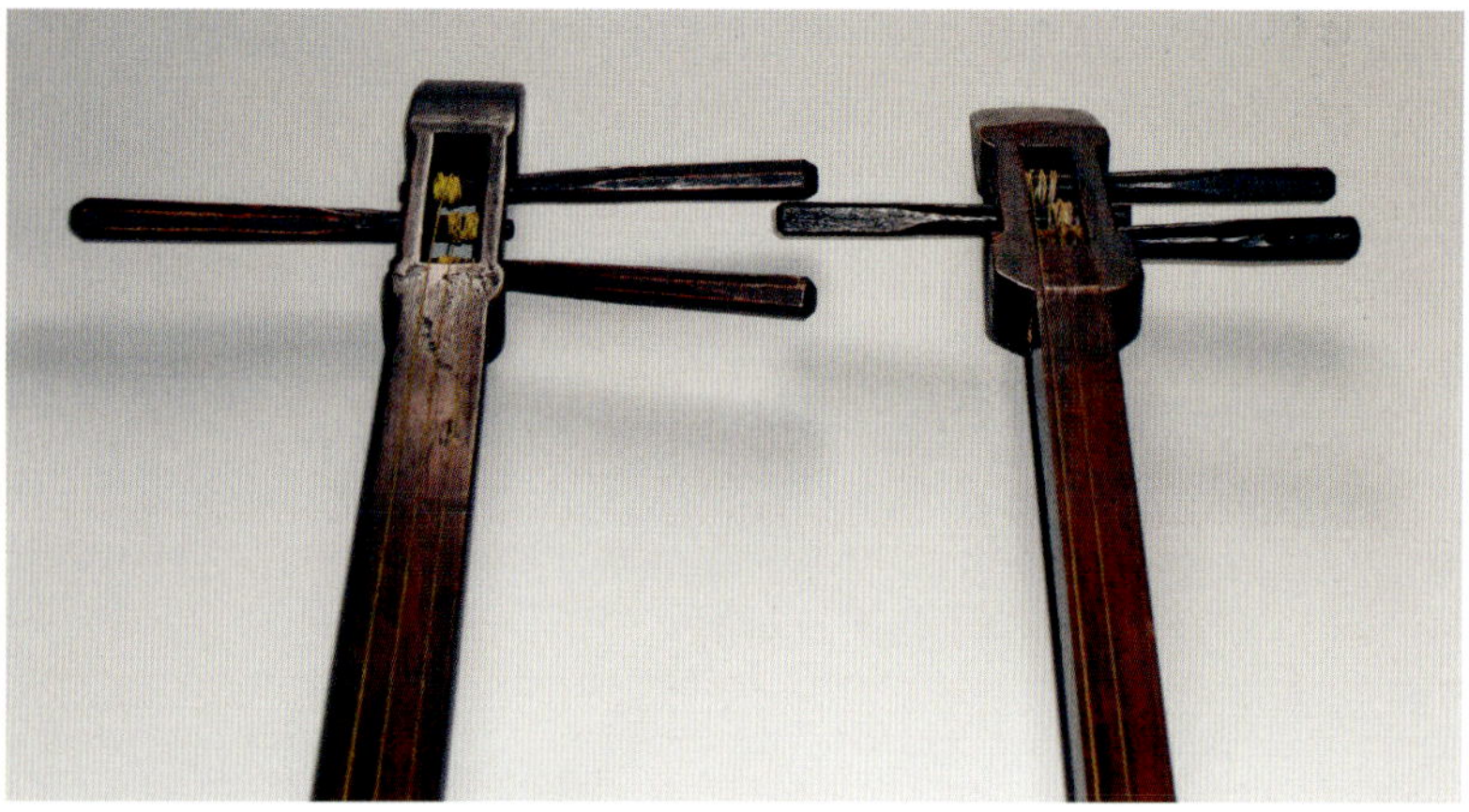

上）ゴッタンの天神　天神部分は、形が三味線と違うものが多い。
左）ゴッタンの側面写真

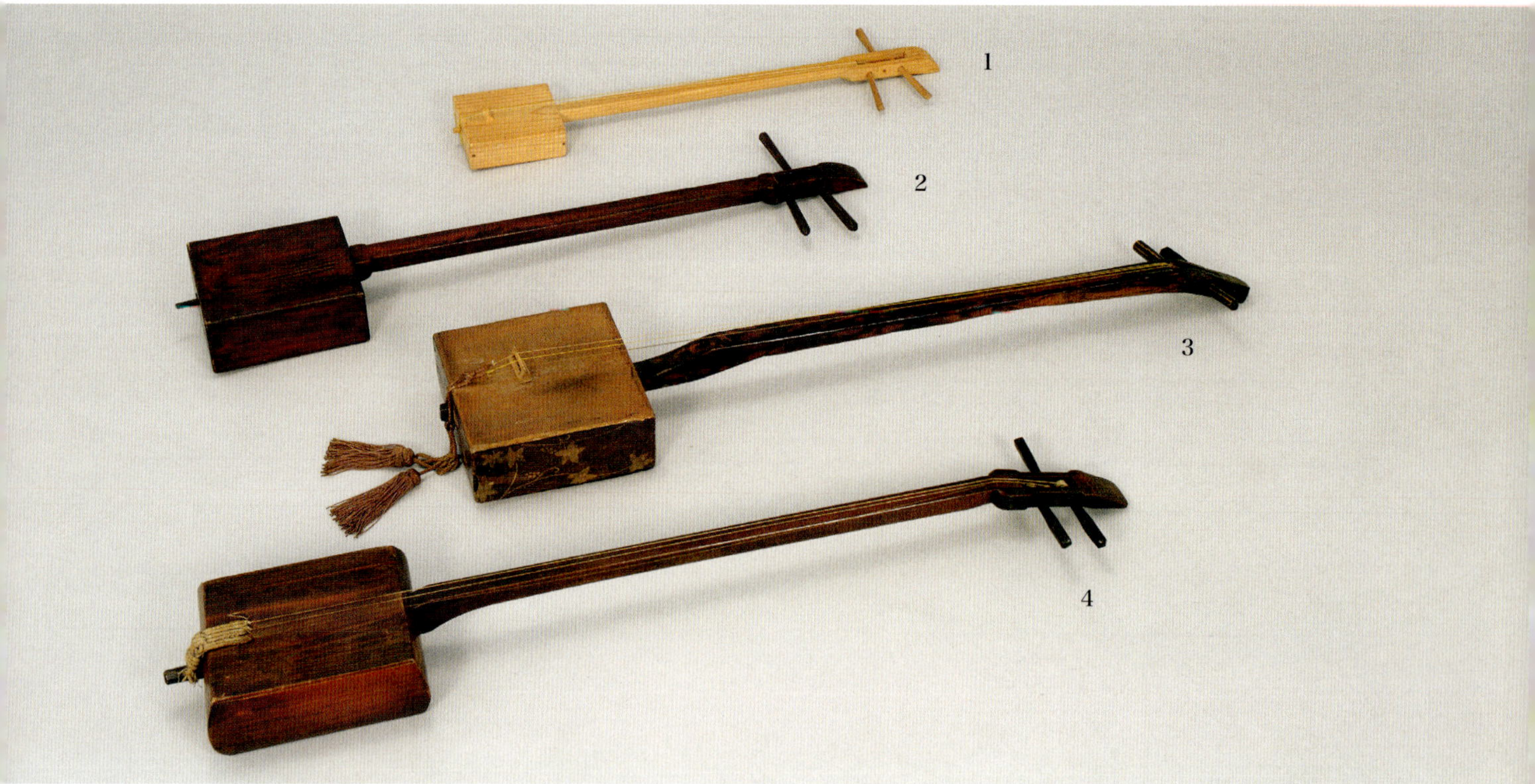

ゴッタン4点　**1.** 子ども用ゴッタンで全長66.7㎝、胴枠は釘打ちで胴面は竹釘打ち。**2.** 全長85㎝で、乳袋がほんの少しある。**3.** 全長93.5㎝で、胴面には和紙に芭蕉の渋を塗った紙が張ってある。糸巻き設置が逆なので左利き用か。**4.** 棹と中子先は一本物で、天神のみ別づくりになっている。胴中は平らで胴表のみ三味線風。棹と天神には10度ほどの角度が付き、その頂点が上駒の役目をしている。全長94.6㎝、乳袋真下棹幅2.1㎝、胴幅16.7㎝、胴長19.5㎝、胴厚7.5㎝、本体の重量は600gなので、材料は杉材などの軽いものと思われる。本体は着色している。

三味線

永禄年間（一五五八〜一五七〇）、琉球の三線が大阪の堺に伝来し、それを改良したものが三味線になったというのが定説になっている。現存する日本最古の三味線「淀」（一五九七年製）は、豊臣秀吉が京都の琵琶の名工神田治光に命じてつくらせ、淀君に与えたもの。「淀」の寸法は、全長が九十六・一cm、乳袋真下の棹幅は一・八cm、胴幅十八・二cm、胴長二十一・二cm、胴厚九・一cm。胴には蒔絵が施されているが、胴内には綾杉が無く、その代わり、平のノミ彫り目になっている。

上）白磁製人形の三味線演奏図　髪形からいって町娘と思われる。 **左下）流しの三味線図**　新内流しか。
右下）津軽三味線を弾く高橋竹山似の人　それぞれの人形たちに聞きたい。何者ですか？

近江作清瀧銘三味線

銘は京都保津川支流の清滝川にちなんで付けられたと思われる。上駒は埋め込み式でサワリ溝が無く、棹の表面はフラット。三味線の材料は、棹が紅木の延べ棹、胴は鉄刀木（タガヤサン）である。棹と胴の接触部分には、取り外し可能の銀製の飾り金具が二枚付いていて、棹を胴に差し込む部分の胴側に「近江」の焼き判が押され、更に、棹と中子先のつなぎ目にも、「近江」の焼き判が押されている。

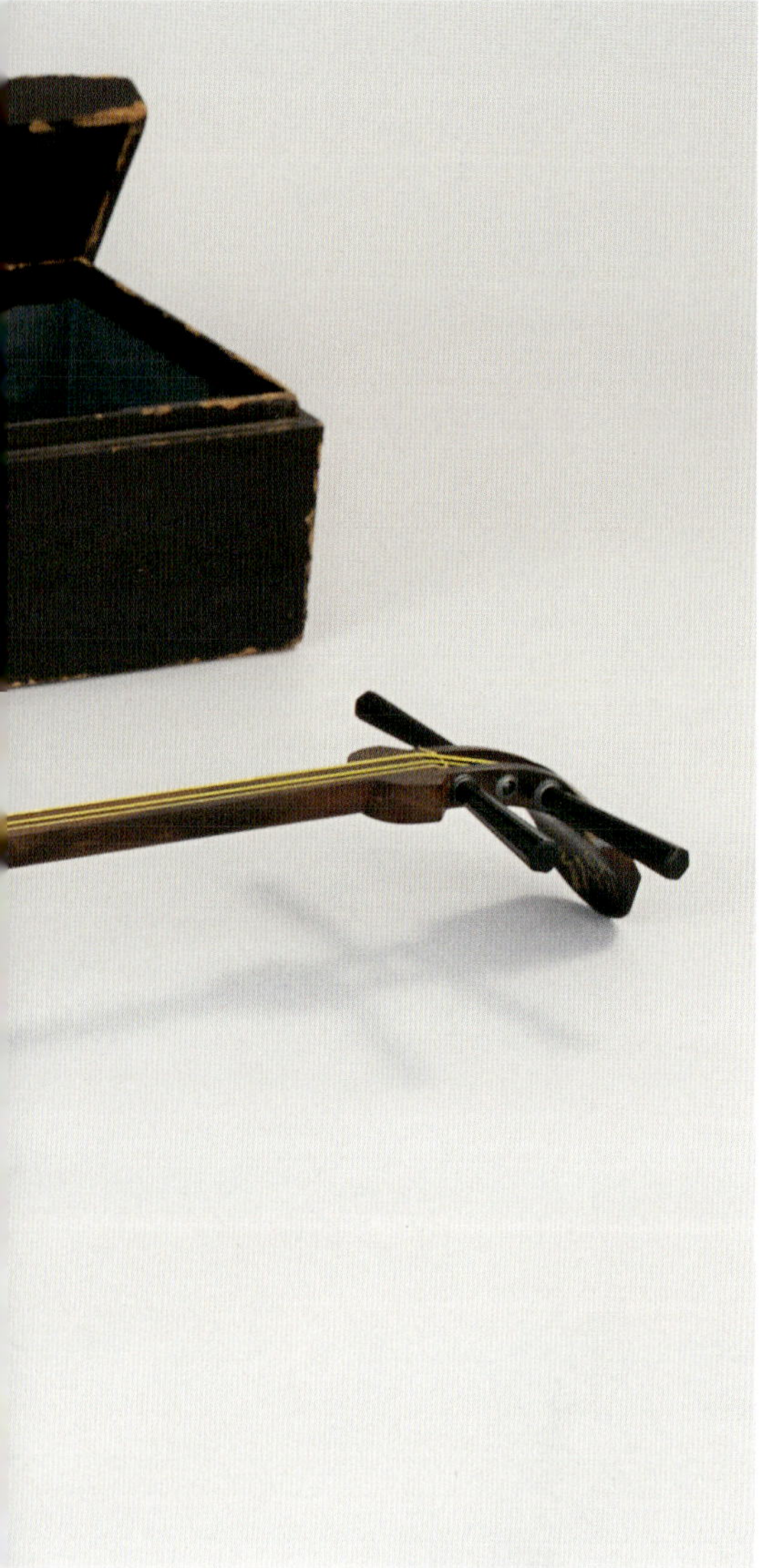

天神部分　この天神の裏側には、「清瀧」銘が豪華な高蒔絵で描かれている。

清瀧銘三味線の全景　胴にはすばらしい高蒔絵が施され、胴内部の全面には、細かくて浅い綾杉の模様がびっしりと彫られている。全長96㎝、胴幅20.5㎝、乳袋真下の棹幅は1.8㎝である。この三味線は京三味線（柳川三味線）といわれるものである。

芝山象嵌細工三味線

金・銀・青貝・珊瑚・翡翠などの材料を用い、テーマに合った華やかな造形美をつくり出しているが、この技術は、下総国芝山（現千葉県芝山町）の大野木専蔵（十八世紀後半）の考案によるものである。専蔵は後に江戸に移住して芝山仙蔵と改名し、芝山細工の表現技術を広めた。明治期には海外にも輸出された。

芝山象嵌細工三味線　胴内部に黒漆で寛政10年戌年7月吉日、石村直作、籐屋平兵衛（花押）と記されている。三味線は三つ折でほんの少しサワリ溝がある。左上の糸部分が上駒から外れているので、サワリ音を意識した構造になっている。豪華な芝山象嵌製で、全長96㎝、乳袋真下の棹幅2.1㎝、胴幅17.5㎝、胴長21㎝、胴の高さは9.5㎝である。東京国立博物館にも同じ作者のものがある。

天神について　金や銀などで製作した飾りを、三味線の天神にはめ込んでつくり上げたと思われる。手の込んだ見事な細工になっている。

三味線箱　五七の桐紋の意味を、一言で表現するのは複雑すぎて非常に難しいが、あえて、短い表現をするならば「政権担当者の紋章」である。余談になるが、この三味線は「何でも鑑定団」（平成22年7月20日）に出演し、鑑定の結果、300万円の値がついた。値段はお祭り価格であろう。

著者のつぶやき

【国宝 彦根屏風】に描かれている三味線の分析

国宝彦根屏風に描かれた寛永年間の三味線について、著者なりに考えてみた。題材は京都三筋町の遊里(遊女のいる所)の風俗といわれている。まず、目に見える部分の構造から分析してみたい。

三味線の糸は絹糸製で、太い糸から、3.2.1絃と数え、1番上の糸巻きから順番に取り付ける。その方法は現代と同じである(沖縄三線の糸の付け方は逆)。糸巻きは絃蔵の穴に直接差し込むが、これは三線と同じである。

胴側の糸設置方法は、左女性の胴裏を見ると判明する。飾り房が付いた反対の方を、中子先に開けた穴に通し、その先に付けた糸を糸巻きに巻き付ける。古い中国三弦にも、この方式が採用されているものがある。

天神部分の木目を見ると国産材のように見える。天神の形は琵琶に似ていて棹は柾目調に見えるが、それは糸を張っても棹が内側に曲がらないように考えた木取りと思われる。本体に着色しているかもしれない。

現在は、胴に猫か犬の革を張るが、犬はオッパイ部分が大きいので裂けやすい。従って、お腹側を切って背中側を使用し、猫は背中を切ってお腹側を使用する。猫のオッパイを胴面で確認することはできる。

彦根屏風の三味線には、猫のオッパイが想像できる乳首の跡が女性2人の三味線の左上と右上に、2個ずつ描かれている。それを猫革乳首と考えたのだが、確実にそうだということはいえないがその可能性あり。

最後にまとめとして、三味線の乳袋近辺の構造を分析してみたい。この部分は、サワリ音という魅力的な音が出る構造になっているかがわかる場所である。その条件として、上駒の様了がポイントになる。

注目する所は、鉢巻き姿の遊女の乳袋の下方に、爪楊枝のようなものがはめ込まれている。それは3の糸の上を通り、2と1の糸の下側に潜り込む形で設置されている。棹が10度ほどに曲がっているp126の4.ゴッタンで実験したところ、この「可動式上駒(爪楊枝まがい)」を入れると、サワリの付いたまろやかな音になり、「サワリ音」が付くという現象を確認することができた。

京三絃の伝統を守っている今村権七氏の珍しい金栓の皮はりを見ると、四ツ乳ではなく、二ツ乳の革を張っている。彦根屏風にも二ツ乳しか見えないので何らかの関連性があるのかもしれない。

近江作飛々喜銘三味線

飛々喜は「響」の当て字と思われる。付属の證書によると、京都井筒楼の主人の注文により、京都元祖、石村近江天下一源佐の石村近江守が天保十二年に製作した。三味線の内容は、胴花梨製、棹は古紫檀、六つ折れのチギリホゾ、総縁取り、近江の焼き判は一四一ページ右下を参照、胴内の模様は同ページの左下を参照、證書の最後には、江戸元祖近江、二世石村近江浄本、更に、二代目幸栄、十二世石村近江幸栄、更に、忠継と花押が書かれている。上記文章は意訳である。

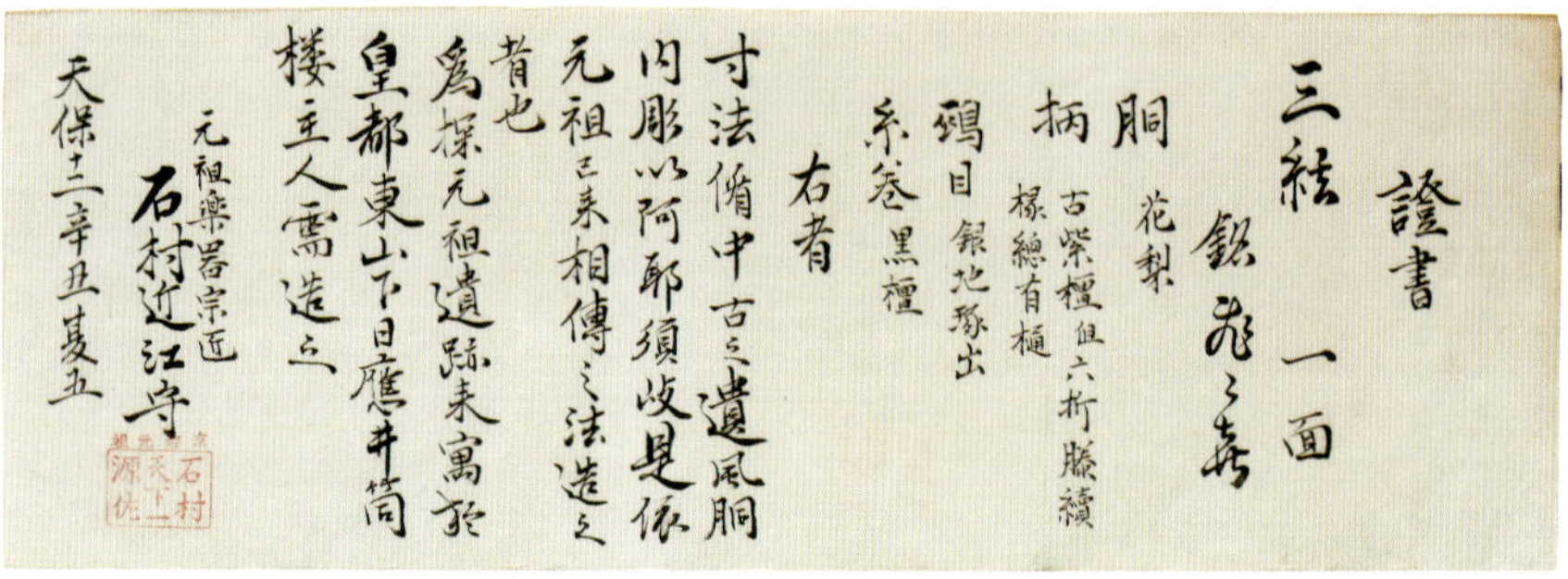
證書
三絃　銘飛々喜　一面
胴　花梨
柄　古紫檀　但六折縢續　縁總有樋
鶏目　銀地彫出
糸巻　黒檀
右者
寸法備中古之遺風胴
内彫以阿耶須岐是依
元祖之来相傳之法造之
者也
為探元祖遺跡来寓於
皇都東山下日應井筒
楼主人需造之
元祖楽器宗匠
石村近江守
京都元祖　石村天下一源佐
天保十二辛丑夏五

證書　胴内には、朱漆で２代目、11代目、12代と書かれている。なぜ、このような複雑な内容を書いたのだろうか。いろいろな疑問が起こり、かなりの数の資料を調べたところ、次のよう結論に達した。初代幸栄が石村近江11代目を継ぐ、２代目幸栄が石村近江12代を名乗ったため、初代幸栄が「幸翁」と名乗る。幸栄の３代目は近江を名乗らず、３代目幸栄を名乗った。という内容が著者の結論である。

天神部分　総縁取りのアップ。

絃蔵の様子　上駒は竹製。

上駒　埋め込み式である。

銘　飛々喜の銘アップ。銀細工である。

ホゾ　棹同士のつなぎ目は、非常に手の込んだ「チギリホゾ」というもの。

工夫された三味線

今まで述べてきた、オーソドックスな三味線とは違うものを紹介してみたい。

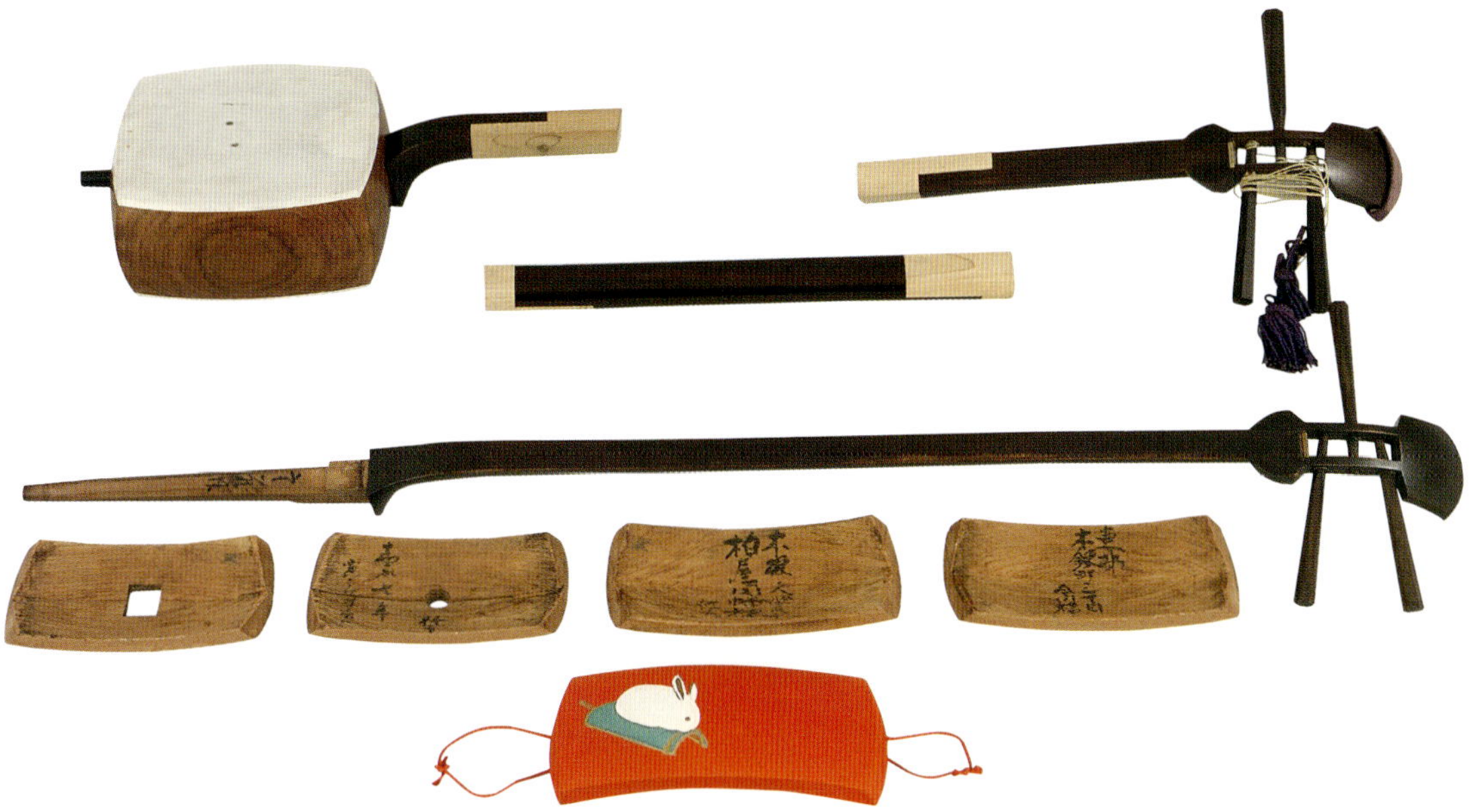

2番棹三味線　上段）一般的な三味線。**下段）**嘉永7年製の2番棹（子ども用）の分解写真。

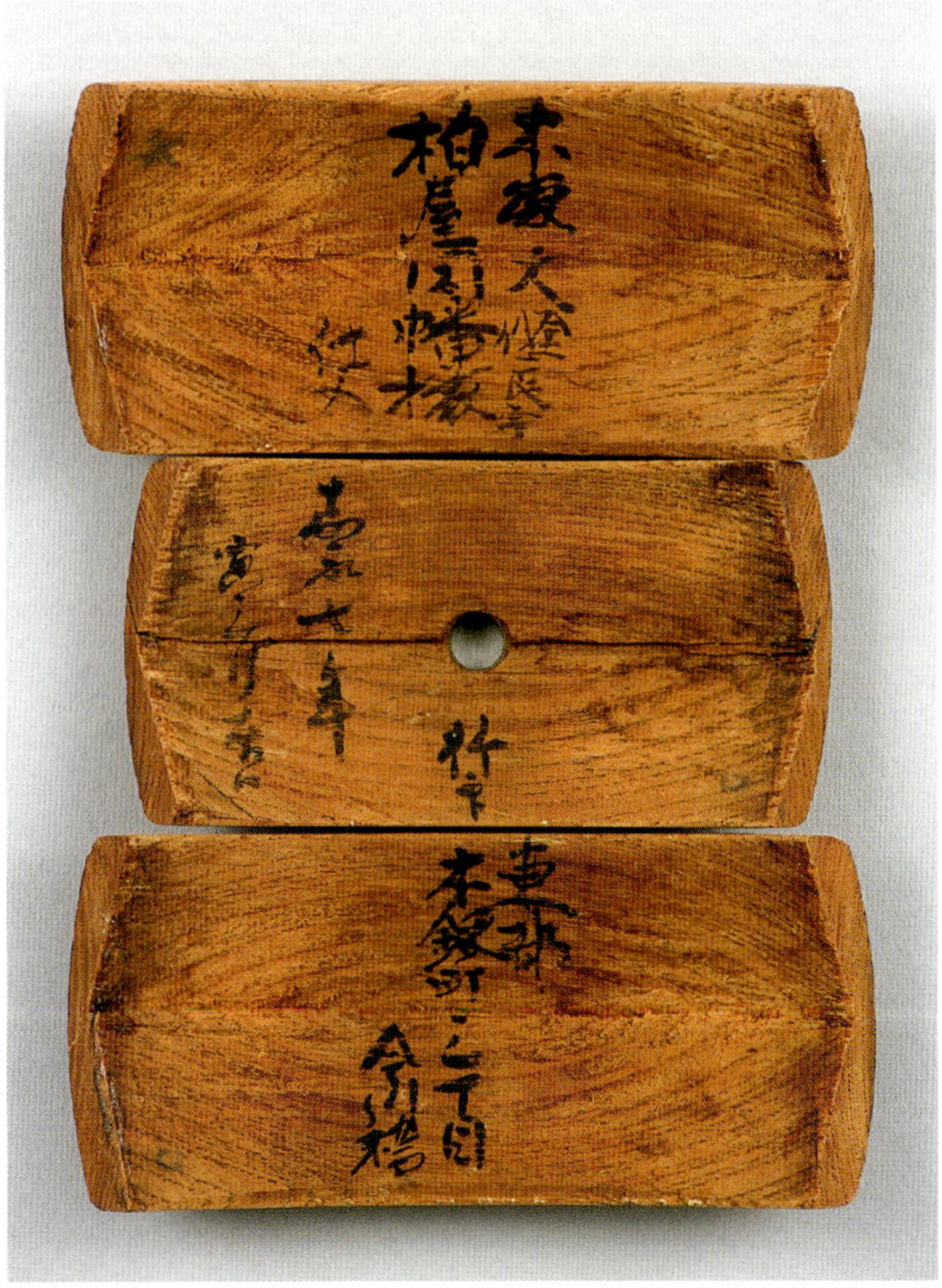

2番棹に書かれている文字。

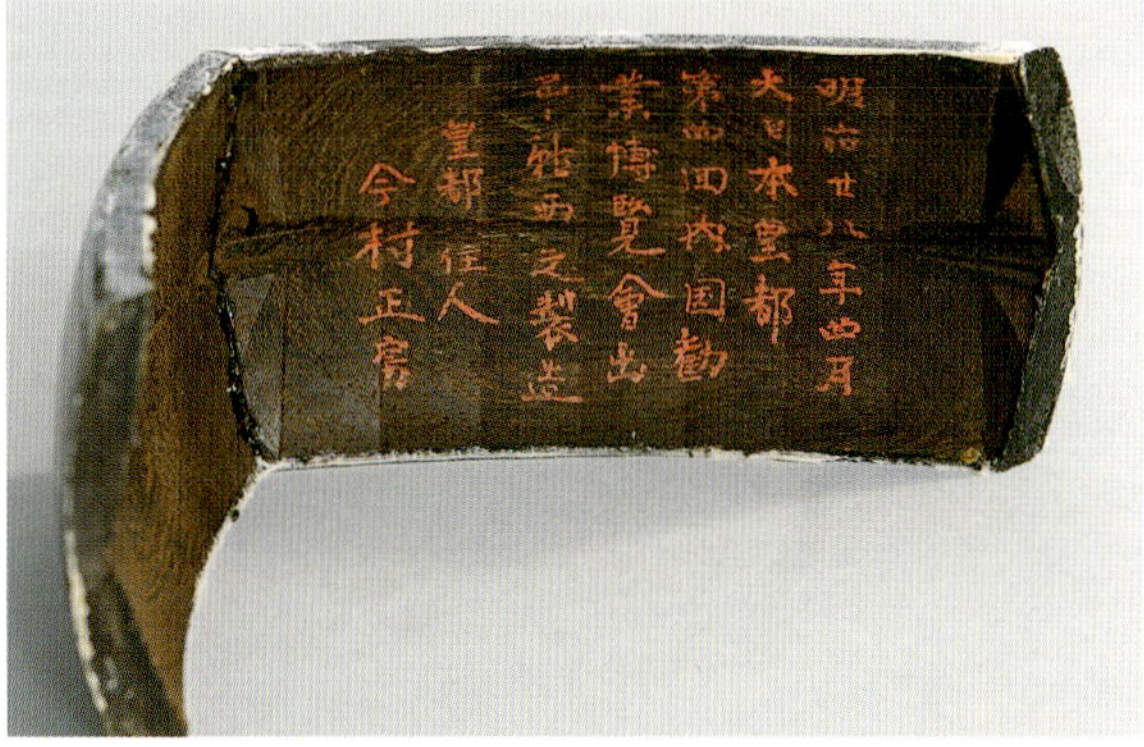

京都老舗和楽器店の胴内部の文字　明治28（1895）年4月、大日本皇都、第4回内国勧業博覧会出品之製造　皇都　住人今村止房。

今村権七（屋号）正房の焼き判

工夫された三味線

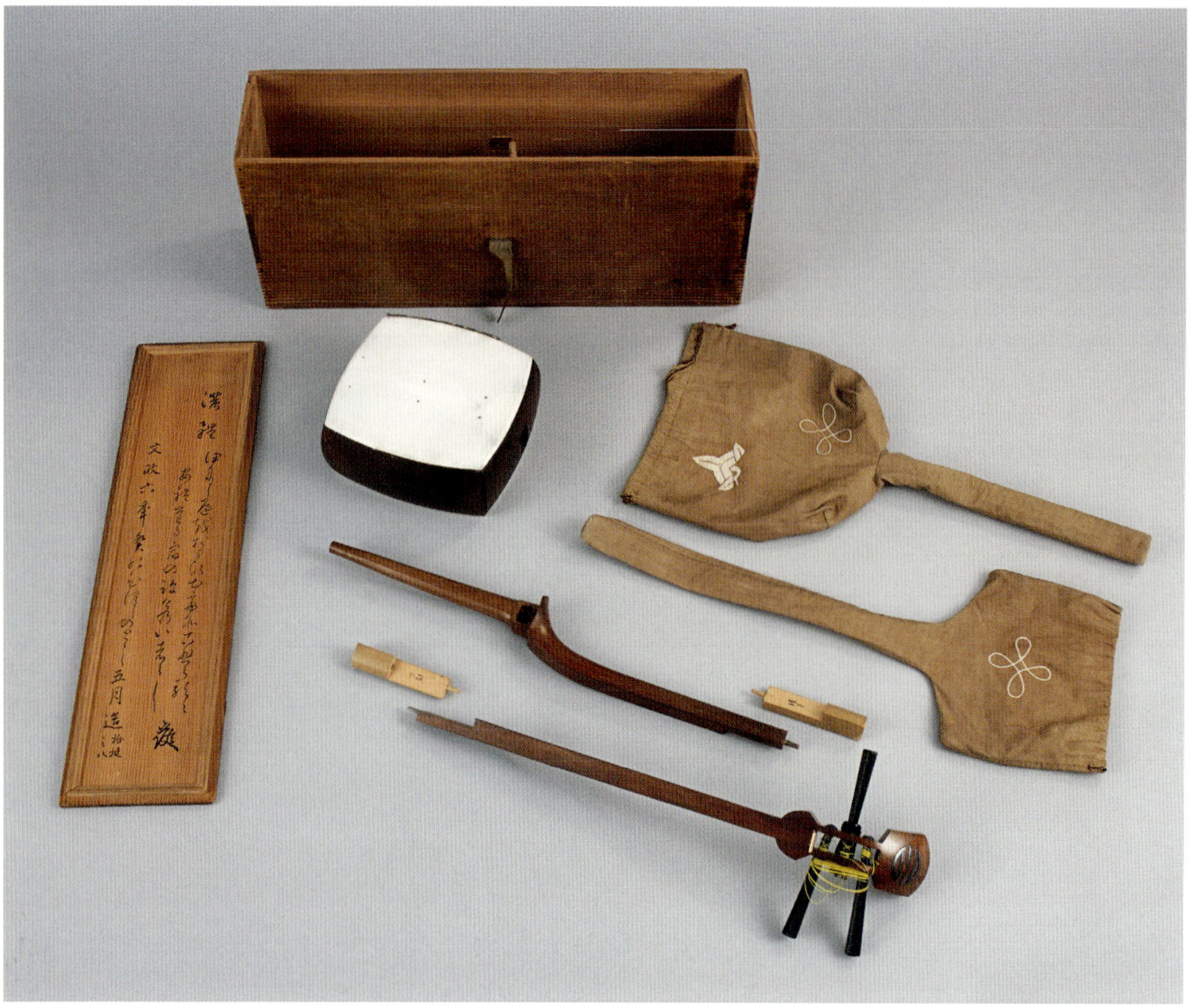

石村近江作　近江焼き判が胴に2個、棹に1個ある。文政6（1823）年作。二つ折れ近江三味線で、胴以外は樫材、胴は桑材である。胴内は同じ形の綾杉彫り、平ホゾになっている。受けは銀ホゾ、全長96㎝、乳袋真下棹幅1.8㎝、胴幅20.2㎝、胴長21.7㎝、胴厚9.3㎝。

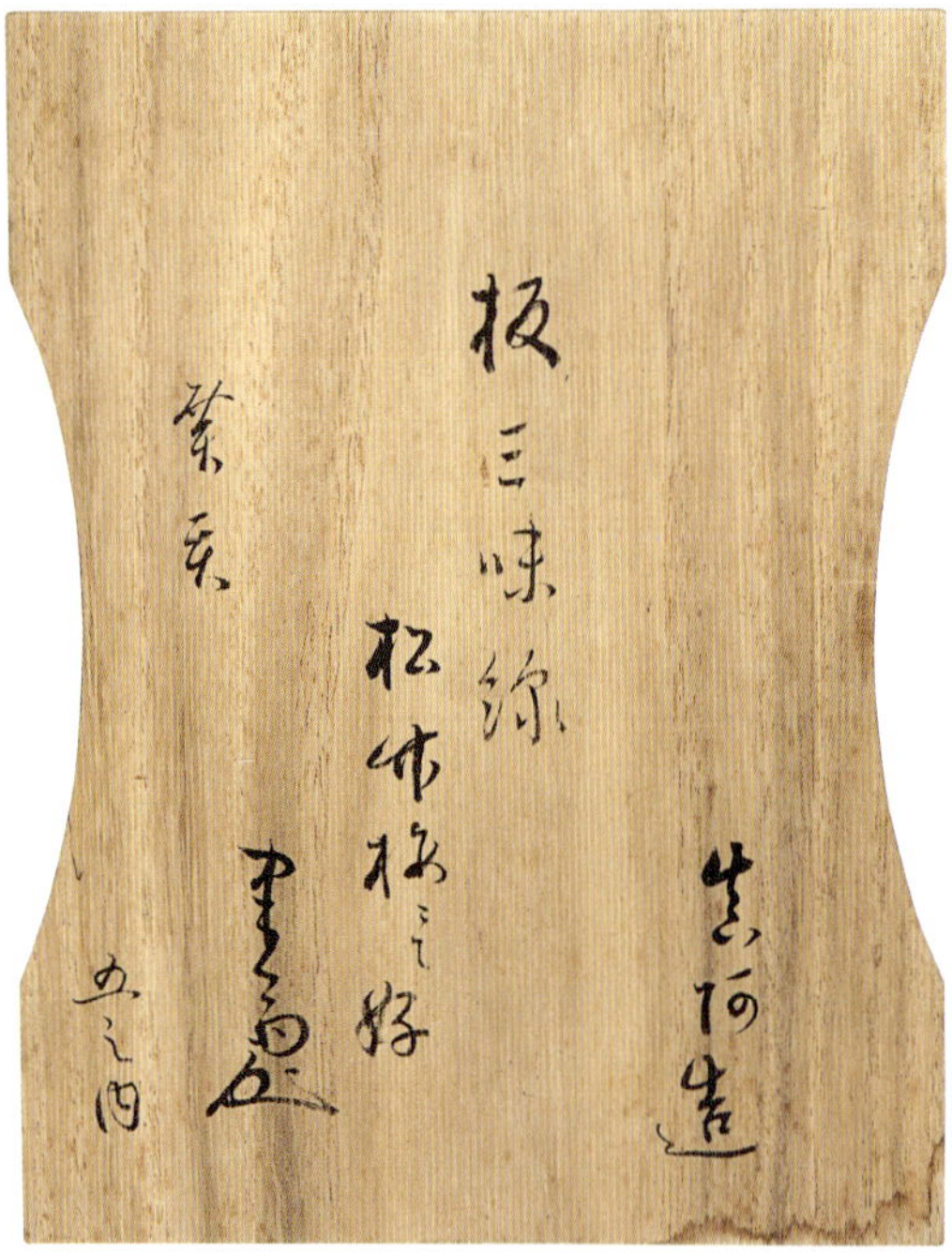

板三味線の胴板　真阿造。板三味線。松竹梅にて好む（気にいりました）癸亥（大正12年）五之内と書かれている。

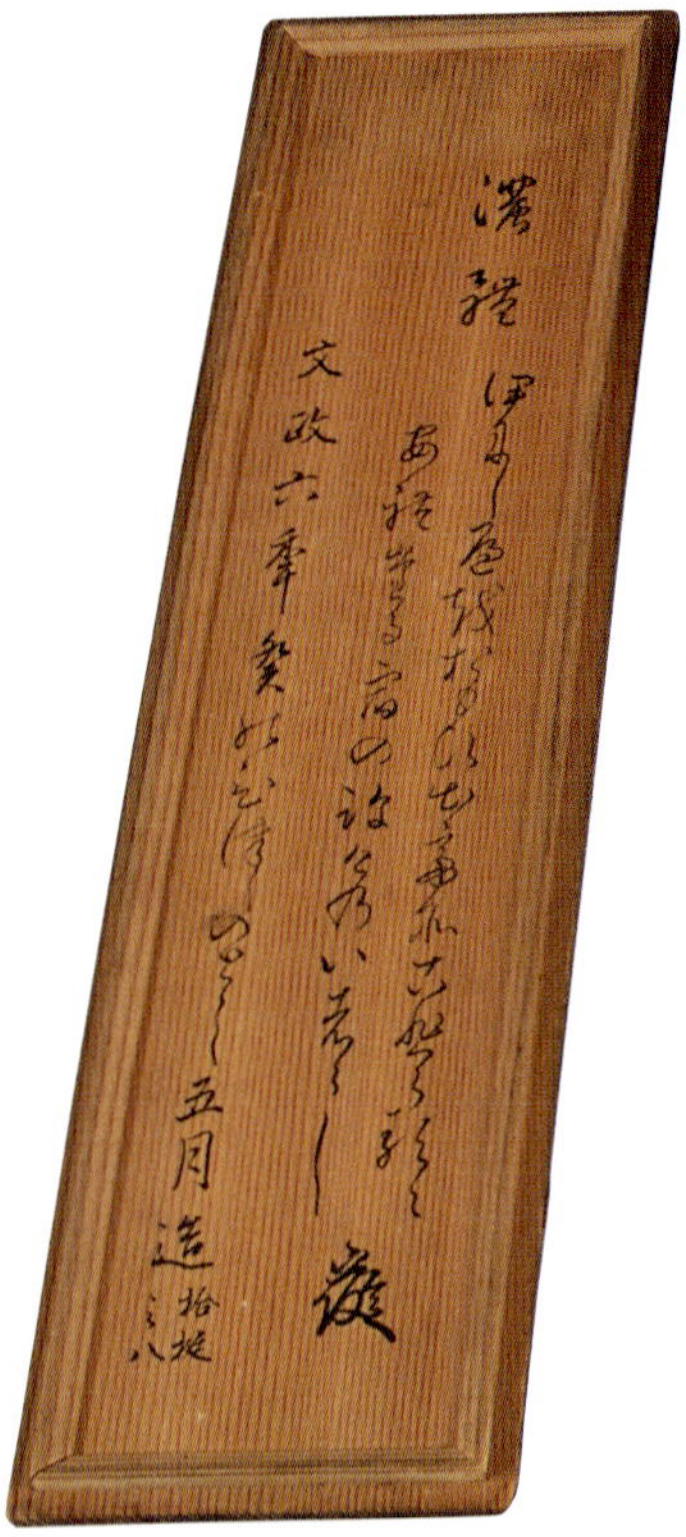

二つ折れ三味線の箱蓋文字
濃禮　伊丹之遍越（いにしえを）於毛比出帝（おもいでて）所古悲良類々（そこひらるる）庵禮堂宿乃（あれたるやどの）波介乃以者々之（はけのいはばし）文政6季（ぶんせいろくねん）癸能（みずのとの）飛津之止之五月造（ひつじとしごがつぞう）拾挺之八（じゅっちょうのはち）
【全文の意味。以前のことを思い出し、はてしなく動作が自然に起きてつくった我が家の試作の未完成品。自分のつくった三味線を謙遜して表現している】。

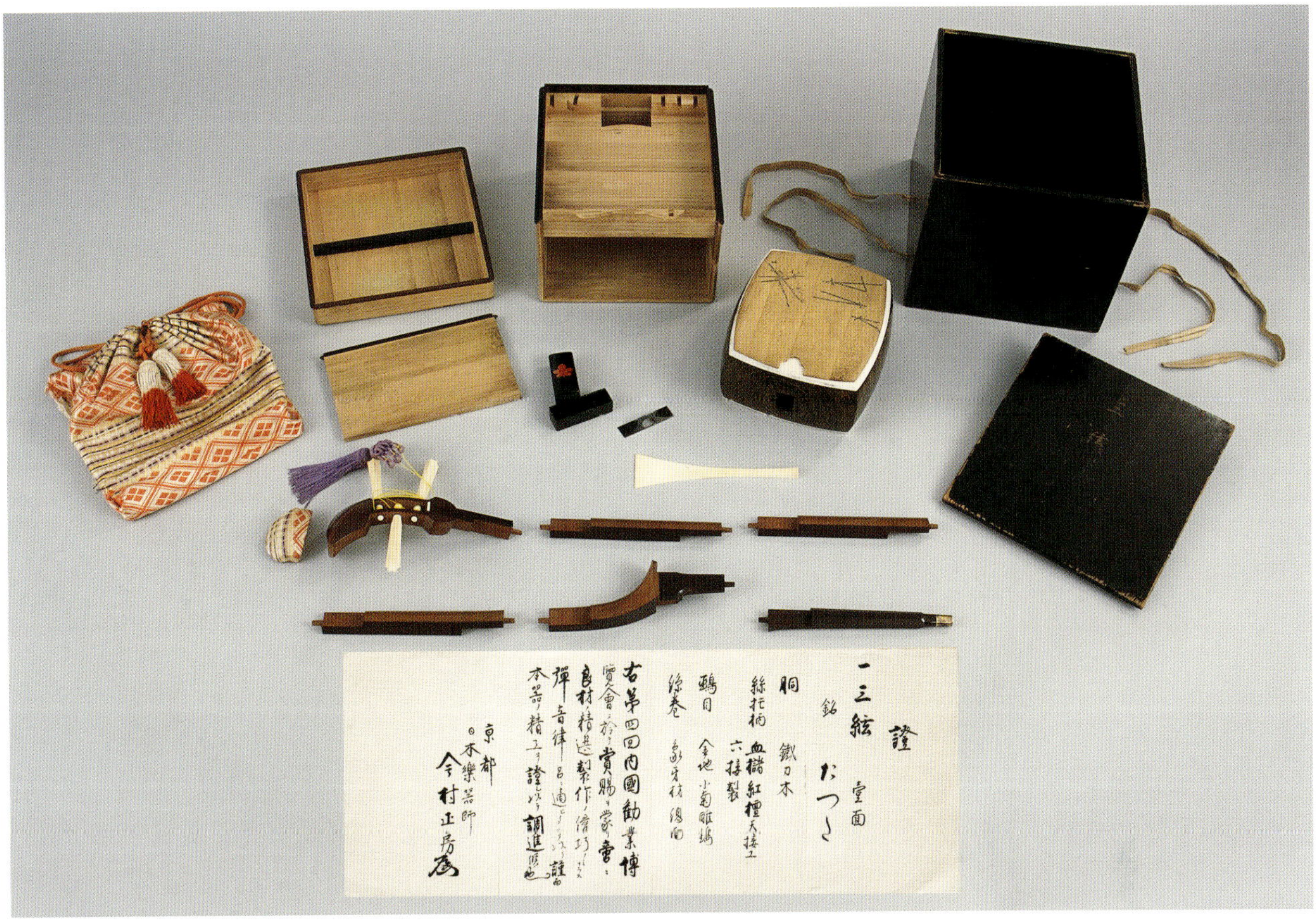

京都今村正房作　明治28（1895）年4月大日本皇都の第四回内国勧業博覧会に出品された。稚西の製造。細工は俗称「船底張り」で、三味線の棹を正面から見ると紅木、横から見ると樫材、つまり、樫棹に紅木が埋め込まれているので、表を見ると紅木で横を見ると樫しか見えないつくりになっている。胴は鉄刀木製、金具は銀製、糸巻き象牙、上駒も象牙製で浅いサワリ溝が確認できる。ホゾは平ホゾ、全長96㎝、棹幅2㎝、胴幅20.2㎝、胴厚21.9㎝。

松竹梅三味線2挺と竹三味線　松竹梅三味線は、胴が松、棹が竹、糸巻きが梅製、胴には桐が張ってある。竹三味線は、胴棹天神はもちろんのこと、革部分、駒、撥のすべてが竹製である。老松堂60翁風外作印あり。銘「河竹」加者多个（かわたけ）出いで佐々幾个ん（ささげけん）三味線の一と節にうかれて浮名奈が寿（す）川竹春来（すき）戯作。

工夫された三味線

六つ折れ三味線

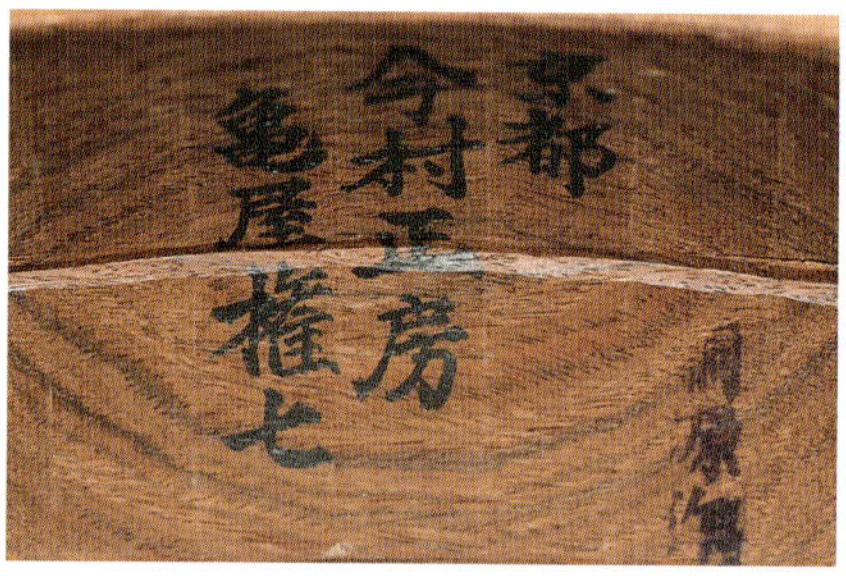

今村正房作胴内部文字

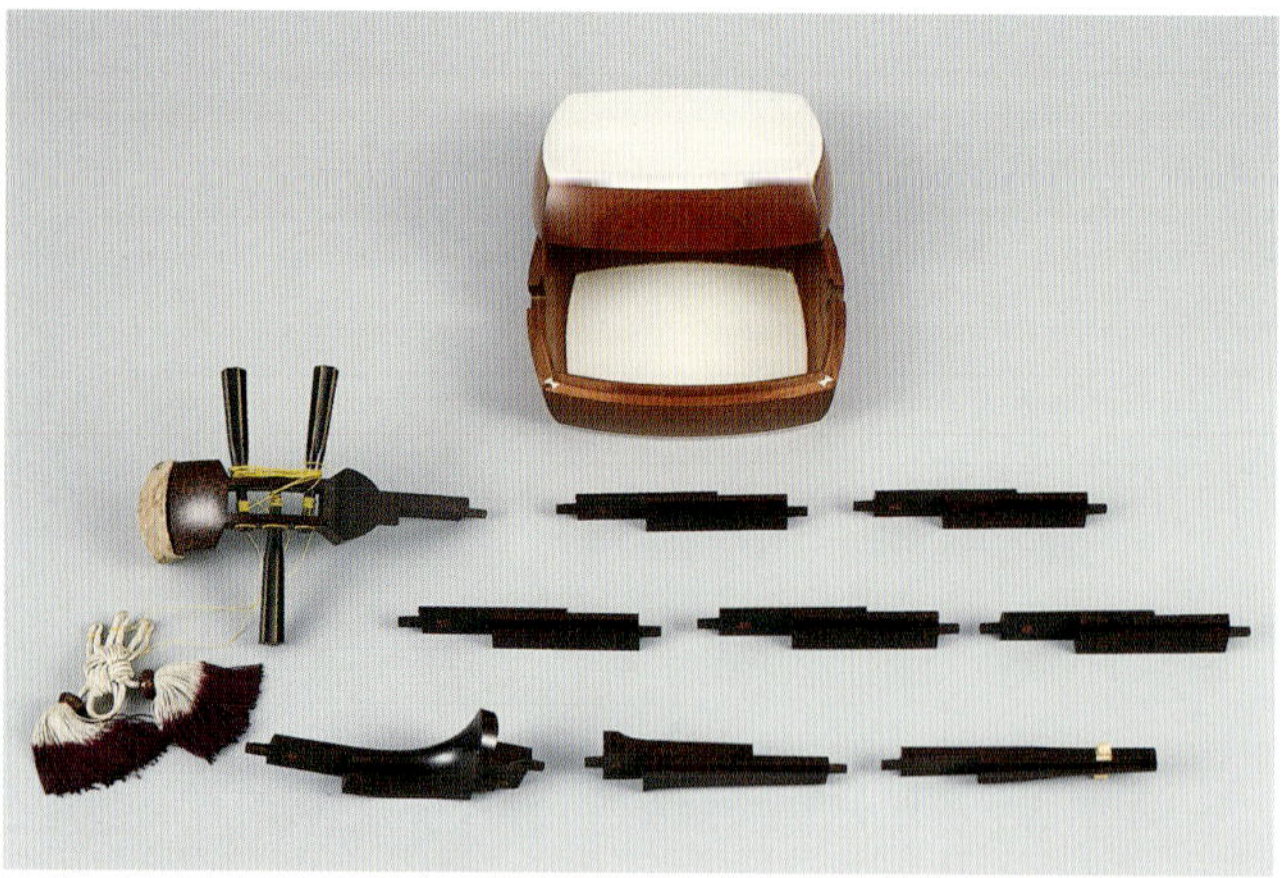

九つ折れ三味線　棹を箱状の胴に納める。胴が上下に分かれる。

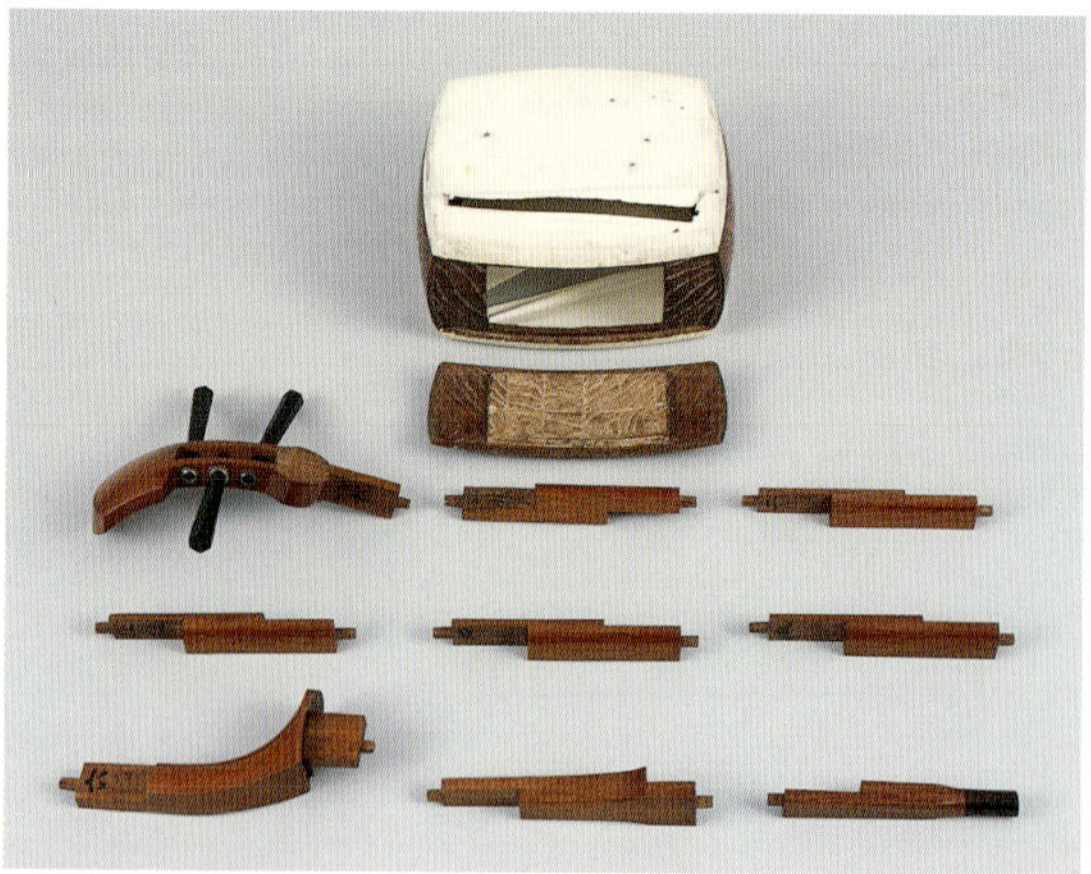

九つ折れ三味線　棹は胴横から納める。胴の小窓を開けるような感じで収納。

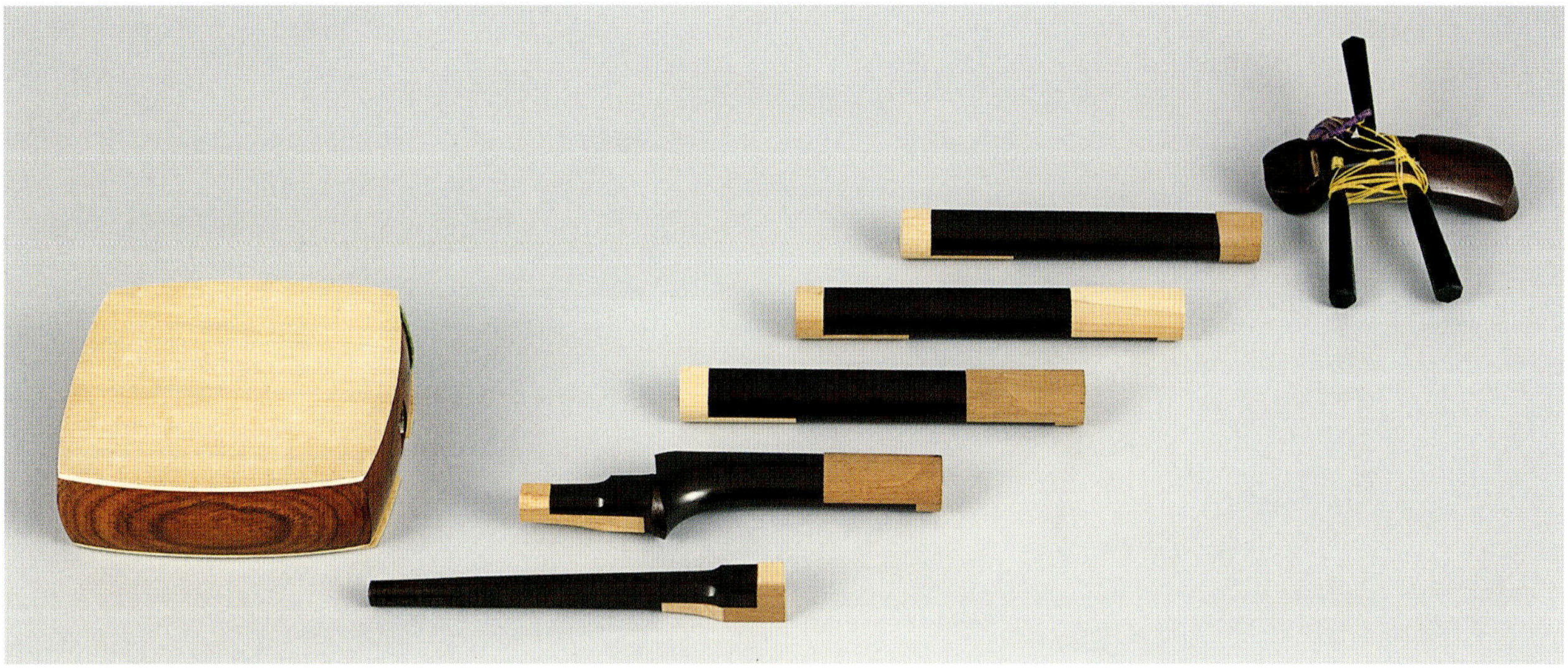

変形六つ折れ三味線　全長82.7㎝、乳袋真下幅2.2㎝、胴幅15.6㎝、胴長17.2㎝、胴厚4.9㎝。棹は1枚溝、サワリ溝あり、材料は紅木製。

天音響銘の三弦（絃）　胴の左右面に、天音響という文字の浮き彫りが施されている。全長110.5㎝、胴幅23.5㎝、胴長27㎝、胴厚8㎝、棹の太さ2.8㎝、紫檀の二つ折れで乳袋はない。上駒の幅は2㎝あり、そこに、1㎝幅のサワリ溝のような浅い溝が、中央部の端から端まで付いている。胴表の上部両側には、葉っぱを忠実に写した飾りが貼り付けられている。胴は4枚合わせで、両面とも桐が張ってあり、演奏時には本体を体から下げるための紐が付いている。この楽器は、どこの国でどのように使用されたかは不明である。

太《ふと》棹《ざお》三味線

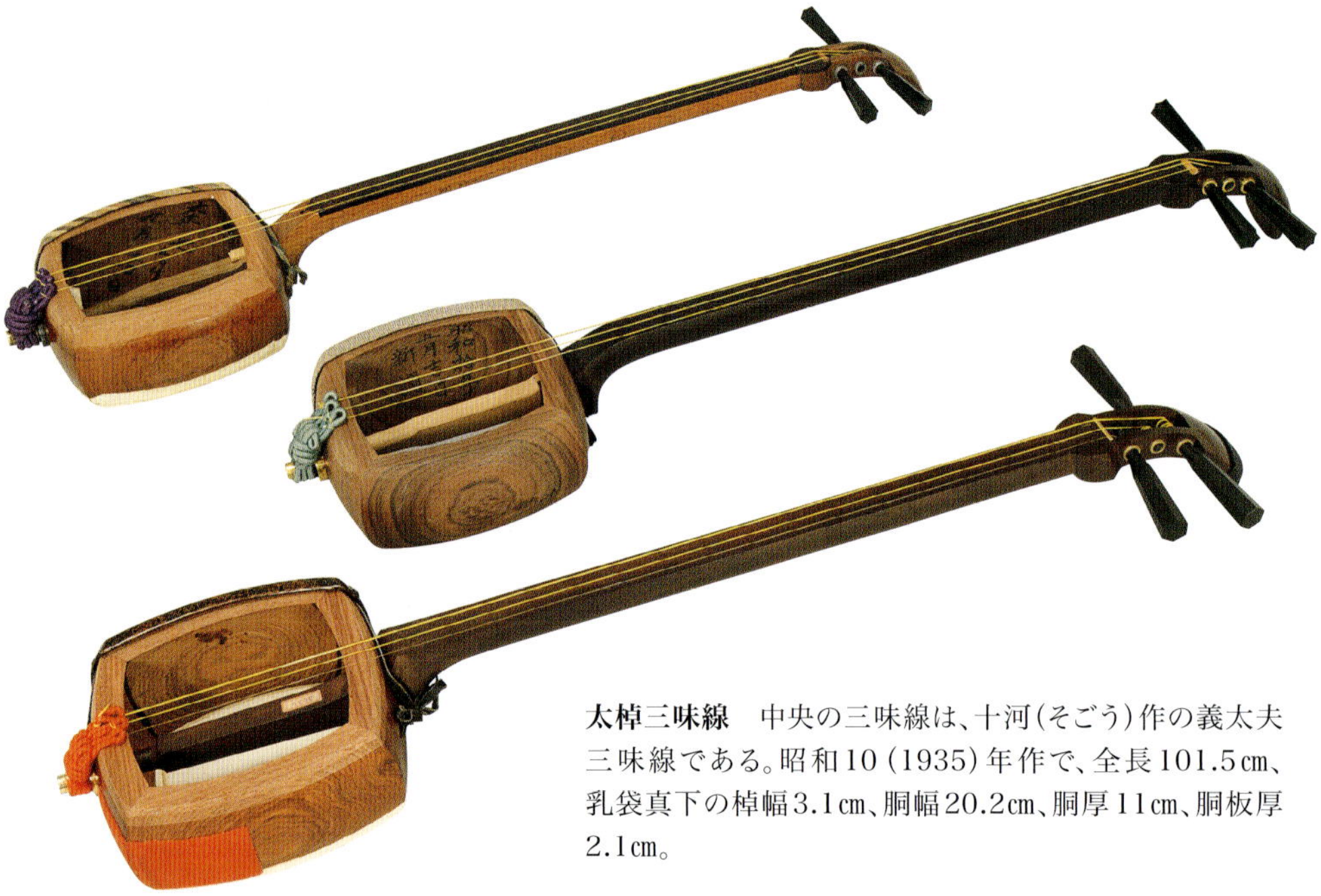

太棹三味線 中央の三味線は、十河(そごう)作の義太夫三味線である。昭和10(1935)年作で、全長101.5㎝、乳袋真下の棹幅3.1㎝、胴幅20.2㎝、胴厚11㎝、胴板厚2.1㎝。

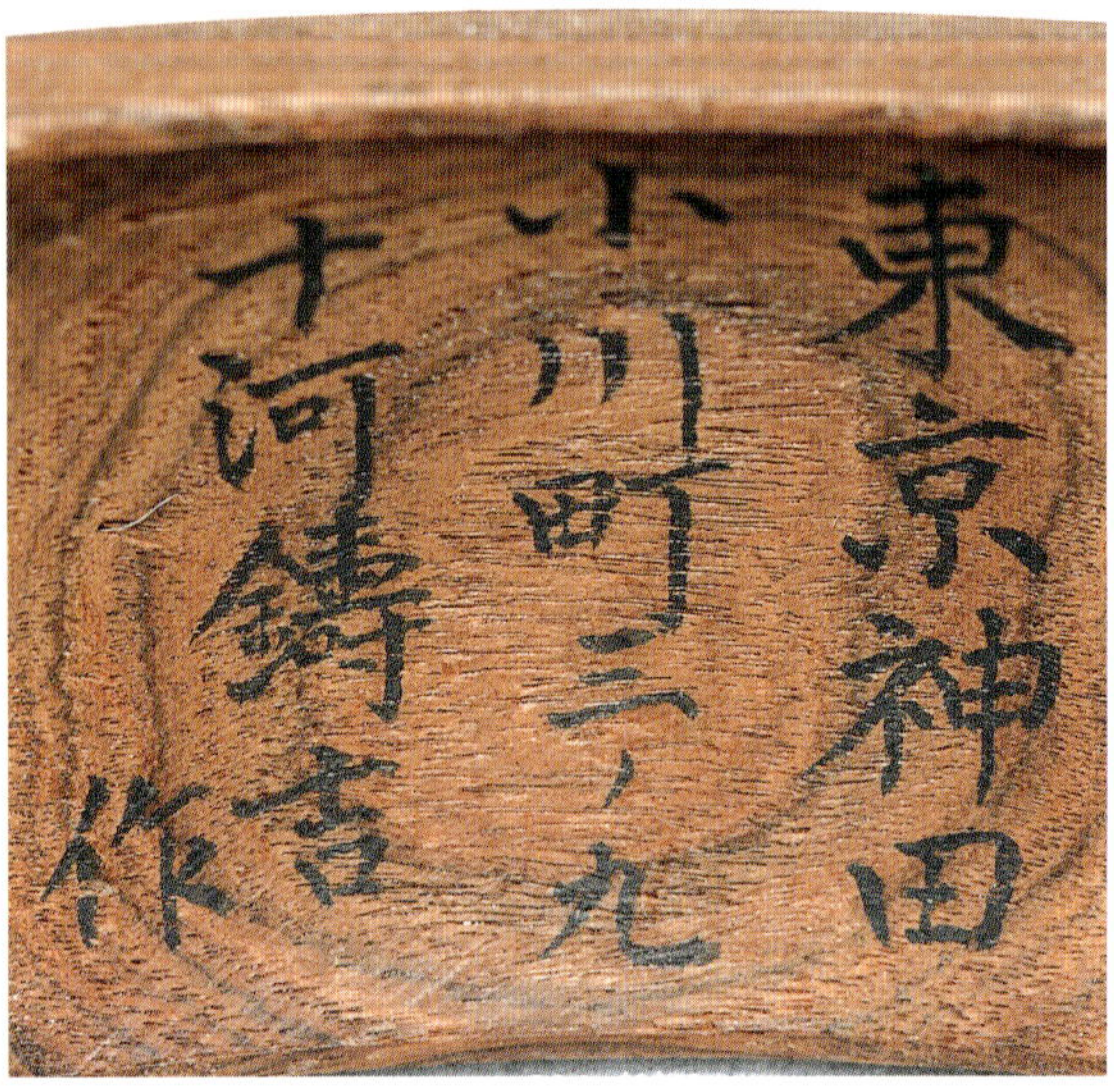

十河作の胴内部文字 当時の三味線つくりの名人といわれた十河は、あだ名が貧忠(びんちゅう)で、ソロバンをはじいて仕事をすれば貧忠(いつも貧乏)などといわれないですんだのにといわれていた。

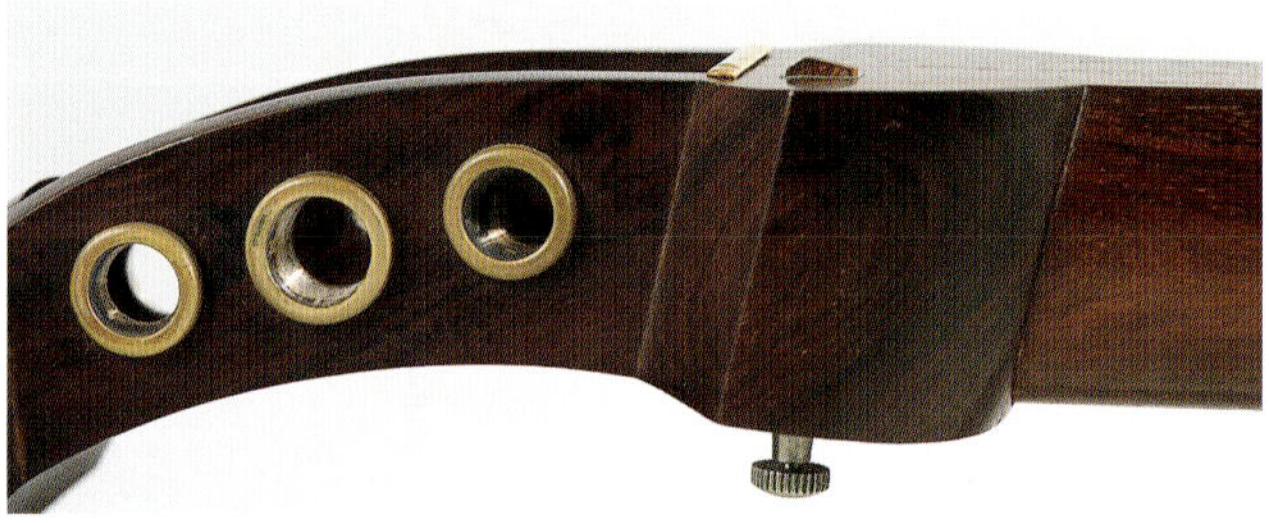

吾嬬サワリ 津軽三味線に取り付けてあり、ネジを回すことによって、人工的なサワリを付けることができる。1893年、東京の木戸傳氏考案、特許番号1942。1891年、大阪の小島喜三郎氏考案、特許番号1344。大阪が先に考案したので吾嬬(東)と命名したと思われるが、機能的には同じ。

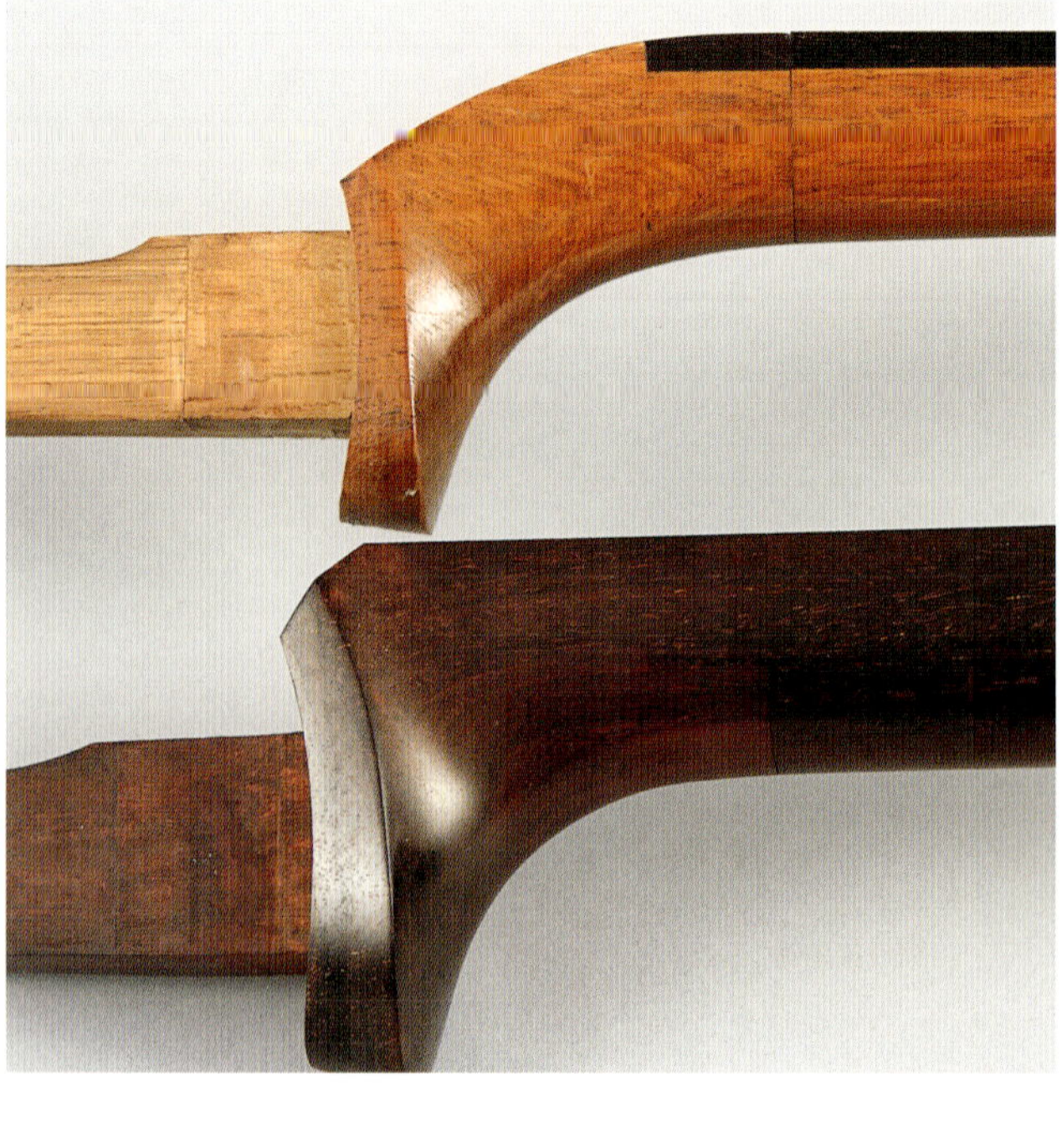

鳩胸の形 上は義太夫用の三味線で、俗称材料足らずといわれ、花梨棹に、演奏する際に使用する棹面のみに紅木が張られている。下は津軽三味線で、棹のギリギリまで使用することができるので、高音を出すことが可能である。

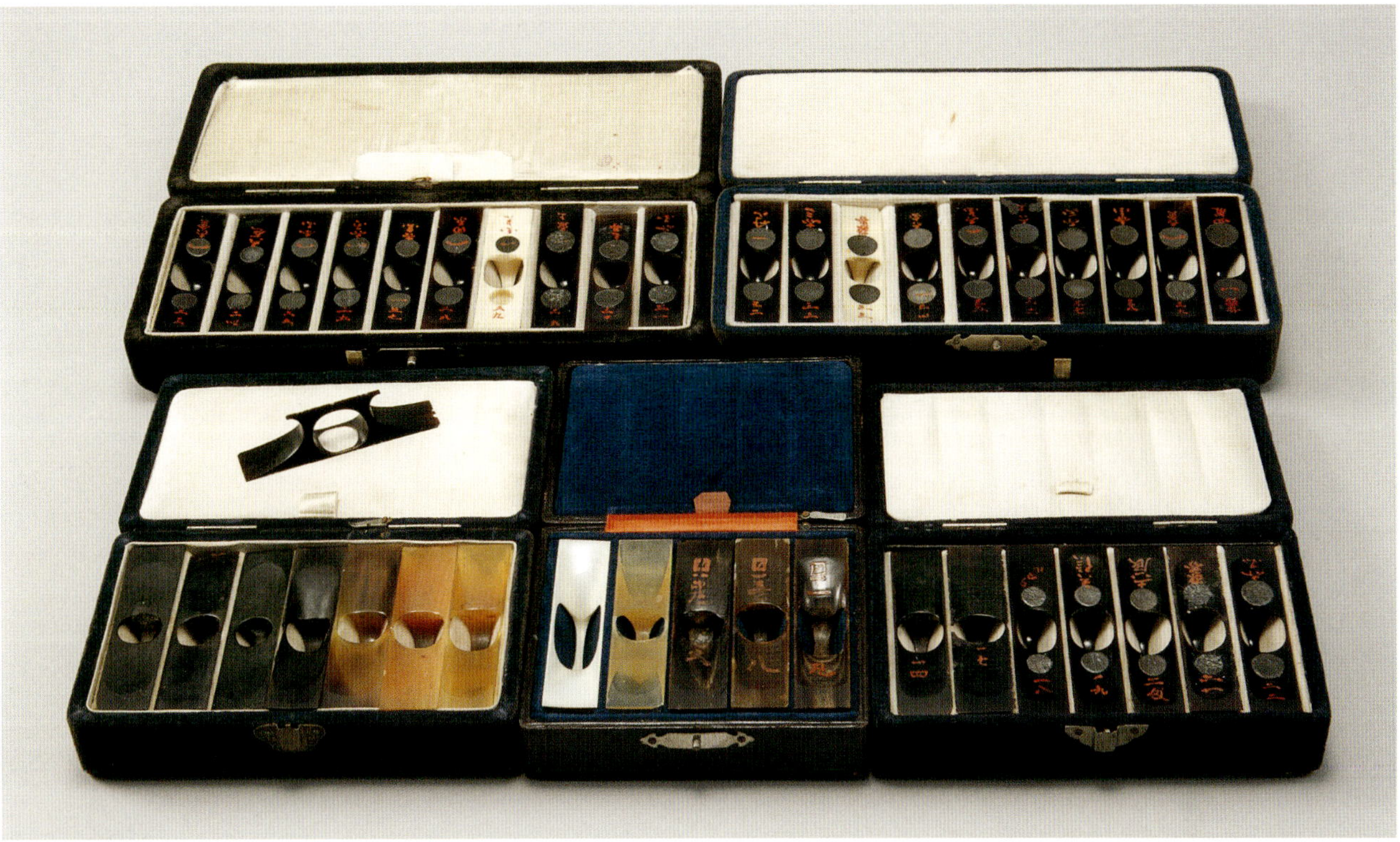

義太夫駒製作の名人「吉金」　大坂の吉金製作の駒は外刳り(そとぐ)がなだらかになっていて、使用素材は黒水牛が多いといわれている。当時の水牛の駒の値段は70、80銭で買えるのを、吉金の駒は２圓70、80銭もしたという。材料も２年も３年も枯らした水牛の「角先」ばかりを使い、流し込んだ鉛が浮くというようなことはなかったようである。吉金の駒には模造品が多い。

義太夫の撥　左から木製、奴撥(角が減っても修理しやすい)４点、鯨製、象牙製、紫檀製、花林製(先端の両角は象牙製)。

三味線の内部構造

三味線の胴内部には、音色の研究をするためのさまざまな工夫が見られる。単純なもの（一三三ページの左側胴の削り方を参考に）は鋸で切ったのみである。言葉で表現するのは難しいが、その切った跡は、胴の横幅に対して、縦が「く」の字の様になっているのみである。次に、平ノミで縦に削ったもの。その後は、そのノミ跡に綾杉を施したもの、それが変化して綾杉の彫り方が複雑になっているものなどがある。

石村近江の焼き判

さまざまな綾杉

中子先に綾杉が彫られたもの　特許番号、y-s 09-4679（昭和9年）。

胴内部の綾杉

石村近江の焼き判

三味線の撥と駒

三味線の音をより良いものにするためには、撥・駒の選び方が大切である。更に、形としては、時代や流派や三味線の種類によって、多様な撥や駒が使い分けられている。黒沢隆朝著の「図解・世界楽器大事典」によると、九州の川瀬里子という盲人の名手は、つねに百枚ぐらいの駒を用意していたと書かれている。

三味線の撥　左から２番目の小さくて細い象牙製の撥は、著者が所蔵している撥の中で一番古い形のものである。

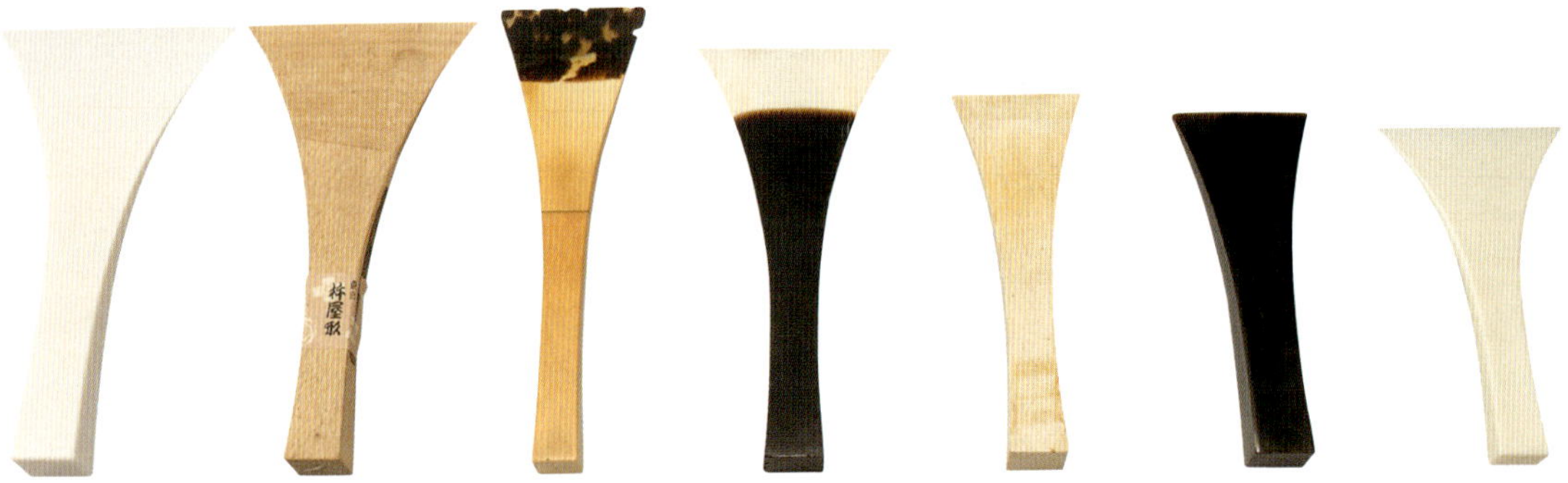

撥の表面

撥の側面

撥入れ　中央の赤色の撥入れの模様は、すべて手作業による刺繍である。

小爪　爪弾きなどの時に使用する。

撥先の開き　その目的によって、撥の開きや材質はさまざまである。

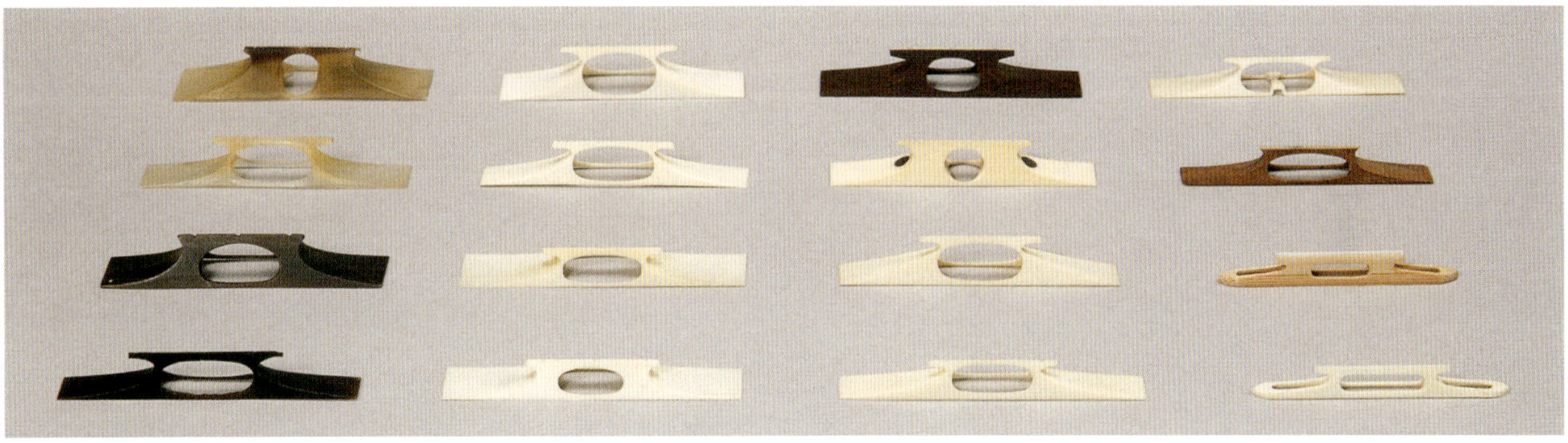

さまざまな駒　唄の種類や流派や三味線曲によって、いろいろと使い分けられる。

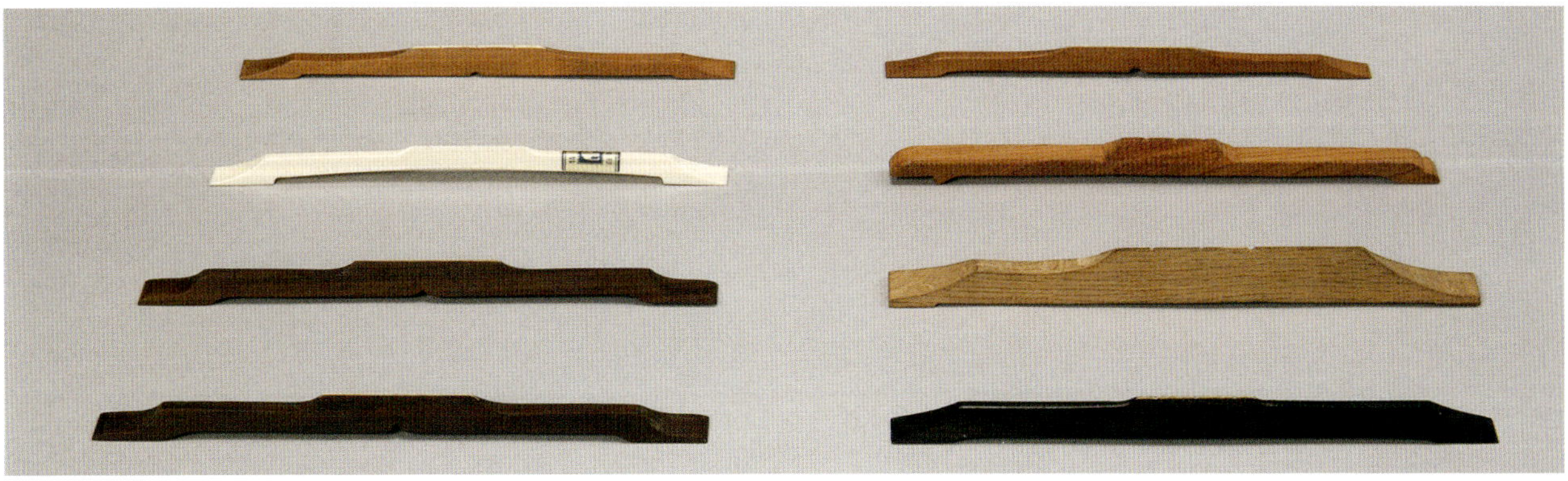

忍び駒　左右の胴に届くサイズなので、音を小さくすることができる。従って、芸事禁止や夜練習するときなどに使用する。

三味線の付属品

三味線で使用される付属品や道具は、さまざまなものがある。

駒入れ　1個入れから数個入れ、更には、糸と三味線の駒が入るものもある。

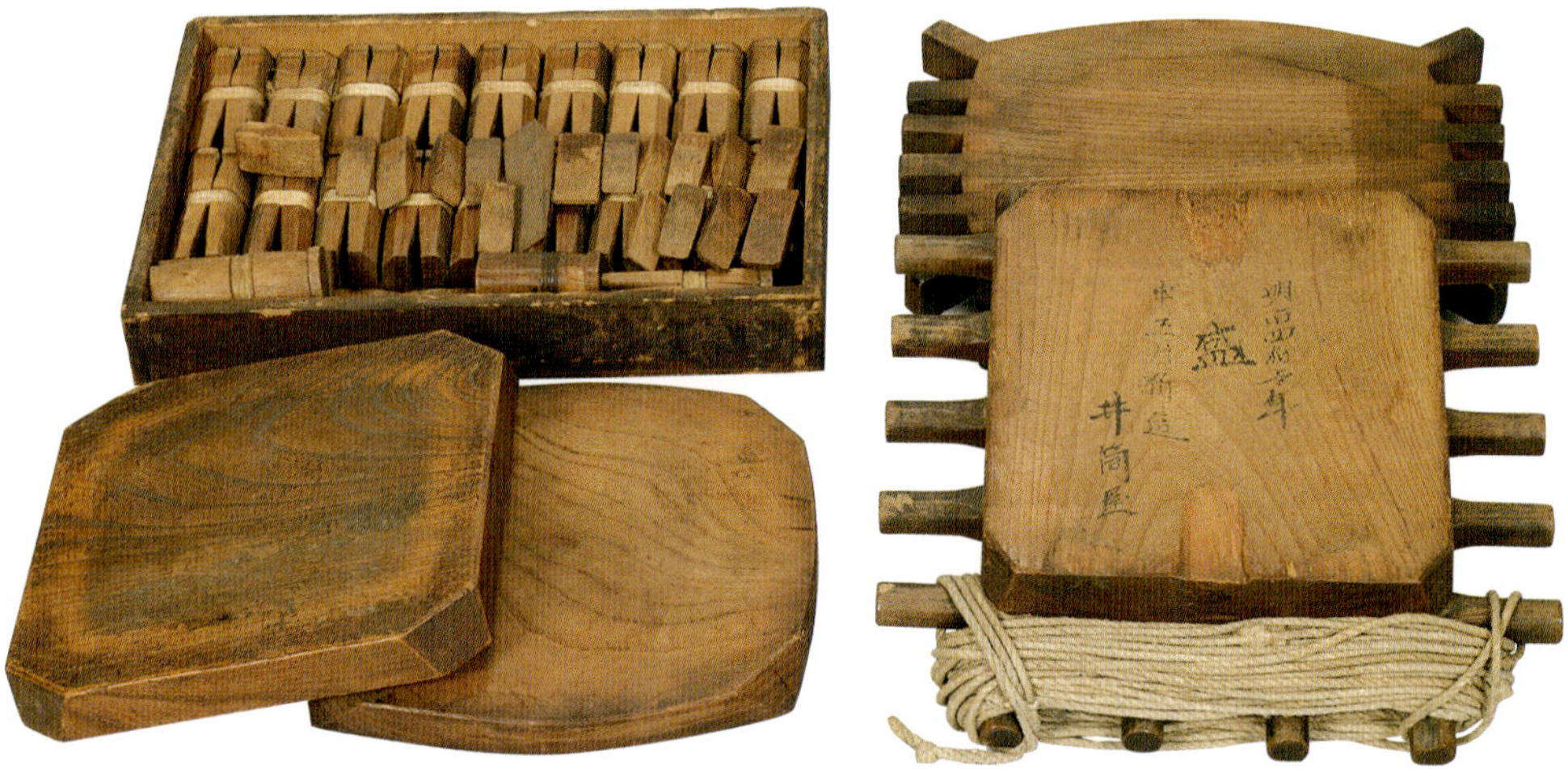

三味線革張り道具　現在は、革張りの機械や木栓を使用して張っているが、昔は金栓で張る方法もあった。

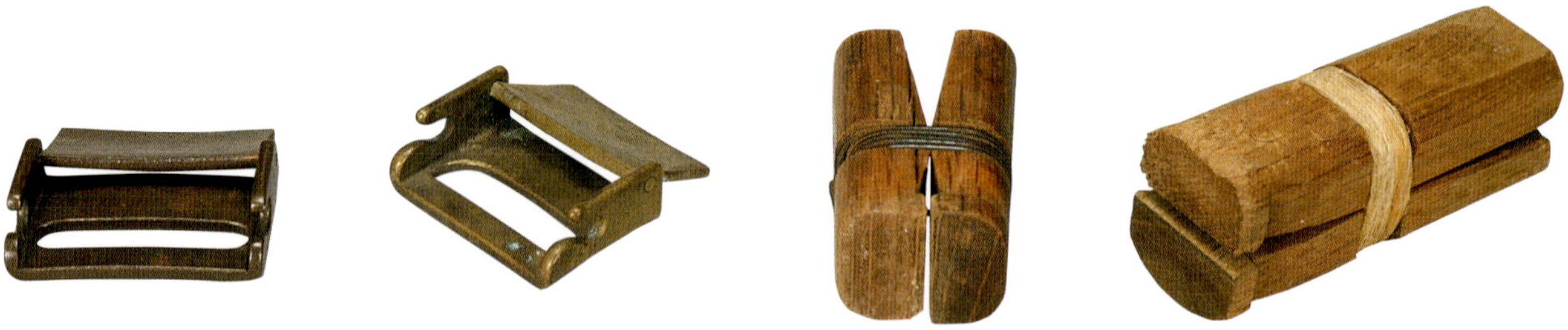

金栓　左の2点は、昔、革を張る時に使用した「金栓」という道具である。革を張る場合には、胴1枚に対して3個使用するので、12個の金栓が必要になる。木製右2点の道具は、現在も使用している「木栓」。

根尾　三味線の胴から出ている中子先に掛け、その反対側３本の組みひも状のものに、糸を取り付けてから、糸巻きに巻き付けるのである。現在は、飾りひも無しが主流である。

胴カバー　三味線を演奏する時、左手は糸巻き側に右手の腕を胴に置くが、その時、胴側に取り付けて使用するものである。

いろいろな糸巻　昔はいろいろな形をした糸巻がつくられたが、現在は同じような形をしている。象牙や黒檀製のものが多い。糸巻に象牙を初めて使用したのは、明治初年といわれている。

三味線の付属品

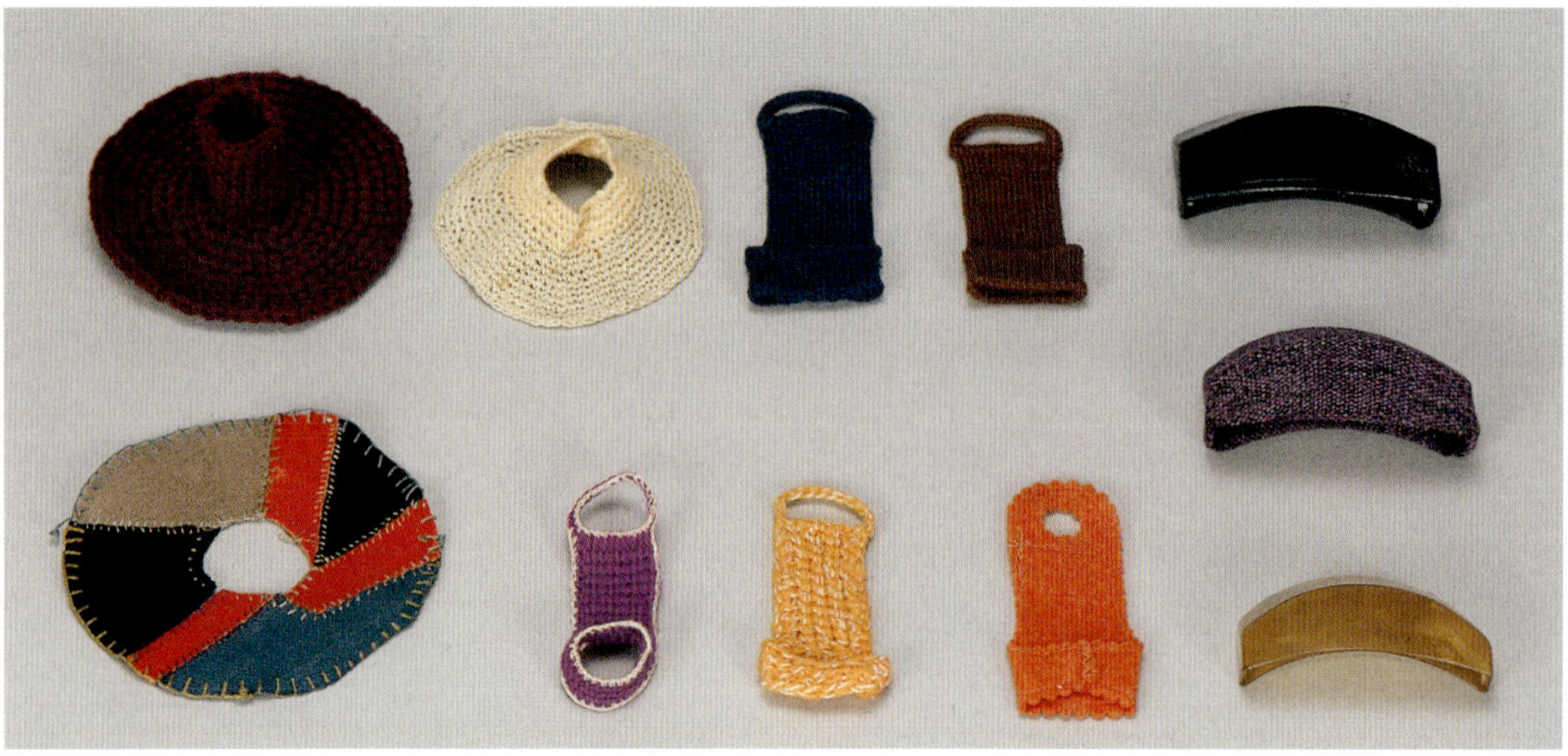

指掛けと天神袋　三味線演奏時に使用する指掛け（手づくりをも含む）と天神袋３点。

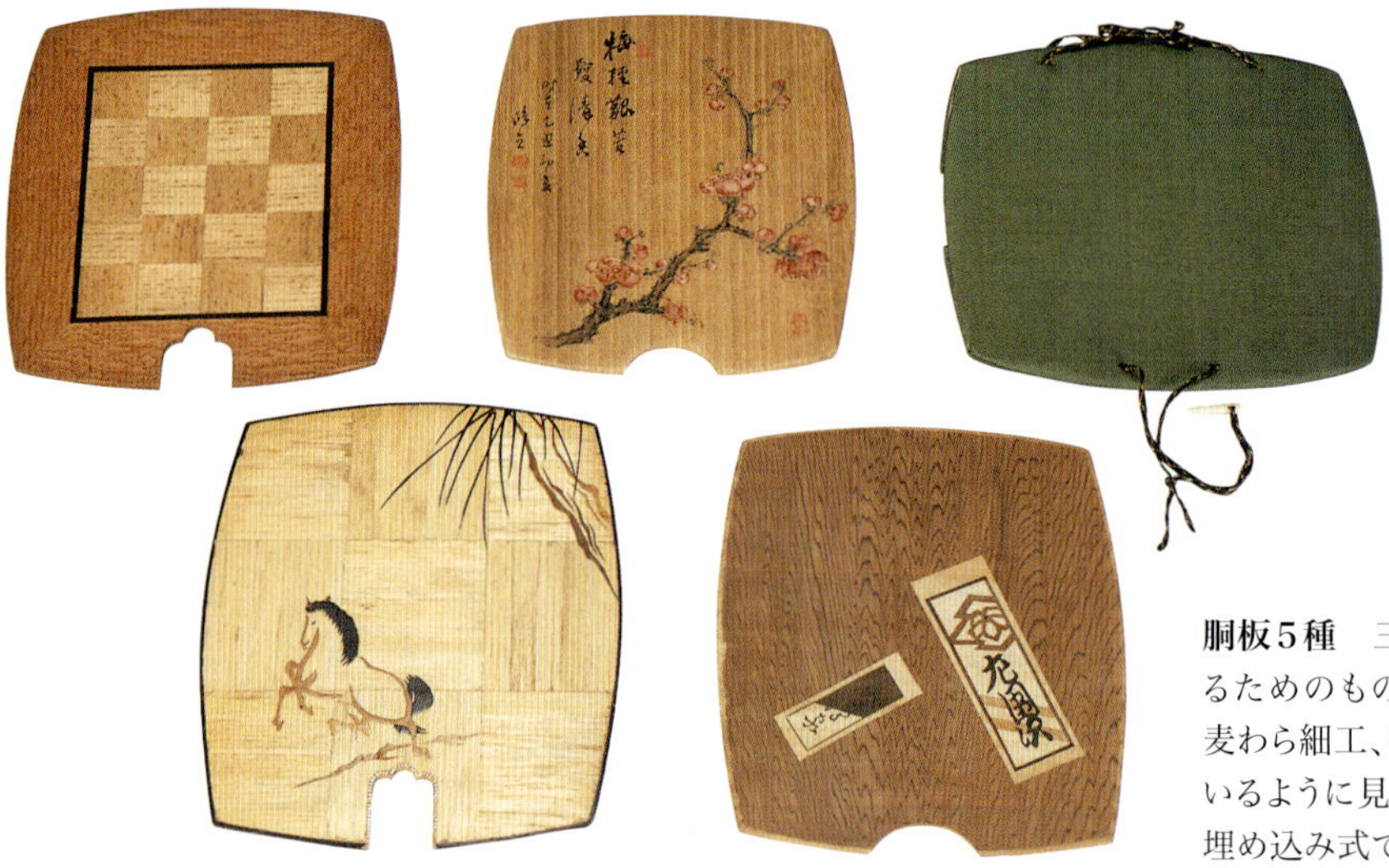

胴板５種　三味線の革を保護するためのもの。左下の胴掛けは麦わら細工、その右は紙が貼っているように見えるが、全て木製の埋め込み式である。

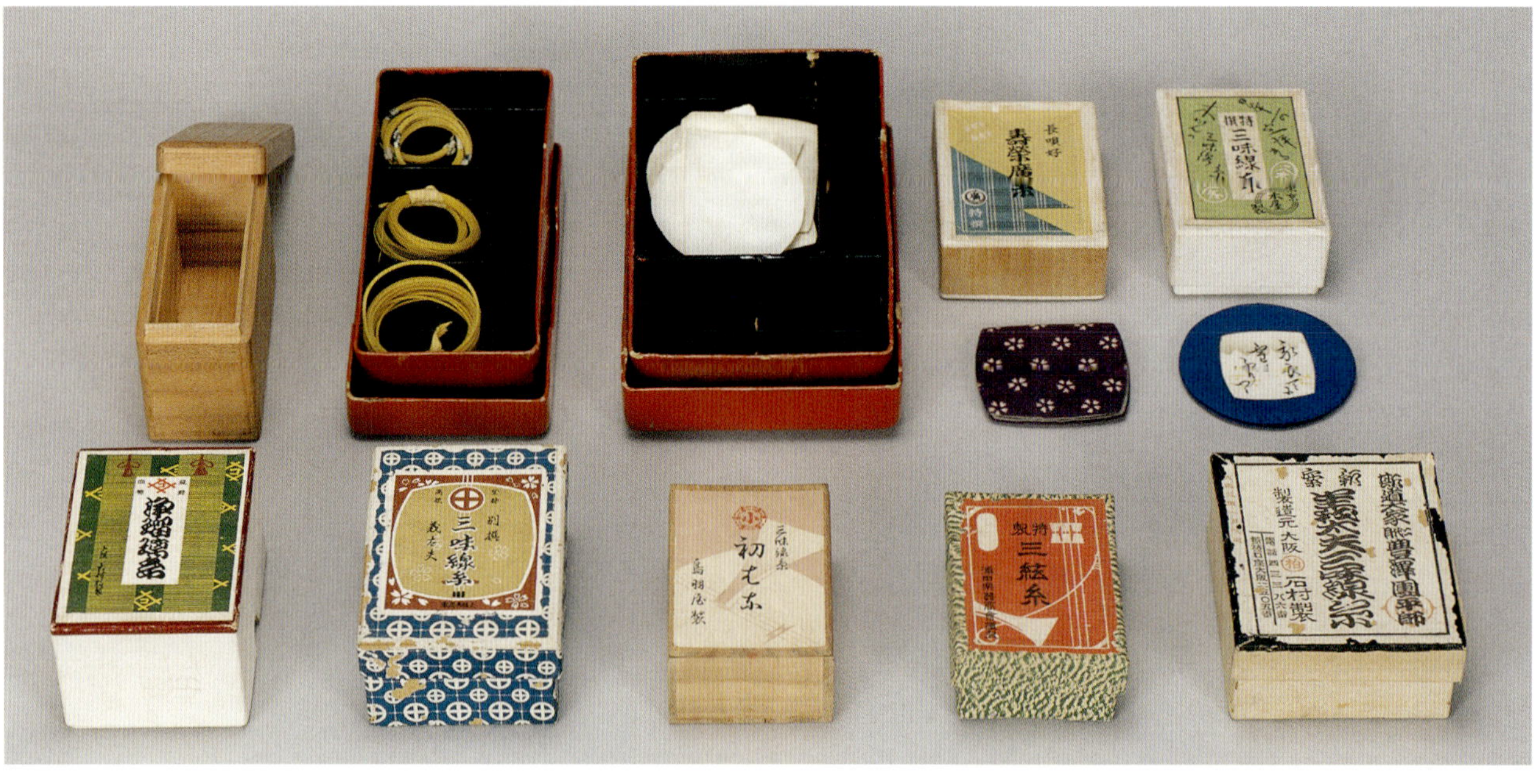

昔の絃入れ　さまざまなタイプのものがあった。

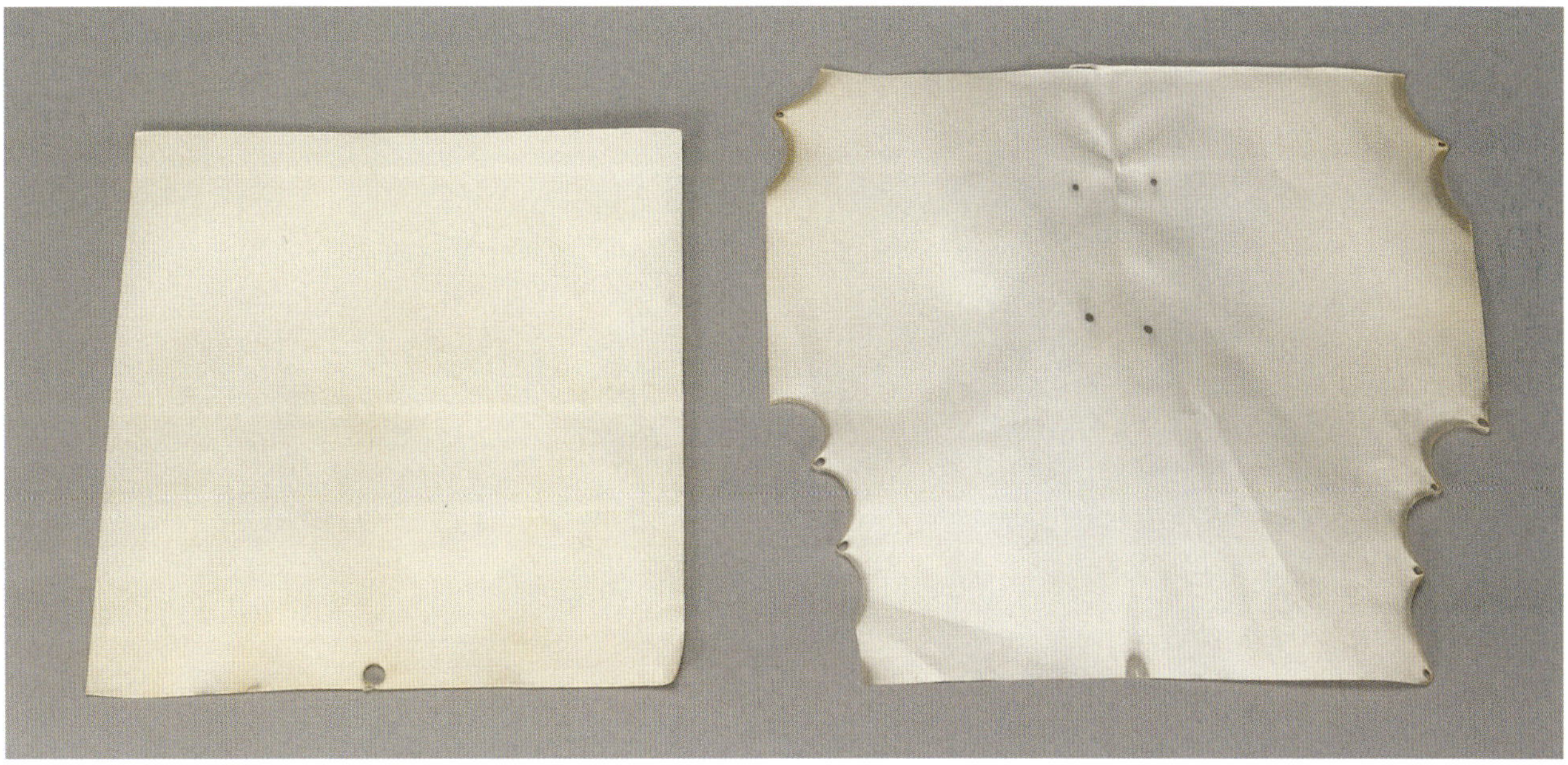

三味線の革　左は犬革、右は猫革である。革は犬より猫の方が薄い。猫も子猫の革の方が薄い。著者所蔵の古い三味線や胡弓の中で革が残っている場合、表が猫で裏が犬革というのが意外と多い。革は苛性ソーダなどの薬品を使用せず、人力でなめしたほうが、ゼラチン質が残り、いい音が出るという職人技あり。演奏の目的によって、革張りの方法も、職人の考え方も多様である。

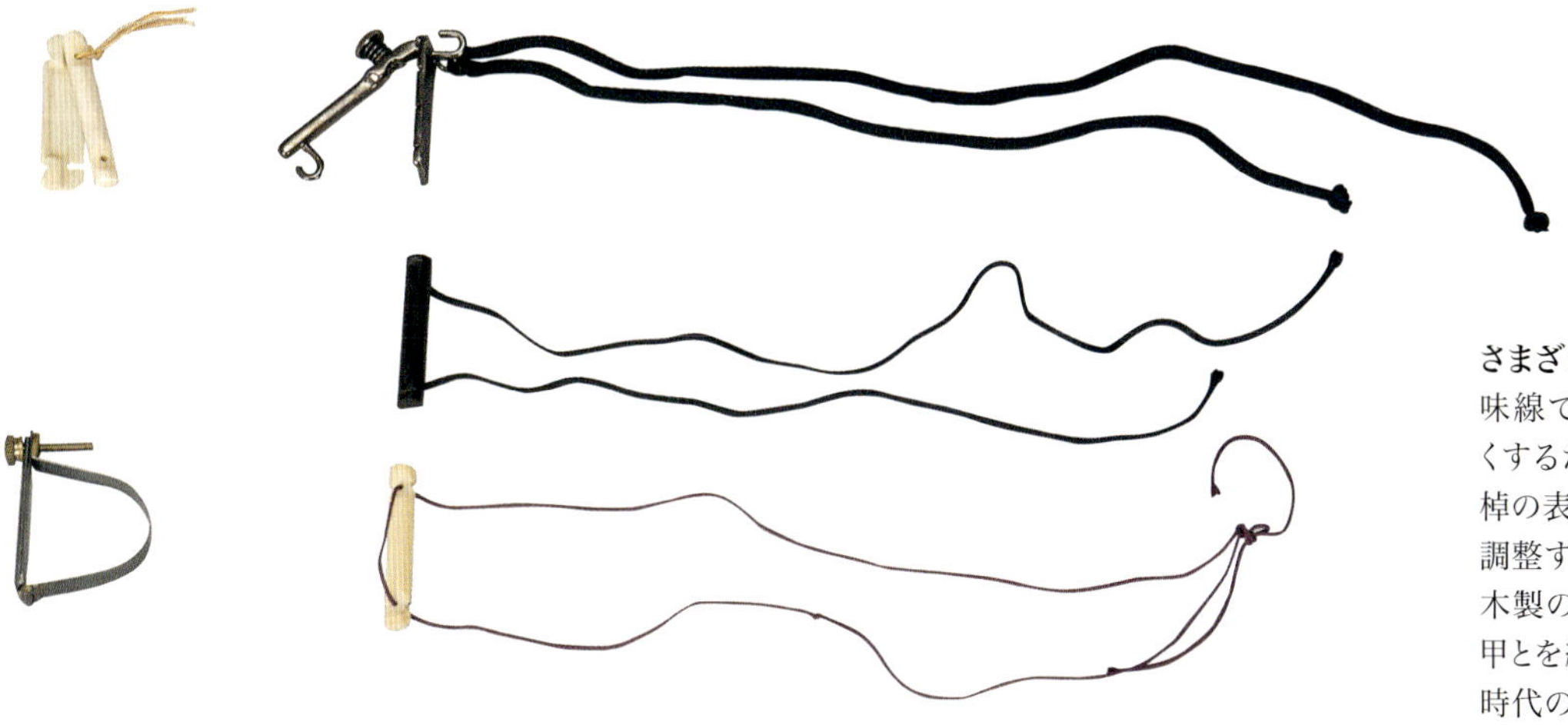

さまざまな枷　枷（かせ）とは、三味線で上調子を弾く時、音を高くするために用いる。使用方法は棹の表面に取り付け、音の高さを調整する。一番下、中央部の枷は木製の棒状のものと半円型の鼈甲とを組み合わせたもので、江戸時代のものである。

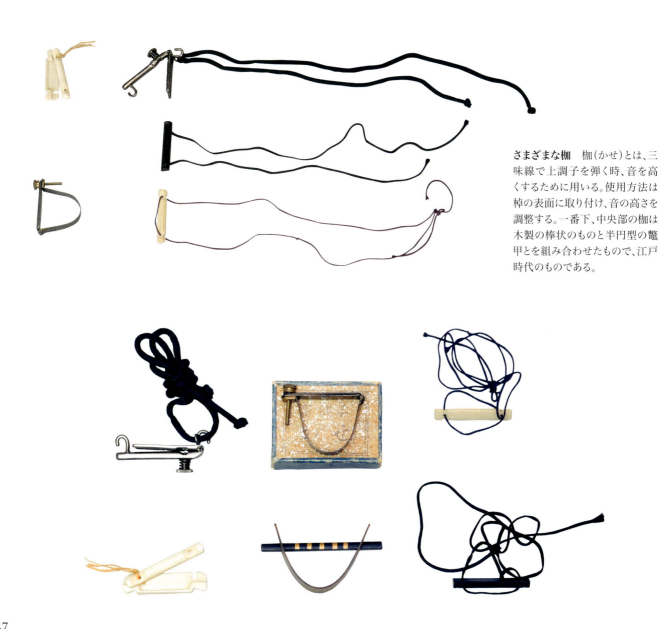

三味線に関する資料

蒐集物をジーっと見つめていたら、創意と工夫と努力を重ねてきた親方と職人さんたちに感謝したいという気持ちが湧いてきた。日本が世界に誇る技術国家になったのは、皆さま方のお陰だと考えている。その数々の努力に心から感謝し、こうして写真に残すことが著者の義務だと思っている。

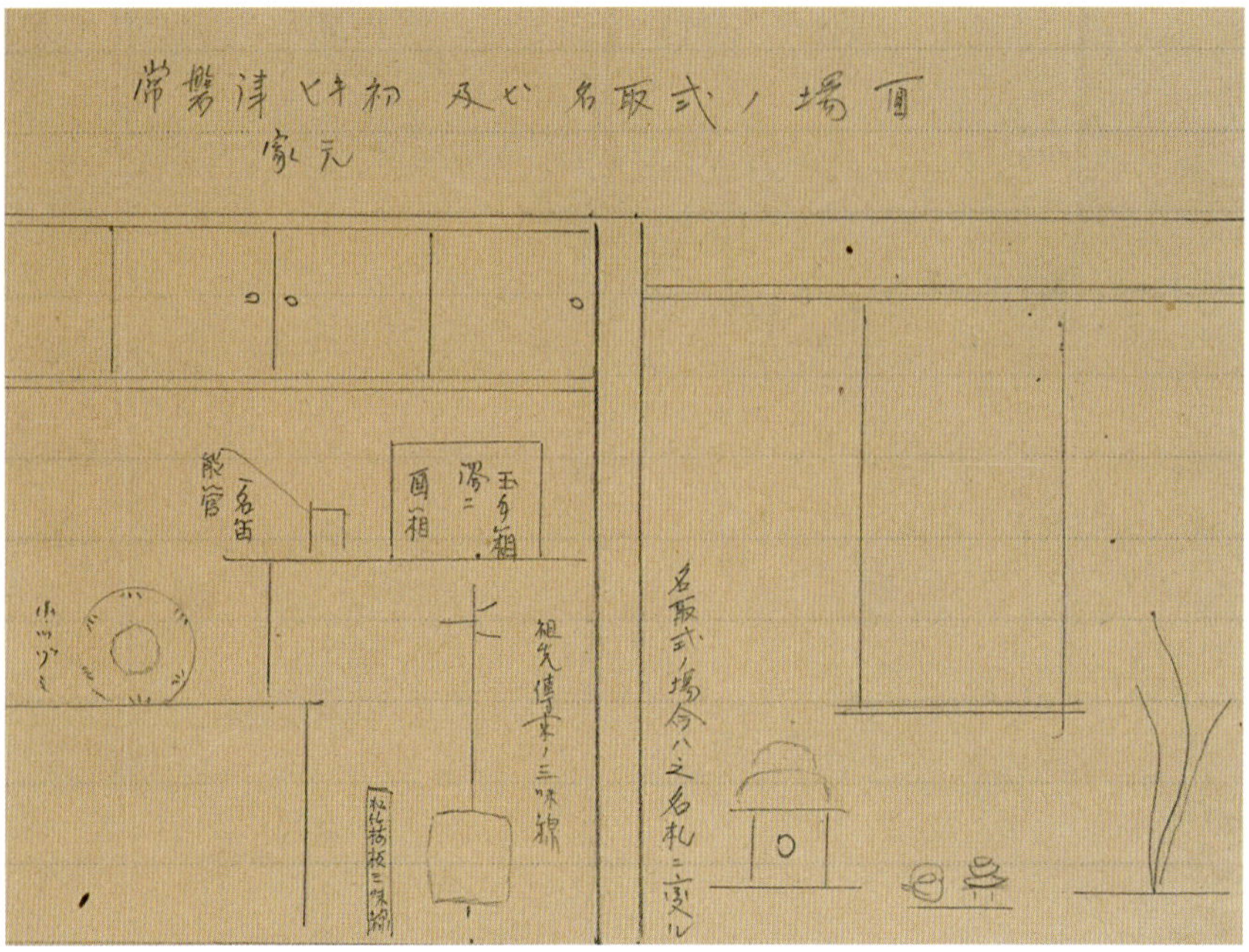

松竹梅板三味線の資料図　満州国牡丹江市圓明街、琴三絃諸楽器清水屋三絃店の封筒に、以下のメモが入っていた。その内容は「常磐津家元ヒキ初　及ビ　名取式ノ場面」に使用。小鼓、名笛能管、玉手箱俗ニ面箱、先祖伝来ノ三味線、松竹梅板三味線を飾る。名取式ノ場合ハ之（鏡餅）名札に変ル。

サイズが異なる三味線　左より幼児用三味線、全長63.3㎝、棹幅1.9㎝、胴幅13.7㎝、胴長15㎝、胴厚6.9㎝。「一緒」という銘あり。２番棹（子ども用）全長76.1㎝、棹幅2.2㎝、胴幅15.8㎝、胴長17.4㎝、胴厚7.6㎝。大人用の三味線は全長96㎝。

衣装カタログ　右側の衣装は中段、熨斗目（のしめ）、竹印二号と書かれ、義太夫の大夫が着用する肩衣袴（かたぎぬばかま）のカタログと思われる。

三味線細工所のチラシ　「この度、大坂表より腕の経つ職人を呼び寄せたので、三味線のことでお困りの方は、どうぞお越しくださいませ」というようなことが書かれている、「まつ亀」の宣伝チラシ。

お稽古　師匠は全体を把握し、一番弟子がお稽古をつけている。その稽古音を聞きながら、譜面を見たり、お茶を入れたり、子守をしながらも先輩の生演奏に耳を傾け「実音」で勉強している。工夫された練習風景である（風俗画報より）。

胡弓

胡弓は、南蛮（南洋諸島）方面から沖縄に伝わって改良され、その後、本土で三絃の和胡弓になったと思われる。和胡弓は三絃か四絃で、中子先は三味線よりも長い。演奏する時は、絃の上を馬の毛を張った弓でこすって音を出す。糸巻きは胴面に対して平行の側面糸巻きで、胴の形はお椀型・小判型・箱型などがある。

丸胴胡弓の天神表部分　海老尾と絃蔵の形が変わっている。糸巻きの握り部分は丸い。

丸胴胡弓の天神裏部分　天神裏に金具が付いていて、壁などに掛ける様になっている。

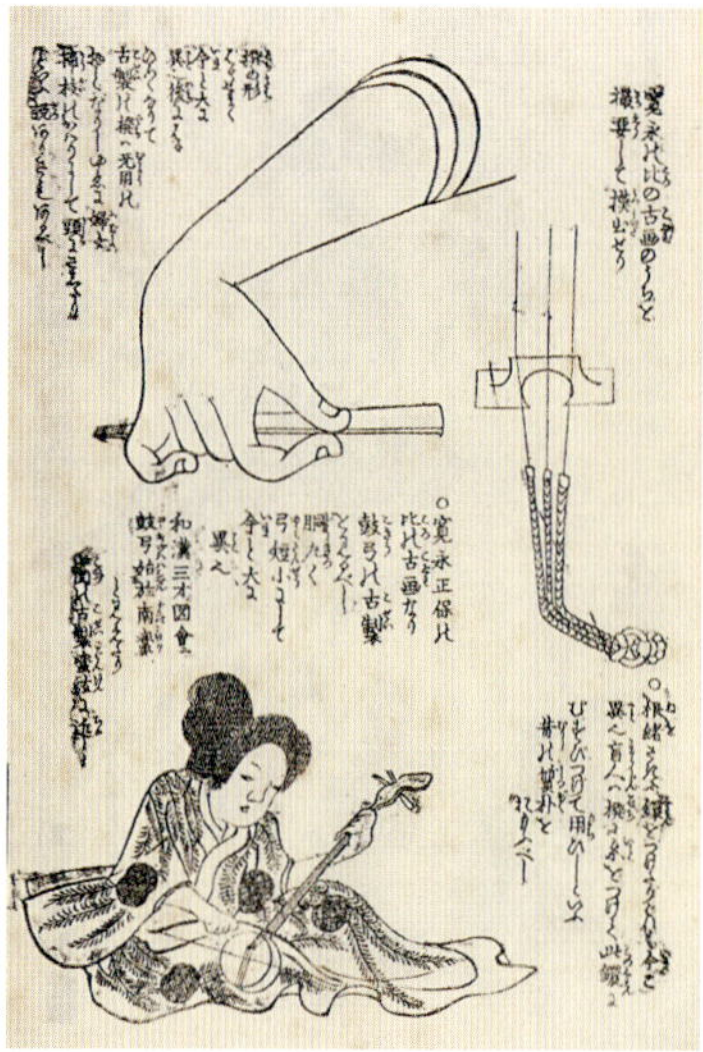

昔の演奏図　（骨董集巻之二より）「寛永・正保（1624～48年）の頃の古画なり。胡弓の古製と見るべし。胴丸く弓短小にして今とは大きく異なる。和漢三才図会に胡弓は南蛮より始まる。」と書かれている。（意訳）駒は現代とは違い、胴の上方に設置されている。

【胡弓サイズ表】 単位の㎝と、乳袋真下棹幅のサイズを乳袋下に省略している

1. 沖縄三絃胡弓（製作年不明）全長73、胴幅14、胴厚7.6、乳袋下1.5
2. 丸胴三絃胡弓（1640年頃）全長66.5、胴幅17.2、胴厚6.7、乳袋下1.6
3. 鉄刀木胴の四絃胡弓（1767年製）全長67、胴幅15.1、胴厚6.7、乳袋下1.8
4. 森岡正甫の四絃胡弓（1803年製）全長66.8、胴幅14.7、胴厚6.1、乳袋下1.7
5. 重元平八作の四絃胡弓（1883年製）全長67.5、胴幅14.5、胴厚6.5、乳袋下1.9

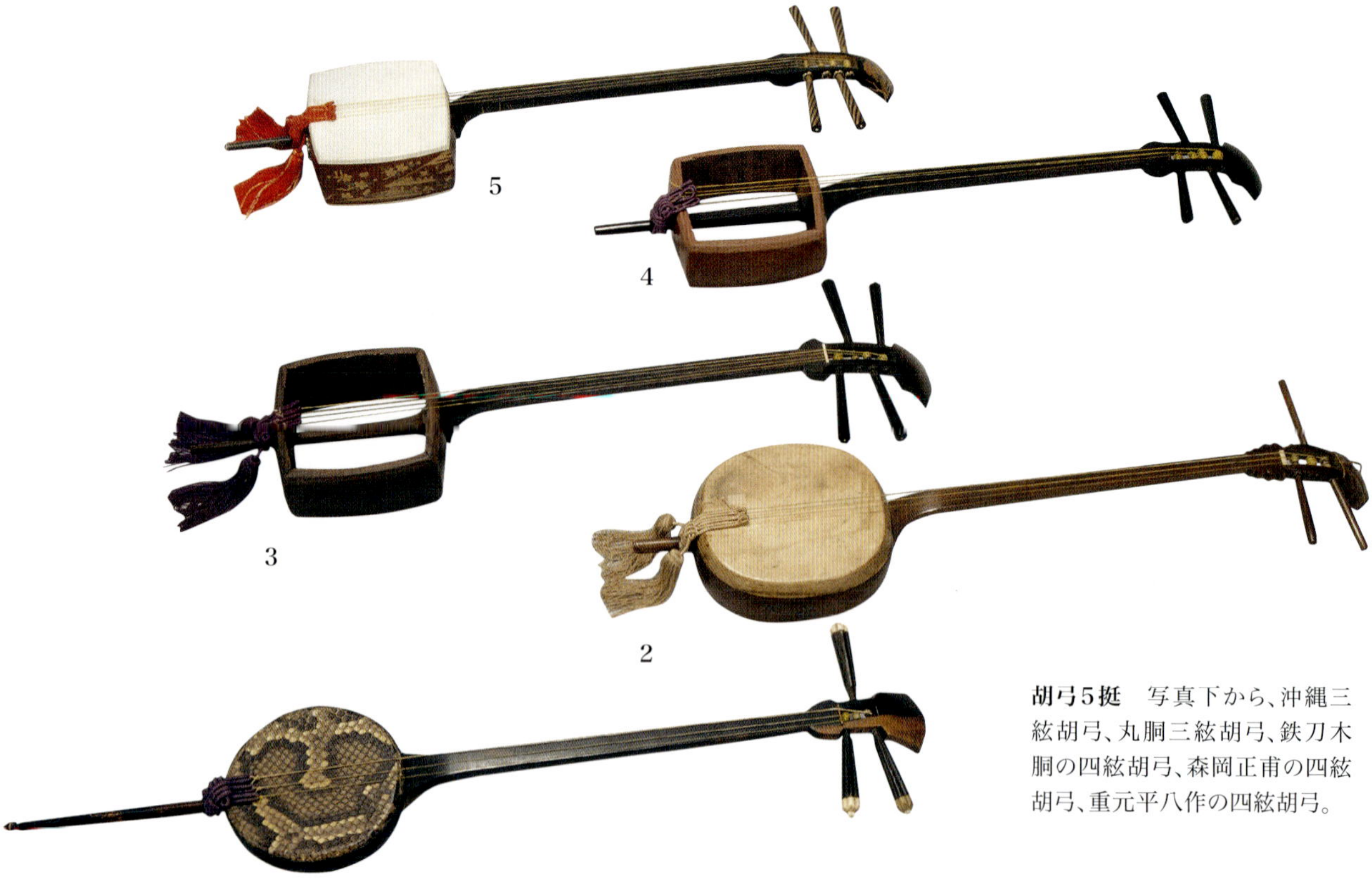

胡弓5挺　写真下から、沖縄三絃胡弓、丸胴三絃胡弓、鉄刀木胴の四絃胡弓、森岡正甫の四絃胡弓、重元平八作の四絃胡弓。

丸胴三絃胡弓胴と中子先部分　江戸胡弓の駒。糸を乗せる部分は曲線。幅は長唄などの駒よりも狭く、高さは長唄用よりも高い。1の糸を乗せる部分は太目につくってある。全長3.72㎝、高さ1.72㎝、脚の幅が太い方1.18㎝、細い方1.06㎝、2つの脚の幅は0.78㎝。1の糸を乗せる部分は、幅広く太目に製作。著者の蒐集物の中に上記サイズのものがあり、江戸胡弓用と予想し、掲載した。

胴の側面部分　表「雪水」の銘あり。畔見製か。棹は樫製の二つ折れで、中子先は別材である。胴面の表には猫革、裏面には犬革が張ってある。沖縄のクーチョと違って、丸胴胡弓は、天神と棹と中子先（胴から出ている部分は4.8㎝）を別々に製作した後、接着している。胴は4枚合わせではなく彫り抜きで、内部はすだれ彫りになっている。

丸山月光の版画　胡弓の駒は胴の下方に設置されており、現代と同じである。

胡弓

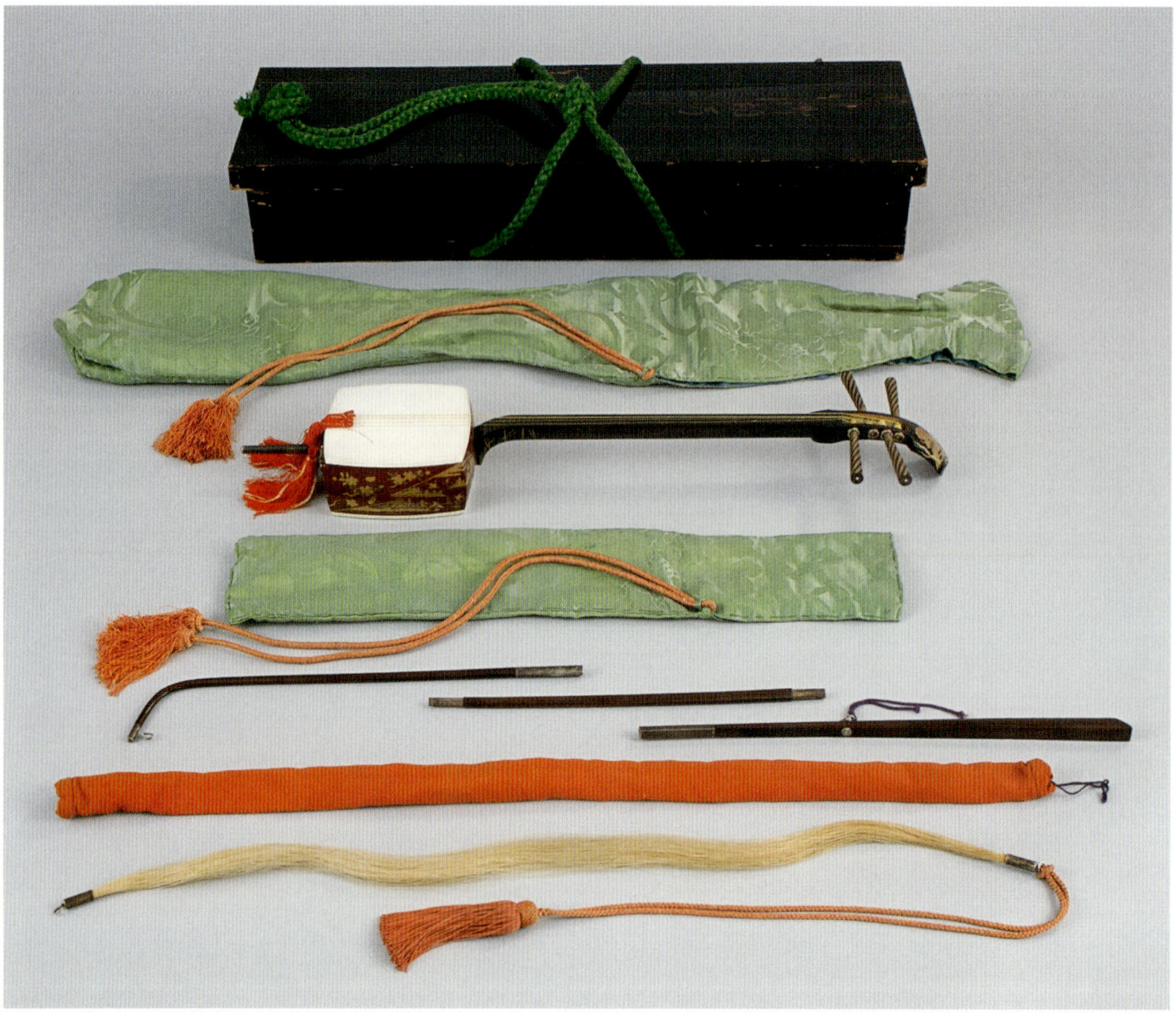

明治16年製胡弓一式　一番上は胡弓一式を入れる箱で上蓋には「御胡弓」と書かれている。緑布の袋は胡弓本体を入れる袋。次の緑布の袋は、胡弓演奏に使用する三つ折れ弓を入れる袋。赤布の袋は、演奏する時に使用する弓に取り付ける馬毛を入れる袋である。重元平八作。

糸巻　すばらしい技術力と集中力で糸巻きをつくり上げている。糸巻き先端の彫り込みには、相当の時間と神経を使ったことであろう。

天神の表　豪華な高蒔絵で、鳳凰が描かれている。

天神の裏　豪華な高蒔絵で、植物が描かれている。

美しい蒔絵　桜や鶴、風景画が描かれている

見台・他

演奏する楽器の譜面を置く台で、楽器や流派などが交ざり合って、見台にもさまざまなタイプのものがある。

さまざまな見台　折り畳み式が多い。右端の見台は長唄用である。

箏用見台　いずれも折り畳むことができる。右端の見台の脚は、箏柱の形になっている。

分解可能な見台　琵琶用見台（本体に東京北川琵琶店「贈」足尾琵琶協会賛江と彫ってある）。中央の折り畳み式見台は、歌澤（うたざわ）用見台で、昭和12（1937）年6月製作。右端は尺八用見台。

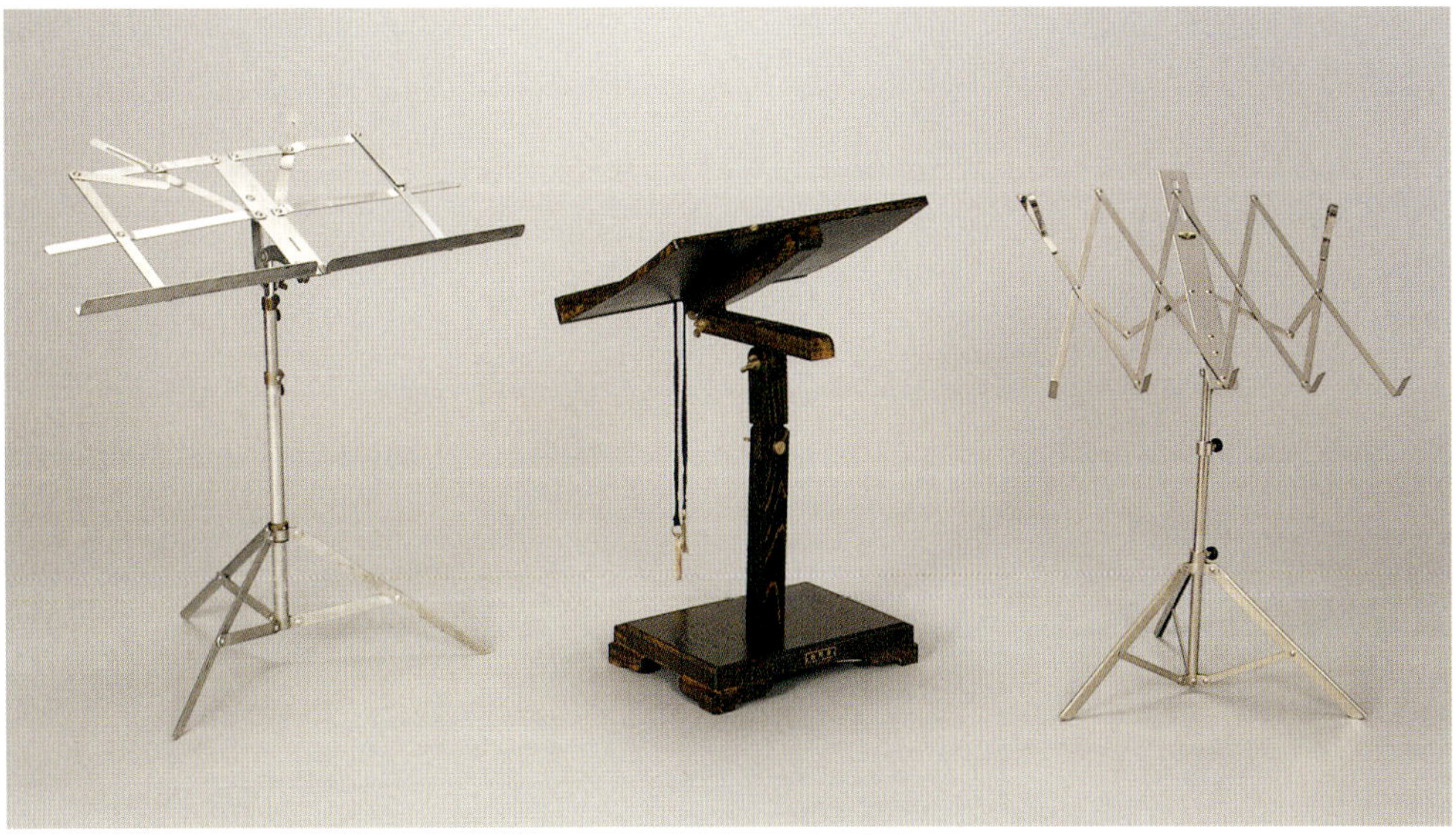

現代の見台　両端の金属製見台は折り畳み式である。中央の木製書見台は、特許取得の見台で、傾斜しても使用できるので、横になりながら読書することも可能である。新案特許第88546号。

謡曲用見台　杉製が多いが上段左端のものは紙製である。上板を側面の板に紐で結んである。しまう時は、下板を取り外して、脚部分を折り畳むことができる。

めくり台　琵琶の演奏会用に製作されたもので、上部と下部の部分に、薩摩琵琶の撥の形が「意匠」として使用されている。

律管・音叉《おんさ》

律管（調子笛）とは音の高さを定める笛である。多種多様なタイプの調子笛が存在していたが、現在は電子チューナが主流である。音叉とは、鋼《はがね》や特殊合金をU字形にし、それに把手《とって》を付けたような形をしている。温度変化による誤差が少なく、正しい音高を得ることができる。

1

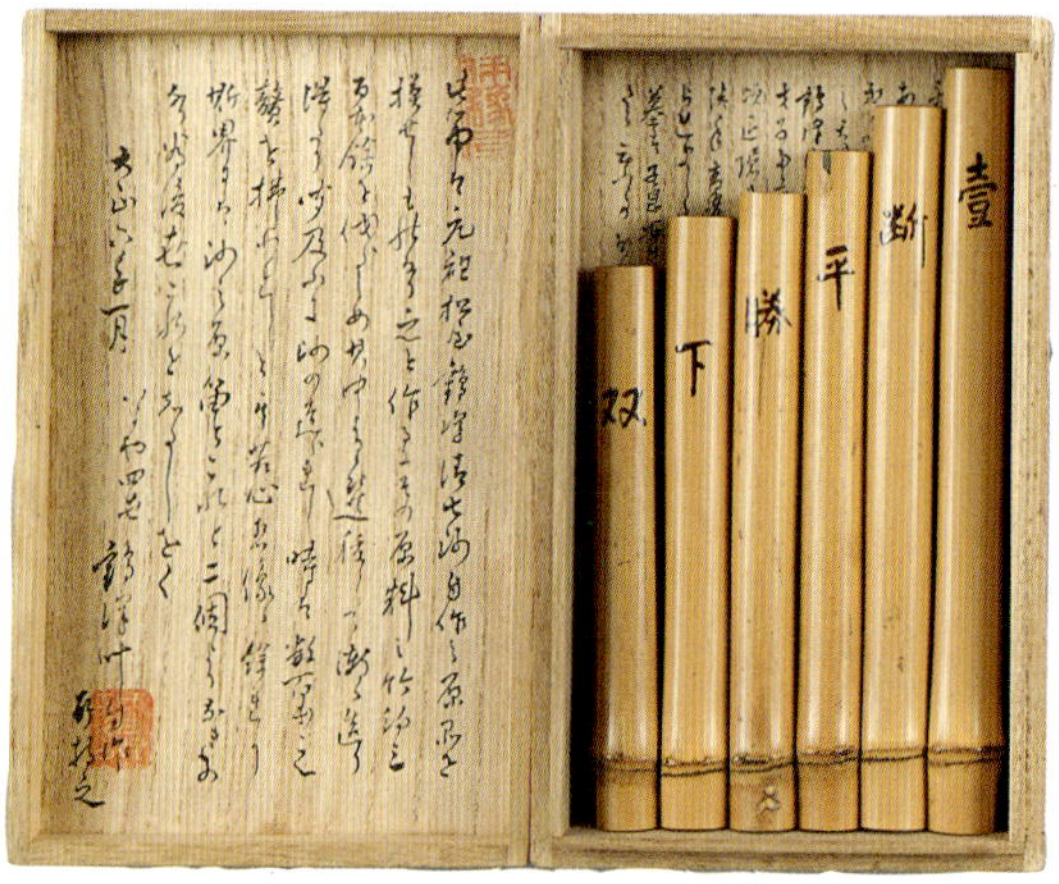

2

3

1.律管図 リードや節がない竹なので、音を出す時は、下の穴を指でふさいで音を出す。サイズは、左から7.3、7.5、8、8.6、9.1、9.7、10.4、10.9、11.8、12.3、13.3、14cm。 **2.大調子笛** リードの無い律管だが、竹の節を抜いていないので、そのまま吹くと音が出る。竹を6本セットから外すことができるので、1本ずつ吹くことも可能である。壹、断、平、勝、下、双の6本製。左より10.3、11.4、11.8、12.5、13.4、14.4cm。箱書きには、四世・いよや・鶴澤叶製作の文字が記載されている。 **3.図竹（調子笛、調子竹）** 左から11.7、12.3、12.9、13.5、14.1、14.7、15.3、16、16.6、17.2、17.8、18.3cm。管名は、長い方から、壹、断、平、勝、下、双、鳧、黄、鸞、盤、神、上。（いちこつ、たんぎん、ひょうじょう、しょうせつ、しもむ、そうじょう、ふしょう、おうしき、らんけい、ばんしき、しんせん、かみむ）と読む。この律管の製作者は、「廣幾作」（太秦姓薗氏本家薗廣幾か。文字あり）。

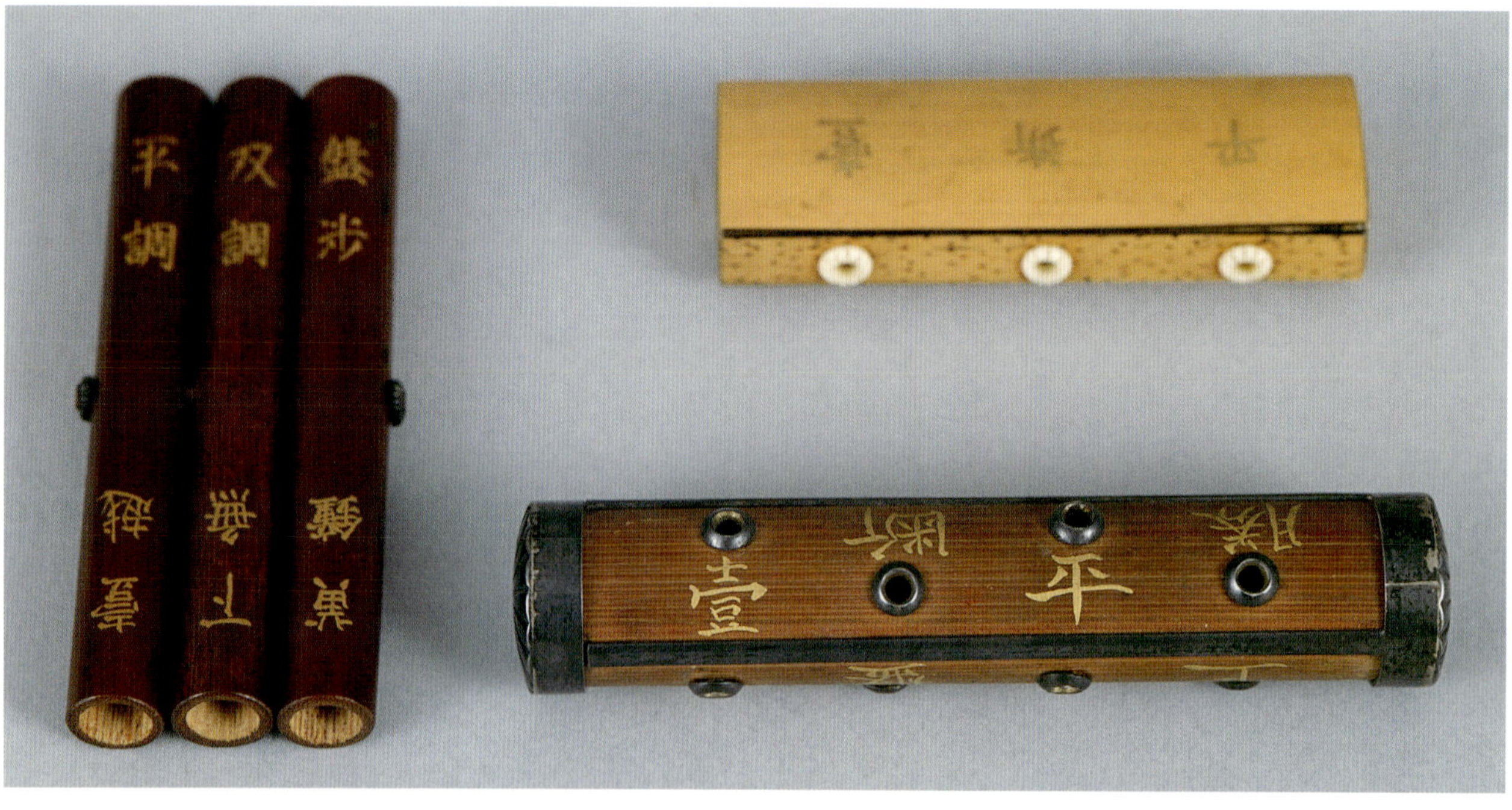

調子笛　左の調子笛は全長6.6cmの律管で6音が出る。右上の調子笛は、全長5.8cmで象牙飾り製の歌口が付いている。裏側には勝、下、双の文字あり。右下の調子笛は、全長8.2cmで、飾り金具は全て銀製。壹、断、平、勝、下、双、鳧、黄、鸞、盤、神、上の12個の文字あり。

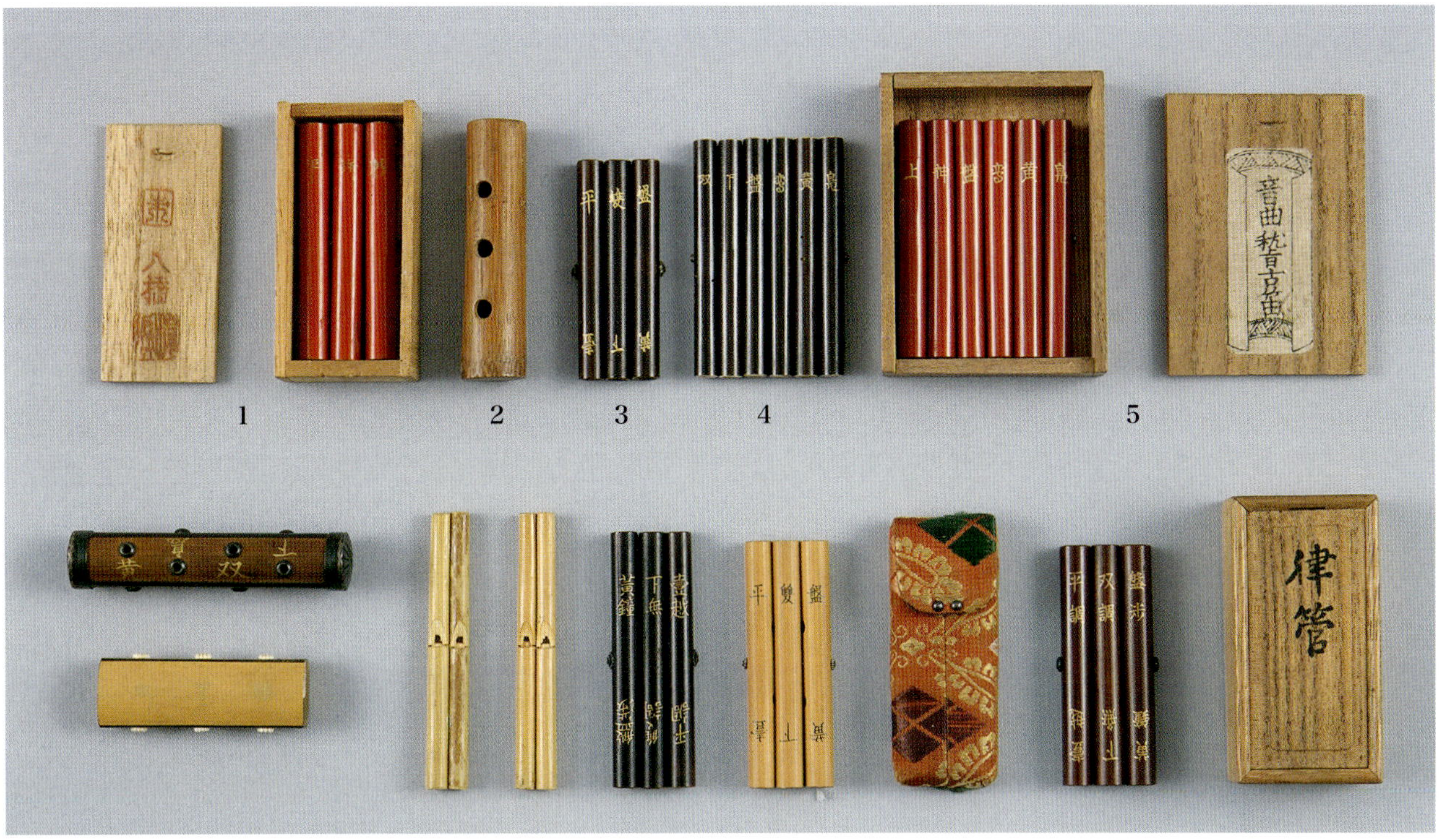

いろいろな調子笛　1・4・5の調子笛は八橋製である。2は、四穴（しけつ）または一竹（いっちく）と呼び、全長7.2㎝、太さ径1.7㎝。表に3孔、裏に1孔の合計4孔を、指の開閉具合で12音を出すことができる。

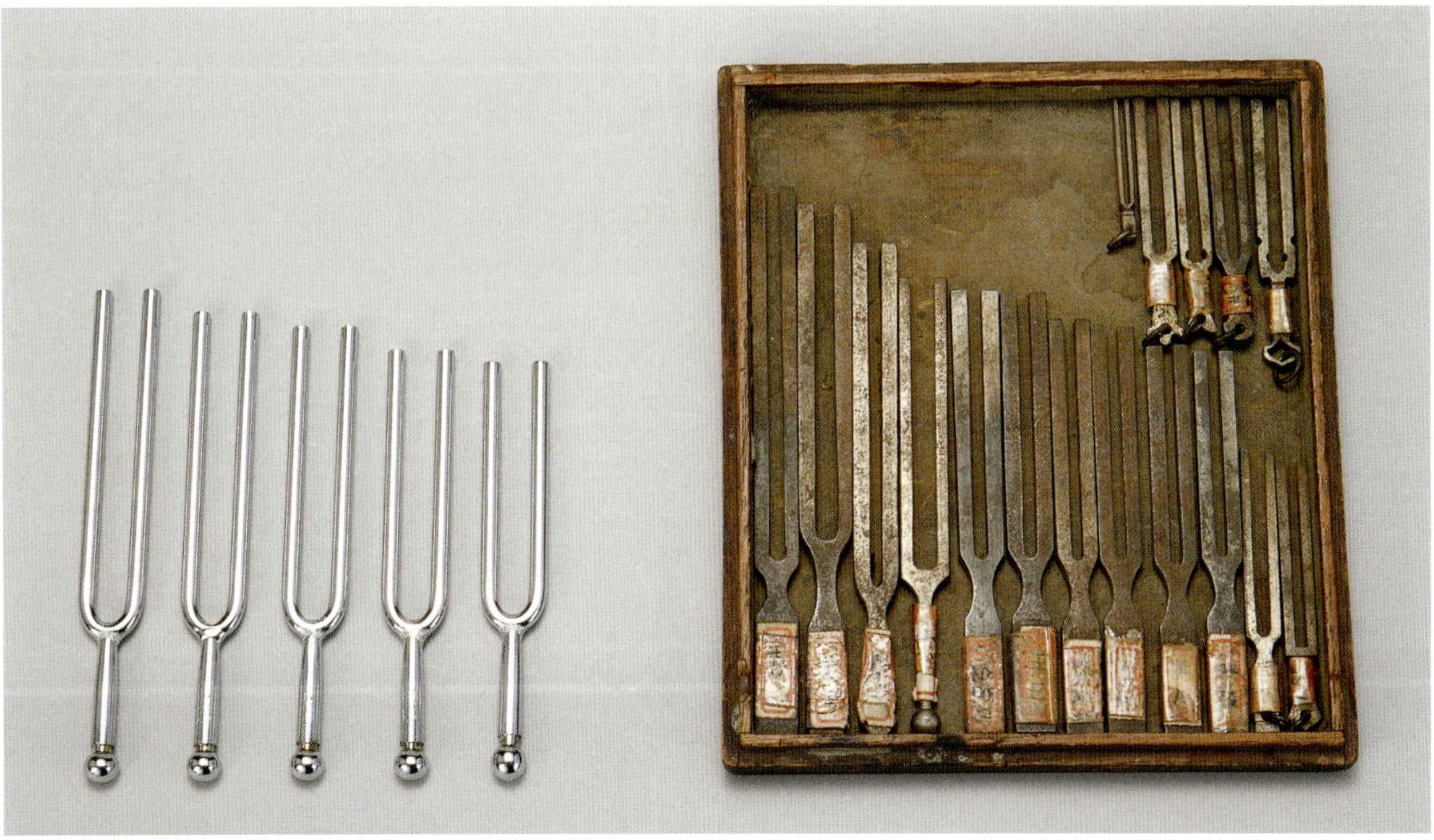

金属製音叉　左側は雅楽用に調律された現代物で、左から平調、壹越、盤渉、黄鐘、双調の音が出る（販売元、日本雅楽会）。右側の音叉のセットは、京都老舗和楽器が使用していた「笙」製作用の音叉である。

調子笛

音の高さを知るために使用する小さな笛。

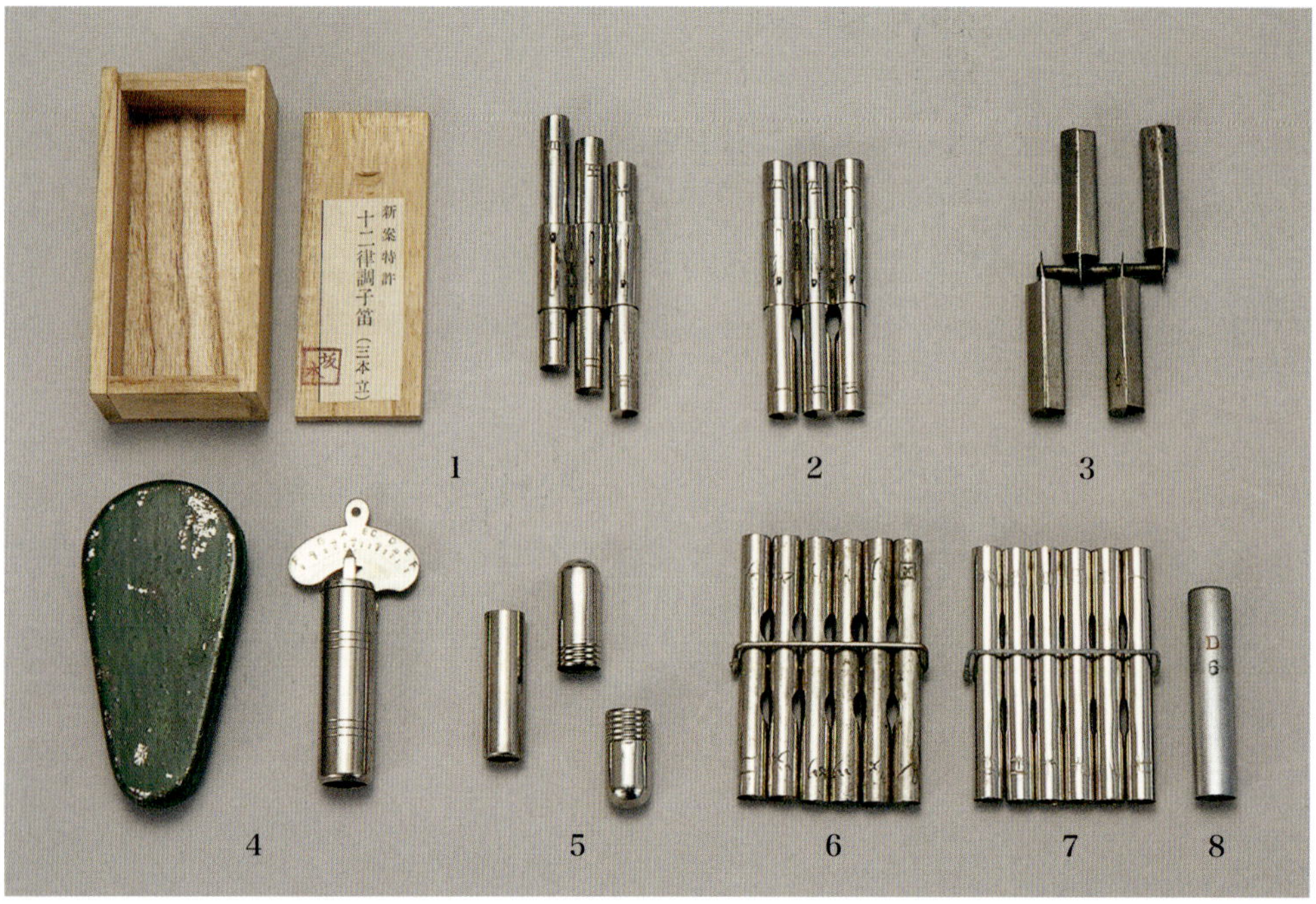

さまざまな調子笛　**1.** 新案特許、12律調子笛（管の表面に壹、断、平、勝、下、双。裏面は1～6と表示）。**3.** G. D. A. Eと表示されているので、バイオリン用調子笛である。**4.** クロマティック調子笛で13個のメモリが刻まれ、低い音から男の小唄や小児の水調子（9～12本）、男子の調子（1～4本）、女子の調子（5～9本）と表示されている。**5.** A音用の調律笛で、短いパーツ2個はケースである。**6.** 6本立て調子笛は、表面に壹、断、平、勝、下、双、鳧、黄、鸞、盤、神、上、裏面には、1～12の数字で表示されている。**8.** D6（壹越用）の笛。

黒色ケースは純正律雅楽用調子笛430Hz。白色系の箱は天理教三曲440サイクル12律調子笛。楓（登録商標）は尺八用調子笛。白色のクロマティックの調子笛は雅楽用調子笛で、吸って音を出す。

左）「**三味線旋律表**」　正宮変調と正徴変調、更には、徴調（長音階）と宮調（短音階）、そして、第2図二上り調子、第1図本調子、第3図三下がり調子、参考などの内容を表している。著者は森田吾郎で、書籍名は「三味線、箏、尺八、調律」欧州音符比較対象。明治42（1909）年7月20日発行の「付録」である。大正琴を考案した著者は、日本と西洋音楽を研究していた。

右）「**大倭三絃甲乙図**」　大日本一流教道謡物長哥浄瑠璃元祖、12世大薩摩絃太夫浄空（長唄の名手12世杵屋勘五郎のこと）手記。明治10（1877）年発行。

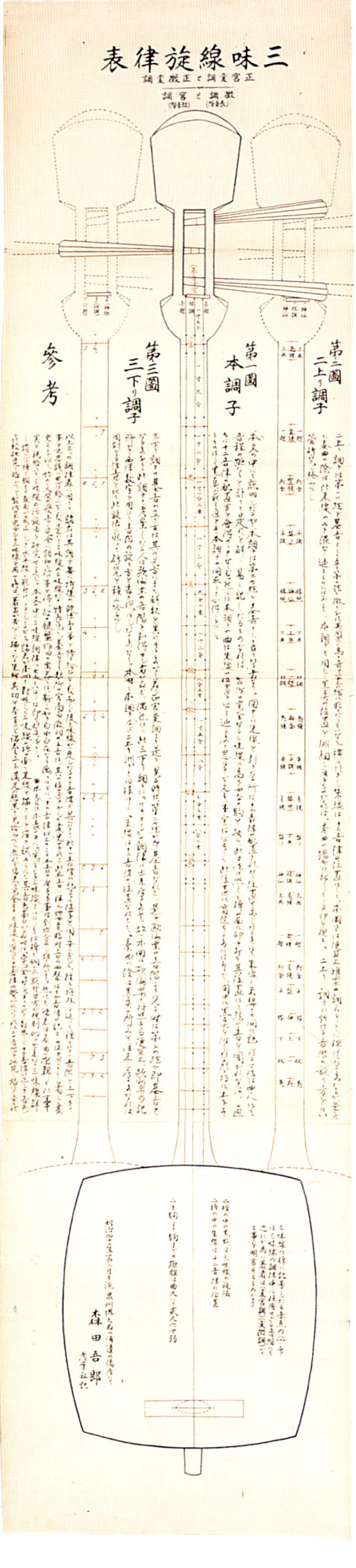

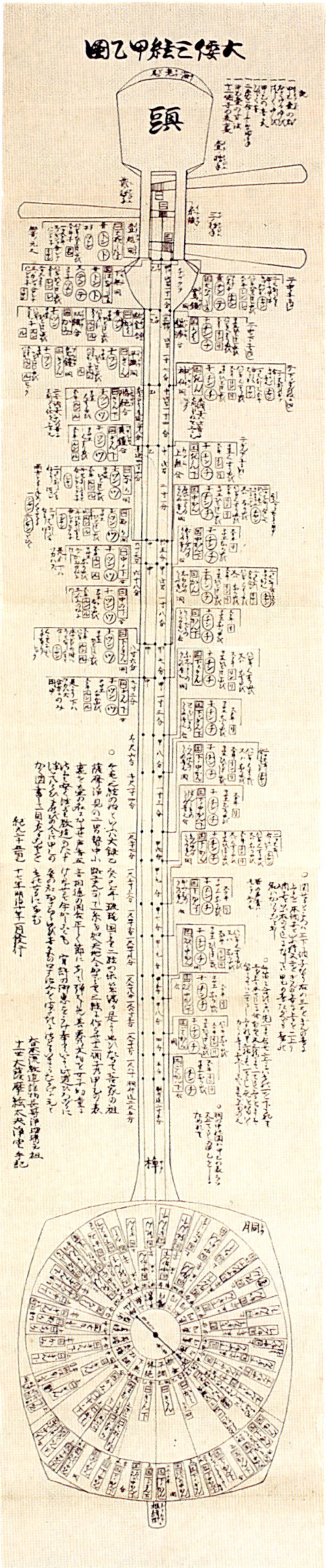

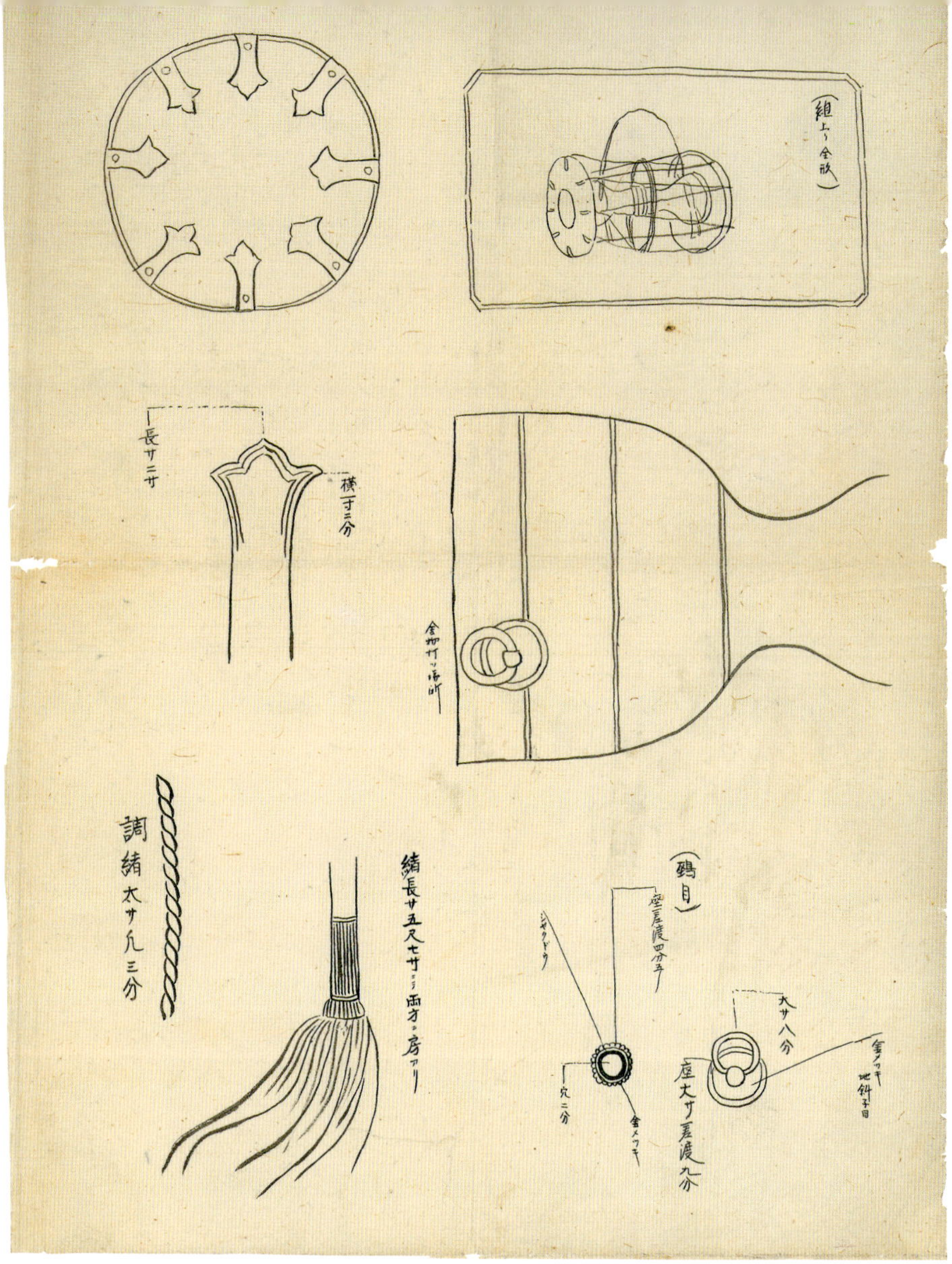

楽器名は組上がり（組み立てたという意味）金鼓。徳川家一門の紋章である葵紋が見られる。

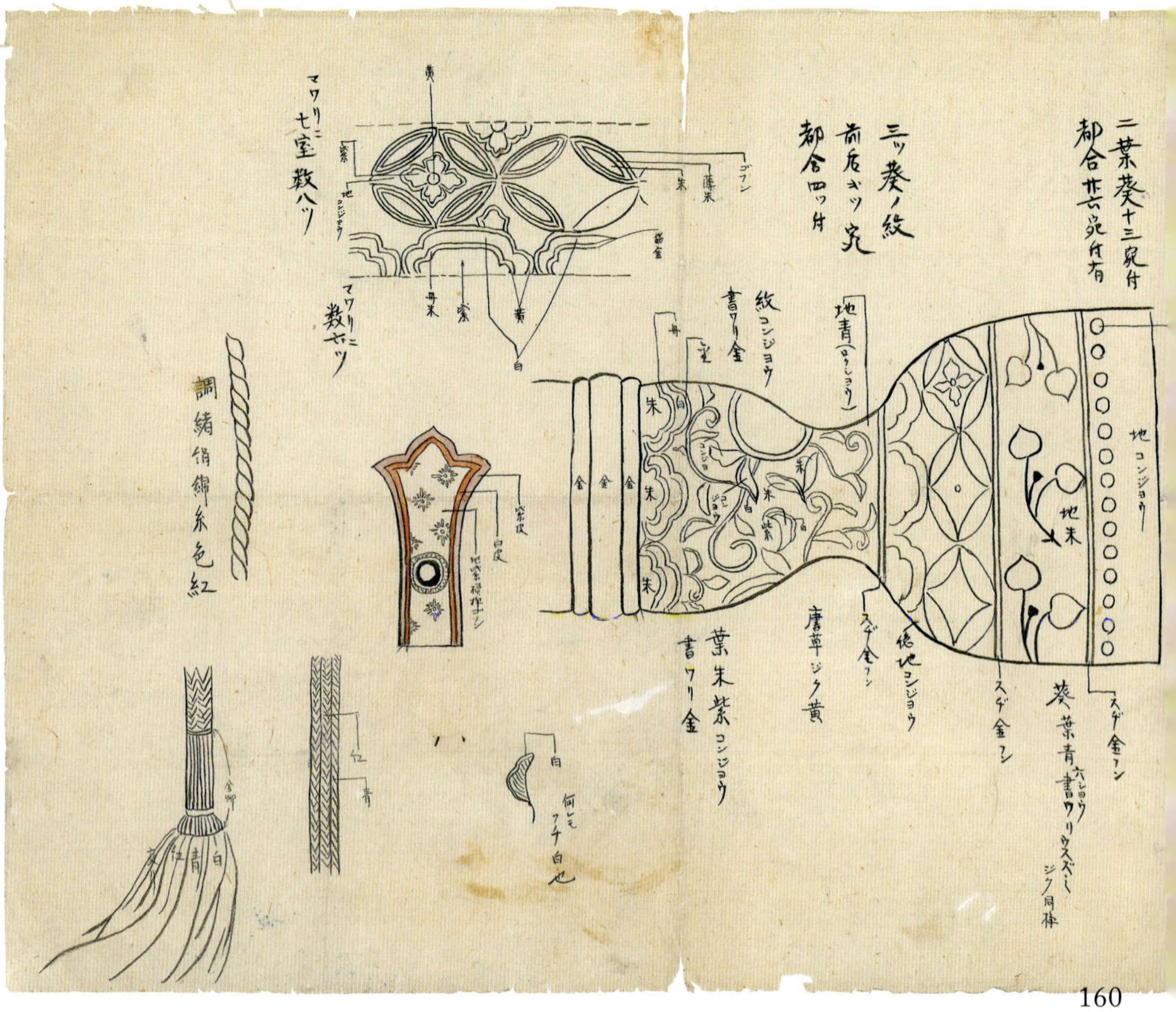

第三部

打楽器

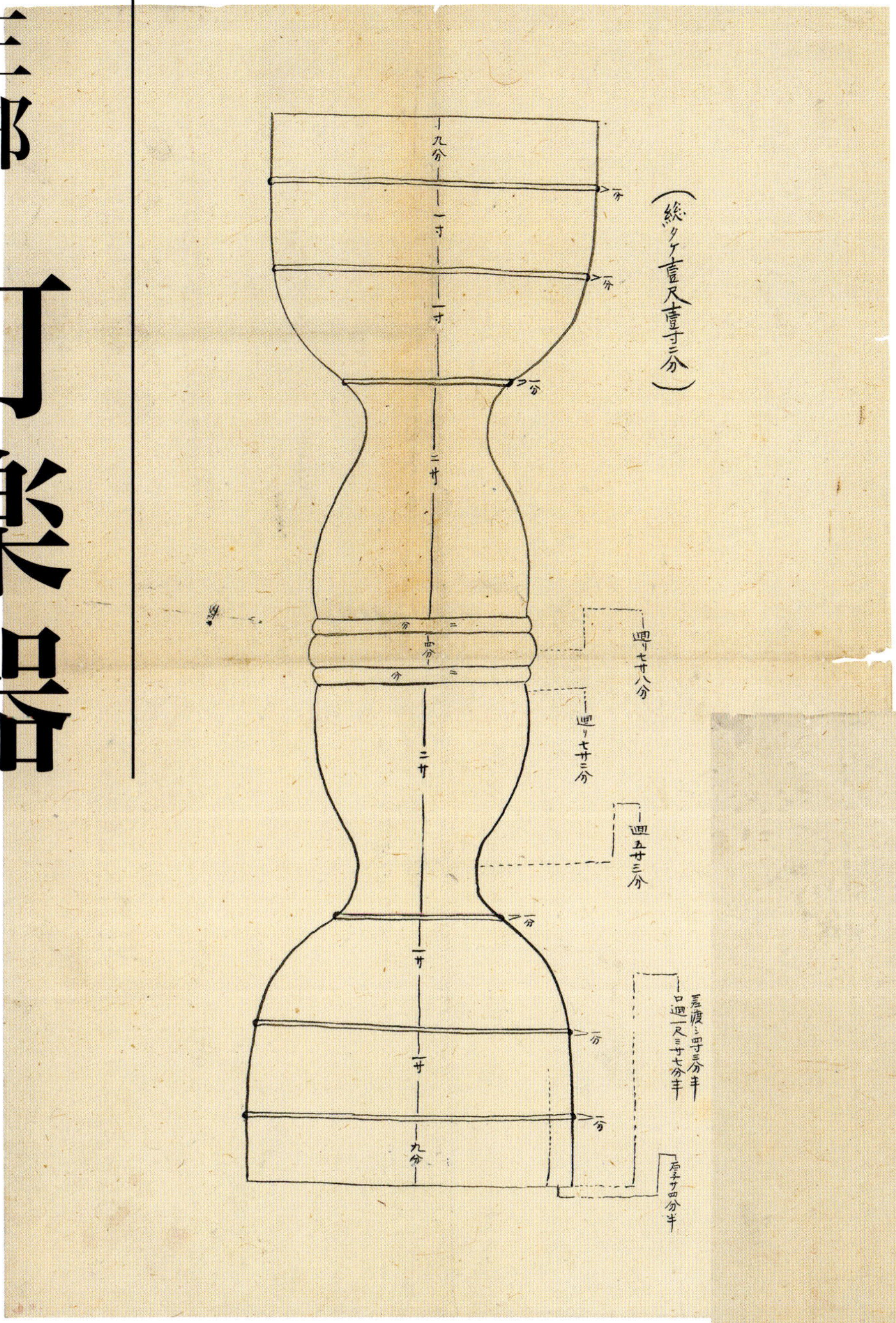

打楽器は最初に生まれた「楽器」と思われる。初めは、手拍子や足拍子などを出発点とし、その後、木片や動物の骨同士を打ち合わせたり、スリットドラムのようなものを木の棒で叩く行為が、打楽器の始まりではないかと考えている。なお、日本の打楽器の分類法は、打ち物・すり物・振り物となっている。

紐《ひも》締《じ》め式太鼓

胴と二枚の革と調《しら》べ緒《お》（麻製や牛革製など）とで構成されている。革の回りには小孔（数は楽器によって違う）が開いており、そこに調べ緒を通して二枚の革を固定し、調べ緒の締め具合で音の調整を行う。台に置いたり、首から下げたり、手で握ったりして演奏する。

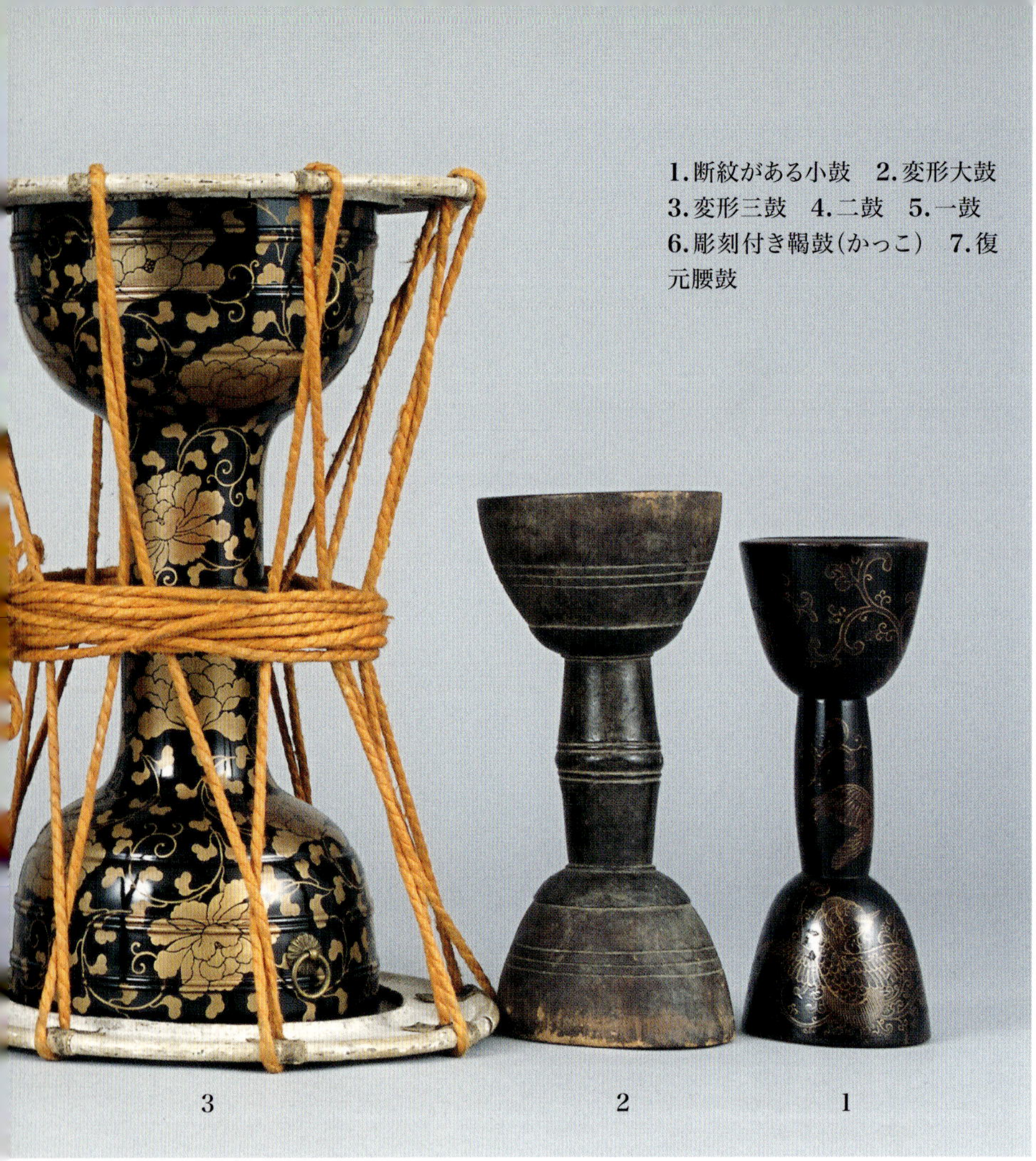

1.断紋がある小鼓　**2.**変形大鼓
3.変形三鼓　**4.**二鼓　**5.**一鼓
6.彫刻付き鞨鼓(かっこ)　**7.**復元腰鼓

一鼓と分解した二鼓　一鼓はp163の舞で使用、鼓銅の全長約36㎝、革面は約24㎝。資料によると17〜18世紀以降、二鼓は使用されていない。

鞨鼓に使用する調べ緒　牛の革を細く切り(右)、黒漆を塗った完成品(左)。これを鞨鼓などの革を取り付ける時に使用する。

俵形太鼓の埴輪(復元品)　群馬県の天神山古墳出土、東京国立博物館蔵。6世紀、高さ58.4㎝(実物は頭部が欠損、その状態でのサイズ)、レプリカは頭部を予想復元している。

掛物　楽器は右方(うかた)太鼓で、革面には「左二つ巴」紋が描かれている。舞は4人で舞う太平楽(たいへいらく)、この曲は国家最高の儀式などに用いられる。

羯鼓胴の内面と外面　黒色の胴材は鉄刀木(タガヤサン)製で、牡丹の彫刻が施されている。牡丹の花言葉は百花王と呼ばれている。全長30.3㎝、革面15.5㎝、中央部がわずかに膨れている。演奏には2本の撥を使用するが、著者が所蔵する6組の撥で演奏音を調査したところ、先端から3分の1ぐらいの部分が一番太い撥(径が0.53 ～1.23㎝)が、ハッキリした音で余韻が多かった。羯鼓奏者は指揮者の仕事も担うので、経験豊かな人物が担当することが多い。

紐締め式太鼓

締太鼓(別名、猿楽太鼓)　外部は黒漆塗りで胴の高さは15㎝、革面は約35㎝で牛革(粗悪なものは馬革)製。調べ緒は紅染めの麻糸、台は折り畳み式。能楽・長唄・民謡・神楽などの囃子に使用する。胴革の表は厚く、裏は薄いつくりになっている。

蒔絵付締太鼓　胴の蒔絵部分をアップしたもので、胴の高さ14.3㎝、中央部に膨らみがあるので、外径は24.5～27㎝、内径は約22.5～24.5㎝、胴材の厚さは0.9㎝である。蒔絵は牡丹の図柄を使用している。

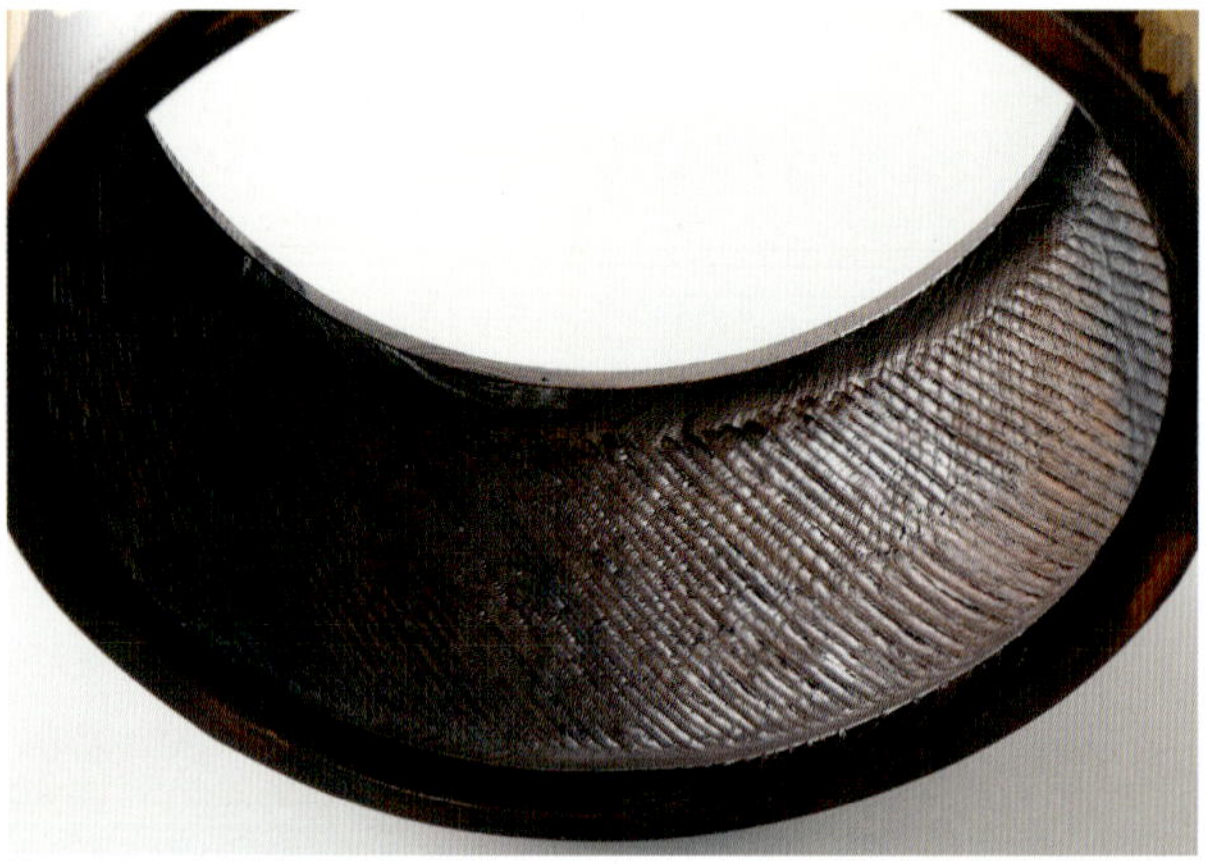

紫檀製蒔絵付締太鼓　胴の表面から裏面に向かって「あ～」と声を出してみると、裏面から表面に向かって声を出すよりも音の跳ね返りが多い。太鼓下部の革が当たる角の削り方が少し分厚くなっているのがその要因かもしれない。

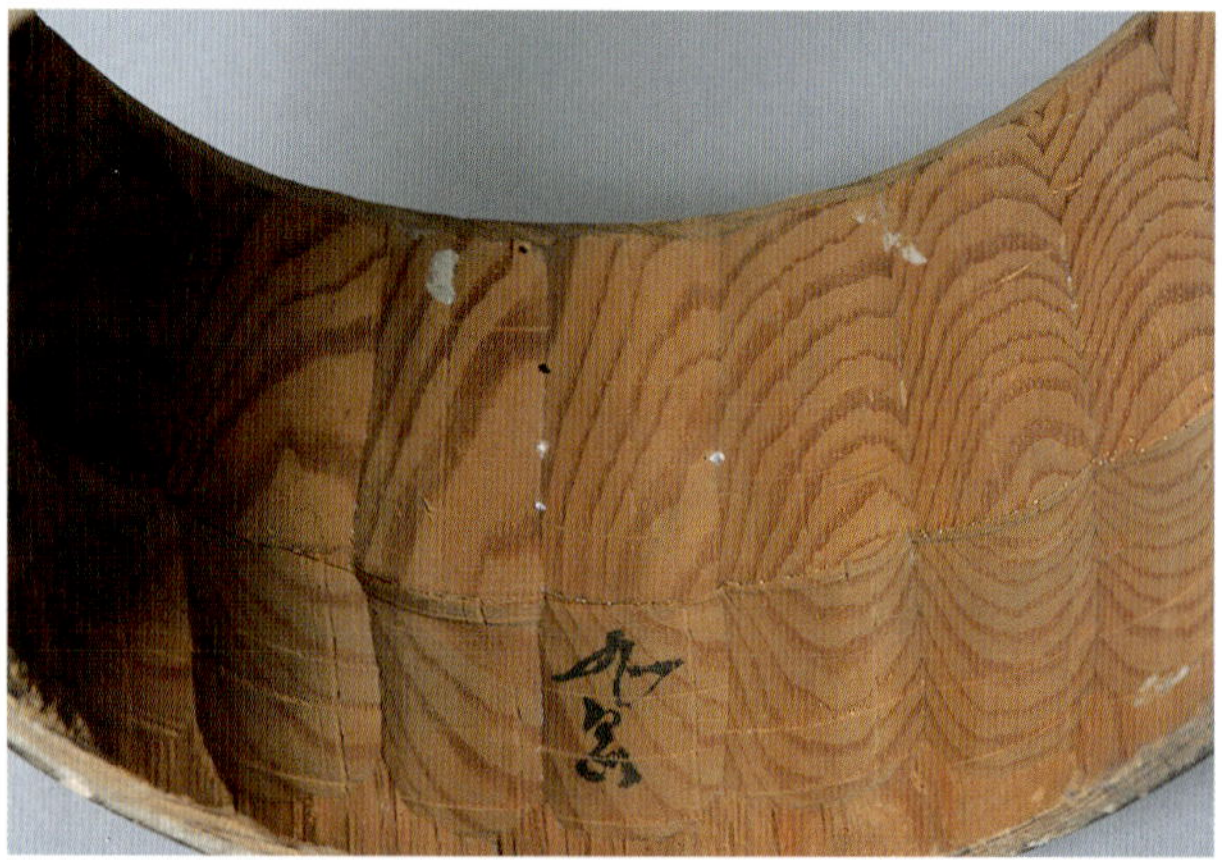

杉製締太鼓　胴の高さが14～15.5㎝と違う。何かの意図があるのかは不明。紫檀製と同じ動作で声を出してみたが、裏表共音の変化を感じなかった。やはり、胴内部の削り方の違いの影響があると思われる。

舞鞨鼓　この鞨鼓は能楽や長唄などに使用される。胴は曲げ物製。左の鞨鼓は全長約14.5㎝、鼓面幅18.5㎝、鳳凰の文様がみられる。錦鼓、金鞨鼓などの別名あり。

桶胴3個　大は全長45.5㎝、鼓面24.5㎝、胴回り最大32㎝。中は全長40㎝、鼓面28㎝、胴回り最大32㎝。小は全長33㎝、鼓面20㎝、胴回り最大25.5㎝。胴材は杉製。大は針金巻きだが、中と小は箍(たが)巻きである。太鼓の革締めのための紐の使用方法も、三者三様である。

振《ふ》り鼓《つづみ》

桐製太鼓と柄で製作。大の太鼓の全長は六・八cm（小は六・三cm）、この太鼓を直角に重ね、胴の真ん中に全長六十二cmの柄を貫通させる。柄の先端は太皷より七cm程出るようにし、その部分に飾り金具を付ける。太鼓の胴皮を張るための飾り金属釘は、大が三十本（小は二十六本）ずつ使用。大小の胴の左右には、音出しに使用する八cmの紐が付き、その先端には小さなガラス玉の紅《べに》四打緒《よつうちお》が、大には三個（小には四個）付いており、太鼓を左右に振るとそれらが鼓面に当たって音が出る。

鶏婁鼓　振り鼓（左）を左手に持ち、鶏婁鼓《けいろうこ》（右）は首に掛けて腹前に置き、右手に持った桴（ばち）で太鼓を打つ。著者蔵の鶏婁鼓は太鼓表面15㎝、太鼓裏面14.5㎝、胴の深さ12.9㎝。首に掛ける紐の長さは182㎝あるが、紐に遊びがあるので実質159㎝前後である。

振り鼓系のおもちゃ　一般的にはでんでん太鼓というが、他にもさまざまな名称がある。幼児用のおもちゃで太鼓面は和紙・木製・革製などがある。中国の「支那行商人とその楽器」という書籍を見ると、小布（こぎれ）屋・雑貨小売り屋・灯油売り屋・糸針売り屋などが、古い形の振り鼓を使用して商売を行っている。

子守人形と犬張り子　犬張り子は子どもの成長を祈って製作された玩具である。素材は紙、色はカキの貝殻などからつくる胡粉を塗り、多彩な色で装飾している。

桴類　左から荷鉦鼓、釣鉦鼓、銅鑼、太鼓桴、右の太鼓桴は葵の御紋付き。荷鉦鼓の桴も葵の御紋入りで全長45㎝、「和歌御祭礼御絵図」によると「凸面側」を打っている。釣鉦鼓の桴の頭部は紫檀製で全長39㎝、東京国立博物館蔵の「住吉物語絵巻(鎌倉中期)」によると、「凹面側」を打っている。

太鼓桴　葵の御紋入りで全長25.5㎝。実際にこの桴で太鼓を叩いてみると、まるで自分の手の延長のような感じがしてたいへんバランスの良い桴である。金具に「葵紋」が付いているので、特別仕様の桴と考えられる。桴材は桑製。

チヂン　奄美諸島の楔締め太鼓で、ヤギ皮を使用し「皮」の表面の張力を強めるために楔(くさび)を使用している。鼓面が緩んでいるように見えるが実際はキチンと張ってある。本来は紐締(ひもじ)め太鼓の部類に入るが、特殊条件が入っているのでここで取り上げている。写真のチヂンは鼓面直径が22.7㎝、胴幅が14.2㎝。16個の楔を使用して太鼓面の張力を調整している。このタイプの楽器は山梨県上野原市秋山無生野の大念仏と千葉県千倉町白間津の締め太鼓でも使用されている。

鼓類

この砂時計型の鼓類は、アフリカ・インド・中国などにも存在している（いた）。どのような経路で日本に伝わってきたかは不明であるが、現在の鼓類は雅楽の楽器が変化して出きたと思われる。構造は、胴と二枚の革と調べ緒で構成されている。革のまわりの内側にある六個の小孔に、麻で作製した赤色の調べ緒を通して太鼓の両面を固定して音を調整する。

四拍子の漆絵　能は室町時代にあった民間音楽がいろいろと交ざりあって出来上がったといわれているので、室町時代の武家音楽ともいえる。楽器は絵左側から締太鼓・大鼓・小鼓２個・能管である。

小鼓と大鼓　小鼓は一鼓から、大鼓は三鼓から発生したと思われる。小鼓の演奏方法は、小鼓の調べ緒部分を左手で握って右肩に乗せ、右手で演奏する。一方、大鼓の演奏方法は、大鼓の調べ緒部分を左手で握って左膝に乗せ、右手で打つ。その時、和紙でつくった丈夫な指皮のようなものを中指と薬指にはめて演奏する。

1　2　3　4　5　6

タイプの違う小鼓6点　**1.**鳳凰の蒔絵が３点と断紋がある古い小鼓。 **2.**大鼓の鍔（つば＝握り部分を残している）小鼓。 **3.**蒔絵が描かれている小鼓。 **4.**俗称烏胴の小鼓。 **5.**未完成の小鼓。 **6.**漆を塗る以前の小鼓。著者蔵に、子ども用小鼓（全長約20.6㎝、胴幅約7.8㎝）と思われる鼓がある。家元の子ども用だろうか。

1　2　3　4

大鼓4点　1.御簾蒔絵筒 全長28.3㎝、外径11.7㎝、内径9.1㎝、乳袋内受は7.5㎝。 **2.貝類蒔絵筒** サイズは、御簾蒔絵筒とほぼ同じ。胴内部の表面はつるつるしておらず、刃物のあとが残っているが、とてもていねいな仕上がりになっている。 **3.4.**比較の意味で御簾蒔絵筒と古い形の大鼓を掲載。雅楽の楽器の影響が残る。全長27.89㎝程、外径12.7㎝程、内径10.3㎝程、革口の幅は1.2㎝程。乳袋内部の受けが7.6㎝程、乳袋のサイズは上下とも7.5㎝程、棹サイズ11㎝程。線刻は革口から3.5㎝下から5㎜前後の間隔で、上下の乳袋に3筋ずつ彫られている。棹部分と乳袋とのジョイント部分の「座」の幅は、2.5㎝（現代のものは5㎜ぐらい）と広く、内部のつくりはかなり荒い。一般的な大鼓とは違っている。

三河万歳の絵　三河万歳の起源は、千歳楽・万歳楽と舞を合体させたという説がある。いずれにしても相当古い時代から存在している。使用楽器は小鼓である。

小鼓4個の内部写真　作者によって、胴内部の構造や鉋目が多種多様である。折居作、阿古作、千種作、阿波作、金十郎作、弥助作等々の作者あり。

一般的な形の小鼓箱　楽器本体の保護管理のため、箱に入れて保管する。更に、その箱を桐箱に入れる場合もある、つまり二重箱に保存するのである。p171に側面の美しい蒔絵を掲載する。

亀甲形(きっこうがた)小鼓箱　亀の甲羅に似ているところから、このような名前が付けられた。珍しい形状の小鼓箱である。

著者のつぶやき

【鼓の革の選定方法】

革についてその1　一説によると馬の胎児の革が最上等、次が1歳の馬革。2歳以上の馬革は最劣等の革だという考え方がある。

革についてその2　嵌入(かんにゅう)が良い感じで入っているものは良く打ち込まれた革である。嵌入とは鼓を叩いていくと、胴本体の円形部分が革に残っている部分のこと。

革についてその3　肌のきめ細かいものでなければならない。きめの粗いものは二流以下。きめの細かさは、表面のみならず裏面もまた細かくなければならない。

革についてその4　毛穴の痕跡が見えないものや微妙な斑点があるものはダメ。きめが粗いものや裏がもじゃもじゃしているものもダメ。

革についてその5　張りの強いしっかりとしたものを選ぶ。張りの弱い革もよくない。油革は湿気に感じやすいのでよくない。裏革には、嵌入の他に唾腐りが付いている。

参考文献「鼓胴之鑑定」

鼓類

大・小の拍子盤と張り扇　拍子盤は謡曲や囃子のお稽古に使用する。張り扇を使用する場合は右手で大鼓、左手で小鼓のリズムを取るようにする。張り扇のサイズは、全長29.7㎝、先端の幅3㎝である。拍子盤は、欅・楓・花梨・桜材などで製作する。拍子盤大のサイズは、幅27㎝、高さ21㎝、奥行き15㎝、裏側中央部に長方形18.3×9.3㎝の空間をつくる。削り取って残す部分の縦幅4.2×横幅3㎝にする。拍子盤小のサイズは、幅24㎝、高さ20.7㎝、奥行き11.8㎝、裏側中央部に長方形17.7×5.8㎝の切り込みをつくる。大と同様、サイズに応じた空間をつくる。

拍子盤の内部構造　大きい方の構造であるが、内部には、形の違う山が2個設置されている。拍子盤の左右を使い分け、音に変化をつけたものと思われる。拍子盤の表面を叩いた時、拍子盤内部の傾斜の切り込みが長い方は音が低くなるので大鼓のリズムを打ち、短い方は音が高くなるので小鼓のリズムを打つようにしたのかもしれない。つまり、拍子盤の表面の位置を使い分けて使用したと思われる。なお、張り扇本体のサイズが短いものよりも長い方が音は低くなる。

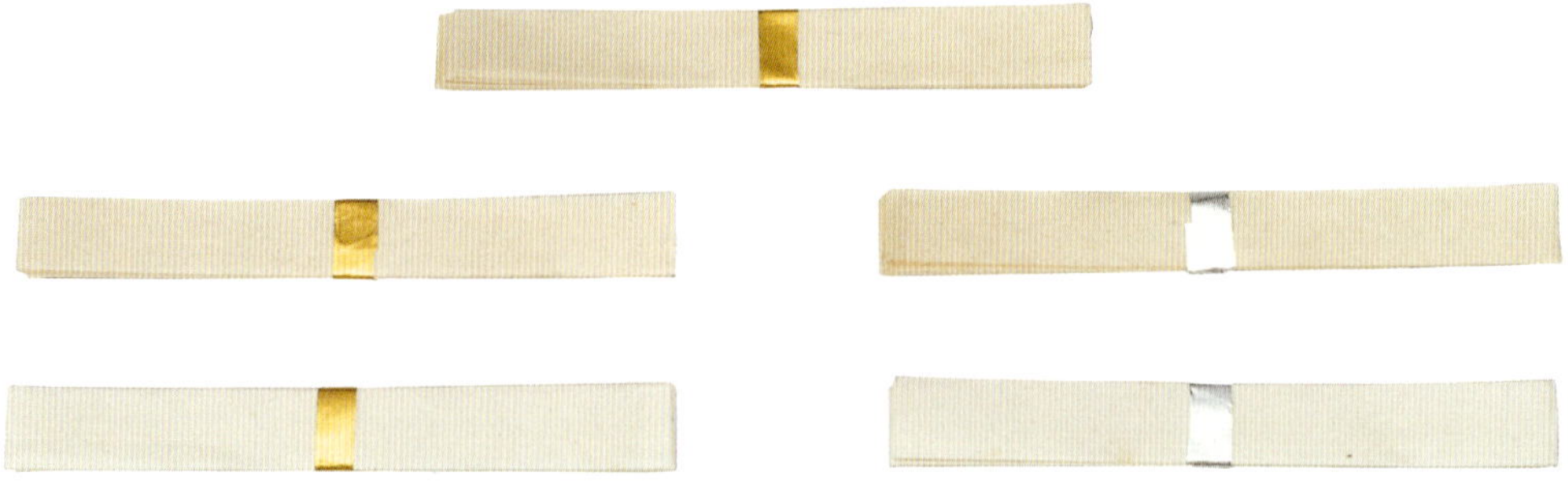

小鼓調子紙　小鼓の音程を微調整する時、湿した紙を革に張り付けて調整する。その時使用する和紙で、帯が金色の方が銀色よりも上質である。

大鼓蒔絵の図案　大鼓蒔絵の下絵は墨書きである。この図柄を見本として蒔絵を施す。

大鼓革・焙じ用掛け台　大鼓の革の発音を良くするために、革を炭火にて焙(あぶ)り、革の水分が抜け、十分に緊張してから胴に取り付ける。その際、炭火の近くにこの道具を設置し、革を引っ掛けて使用する。組み立て後のサイズは、桜製(左側)で全長46㎝である。

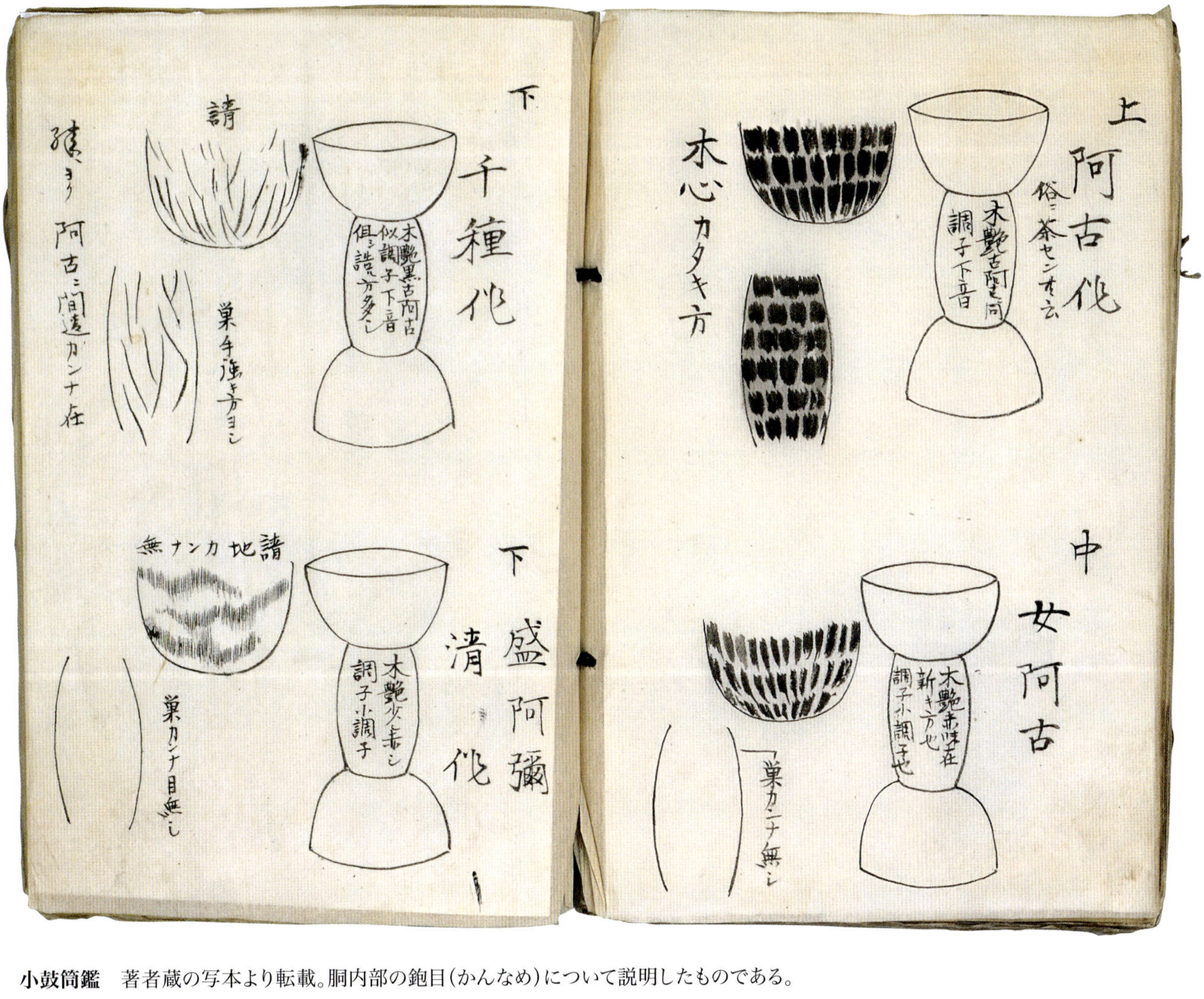

小鼓筒鑑　著者蔵の写本より転載。胴内部の鉋目(かんなめ)について説明したものである。

鋲打ち太鼓

太鼓の革を胴に張り付ける際に、頭の部分がお椀状になっている釘を使用して取り付けた太鼓のことである。いろいろなタイプの太鼓を紹介する。

揚弓太鼓　長方形の太鼓を台に取り付け、そこにぶら下がっている「的」を狙って矢を射る遊び(人類訓蒙図彙より)。なお、明治28(1895)年11月発刊の風俗画報に別資料あり。

鼓鉦　手描きの絵は、左側が太鼓で右側が鉦鼓、合わせて「鼓鉦」と呼ぶ。御即位に際し紫宸殿南庭に置き、式の開始、式次などの合図用として使用する。(工芸百科大図鑑より)

揚弓太鼓裏面　全長60㎝、幅は48㎝、奥行き7㎝、木枠4㎝。木枠と革が接触している部分の木枠幅は0.8㎝程である。高橋重政製作の墨字あり。アフリカのモロッコやポルトガルなどにも四角い太鼓がある。

胴長太鼓と揚弓太鼓　胴長太鼓は日本各地の祭りなどで使用されている。揚弓太鼓は時代経過があるので革に劣化がある。しかし、空気が乾燥している日に叩くと、胴長太鼓にも劣ることのない素晴らしい音が出る。

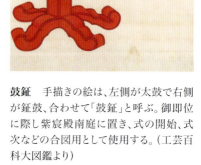

太鼓の内部構造　高さ15.5㎝、胴回り29.2 ～ 33.6㎝。太皷内部には、寛政4（1792）年　江戸　清水本八　御太鼓師　八月吉日と書かれている。太鼓胴と革の接点部分は0.8㎝程で、前ページ掲載の揚弓太鼓と同じである。

太鼓の鼓面に描かれた美しい文様。

カンカラ太鼓（左）と豆太鼓（右）

太鼓の革張りに使用する鋲　太皷本体に刺さる部分が角ばっている2点は手づくり。一方、右側の鋲部分がきれいなものは機械づくり。鋲大は全長7.3㎝、幅5.1㎝。鋲中は全長4.1㎝、幅3.1㎝。小は全長2.8㎝、幅2.2㎝である。

平太鼓　中央の団扇太鼓（日蓮宗信徒がお題目を唱える時に使用）は鋲打ちではない、右端の太鼓は柄付き太鼓（柄太鼓）。

金属系の打ち物

日本の金属系の打ち物として最初に思い浮かべるのは銅鐸である。銅鐸は弥生時代の青銅製ベルで、内部に舌をつるし、揺らして音を出したといわれている。西日本を中心に出土している。次に梵鐘である。仏教とともに中国から伝来。寺院で時を告げる時などに使用する。京都妙心寺蔵の鐘は、内面に文武二（六九八）年の年号が書かれているので、日本最古の梵鐘といわれており、口径が八十六cmある。

人形三体の楽器　左より高千穂岩戸かぐら、三番叟人形、ねぶたハネト人形。

左上）当たり鉦（あたりがね）　お囃子、民俗芸能、舞踊の伴奏などに用いる。桴は先端が鹿の角で、柄は鯨の髭で製作したものがよい音が出る。
中）大鉦鼓　鉦鼓には大鉦鼓、荷鉦鼓（にないしょうこ）、釣鉦鼓の３種類がある。掲載写真の大鉦鼓のサイズは、耳を入れて幅31.5cm、厚さ7.5cm。音的には凸面を叩いた方が豊かで味のある音がする。
右上）釣鉦鼓　中央部に円状のスペースがあり、それを取り囲むように周囲に3層の二重線が描かれている。外側に向かって段々と幅広くなっているので、音への工夫が感じられる。

銅鑼（ドラ・桴付き）　禅院、茶会、下座音楽などで使用。いぼ銅鑼（表面がぶつぶつしている銅鑼）は、山荒れの場面や遠くにいる軍勢などの雰囲気を出すために使用。唐銅鑼は中国風の狂言などに使用する。

鰐口（わにぐち）　全体が鰐の頭部に似ているのが名の由来。銅製が多いが鉄製もある。形はいろいろなものがあり、外から打って音を出す。この鰐口は表と裏を接着して製作したもので、元禄12（1699）年の銘あり。横幅15cm、厚さ7.2cm。群馬県伊勢崎市の石山観音の大鰐口（元禄15年8月製）は、直径が192.5cmもある。

磬子（きんす、けいす）　別名銅鉢（別名、内金）ともいう。両方とも打ち出し。台無し（写真上）の古い方は天保14（1843）年製作。仏前の勤行で打ち鳴らす。読経の際の合図に使用。演奏は桴（ばい）で縁を叩く。製作方法は、真鍮の四角い板をたたき延ばしてお椀状にする。

リン　読経の際、桴で縁を打つ。青銅や銅でつくられたお椀形の仏具で大中小各種あり。家庭用の磬子である。

金属系の打ち物

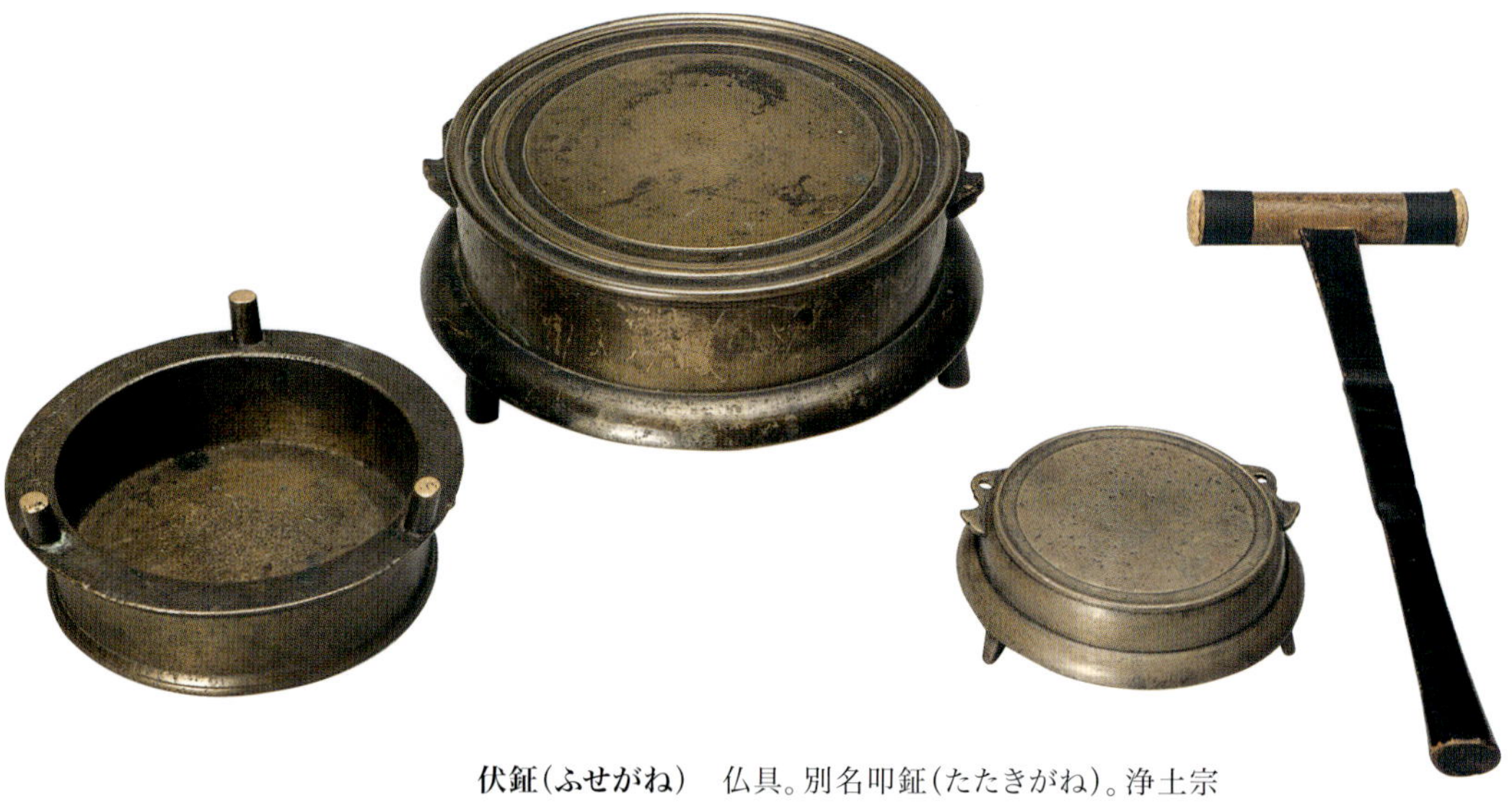

伏鉦(ふせがね)　仏具。別名叩鉦(たたきがね)。浄土宗で一般信徒用に使用する。鉦鼓の凹面に3本の脚を付けたもので、耳のあるものが多い。家庭用の鉦鼓ともいえる。

引鏧(いんきん)　仏具、携帯用の鏧、お椀状の横幅のサイズは、大は17.5 ㎝、中 は15.5 ㎝、小 は4.54㎝、歩きながら使用するためにつくられた。

オルゴール　舞踊で蝶の飛び交う様子などに使用。2本の槌(撞木)で打ち鳴らす。3個型、4個型、5個型があり、大中小の引鏧を組み合わせたもの。

鐃鈸（にょうはち、にょうばつ） 仏教の法要などで使用する鳴り物、２枚１組で打ち合わせる。 **銅拍子** 左下の小型の鐃鈸はチャッパとも呼ばれる。田楽、郷土芸能、里神楽などで使用する。打ち合わせたり、摺り合わせたりして音を出す。

左側の饒鈸は形が変わっていて、音を聴かしたいぐらい非常に個性的な音が出る。直径17㎝、猪目(ハート形)の切り抜き孔が５孔、本体の縁は浅い波形になっている。このデザインが不思議で魅力的な音をかもし出していると思われる。

鉦鼓の型　サイズからいって「釣鉦鼓の型」と思われる。

風鐸　寺院の屋根の四隅に取り付けてある。写真には写っていないが、内部には鐘板(しょうばん)というものを取り付け、風が吹くとそれが揺れて風鐸の縁に接触し音を奏でるのである。風鈴の元といわれている。

金属系の振り物

神楽鈴　別名巫女鈴は、その場を清め、神を呼び寄せる為に使用する。普通の神楽鈴の数は、下から７個、５個、３個となっているが一番左側の神楽鈴は、上の鈴が破損し紛失したもので修理痕がある。二番目の神楽鈴は２つ１組で購入したのだが、音程に高低があり、握り部分の和服地の文様が違っている。何か意味があると思うが不明である。三番目は一般的な神楽鈴、四番目は五色絹（緑・朱・黄・白・紫）付き神楽鈴、最後は銭神楽鈴である。

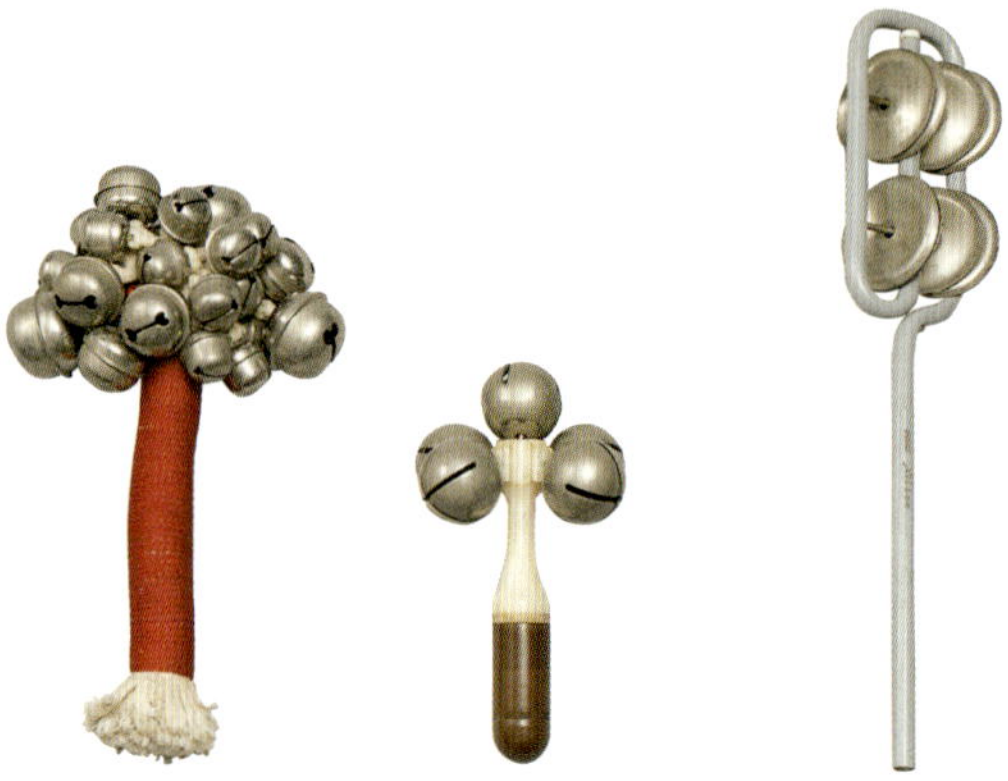

鈴三様　左側の鈴は馬子唄用で大中小27個の鈴付き。次の２点はNiKKAN特許製鈴である。

呼び鈴系の鈴と思われる。

動物用の鈴

駅鈴の復元品　左は古い時代の復元品、右は本居宣長翁遺愛の駅鈴復元品。

鈴　大小各種あり。

鈷鈴　御詠歌などを歌う時に使用する。

錫杖(しょくじょう)仏具　山伏や寺院で用いる。杖状のものと手に持って振り鳴らす手錫杖がある。修験者の勤行に用いる。短いものは呪文を唱えながら振り、長いものは杖としても使用する。インドでは巡行する時、毒蛇や害虫に襲われないために、これを鳴らしながら歩いたといわれている。

馬鈴　馬の首にぶら下げ、獣除けとして使用されたと思われる。

鐘(現代では、手振りベルと呼ぶ場合がある)　左上より、船舶に取り付ける「号鐘」で、時報を知らせたり、霧などで視界がない場合に警報として打ち鳴らす。左下の鐘は、馬の首にぶら下げる鐘である。他は学校などでは始業ベルとしても使用されていた。

木・竹製の打ち物

世界には古木の空洞や竹を利用した太鼓が存在する。古木を利用したものとしては、タンザニアの「ンゴマ」という太鼓がある。紐状にした動物の皮を利用し、木胴が見えないほど、紐状の皮を使用して張っている。内部に石のようなものが入っているので、入魂した楽器と考えている。アイヌ民族のトンコリにも水晶の玉などが入っている。

木魚　左は韓国製。中央と右側の木魚は中国製である。

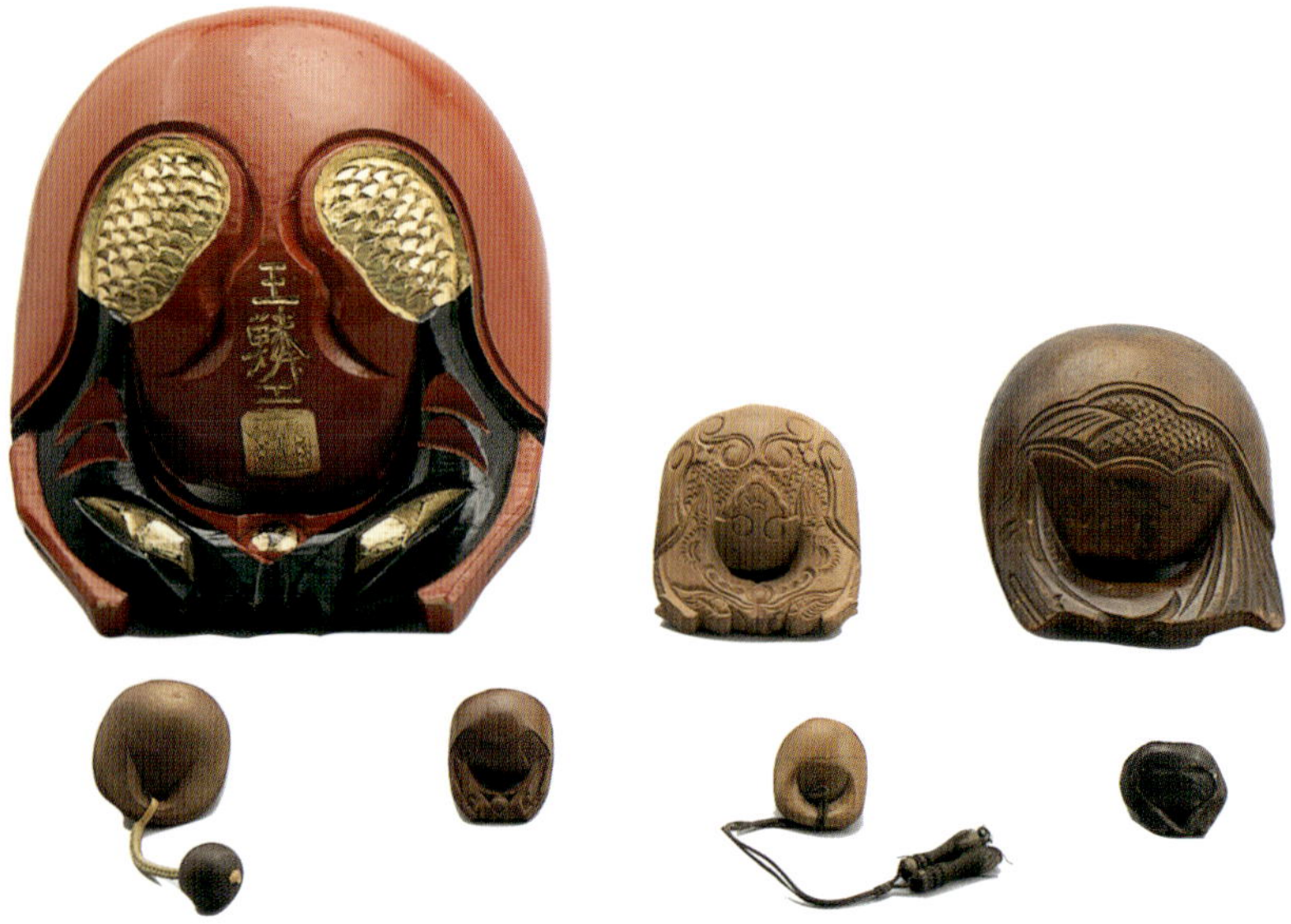

日本の木魚　さまざまなサイズがある。

古風な木魚　古い中国の影響を受けた木魚で、魚が龍に変身している。各宗派が読経で調子を合わせる時に使用する。

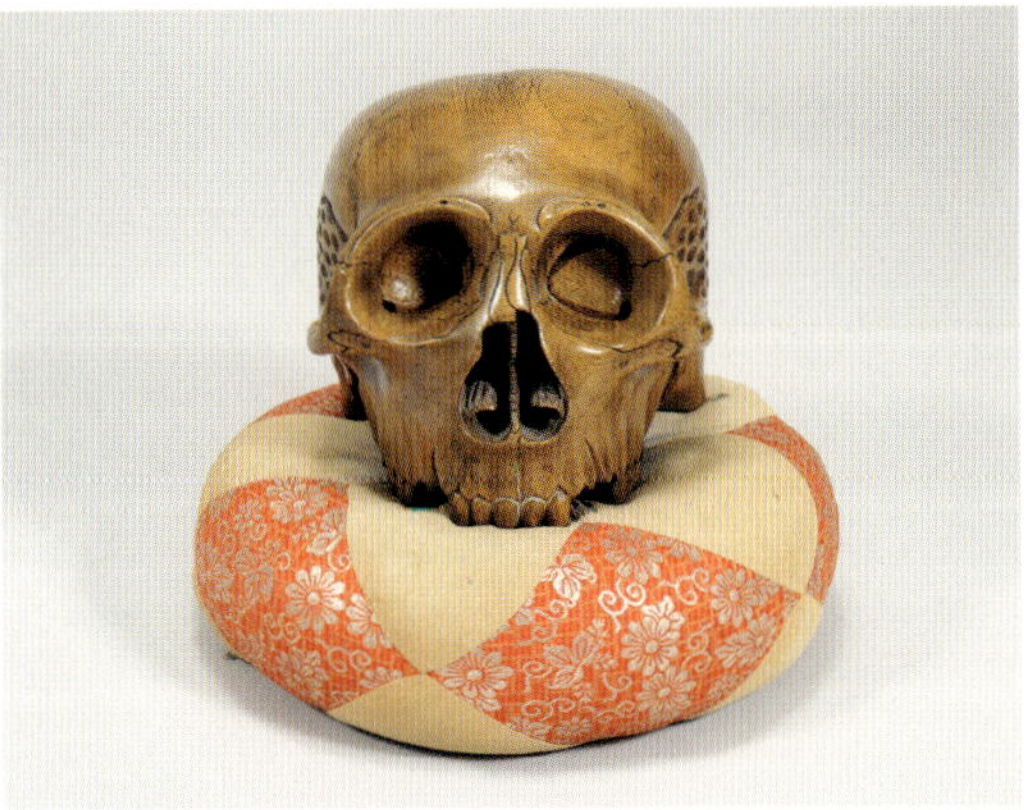

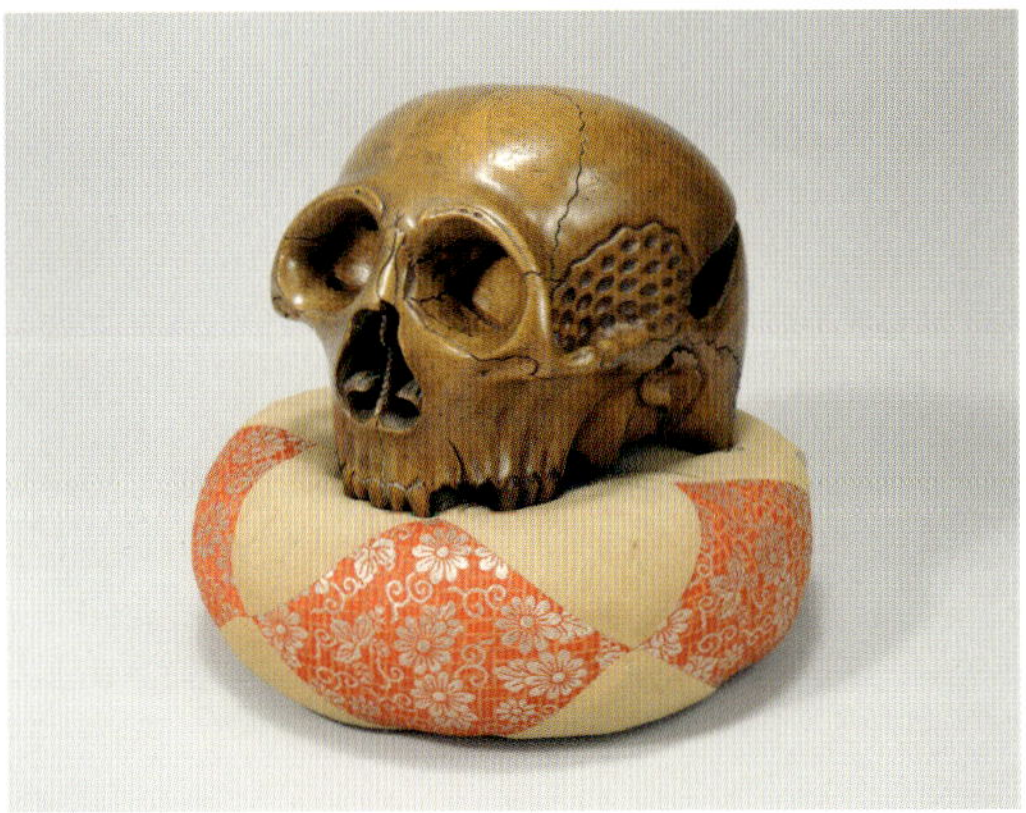

骸骨型木魚　俺の技を見ろ！というような作品である。横幅約15.5㎝、高さ約15.5㎝、頭部の上部は、頭蓋骨が3つに割れている部分もリアルに再現している。頭蓋骨の下部には歌が書かれ、「玉鱗堂松永工」の文字あり。

木鉦（もくしょう）　日蓮宗で使用、木鉦6点と桴。

木・竹製の打ち物

拍子台　木魚や木鉦の代わりに使用したものと思われる。

上)花木魚　携帯用の木魚。
下)杓拍子　杓を2片にし、打ち合わせるようにしたもの。

ギリギリ　時計のゼンマイを巻く時の擬音などに使用するもの。

すりざさら　棒状の木に渦巻きのような溝を彫り、先が細かく裂いてある竹でこする。棒ざさらともいわれる。

拍子木　いろいろな場面で使用。その用途によって形やサイズが違う。

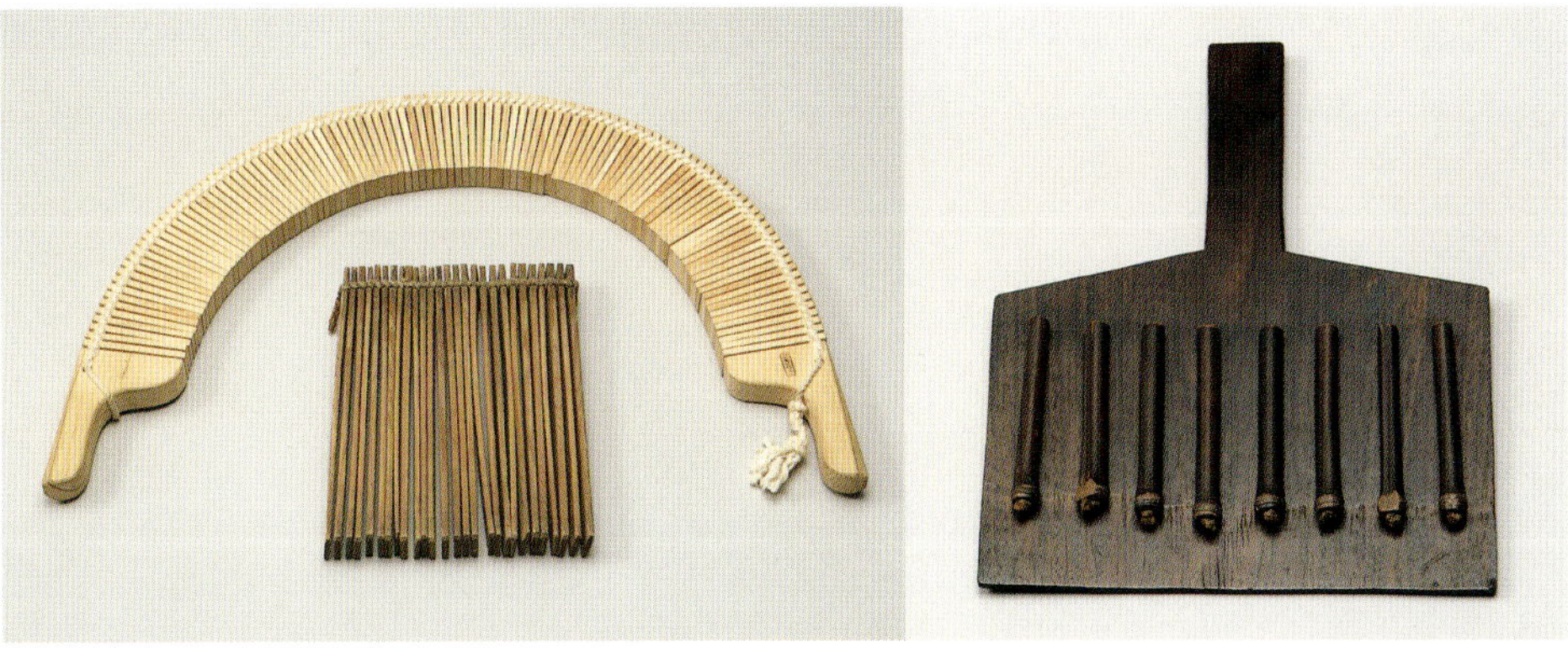

ビンざさら(左)　ビンとは編むという意味がある。右側の鳴る子は、歌舞伎などで使用されるもの。紫檀と８本の煤竹でつくられている。

左から、**チャッキラコ** 踊りに使用する。 **小切子**「こきりこの竹は７寸５分じゃ」の民謡で使用する。他にも使用例あり。 **四ツ竹** 左右の手に、竹の「曲面」を打ち合わせられるように２個ずつ持ち、指を広げて打ち鳴らす。踊りや民族芸能で使用。

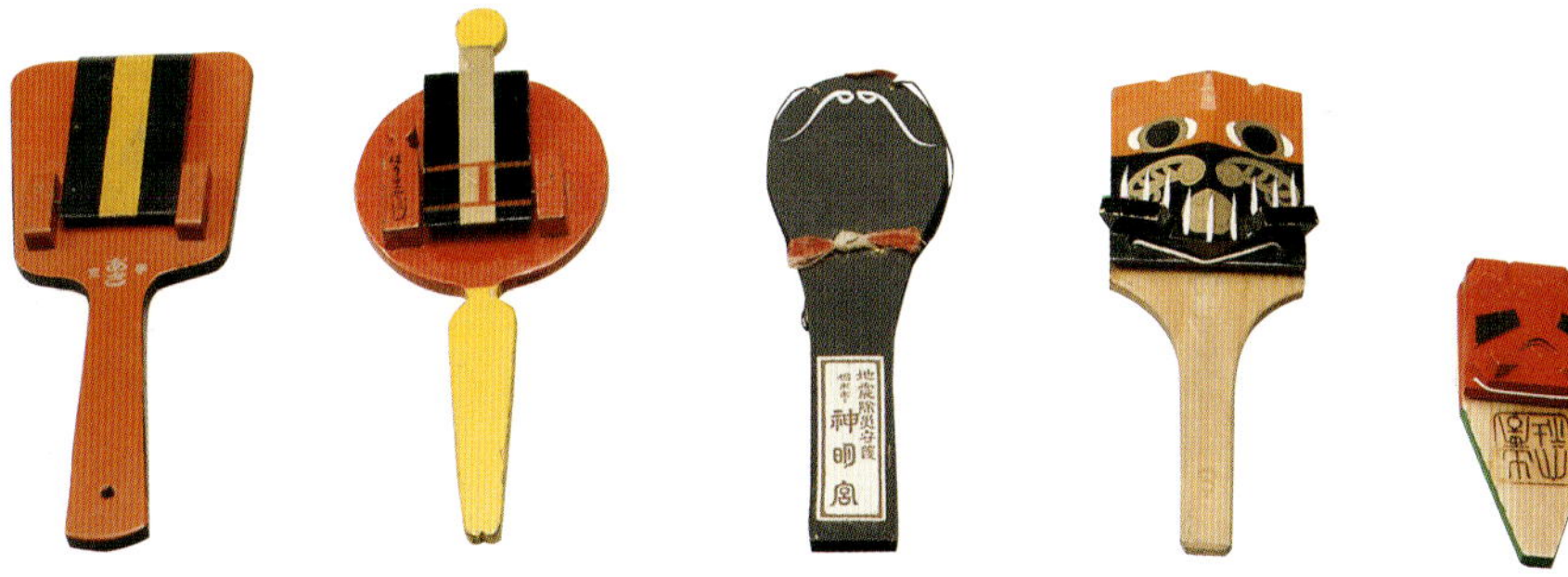

鳴る子　一番左は阿波踊り用。左から２番目は、「土佐の高知の播磨屋橋で、坊さんかんざし買うを見た」の歌詞を意識し、全体の形はかんざしになっている。可動式の長方形の板は、橋の欄干をイメージしている。他は巴波川の鳴る子や板獅子などである。

四ツ竹演奏図２点　左は江戸の流しの版画。右は沖縄の踊りに使用している四ツ竹。

楽器以外の鳴り物

鹿笛　風船のように膨れているものは、北海道の「平取」で手に入れた鹿の膀胱である。この革等を使用して鹿笛を製作する。鹿笛とその分解した部品。一番右の鹿笛は鮭の皮をなめしてつくったもの。

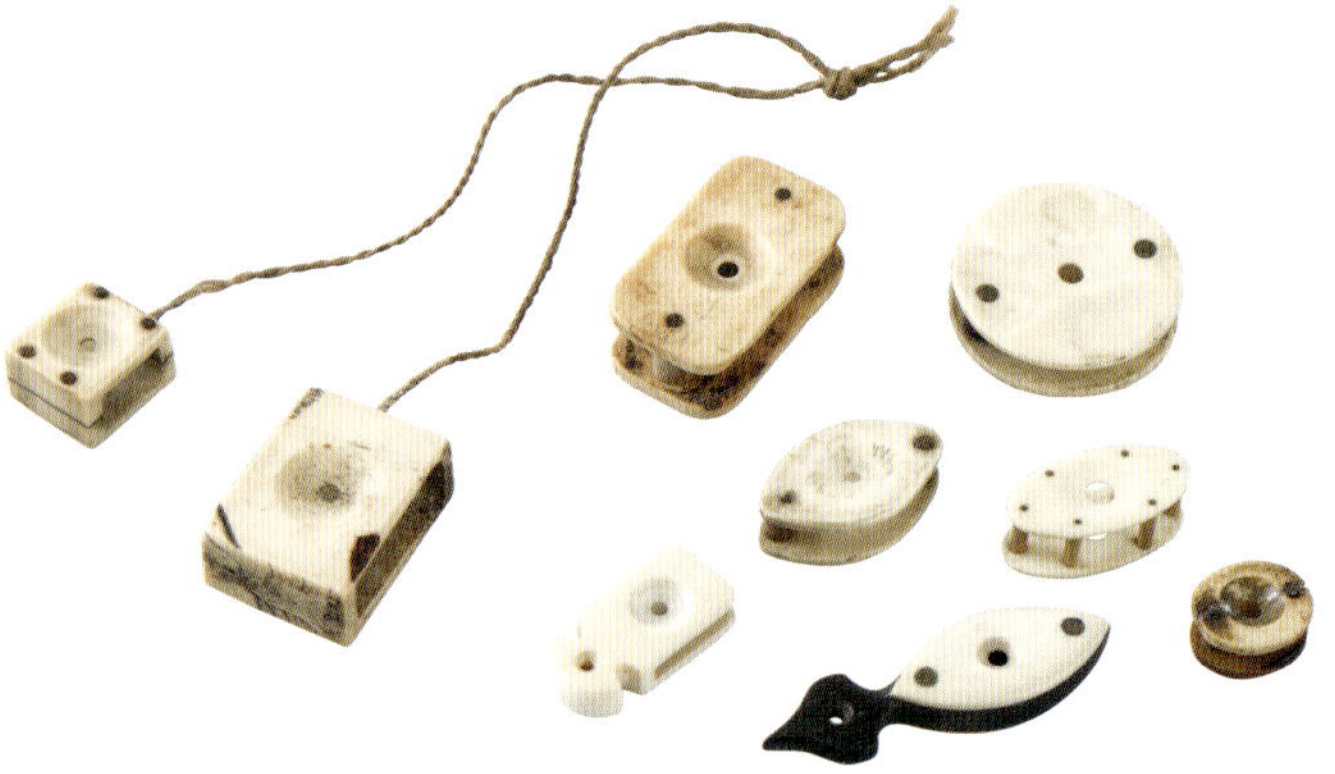

キジ笛　この笛を吹いて、キジや山鳥を集め、銃で撃った。笛の材料は鹿の骨などである。遠野地方では一番食される鳥類であった。岩手県の碧祥寺博物館には、まとまった資料が保存されている。

ワダラ　新潟県の秋山郷で入手したもの。このワダラをウサギのいそうな場所に向かって放り投げる。そうすると、ヒューという音がして、ウサギは鷹が襲って来たと勘違いして動きを止める。そこを素早く手で掴むのである。予備用として数本のワダラを腰に差し込んでいる。

鶯お猪口と徳利　徳利の内部が底の方近くまで２つに分かれていて、お酒をお猪口に注ぐと中の空気が移動し、ひゅうという音がする。その後、お猪口の出っ張りに口を当ててお酒を飲むと、裏側についている笛が鳴る仕組み。
ポッペン　昔の遊び道具。ストローの先の部分を軽く吸うと球状の底が吸い寄せられてへっこみ、口を離すと元に戻る時に、ポッペンという音が出るのである。

著者は楽器以外の音が出るものにも興味をもち、いろいろな鳴り物を蒐集してきた。それらの中から特徴あるものや面白いと思われるものを紹介したい。

呼び子笛　江戸時代に使用されていた呼び子笛で、例の御用だ！御用だ！に使用する笛である。笛の中に小さな玉が入っているものと、そうではないものとがあるが、玉が入っている方が遠鳴りがする。

ロングホイッスル　俗称、お化け笛。笛の先端を口でくわえ、下に出ているL字形の針金を引っ張って音程を変化させる。お化けの出そうな場面などに使用する。

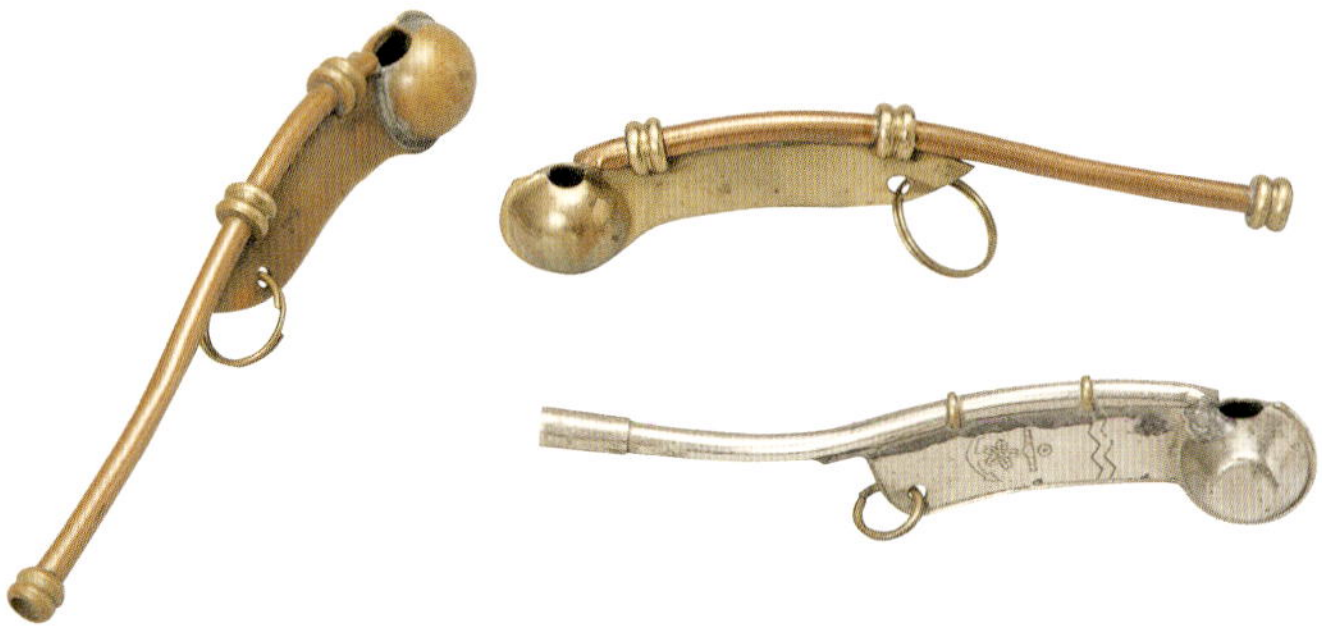

号笛　船上で海軍将校が水兵に合図をする時に使用する。笛の吹き方は、片手で先端の球形部分を握り、手のひらを開いたり閉じたりして音を出す。

起き上がりこぼしとその内部構造　部品の中に、円盤状の鉛に長短の針金が取り付けられているものがある。それに紙製の筒を取り付ける。更に、桴の役目を果たす、先端が小さな円形状の鉛と、針金の先にプラスチック製の蓋状のものが付いているセットがある。それを紙筒の中に設置し、人形の内部に取り付けるのである。人形を揺らした時、円盤型の鉛板が筒の一番下にあるので、揺れを復元する役目を果たしている。人形が揺れると音程のあるなつかしい音が聴こえてくるのはそのためだ。

明治の田舎風民家の立体模型

この立体模型を見ると、古い日本人の生活様式が垣間見られ、道具に対する工夫が感じられる。人間の手を加えないと働かない道具ばかりで、現代からするとかなりの不便さを感じるが、それ以上に何ともいえない懐かしさが込み上げてくる。和楽器製作も手づくりである。この手づくりの精神は、今後、ITやAIなどが発展しても、最後は自分の心で判断できる能力を身に付けることにつながるのではないか。真の日本人の「心の継承」を願っている。

第四部 明治から昭和（戦前）までの和楽器の世界

明治時代（一八六八〜一九一二）。鎖国政策を行っていた日本は、海に囲まれた比較的静かな環境の中で、モノづくりにおいて、独自の発展を続けてきたと考えられる。それは和楽器製作でも同じことで、その結果、「日本人の心」をしっかりと和楽器の中に反映することができたのである。しかし、明治以降、西洋音楽の影響を受け、その世界は急激に変化していった。

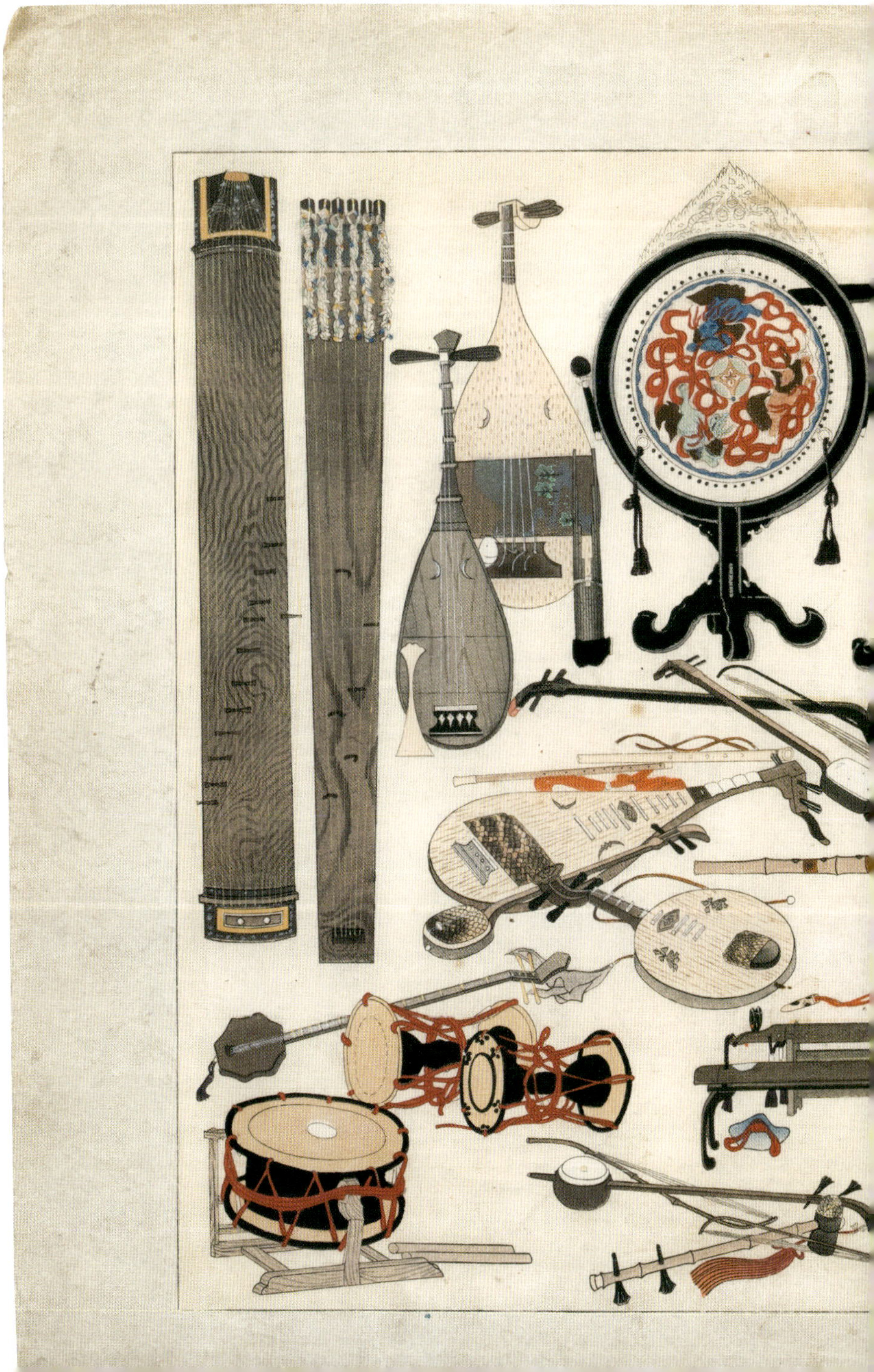

左上から楽箏、和琴、筑前四絃琵琶、楽琵琶、笙、楽太鼓、釣鉦鼓、振り鼓、荷鉦鼓、鞨鼓、荷太鼓、神楽笛、龍笛、高麗笛、篳篥、杓拍子、鶏婁鼓、三味線、三絃胡弓と弓、洞簫、明笛、清楽琵琶、三絃子、月琴と義甲、尺八と露切り、鼓胴、阮咸、大鼓、小鼓、締太鼓、提琴と弓、胡琴と弓、八雲琴、東流二絃琴と蘆管入れ、木琴、大鉦鼓、大太鼓（左方用）。

明治時代に親しまれた楽器

嘉永六（一八五三）年、米国海軍の軍人ペリーが浦賀に来航。「ザンギリ頭を叩いてみれば……」から明治時代（一八六八〜一九一二）がスタート。学校教育に西洋音楽を採用し、邦楽の衰退が始まる。なお、この写真集の時代区分は原則としては、明治・大正・戦前と区切って話を進めているが、取り上げる楽器によっては、時代を交差する場合もあるので、その点については理解していただきたい。

創作楽器　明清楽で使用するヤンキン（洋琴）などを参考にし、日本で製作された「創作楽器」と思われる。桐製。本体内部には菊花紋が描かれたラベルと古楽器という文字が書かれたラベルが２枚貼ってあり、他にも文字が書かれているが不鮮明で読み取れない。全長101.5㎝、龍頭側の幅が19.5㎝、龍尾側の幅が16㎝、高さ12.5㎝、木製の糸巻き付き、13本の金属弦、裏面の龍頭側に楕円形、龍尾側に円形の音孔あり。琴柱の幅が3㎝、高さ2.6㎝、脚の形に特長あり。

脚　現代の生田流や山田流の脚の形とは違い、昔の筑紫箏の「脚」の形に似ている。

明清楽用の木琴　演奏者は向こう側に座る。16枚の音板を打ち鳴らす。桴は柄が鼈甲製で、先端にコルクを丸くしたものが取り付けられている。明治42（1909）年発行の「明清楽独学び」によると、木琴が金78円以上で、明清楽器では一番高価だった。

明治維新当時の陸軍鼓笛隊用笛と笛筒　全長37.2㎝、7孔、上製筒付き、笛の両端に真鍮製のカバー。笛とケースには川井の2文字があり黒檀製である。明治32（1899）年共益商社発行のカタログp31にこの笛の掲載あり。

明治～大正にかけての楽隊用吹奏楽器教本
幕末から明治初期にかけて欧米諸国の軍隊が日本に来航し、それらの影響を受け、幕府や各藩は、西洋兵器を取り入れた楽隊訓練の必要性を考えるようになった。

高橋又左衛門（東京浅草）　明治の太鼓販売用カタログだが、西洋太鼓も掲載されているのでこの頃から和洋楽器が販売されていた。

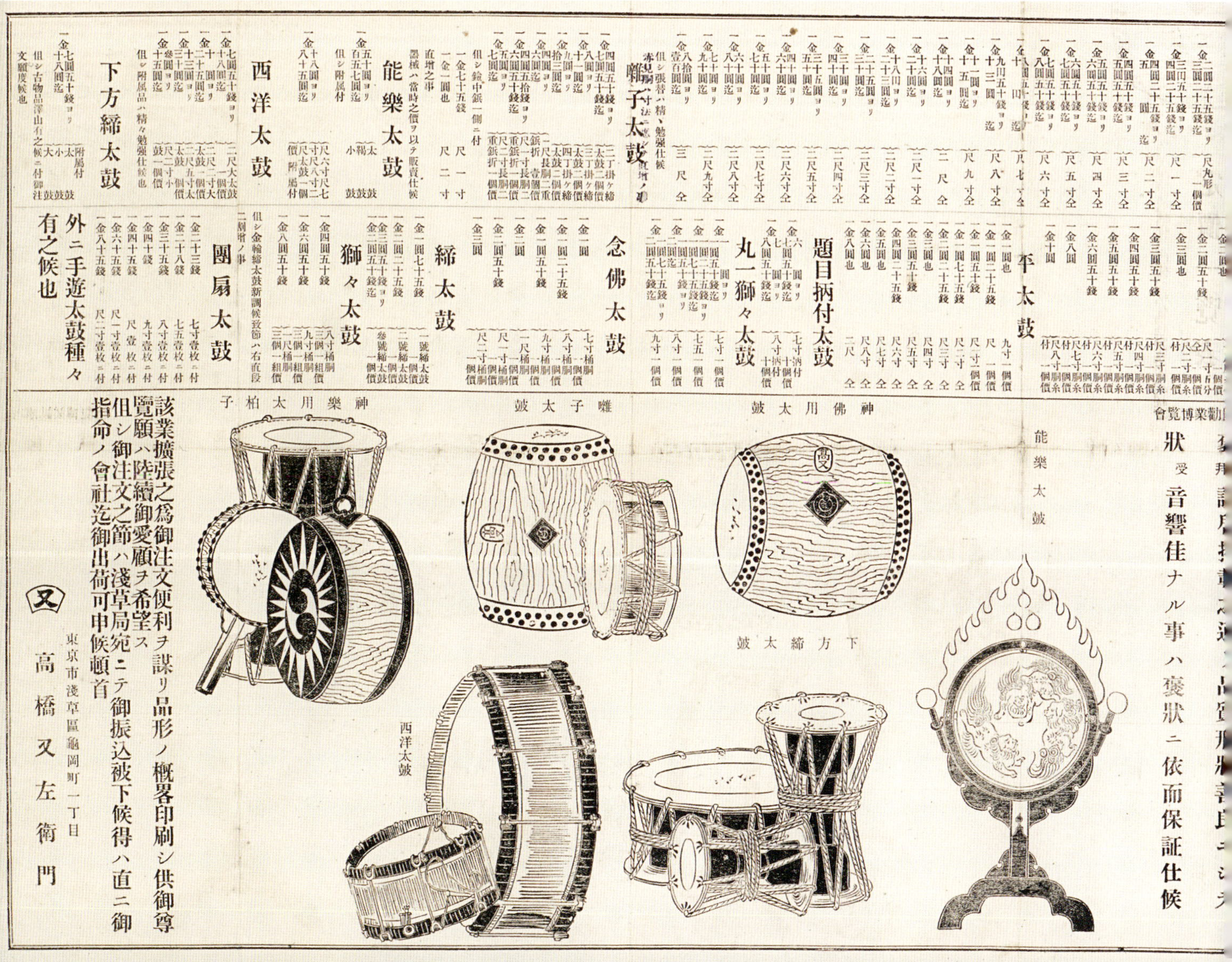

一金二圓二十五錢ヨリ三圓二十五錢迄　尺丸形一個價
一金三円五十錢ヨリ四圓二十五錢迄　尺一寸全
一金四圓二十五錢ヨリ五圓迄　尺二寸全
一金四圓五十錢ヨリ五圓五十錢迄　尺三寸全
一金五圓五十錢ヨリ六圓五十錢迄　尺四寸全
一金六圓五十錢ヨリ七圓五十錢迄　尺五寸全
一金七圓五十錢ヨリ八圓五十錢迄　尺六寸全
一金八圓五十錢ヨリ十円迄　尺七寸全
一金九円五十錢ヨリ十三圓迄　尺八寸全
一金十一圓ヨリ十五圓迄　尺九寸全
一金十四圓ヨリ十八圓迄　二尺全
一金十六圓ヨリ二十圓迄　二尺一寸全
一金十八円ヨリ二十三圓迄　二尺二寸全
一金二十五圓ヨリ三十圓迄　二尺三寸全
一金三十圓ヨリ四十圓迄　二尺四寸全
一金三十五圓ヨリ五十圓迄　二尺五寸全
一金四十圓ヨリ六十圓迄　二尺六寸全
一金五十圓ヨリ七十圓迄　二尺七寸全
一金六十圓ヨリ八十圓迄　二尺八寸全
一金七十圓ヨリ九十圓迄　二尺九寸全
一金八拾圓ヨリ壹百圓迄　三尺全
但シ張替ハ精々勉強仕候
赤見胴

囃子太鼓

一金四圓五十錢ヨリ七圓五十錢迄　二丁掛ケ締太鼓二個價
一金八圓ヨリ十一圓迄　三丁掛ケ締太鼓二個價
一金九圓ヨリ拾三圓迄　四丁掛ケ締太鼓二個價
一金四圓ヨリ六圓迄　一尺長胴二重鋲折壹個價
一金四圓五拾錢ヨリ六圓五十錢迄　尺一寸長胴二重鋲折一個價
一金五圓ヨリ七圓迄　尺二寸長胴二重鋲折一個價
但シ鈴中鋲一側ニ付
一金七十五錢　尺一寸
一金一圓也　尺二寸
直増之事
器械ハ當時之價ヲ以テ販賣仕候

能樂太鼓

一金五十圓ヨリ百五十七圓迄　太鼓　小鞨鼓
但シ附屬付
一金十八圓ヨリ八十五圓迄　尺六寸尺七寸尺八寸二尺太鼓一個價附屬付

西洋太鼓

一金七圓五十錢ヨリ十八圓迄　二尺大太鼓一個價
一金十圓ヨリ二十五圓迄　二尺二寸大太鼓一個價
一金十三圓ヨリ三十圓迄　尺五寸太鼓一個價
一金參圓ヨリ十五圓迄　尺二寸小太鼓一個價
但シ附屬品ハ精々勉強仕候也

下方締太鼓

一金七圓五十錢ヨリ十八圓迄　附屬付　太鼓　小鼓　大鼓
但シ古物品澤山有之候ニ付御注文願度候也

一金二圓五十錢　尺一寸五分一個價
一金三圓也　全
一金三圓五十錢　尺二寸胴糸付一個價
一金四圓五十錢　尺三寸胴糸付一個價
一金五圓五十錢　尺四寸胴糸付一個價
一金六圓五十錢　尺五寸胴糸付一個價
一金八圓　尺六寸胴糸付一個價
一金十圓　尺七寸胴糸付一個價
尺八寸胴糸付一個價

平太鼓

一金一圓也　九寸一個價
一金一圓二十五錢　尺一個價
一金一圓五十錢　尺一寸一個價
一金一圓七十五錢　尺二寸全
一金二圓二十五錢　尺三寸全
一金三圓也　尺四寸全
一金三圓五十錢　尺五寸全
一金四圓二十五錢　尺六寸全
一金五圓也　尺七寸全
一金六圓也　尺八寸全
一金八圓也　二尺全

題目柄付太鼓

一金六圓ヨリ七圓五十錢迄　七寸柄付十個價
一金七圓ヨリ八圓五十錢迄　八寸柄付十個價

丸一獅々太鼓

一金一圓ヨリ一圓五十錢迄　七寸一個價
一金一圓二十五錢ヨリ一圓七十五錢迄　七五一個價
一金一圓五十錢ヨリ二圓迄　八寸一個價
一金一圓七十五錢ヨリ二圓五十錢迄　九寸一個價

念佛太鼓

一金一圓　七寸桶胴一個價
一金一圓二十五錢　八寸桶胴一個價
一金一圓五十錢　九寸桶胴一個價
一金二圓　一尺桶胴一個價
一金二圓五十錢　尺一寸桶胴一個價
一金三圓　尺二寸桶胴一個價

締太鼓

一金一圓七十五錢　一號締太鼓一個價
一金二圓二十五錢　二號締太鼓一個價
一金三圓五十錢ヨリ
一金二圓五十錢迄　參號締太鼓一個價

獅々太鼓

一金四圓五十錢　八寸桶胴三個一組價
一金六圓五十錢　九寸桶胴三個一組價
一金八圓五十錢　一尺桶胴三個一組價
但シ金輪締太鼓新調候致節ハ右直段二割増ノ事

團扇太鼓

一金二十三錢　七寸壹枚ニ付
一金二十八錢　七五壹枚ニ付
一金三十五錢　八寸壹枚ニ付
一金四十錢　九寸壹枚ニ付
一金四十五錢　尺壹枚ニ付
一金六十五錢　尺一寸壹枚ニ付
一金八十五錢　尺二寸壹枚ニ付

外ニ手遊太鼓種々有之候也

勧業博覧會
狀受
音響佳ナル事ハ褒狀ニ依而保証仕候

能樂太鼓
神佛用太鼓
囃子太鼓
神樂用太柏子
下方締太鼓
西洋太鼓

該業擴張之爲御注文便利ヲ謀リ品形ノ概畧印刷シ供御尊覽願ハ陸續御愛顧ヲ希望ス
但シ御注文之節ハ淺草局宛ニテ御振込被下候得ハ直ニ御指命ノ會社迄御出荷可申候頓首

又
東京市淺草區龜岡町一丁目
高橋又左衛門

明治時代に親しまれた楽器

紙腔琴・紙調琴　写真左より紙腔琴２種（略構造・本構造）と紙調琴。明治17（1884）年に考案され、他に大形並製・小形上製や並製も発売されていた。紙腔琴は米国のオルガニートを参考にし、戸田欽堂と上原六四郎などが協力し、明治15（1882）年（他説もあり）に考案し、明治17年に公開。名付け親は栗本鋤雲（じょうん）、製作は西川寅吉オルガン、販売は銀座の十字屋が行った。

紙調琴　明治28 (1895)年頃、東京浅草の岩澤善三郎が考案したもの。９笛、裏側に空気孔１個あり。幅30.5㎝、奥行き25.5㎝、高さ15㎝（ボックス＋脚）。

紙腔琴上製　構造は外装漆塗金蒔絵、上部にロール紙を巻き取るための「輪軸」あり。裏側には２個の空気孔がある。サイズは横幅40㎝、奥行き32㎝、高さ22㎝程。

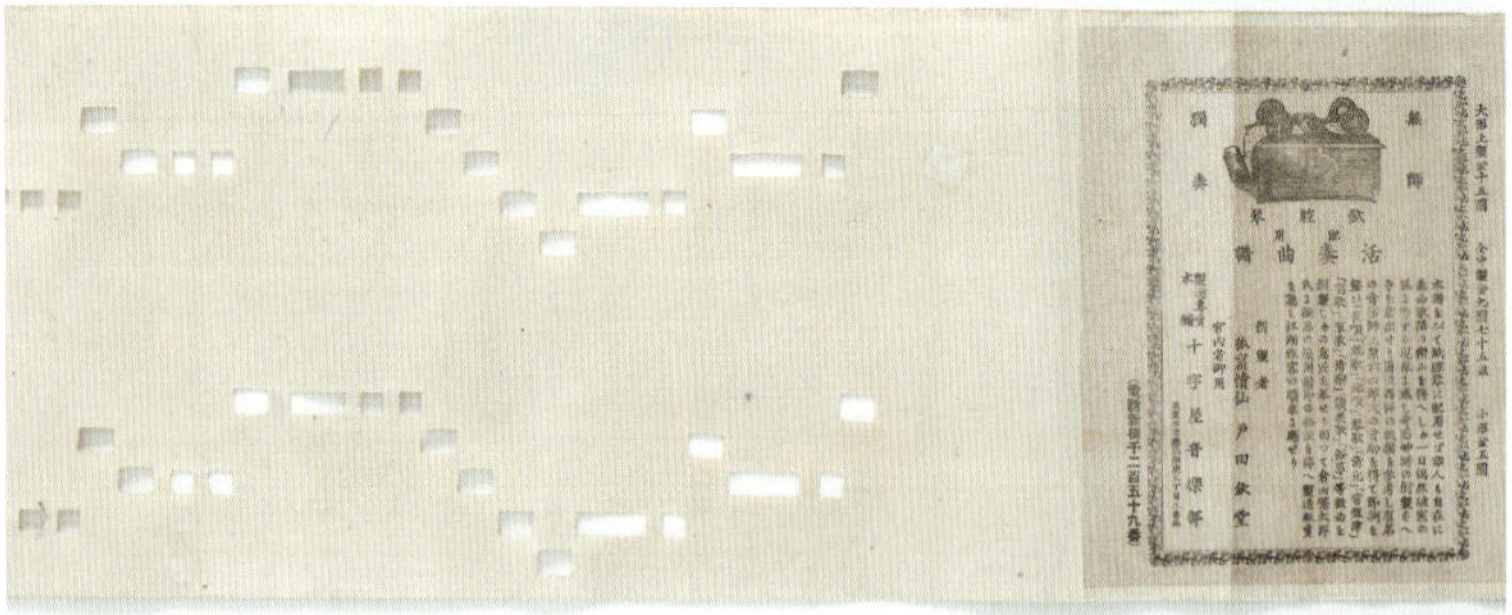

蝶々の曲　曲の音階に合わせ、その部分の音が出るように紙を切り抜いたもの。楽譜上での音出しは「蝶々、蝶々、菜の葉にとまれ、菜の葉があいた」までを撮影したもの。

音階紙（ためしがみ）　長方型（1.8 ㎝ ×0.8 ㎜）の孔14個が斜めに配置されている。これを音階紙の角穴が右下に来るように本体にセットし、リードの低音から高音に向かって、一音ずつ音をチェックしていく。

NO. 1.
華愛號形
Three and a quarter octaves.
参拾九鍵 保険参箇年
Yen 16.50
定價金拾六圓五拾錢
Packing Charge, 60 sen.

静岡縣 濱松町
日本樂器製造株式會社製造
保險附山葉風琴洋琴
第三回內國勸業博覽會下賜
有功賞牌
第四回內國勸業博覽會下賜
進歩賞牌
創設拾五年紀念博覽會金牌下賜
五二會品評會金牌下賜

山羽製1号型風琴　掲載資料の出展先は、東京市共益商社楽器店発行の西洋楽器目録(明治37年1月印刷)である。1号型風琴は39鍵のFスケールベビーオルガンで、側面から見ると形が金魚に似ているので俗称「金魚型オルガン」ともいう。100号型(p209の右側)と比較してみると、1号型の外観は曲線が多く手づくり感が強いが、100号型は直線が多く、製作時に機械を使用した廉価版と考えられる。

山羽製1号型風琴　最初はYAMABAと書いていたが、その後、山葉に変更された。和歌山県菩提寺(大立寺)の過去帳控には、明治23 (1890) 年3月14日に山羽から山葉に改姓したことが書かれている。当館蔵の風琴製造番号の4915番からすると、明治22～23年頃製作だろうか。当館蔵の風琴のサイズは、高さ2尺6寸8分、幅1尺2分、長さ2尺3寸5分である。白鍵の赤い部分が少し曲線気味になっているが、音を前に出す工夫と思われる。

オルガンの箆抜き　新しく購入した方は、リードを抜くための角度が悪い。一方、1号型オルガンに付属していた方は、リードが抜きやすく、ドライバーも付いているのでオルガンの板を外す時に便利である。

明治時代に親しまれた楽器

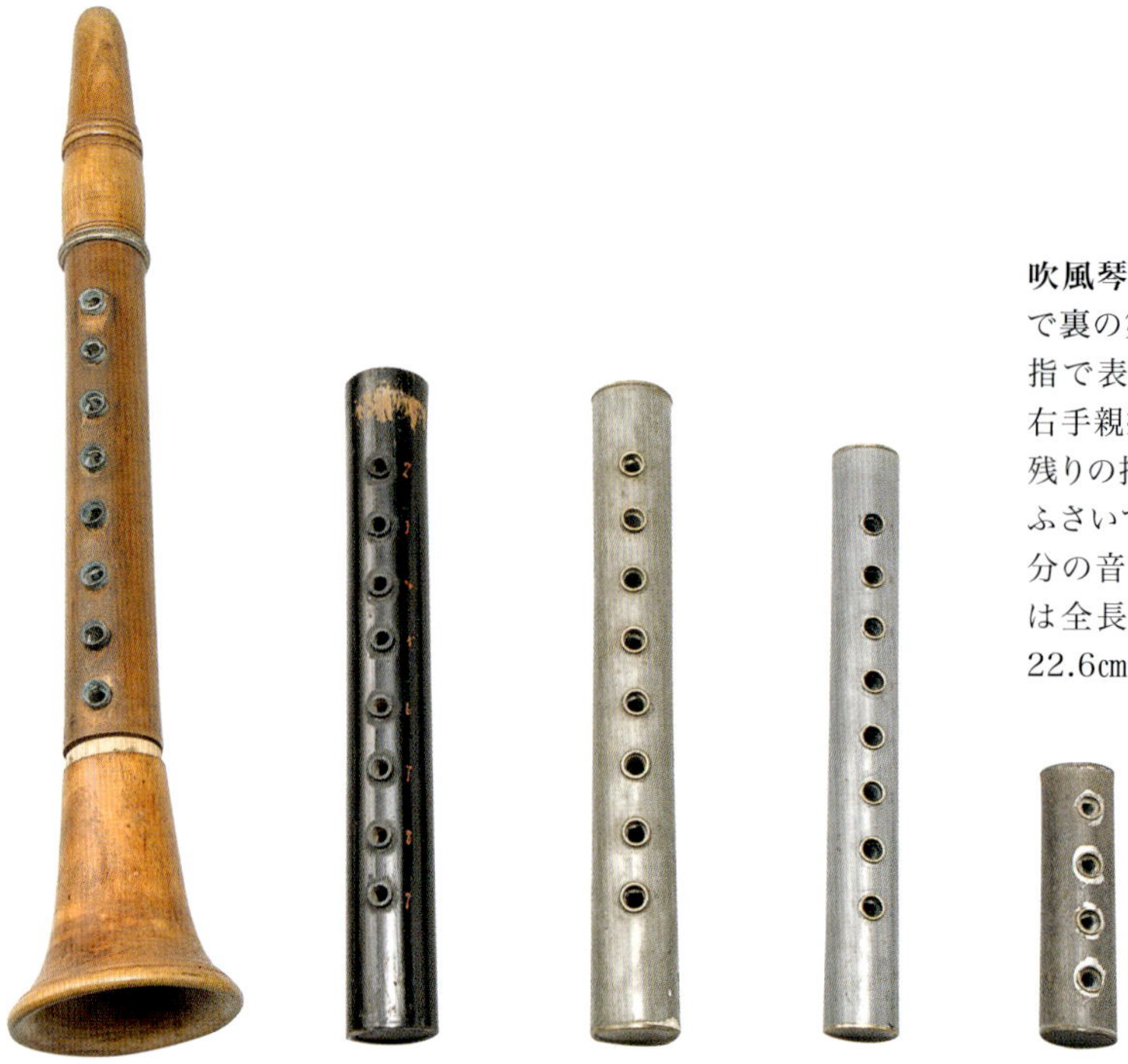

吹風琴　演奏方法は左手親指で裏の第1孔目をふさぎ、残りの指で表上部4孔をふさぐ。次に右手親指で裏の2孔目をふさぎ、残りの指で表下部4孔をふさぐ。ふさいでいる指を離すとその部分の音が出る。一番左のサイズは全長41㎝、中央の吹風琴は22.6㎝。

吹風琴速成　吹風琴は、福岡県久留米市の平岡藤助氏が考案したといわれている。小型で持ち運びが便利であまり練習しなくても曲を吹くことができる。木製・竹製・針丹製・真鍮製などがある。

譜本紹介と平岡藤助著の「吹風琴手引草」解説　明治22（1889）年頃、吹風琴を考案、明治29（1896）年に発売。職人百余名を雇用し製造したもの。吹風琴製造元祖、平岡遊仙堂と名乗った。明治35（1902）年頃、粗悪品が出回り注文の減少で廃業し板金業を営んだ。昭和6（1931）年5月に81歳で永眠。

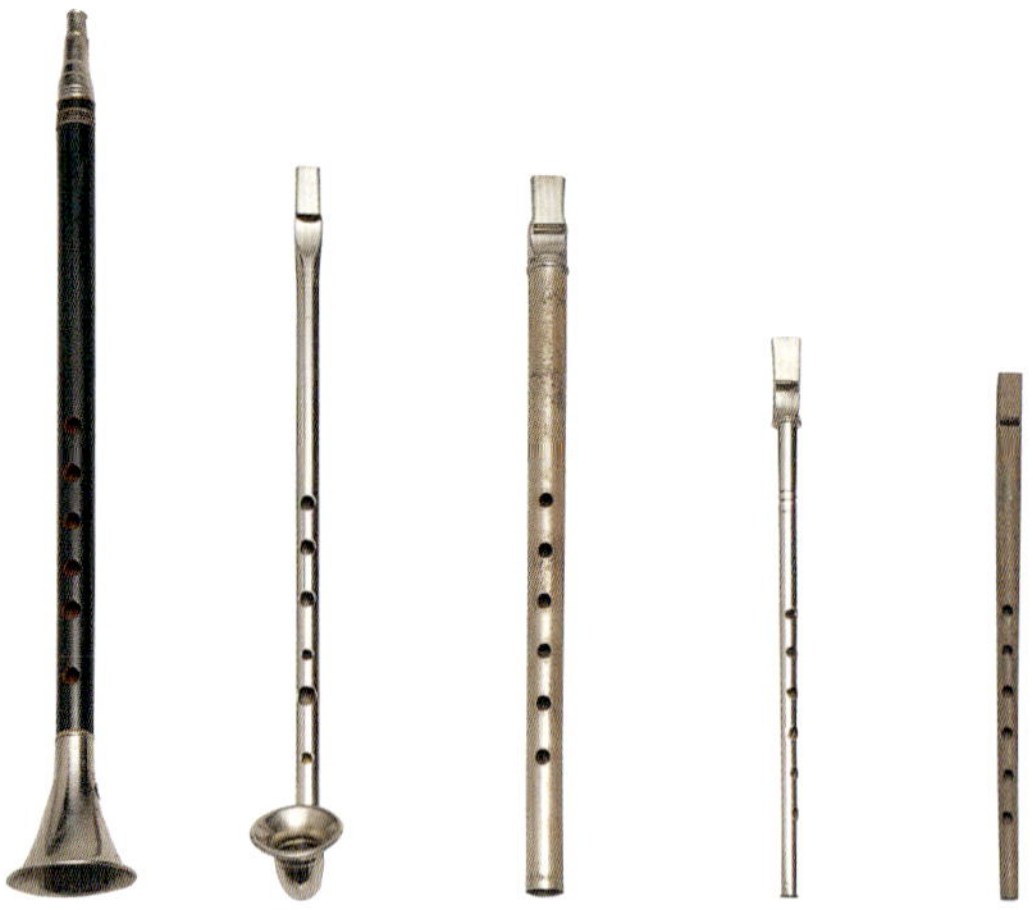

銀笛5本　さまざまな銀笛（フラジョレット）が交ざっているが元は輸入品。ブリキ製、真鍮製、ニッケル製、アンチモニー製などがある。サイズも多様で指孔は6孔、歌口から管尻に向かって細くなっている。左側の笛は変形笛。

簡易クラリネット　金属製と木製とがあり、リードを付けるための締金（リガチャー）も付属。音孔は表に8孔、裏には小孔が2孔開いており、オクターブ上の音を出すことができる。左の笛にはOSAKA・UENOの文字あり。右はNiKKAN製。

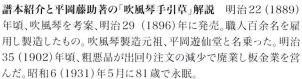

陽琴　単線陽琴と二重線陽琴とがある。掲載しているのは12線の単線陽琴である。右の親指に、親指用ピックをはめて演奏する。内部にはYOOKIN. MANUFACTUR. ED. BY. KASIWAYA. GAKKITEN. SUPERIORの文字あり。

マンドリン　森田吾郎考案、特許番号57225号。実際には大正時代に考案されたものだが、同じ考案者をまとめるという意味でここに掲載する。本考案は胴部の表裏両甲板を2枚の薄い板を接着して製作したところに特長がある。糸巻きは、ポルトガルギタ型である。

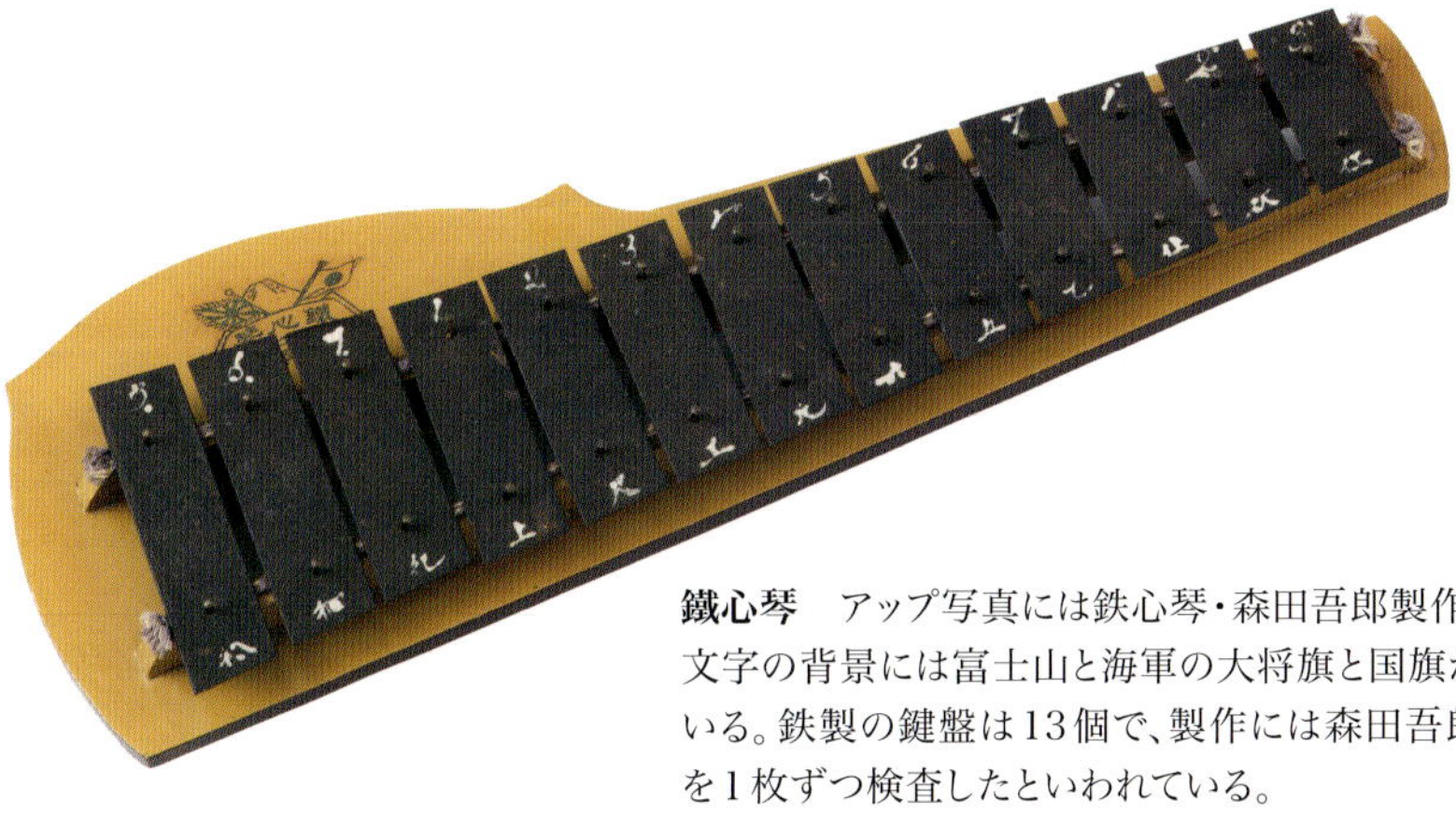

鐵心琴　アップ写真には鉄心琴・森田吾郎製作と書かれ、文字の背景には富士山と海軍の大将旗と国旗が描かれている。鉄製の鍵盤は13個で、製作には森田吾郎自ら鋼鉄を1枚ずつ検査したといわれている。

玉琴　小児用押し棒式18鍵楽器、明治45（1912）年鈴木政吉考案、特許番号Z-24492。表蓋にはTAMAGOTOの文字あり。横幅46㎝、奥行き12.8㎝、高さ9.7㎝、表蓋に書かれている半音階の数字譜は、7（シ）～3（ミ）までの18音である。

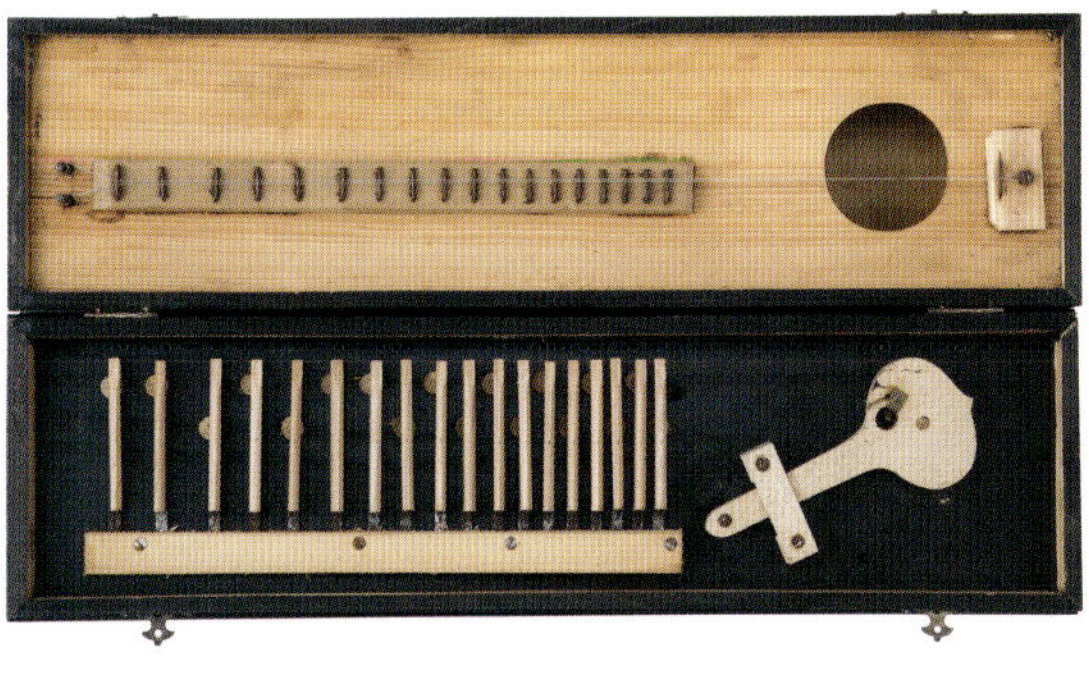

玉琴の内部　右端についているのはピックの役目を果たすレバーで、往復共に音が出る。上部には音階を決める2本の弦が取り付けてある。手前には弦を押さえる棒状のものが18個並んでいる。

大正時代に親しまれた楽器

大正時代（一九一二〜一九二六）には西洋音楽が盛んになり、海外の演奏家が来日するようになる。第一次世界大戦勃発。大正十二（一九二三）年九月一日には関東大震災が起こる。大正十四（一九二五）年からラジオ放送が始まる。この時代、特に売れた楽器は、筑前琵琶、薩摩琵琶、大正琴、ハーモニカ、手風琴などである。

大正琴　森田吾郎考案、特許番号Z-26149。大正元（1912）年発行の森田吾郎著「大正琴 使用法及曲譜」によると、発売時には小形19キーと大形23キーとがあり、開放弦はG音、大正琴は決して調子を変えてはいけないと述べている。

小形大正琴　森田吾郎によると、大正琴は古代楽器の五弦琴の形状を縮小して2弦の鋼鉄線を張り、上部にボタンを数十個並べ、ボタンはタイプライターのキーを変製したものである。演奏用の爪の形状は、邦国古代の石矢の根を形取りたる姿（菱形）である。

大正琴の爪と部品　大正琴は必ず机の台に載せて演奏する。大正琴の演奏方法は爪弾き楽器と弓奏楽器で、爪はセルロイドや鼈甲などでつくられ、菱形・ハート形・棒状型・三角型などがあった。

大正琴の譜本　著者はタイプの違う7面の二絃琴（竹・木製）を所蔵しているが大正琴とは似ていない。一番似ているのは七絃琴と太棇式一絃琴である。従って、大正琴は八雲琴からできたという説については疑問視している。

さまざまな大正琴　ピアニオン、大和琴、御典琴、旭琴、千代琴、幾代琴、ピアノ琴、復音大正琴、譜面台付大嘗琴、大正式都琴、卓上琴、鴫原式琴、家庭ピアノ、大勝琴、卓上三味線、胡琴、自動琴等々、大正琴にヒントを得た類似品が数多く製作された。

金剛琴　本体前方部に金剛琴と書かれている。さらに、登録商標も書かれ登録と商標の間に富士山の簡単なイラストあり。サイズは幅47cm、奥行き66cm、高さ17.5cm、重量が7.6kgである。本体には、ピアノの白鍵に当たる21ボタンと黒鍵にあたる15ボタンが付き、サイドに1弦が追加され合計37弦で構成されている。

卓上ピアノ4点　黒色グランドピアノ式は15鍵（音階は5～5まで）。黒色長方形式ピアノは白鍵のみの13鍵、中にロールがありそれを回すと白鍵の上方にある孔から見える色が変化し、それに合わせて白鍵を弾くと曲になる。茶系大型ピアノは29鍵（ド～ミまで）。茶系の黒鍵は着色。小型ピアノはド～ドまでの8鍵。

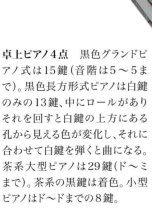

大正時代に親しまれた楽器

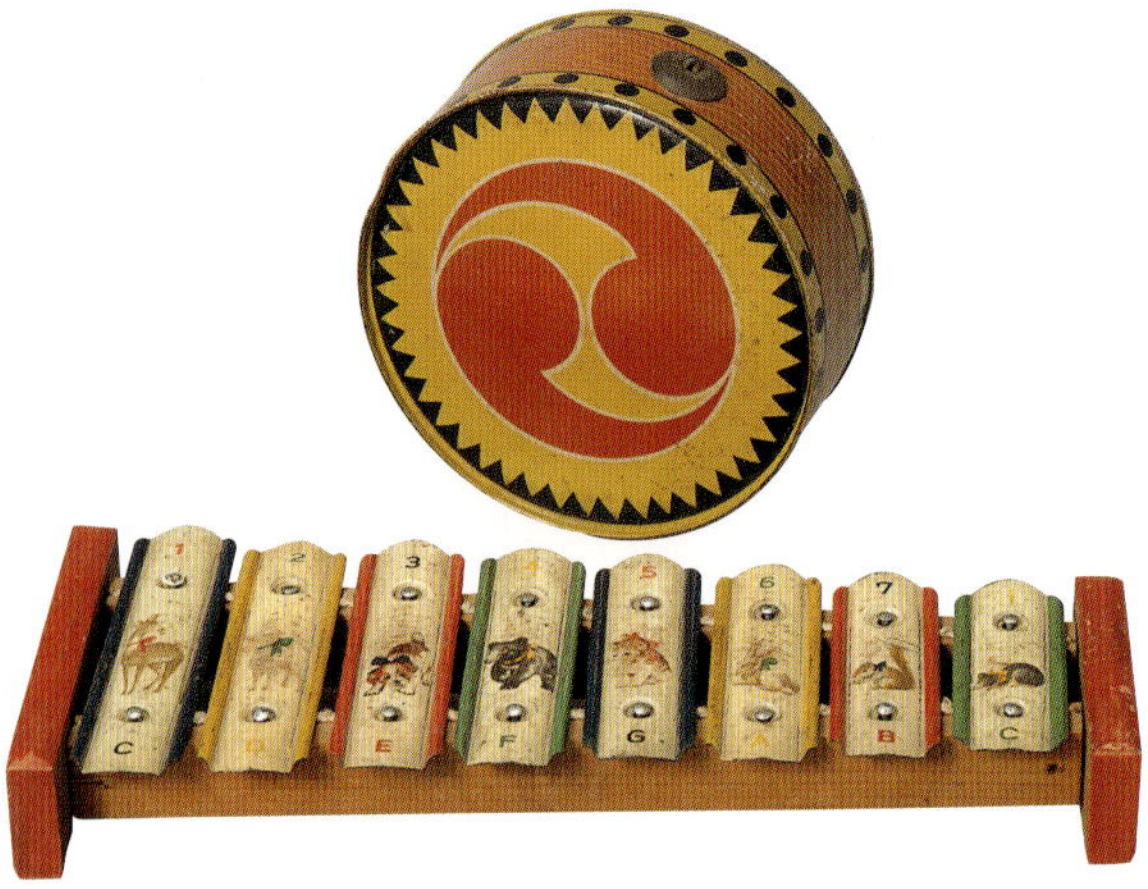

ブリキ製おもちゃ　子ども用に開発されたシンプルな太鼓と鉄琴。時代が変わり、製作者の気持ちにも変化が出てきたのか、簡単なつくりになっている。

ニッポンテッキン　ヴァイオリン型鉄琴。全長26.5㎝、幅11.5～4.5㎝。子ども用の卓上ピアノの中には、内部にこのような装置が入っているものがある。明治時代につくられた鉄琴の原理を利用しているものと思われる。

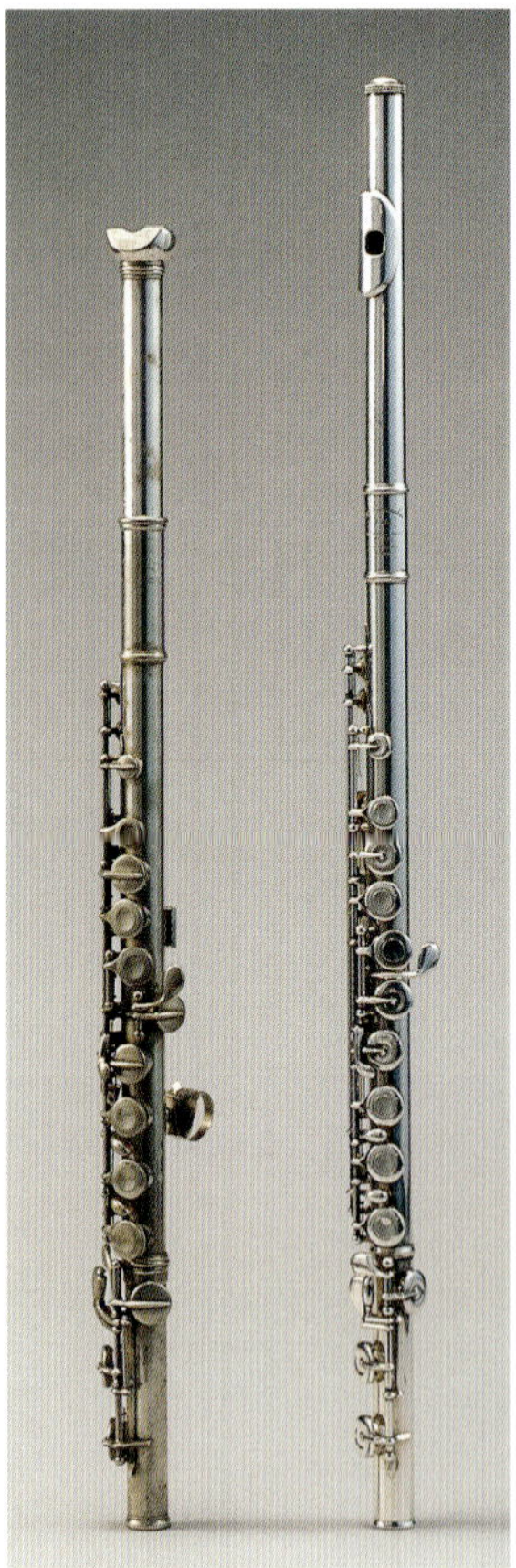

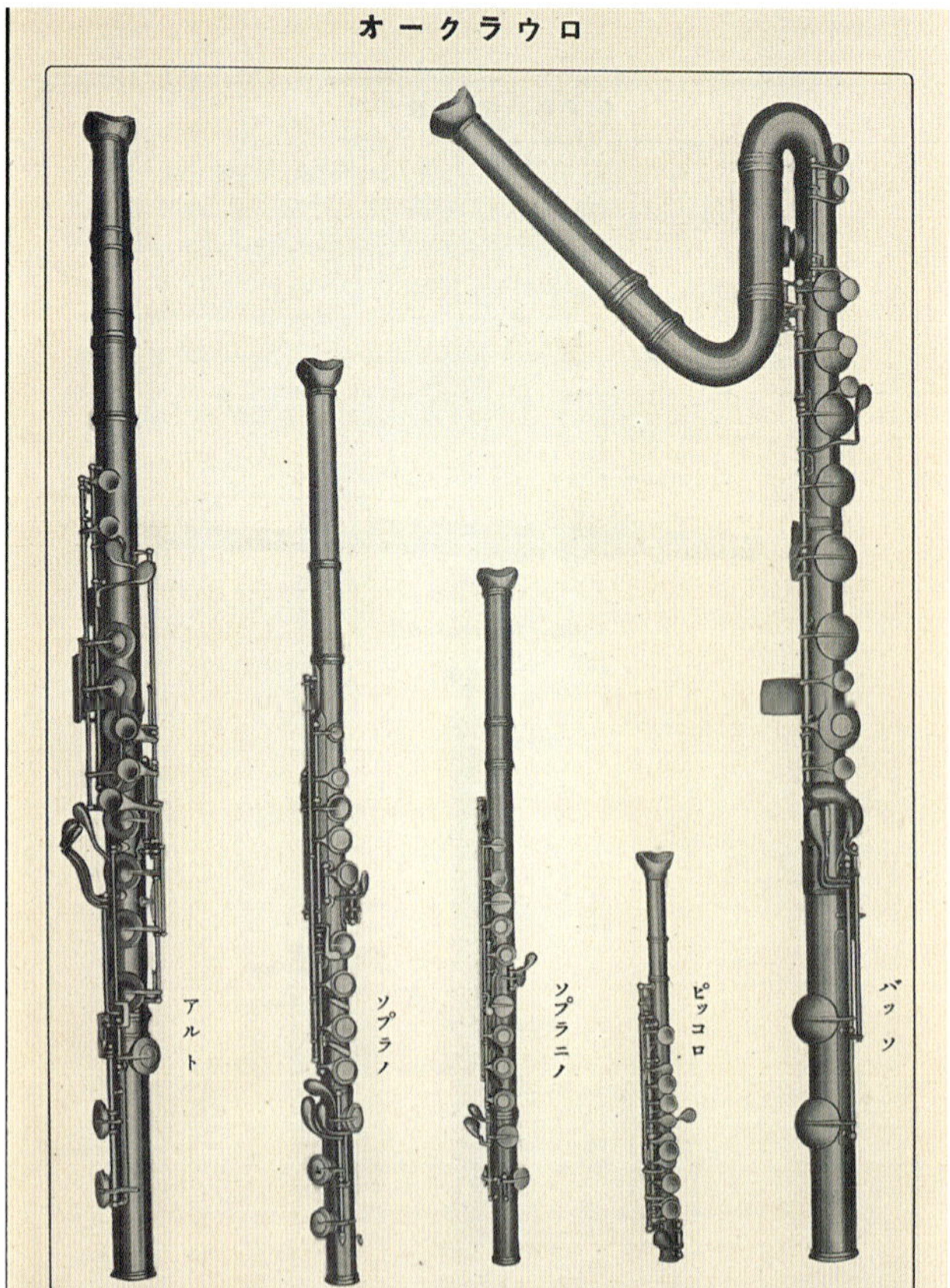

オークラウロ(右)　特許番号67689号、出願大正13(1924)年8月15日。特許権者、大蔵喜七郎、平成23(2011)年7月21日～9月25日開催「大倉喜七郎と邦楽」展のために、著者蔵のA4で3枚の特許資料とソプラノオークラウロを「大倉集古館」に貸し出した。オークラウロの特許資料公開は、当方の情報が初めてではないかと考えている。

オークラウロ(左)　フルートと尺八を合体させた楽器。大正13(1924)年に大蔵喜七郎が考案。ソプラノオークラウロとフルートとを掲載。オークラウロには他に、アルト、ソプラニノ、ピッコロ、バッソがある。

スリーブロック　大正15(1926)年柳原市次郎考案、Z・104676。長さの違う板を打ち合わせて音を出す。お茶の水の楽器屋ウインドウの片隅に、寂しそうに展示されていたのを購入した。

玲琴　大正10(1921)年田辺尚雄先生が考案。チェロの弓で弾く胡弓系の楽器。アラビアの木製胡弓ラバーブを手本として考案と田辺氏は述べておられる。著者蔵玲琴のサイズは全長93cm、胴の縦33.3cm、胴の下幅22.3cm、胴の上幅15cm、胴の厚さ9.3cm。棹に指板がなく二つ折れである。ギター用の3種類の鋼鉄線を使用、弓はチェロ用、駒はヴァイオリン用を使用、表に2個の響孔がある。

サイズの比較　四絃胡弓、長唄用三味線、玲琴。玲琴は正座または椅子に腰かけて演奏。椅子に座って演奏する場合には、中子先の先端にチェロで使用するエンドピンのようなものを付けて演奏することもできる。

大正時代に親しまれた楽器

蓄音機　再生装置の変遷。オルゴール→蝋管型蓄音機→紙腔琴→円盤型蓄音機→朝顔型ラッパ付き蓄音機→ラッパ無し蓄音機とさまざまなものが販売された。写真上の観音開きの扉の開閉具合で音量を決める。PARLOPHONの文字あり。Parlophone（パーロフォン）の元の会社はドイツで、その後、英国へ。現在は米国に移った。

蓄音機　明治44（1911）年に無喇叭（ラッパ）蓄音機「ユーホン」を発売して好評を博す。販売当時の価格は25円であった。当時の蓄音機は蓄語器・蘇音器・写声器などと呼ばれていた。

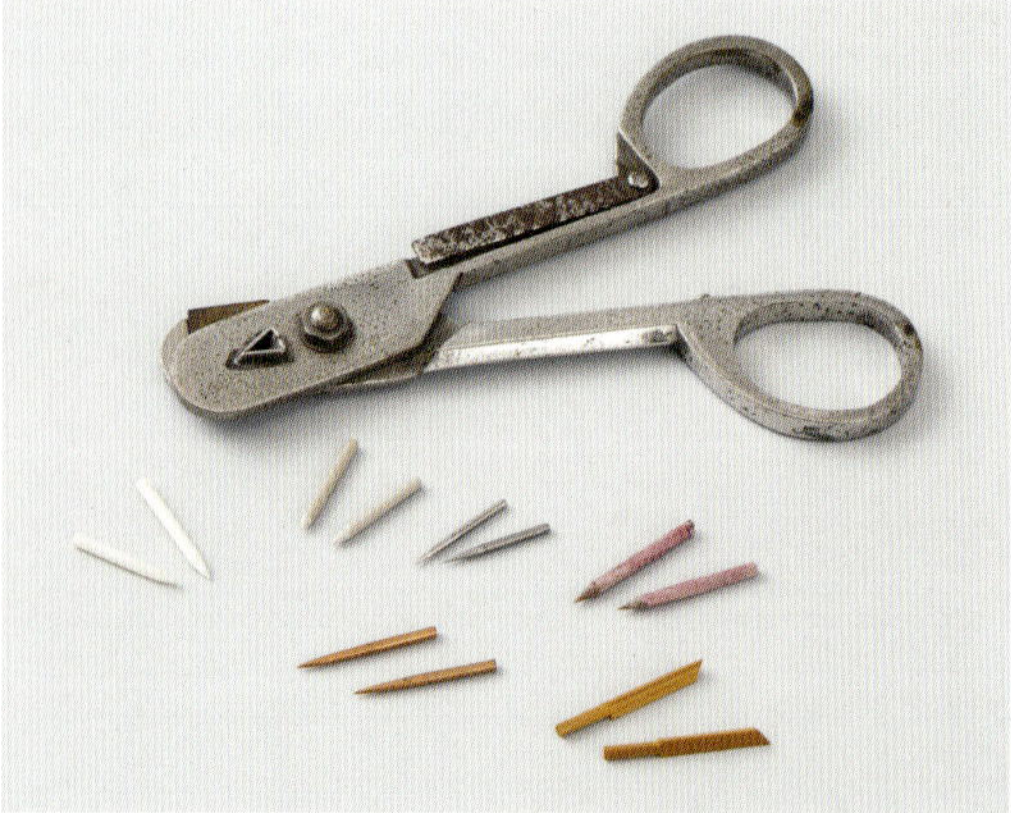

蓄音機用付属品　針の材質としては、鉄・竹・サボテンのトゲ・白磁・象牙などを使用。蓄音器竹針カッターは摩耗した竹針を再度使用するために使う。鉄針の先を磨くための、レコード型のヤスリもあった。

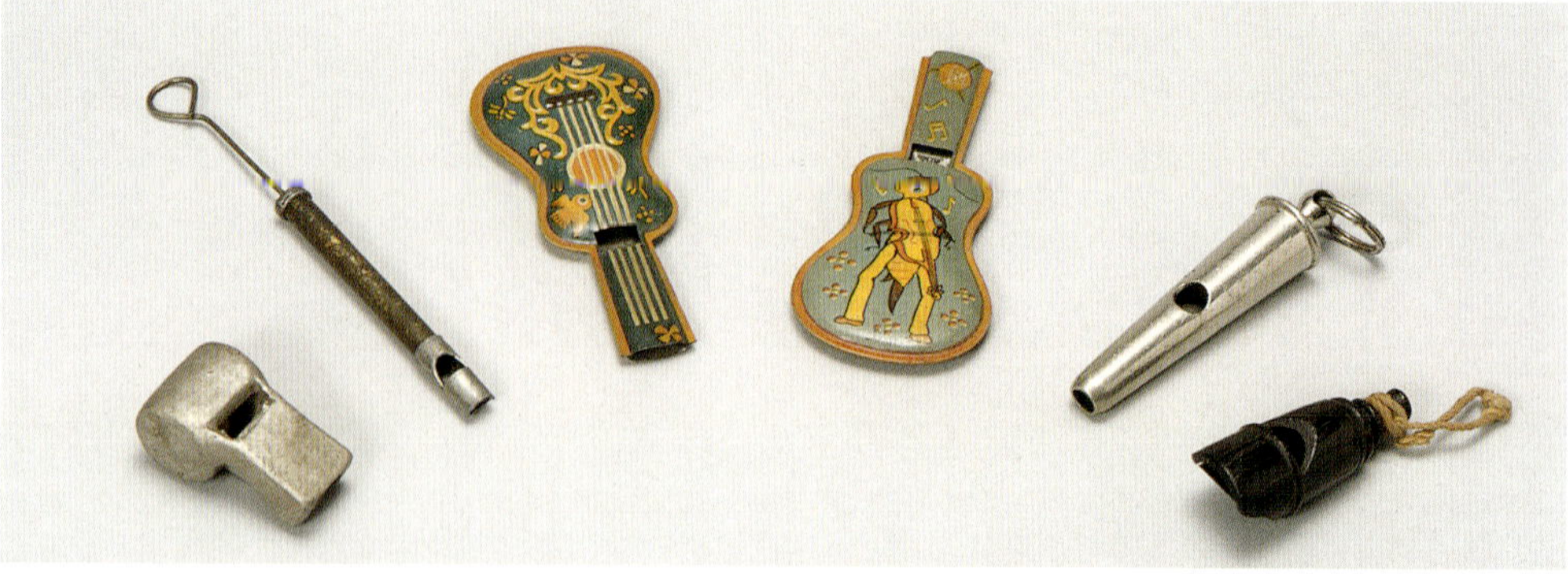

おもちゃの笛　左から土笛・金属製の小型ロングホイッスル・ブリキ製・ブリキ製・ステンレス製・木製で、子ども用のおもちゃと思われる。

昭和（戦前）時代に親しまれた楽器

昭和時代（一九二六〜一九八九）は、大正の終わりからラジオ放送が始まり、蓄音機から電気蓄音機へ。レコードの発展、映画の台頭。ピアノ式アコーディオンの発売。世の中の変化が大きく、戦争などもあり、じっくりと落ちついて楽器を製作することや音楽を楽しむ余裕がなくなっていった時代と思われる。

3弦ムーンライト　昭和5（1930）年製。実用新案特許6650号、全長53㎝、胴幅が19.7㎝、胴の厚さは5.5㎝。長いフレット12個、少し短いフレットが4個、フレット横に数字譜あり。3種類の弦を使用。

4弦ムーンライト　フレットは26個、その内の2個が短い。太線と細線を使用している。下は、ムーンライトアップ写真。掲載の楽器の音穴は、お月様と男の子が合体した騙し絵になっているが、音穴が普通の丸型も実見している。

児童用マンドリン　鈴木バイオリン工場が考案し販売したもの。シンプルなつくりになっている。

昭和（戦前）時代に親しまれた楽器

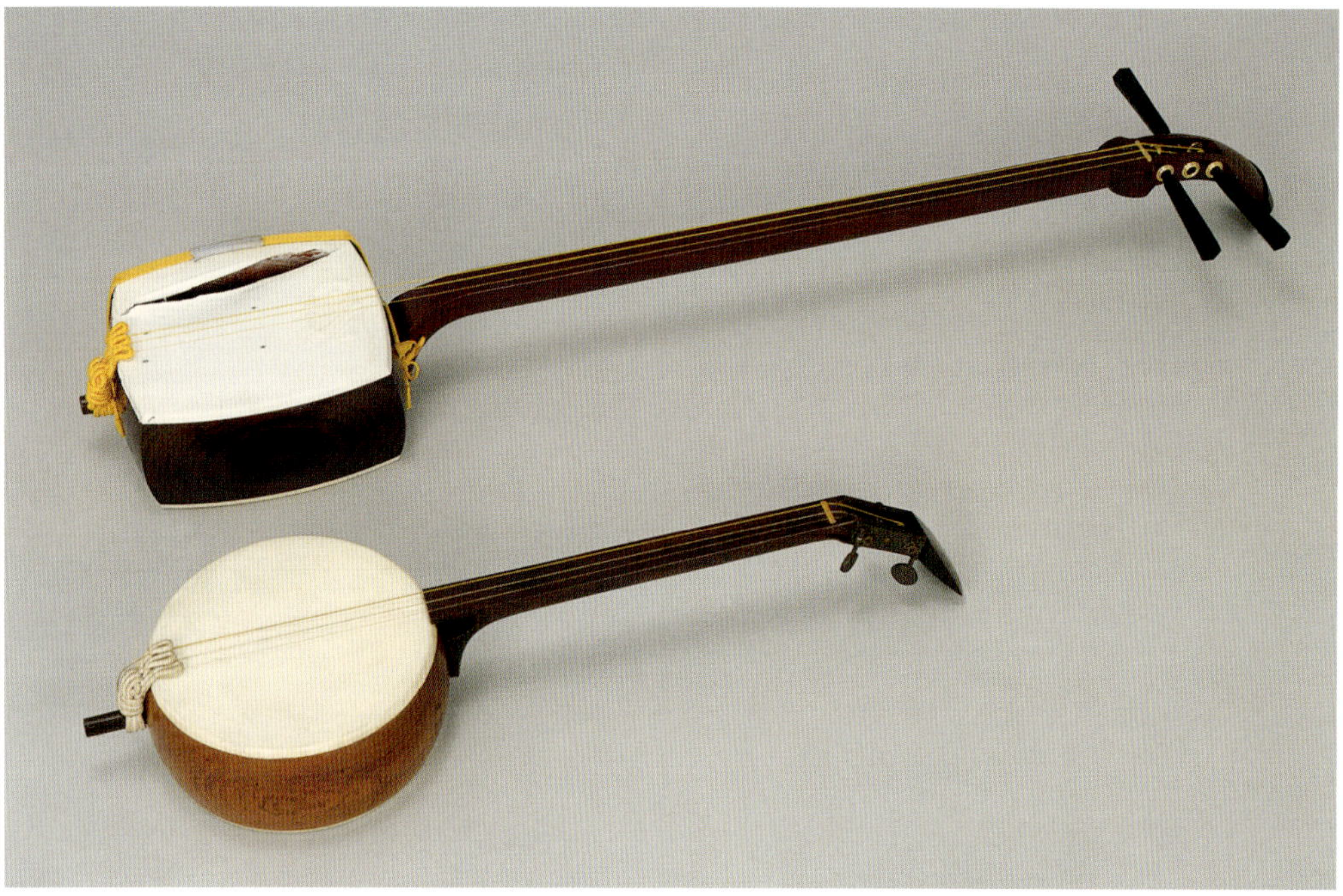

三味線と爪弾き三味線　東京の伊崎誠一郎と京都の山田抄太郎によって、昭和7(1932)年に開発された。特許番号165373号、爪弾き三味線、高音三味線、シャミドリン、上調子三味線などと呼ばれている。

高音三味線の糸巻部分　糸巻きではなく「ペグ式」である。絃は化学繊維、サワリ無し、鳩胸無し、つなぎ無しの丸胴。全長62㎝、棹幅上駒部分が2.7～2.9㎝。

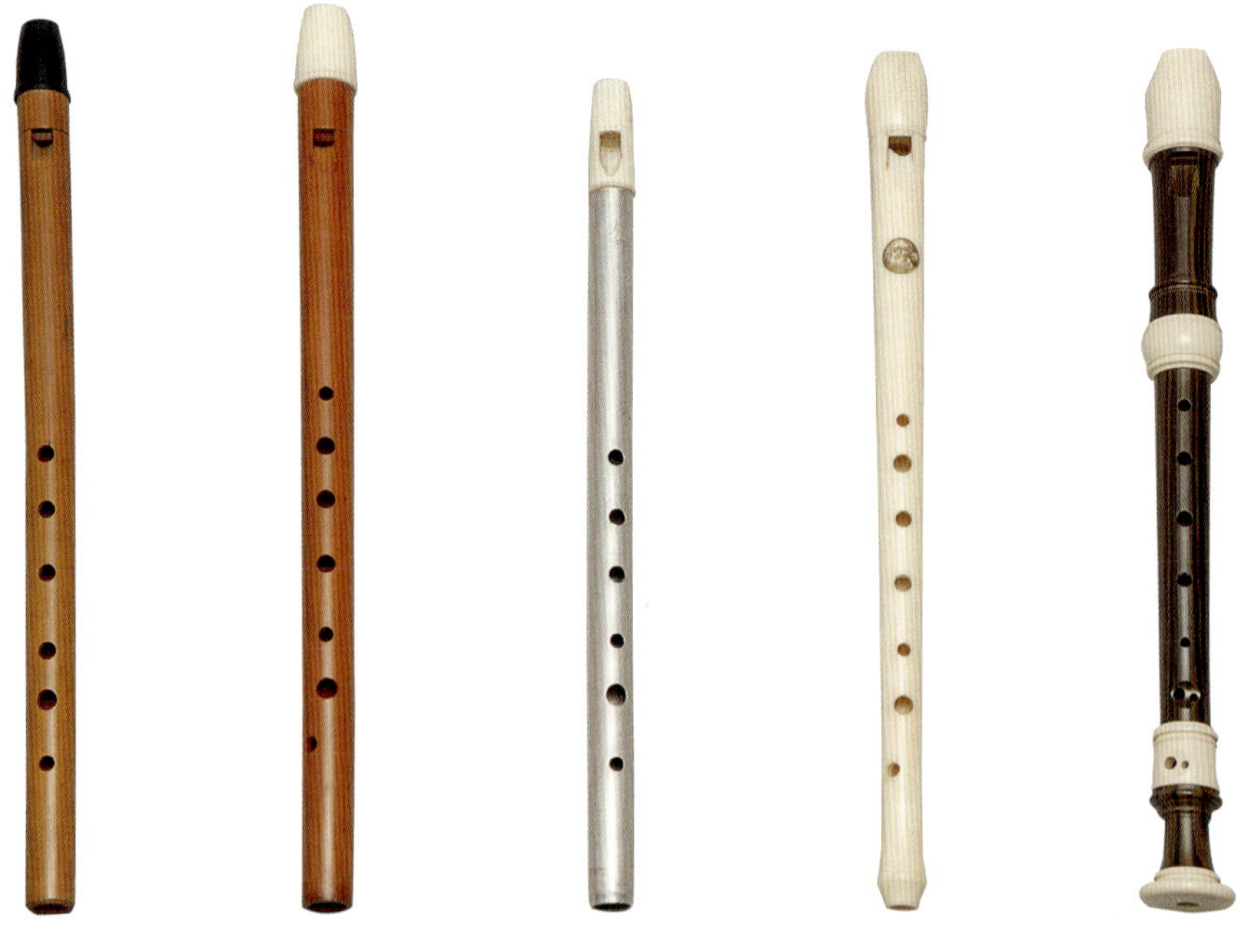

さまざまなリコーダー　左より、竹製で裏孔無し、竹製裏孔あり、アルミ製、プラスチック製で一本物、現代物で3分割にできる。

木琴　木琴裏板の調律はせず。音階板の裏側を削って調律するのではなく、斜めの鋸目が入っているのみである。

木琴　半音階付木琴。半音階部分は取り外し可能。音階板の後ろを削り調律してある。こげ茶色の木琴には音階が「数字」と「ひらかな」で書いてあるが、「ふぁ」は「は」と書いてあるので、時代を感じさせる木琴である。上記同様、音板の後ろは斜めの切り込みのみである。

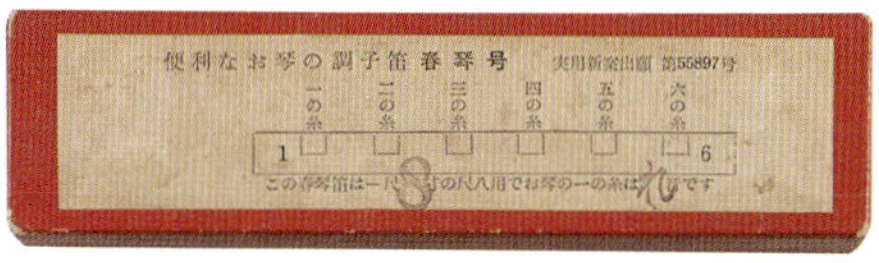

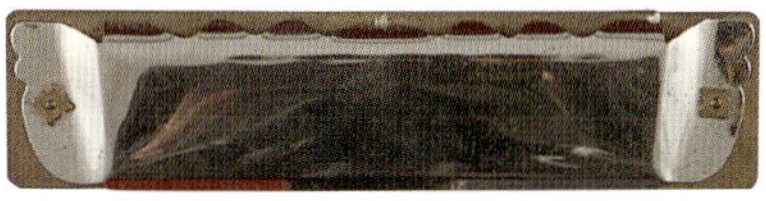

ハーモニカ型調律管　便利なお琴の調子笛「春琴号」というもので、特許55897号。**和音笛**　昭和12（1937）年、戸波山昇作考案、１号型（ドミソ、ドファラ、シレソ）、２号型（ミソド、ファラド、レソシ）、３号型（レソシ、ミソド、レファ#ラ）を出すことができる。４号型（和音よりも単音抽出に便利なようにつくったもの）も。なお、昭和16（1941）年発行の「和音笛の解説書」によると、音楽教育で使用することについてはもちろんのこと、副次的には、飛行機の音とか潜水艦の推進器の音、砲弾の発射音などの調音の基礎的訓練等々に利用できると記述されている。

昭和（戦前）時代に親しまれた楽器

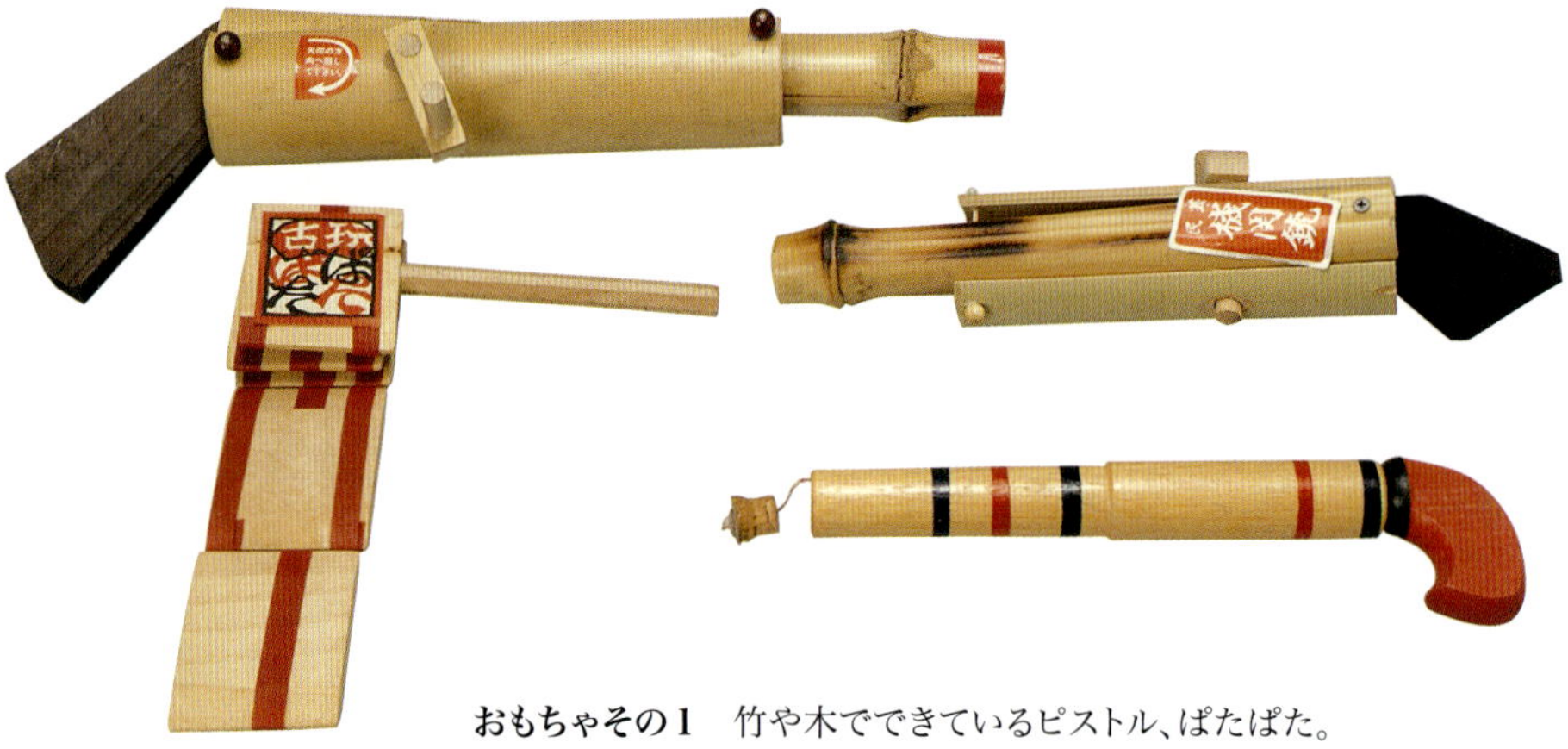

おもちゃその1　竹や木でできているピストル、ぱたぱた。

おもちゃその2　ブリキのラッパ。

おもちゃその3　動物の形を参考に製作した、土笛や竹笛。

鍵盤ハーモニカとメロディカ
鍵盤ハーモニカは現在の小学校などで使用されているものと同じである。下のホーナー作（ドイツ製、メロディカ・アルト）のボタン式鍵盤ハーモニカにヒントを得て、日本の鍵盤ハーモニカがつくられたと思われる。

ハーモニホン　カタログによると、1・2・3・4・5・6・10号の7種類を販売。1号型は「複音階になっており、調子はA・B・C・G各種あり」と書かれている。宣伝文句は「その日から、名手になれるハーモニホン」と書かれ、西洋楽器はもちろんのこと、尺八、三味線、琴などとも演奏可能と書かれている。掲載写真は3号型である。

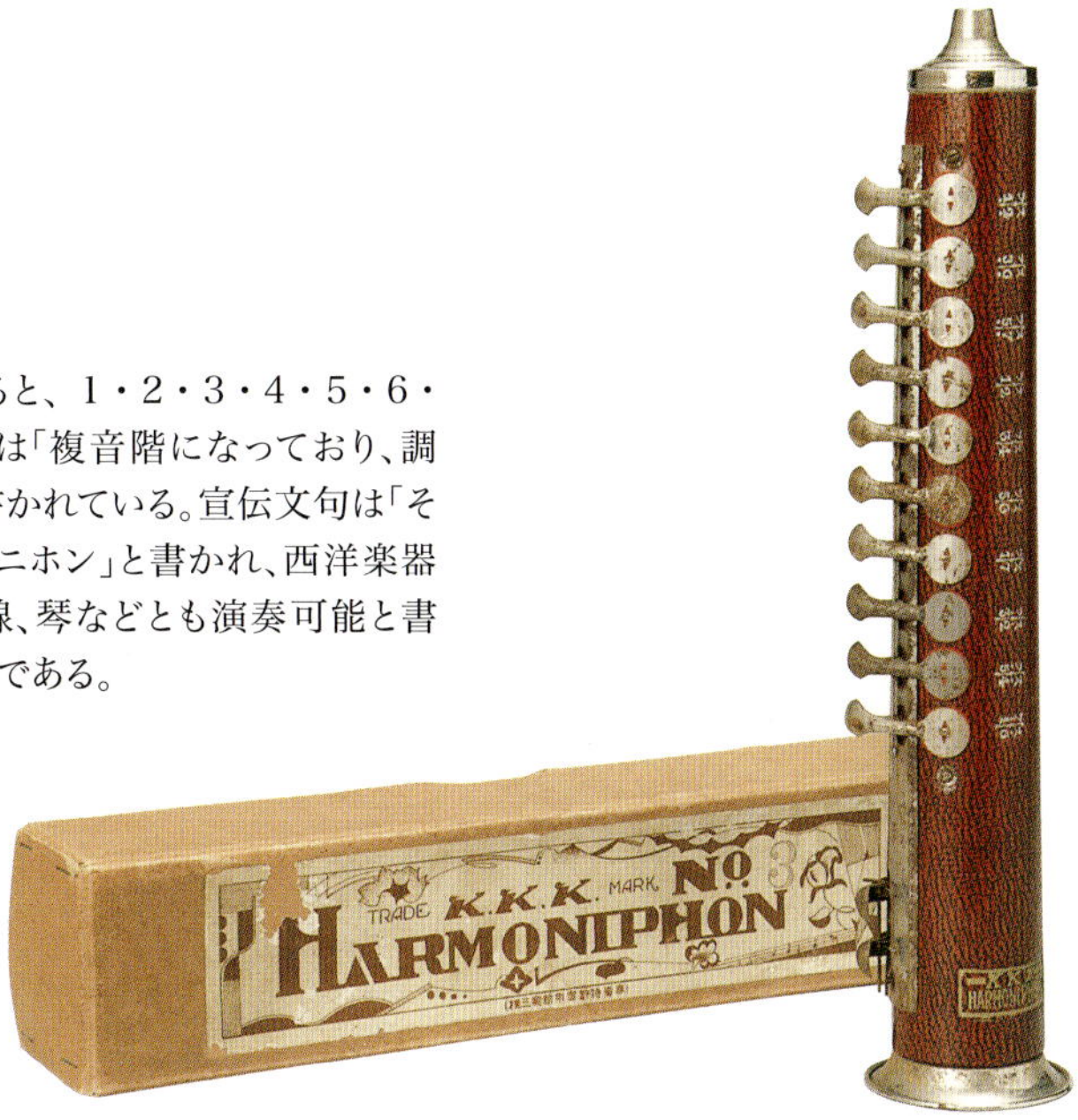

現代三味線　昭和14（1939）年9月特許取得、番号14547考案者は名古屋の鈴木政吉である。猫革の代わりに木製の響板を使用し、共鳴胴の形状を特殊に定め、かつ胴の内部を外気に連通せしめたる構造に関するものなりとある。全長86.5㎝、幅28.5㎝、厚さ8.4㎝。フレット無しでハート型のピックで演奏する。ピックガードがあり、三弦の下には、三味線の駒のようなものを設置して演奏する。

手風琴　（株）トンボ楽器製作所社長の眞野清次郎が手風琴の特許を取得し、昭和7（1932）年末に手風琴製作をはじめ、販売開始し、人気が出て普及した。写真右側のアコーディオンには、外部に№98002、内部には9800の数字の表記あり。推定すると9800号型で、製作が2番目という意味か。ボタンキーが9個、一列笛である。

及川鳴り物博物館

明治・大正・昭和の間

紙腔琴、紙調琴、新開発の弦（絃）楽器、笛類、オークラウロ、山羽（葉ではない）製一号型風琴、山葉製百号型風琴、吹風琴、手風琴、陽琴、蓄音機、銀笛、玉琴、大正琴、卓上ピアノ、おもちゃ、玲琴、リコーダー、ムーンライト、木琴、ミニ西洋楽器などを展示。

唱歌集
オルガン速成
尋常小學唱歌
第一學年用
文部省

MUSICAL INSTRUMENTS

オルガン速成

琵琶の間

盲僧琵琶、楽琵琶、平家琵琶、薩摩琵琶、筑前琵琶、唐琵琶、中国琵琶、変形琵琶、ミニ琵琶等々。部屋の中には「琵琶床」といわれる場所もある。琵琶八十余点を収蔵。

「琵琶床」に飾られた衣装と琵琶。

特別展の間

琴、箏、三味線、胡弓、尺八、笛、珍しい和楽器など月ごとにテーマを決め、テーマに合った楽器を中心に二十～百点を展示。写真は「三味線」「箏」の特別展の様子である。

琉球三線の銘器一覧表

特別展の間

和楽器に関する付属品を展示している。

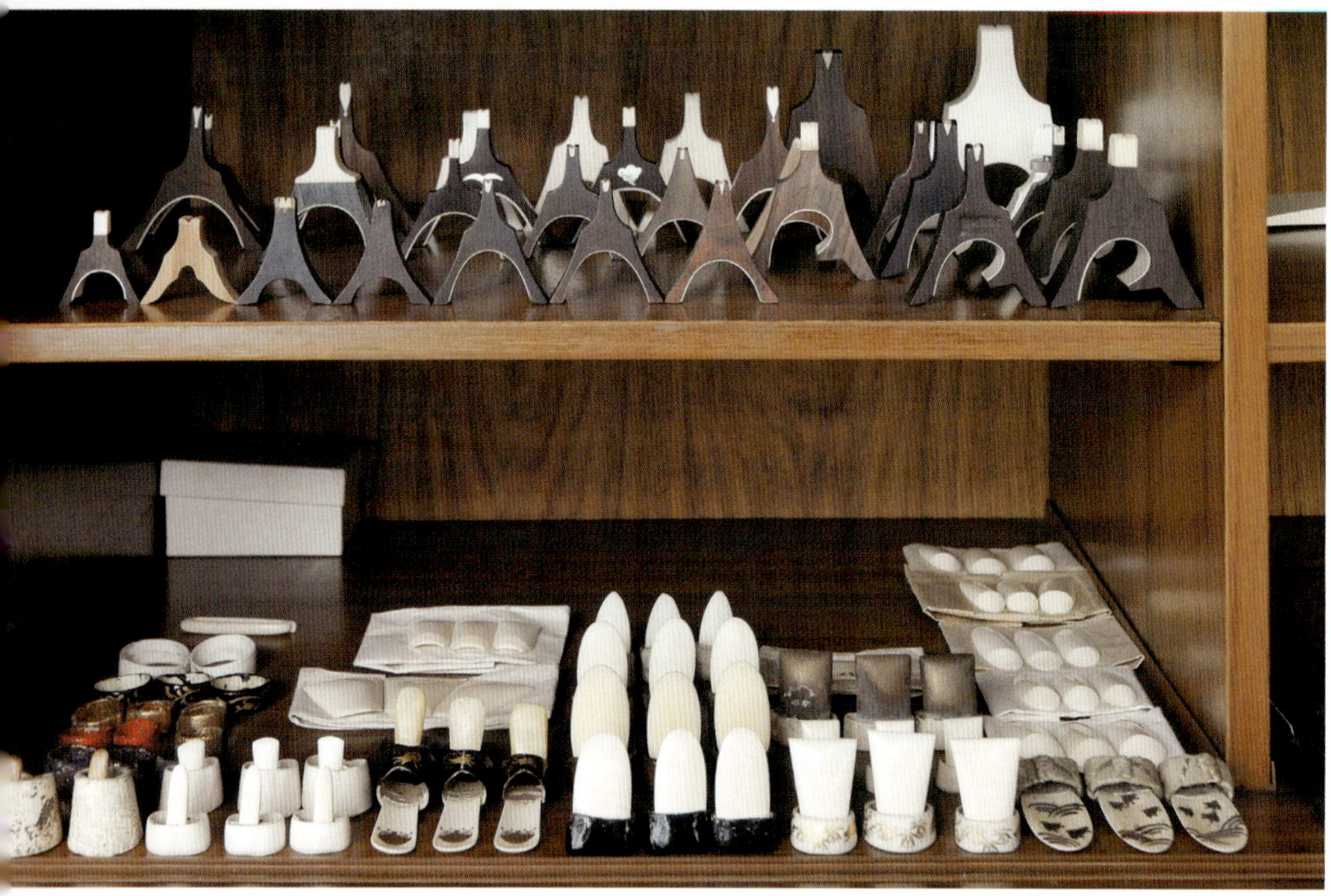

年表

吹き物の間

笙、尺八、横笛、縦笛、篳篥、鹿笛、呼子笛、木貝、ボヘイ、角笛、トーフ屋のラッパ、いろいろな調子笛、鶯お猪口、天蓋、ホイッスル、ポッペンなどを展示。

吹き物の間

ラッパ系の楽器、天蓋、笛筒、笙、篳篥、象牙、さまざまな調子笛などを展示。

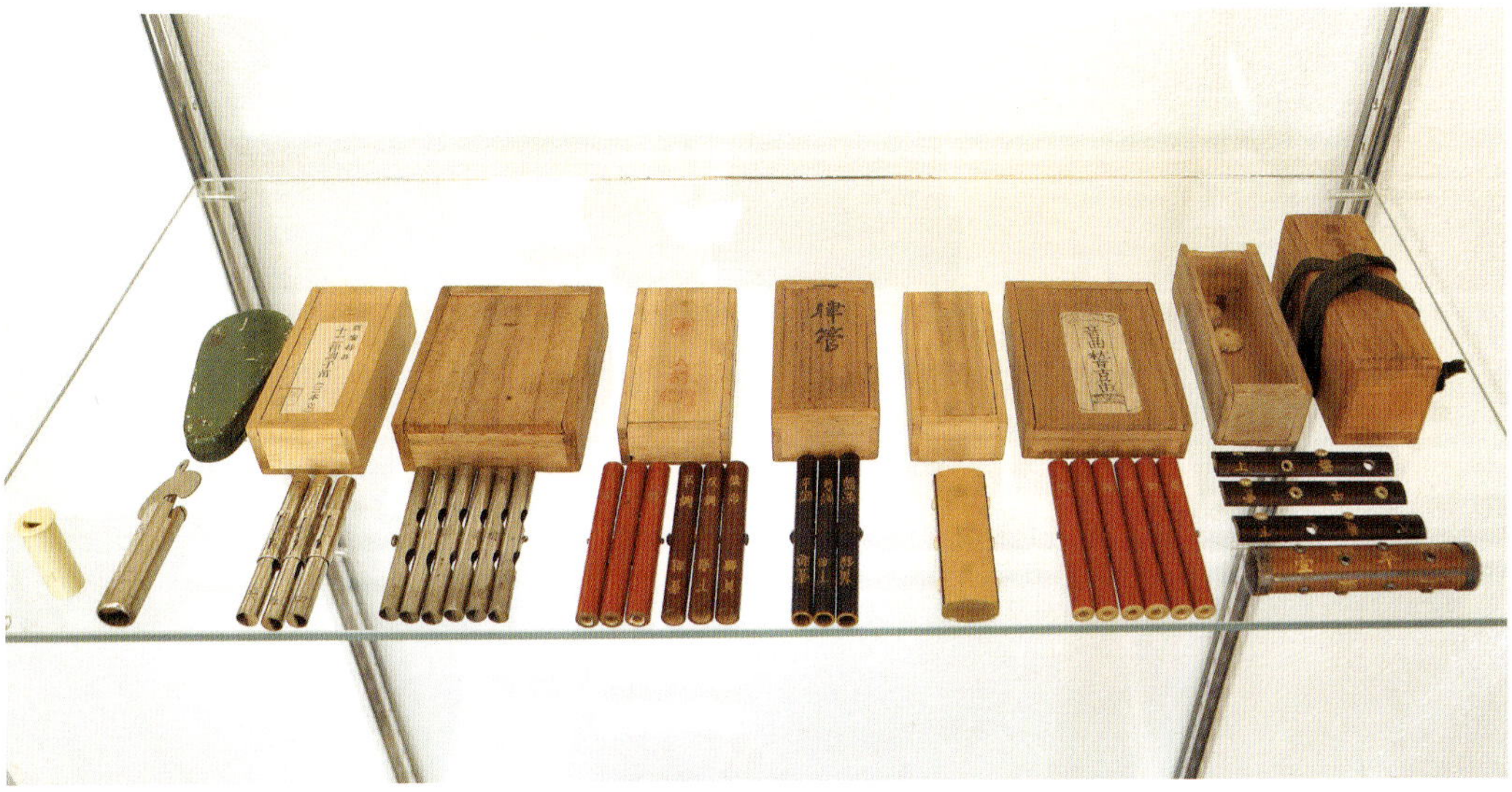

付属品の間

胴掛け、見台、金物、駒、撥、枷、指掛け、飾り紐、桴、鼈甲、お面、蚕の種見本など多数展示。

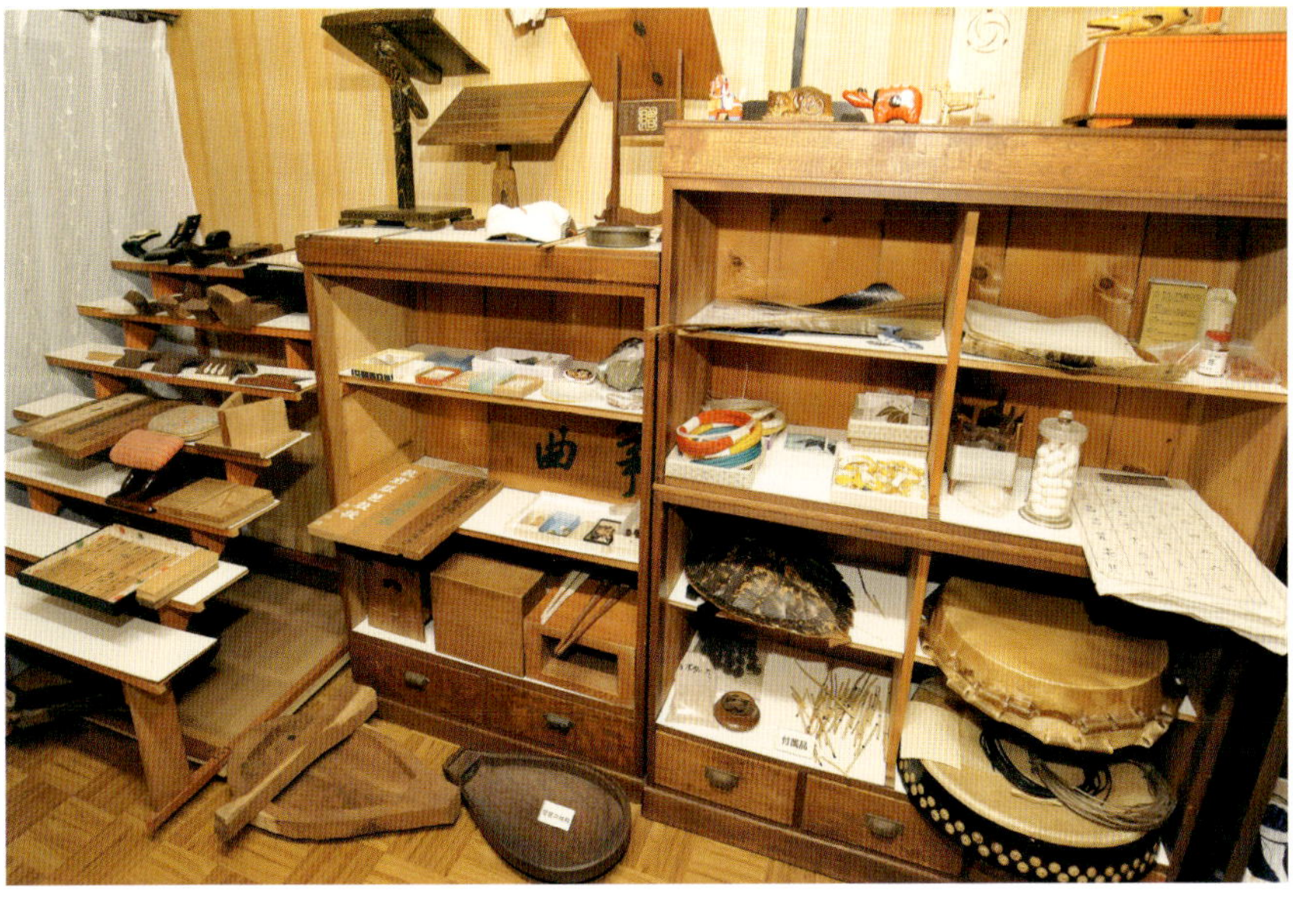

付属品の間

拍子盤、看板、猫・犬・蛇・馬・牛の皮、鹿角、鯨の髭、アワビ、白蝶貝、トクサ、やしゃの実、和楽器の糸類、蚕の種板、さまざまなタイプのニカワ、雅楽系のお人形、笙を温める火鉢、糸締め器などを展示。

曲
琵琶の材料

打ち物の間

さまざまな銅鑼、鈴類、下座音楽で使用する鳴り物、びんざさら、棒ささら、木琴、石琴、錫杖、拍子木、杓拍子、鳴る子、鐃鈸、大鉦鼓、鉦鼓などを展示。

打ち物の間

銅鑼、版木、魚板、木鉦、銅鐸、銅鼓、呼び鈴、馬鈴、ムックリ、風鈴、カウベル、鐘などを展示。

打ち物の間

壱鼓、振り鼓、締め太鼓、楽太鼓、踊り用鞨鼓、鶏婁鼓、小鼓、製作過程の小鼓、子ども用小鼓、大鼓、四角い太鼓、神子鈴、鐘、鉦、馬鈴、鈴類、木魚、呼び鈴、サヌカイトなど多数展示。

音の

あとがき

「及川鳴り物博物館」は二〇〇三年から二〇一五年までの十二年間、和楽器を中心に、たくさんの楽器を展示していた私設博物館である。著者退職時の二〇〇三年、偶然売りに出た自宅隣の古家を購入し、元の持ち主が置いていった家具を展示台として使用し、苦労に苦労を重ねて開館したのである。当館の名前を「鳴り物博物館」としたのは、音が出るものを中心に展示しているからである。

しかし、鳴り物という言葉を広辞苑で調べて見ると「楽器。また、その演奏」「歌舞伎で、三味線を除いた鉦・太鼓・笛などの囃子や擬音の総称。一般には三味線をも加えていう」と書かれている。上記の後半部分が取り入れられ、日本では一般的に、鳴り物とは「打楽器」のことと考えている人が多いのである。

著者としては、四十八年間の収集歴を通して感じたことを「音の図書館をめざして」という気持ちで、広辞苑に書かれている内容を飛び超え、独断で「鳴り物を鳴るもの」と拡大解釈し、この博物館の名前を決めたのである。元館長として、四十八年間の収集歴を通して感じたことを自由な気持ちで書いてみたいと考えた。

当館では、縄文時代の石笛・三千年前の古代琴（復元品）・和楽器・狩猟道具・おもちゃ・日本の生活の中にある（あった）鳴るもの・楽器製作に使用する道具などを展示している。その蒐集品は、和楽器に関するものが三千余点、資料が二千余点である。元館長は、この博物館の中に住み始めた「大勢の鳴り物たち」を家族と思い、共に過ごす人生を選んだのである。

博物館で生活していた鳴り物たちは、この世に生まれて数十年しか経っていないもの・何百年も生き続けているビッグなお年寄り・人間に忘れられていたもの・いつの時代にも注目されてきたもの・鳴り物としての生命が終わってしまったもの・少し手を差し伸べれば生き返るもの等々。鳴り物博物館では、さまざまな人生体験を重ねてきた大勢の鳴り物たちが同居することになったのである。先に話した通り、元館長は蒐集品を家族として考えていたので、愛情をもって接触し、鳴り物たちと共に楽しい楽しい四十八年間を過ごすことができたのである。

四十八年の長きにわたり、元館長と共に生活して来た鳴り物たちは、来館する人々に旅の思い出を語り、さまざまな人たちに喜んでもらうことができたと考えている。鳴り物たちが博物館に住んで、再び元気を取り戻すことができたのは「愛情をもって話し掛けてくれた人たち」「心を込めて奏でてくれた人たち」のお蔭である。それらの体験がエネルギーとなって、鳴り物たちは、再び元気を取り戻すことができたのである。

鳴り物たちの現在の心境を元館長が代弁すると「ありがとう！　さようなら！　人間たちよ！　またいつかどこかで会いましょう！」と思っていることでしょう。一方、元館長は、「鳴り物たちよ！　我が人生を半世紀近くも楽しませてくれてありがとう！　本書を、共に過ごした心の財産にしよう！　バイバ〜イ！」と心から感謝している。

最後に、本書の制作作業を通して著者が学んだことは、「継続は力なり」「努力は無限なり」ということである。数々の修正変更にも関わらず、最後まで見捨てずに面倒をみてくださった、制作スタッフの方々の人柄に多くの感銘を受けた。ページ構成やレイアウトにも最高の信頼を置いたし、各ページの写真を見ていると、著者を襲ってくるような迫力を感じる。更に、和楽器の価格を意識することなく、安価と思われるものに対しても、気持ちを込めて撮影・編集・デザイン・校正・印刷してくださっている姿に、日々感激し、著者と鳴り物たちの関係を理解してくださっているような気がして、非常にありがたかった。と、いうのも、著者も価格の高い安いではなく、全ての鳴り物たちに愛情をもって接してきたので、全くと言っていいほどの心境の一致が、大変嬉しかったのである。本当にありがとうございました。

及川尊雄

二〇一七年十二月

大正5年の定価表
京都の有名な「佐竹楽器店」のもの。歴史のある和楽器全般について、親切に教えていただいた店主の奥様に今も感謝しています。

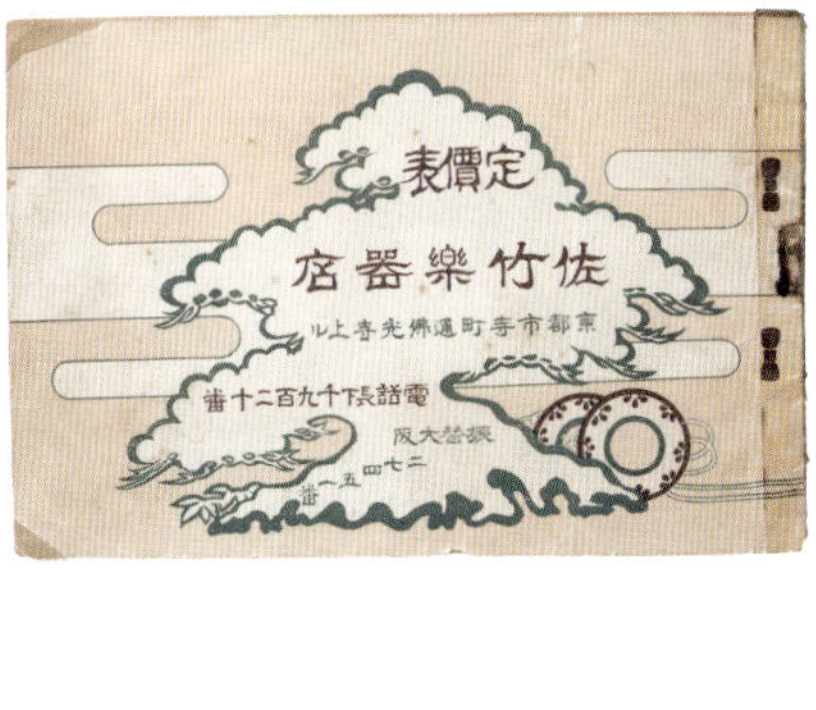

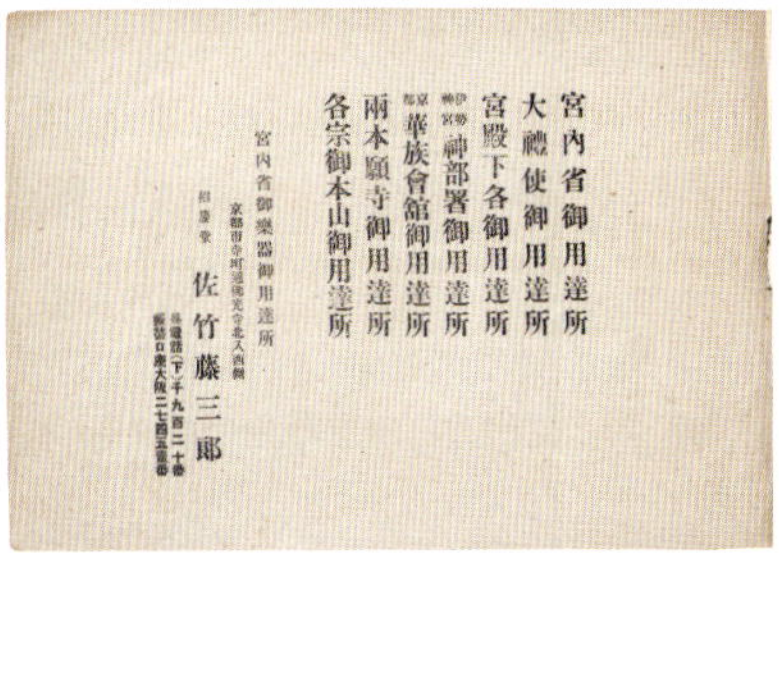

参考文献

四十八年間の蒐集歴の中で、ある日、沖縄の楽器とアフリカの楽器が非常に似ていることを発見した。それは、形と音が出る仕組みや、楽器製作に使用されている材料が同じということである。そこで、世界の楽器に関する資料を調査し、「形の上」で和楽器の親戚に見える楽器を多数見つけ出すことができた。更に、そのテーマをアジアに絞ったり、世界に広げたりといろいろな視点で調査したところ、「和楽器の母は、中国に多くある」ということを考えるようになっていった。やがて、和楽器と中国と世界の楽器類を比較し、和楽器に関する資料集めにも興味をもつようになった。

その間、日本はもちろんのこと、中国やアジアの博物館、更には、イギリスの大英博物館やフランスのルーブル博物館を見学する機会を得ることができた。その中で、私の感性に一番合っていると思われた博物館の展示物は、フランスのケ・ブランリー美術館のアフリカコーナーで展示されていた楽器類である。植民地時代のアフリカから手に入れたと思われる楽器類のコーナーには、和楽器の親戚と思われるものを多数発見することができた。

なお、本書で紹介する資料については、本書の編集に合わせるように配慮したつもりである。したがって、著者が所持している資料をグループ分けして掲載している。読者の皆様方に、少しでもお役に立てれば幸いである。

日本から世界へ

『人間と音楽の歴史』　メソポタミア編 / エジプト編 / エルトリアとローマ編 / ギリシャ編 / 北アフリカ編 / 東アフリカ編 / 古代インド編 / 南アジア編　ヘルムート・クリスティアン・ヴァルフ著　音楽之友社　1985年～1993年

資料調査用

『楽器大図鑑』　黒沢隆朝編　東京共益商社書店　1938年
『音楽事典』1～12巻　下中弥三郎編　平凡社　昭和29年
『世界民族楽器』　中野輝雄・田中美代子編　天理大学出版部　1968年
『図解世界楽器大事典』　黒沢隆朝著　雄山閣　昭和47年
『邦楽百科辞典』雅楽から民謡まで　吉川英史監修　音楽之友社　昭和59年
『世界の民族楽器コレクション・カタログ』　西武百貨店楽器売り場編　1987年
『音楽大事典』全6巻　下中 弘編集　平凡社　1989年
『楽器』　ダイヤグラムグループ編　皆川達夫監修　マール社　1992年
『富の沢遺跡』　青森県埋蔵文化財調査センター編　青森教育委員会　平成5年

画像資料

『工芸百科大図鑑1～12集』　國府田範造著　刊行会　昭和12年発行(別編集もあり)
『日本民俗図誌』20冊　本山桂川著　東京堂　昭和17年
『古典要語有識図辞典』　野本米吉編　武蔵野書院　昭和27年
『古典図説』　麻生磯次編　明治書院　昭和40年
『人倫訓蒙図彙(じんりんきんもうずい)』　田中ちた子・初夫編　渡辺書店　昭和44年

中国の情報
『中国音楽史参考図片』第一章説明　楽器　中央音楽学院民族音楽研究所編　1954年
『中国音楽史参考図片』第二章説明　絃楽器　中央音楽学院民族音楽研究所　1954年
『中国音楽史参考図片』第三章説明　管楽器・打楽器　中央音楽学院民族音楽研究所
『中国音楽史参考図片』第四章説明　楽譜　中央音楽学院民族音楽研究所
『中国音楽史参考図片』第五章説明　楽曲・楽譜　中央音楽学院民族音楽研究所
『中国音楽史参考図片』第六章説明　銅器及石刻上楽舞図象　民族音楽研究所
『中国音楽史参考図片』第七章説明　石刻・石窟・墓・石筐図　民族音楽研究所
『中国音楽史参考図片』第八章説明　壁画中乃弦楽器　中国音楽研究所
『中国音楽史参考図片』第九章説明　北朝的伎楽天和伎楽人　中国音楽研究所
『中国少数民族の歌舞と楽器』　中国民族出版社編　美乃美制作　1981年
『唐代の楽器』東洋音楽選書(2)東洋音楽学会編　音楽之友社　昭和43年
『中国音楽再発見・楽器編』　瀧 遼一著　第一書房　1991年
『西南シルクロード紀行』宍戸　茂(鄧延良)著　朝日出版社　1991年
『特別展曽侯乙墓(そうこういつぼ)』東京国立博物館編　日本経済新聞社　1992年

日本を含む・諸外国の情報
『正倉院楽器の研究』　林 謙三著　風間書房　昭和39年
『正倉院の楽器』　宮内庁蔵版　正倉院事務所編集　日本経済新聞社　昭和42年
『30周年記念・日本・東洋音楽論考』　東洋音楽学会編　音楽之友社　昭和44年
『日本音楽概論』　伊達 孝著　財団法人学術文献普及会　昭和44年
『民族楽器①絃鳴楽器』　天理大学付属天理参考館編　1969年
『東アジア楽器考』　林 謙三著　カワイ楽譜出版　昭和48年
『東アジア琴箏の研究』　三谷陽子著　全音楽譜出版社　昭和55年
『古代楽器の復元』　国立劇場芸能部編　音楽之友社　平成6年
『奈良之筋道』　蜷川式胤記録　米崎清美編　中央公論美術出版　平成17年
『東洋の音展』　町田市立博物館編　昭和51年
『図録　第2集』　早稲田大学坪内博士記念　演劇博物館編　昭和53年
『特別展　東洋を奏でる民族楽器』　大田区立郷土博物館編　欧文社　昭和58年
『天平の響き　シルクロードに楽器のルーツを探る』　熱田神宮編　昭和60年
『むかしの音を見る　音の民俗学』　静岡市立登呂博物館編　昭和60年
『東京藝術大学　小泉文夫記念資料館　所蔵楽器目録』　1987年
『シルクロードの楽器と芸能具展』　国立劇場調査養成部資料課編　平成元年
『日本の音色』　福島県立博物館編　平成3年
『弾・吹・打　日本の楽器とその系譜』　国立歴史民俗博物館編　平成4年
『秋季特別展図録　古代の琴』　橿原市千塚資料館編　平成4年
『埴輪の楽器』　宮崎まゆみ著　三交社　1993年
『時代をかなでた楽器　音の結ぶ世界』　佐賀県立博物館編　1994年
『特別展　音の考古学』　音具と鳴器の世界　茨城県立歴史館編　平成7年
『日本の楽器織りなす音・雅びの世界』　彦根城博物館編　平成8年
『紀州徳川家の和楽器』　和歌山市立博物館編　平成8年
『古代の調べ』　島根県立八雲立つ風土記の丘編　1998年
『楽器の考古学』　山田光洋著　同成社　1998年
『沖縄県立芸術大学芸術資料館　所蔵楽器図録』　芸術資料館編　平成10年
『大阪音楽大学付属楽器博物館』目録　大阪音楽大学付属楽器博物館編　1998年
『国宝桜ケ丘銅鐸・銅ホコ』　神戸市立博物館編　2000年
『卑弥呼の音楽会　まつりのひびき』　大阪府立弥生文化博物館編　2000年
『都の音色・京洛音楽文化の歴史展』　京都文化博物館編　2002年

『企画展・古代の音色』 神戸市教育委員会編 平成14年
『音の響き 時代を彩った楽器』 大分市歴史資料館編 2004年
『静岡県明ケ島五号墳 文化財発掘調査報告書』 磐田市教育委員会 平成15年
『ひびき・かたち・そざい』 柘植元一企画 東西の改良楽器をめぐって 平成16年
『埋もれた楽器』 笠原 潔著 春秋社 2004年
『音と人の風景』 東北歴史博物館編 平成17年
『田辺尚雄・秀雄旧蔵 楽器コレクション図録』 京都市立芸術大学 2006年
『阿波踊り 歴史・文化・伝統』 阿波踊りシンポジウム企画委員会編 2007年
『押出(おんだし)遺跡』 山形県立うきたむ風土記の丘考古資料館編 平成19年
『国立歴史民俗博物館 研究報告』 高桑いずみ・日高 薫編 平成23年 非売品
『楽器は語る―紀州藩主徳川治宝と君子の楽―』 国立歴史民俗博物館編 2012年
『掘り起こされた音の形 まつりと音具の世界』 山梨県立考古博物館編 2014年
『日本の楽器』 日本楽器事典 田辺尚雄著 柏出版 昭和39年
『日本の楽器・佐竹コレクションを中心に』 京都府立総合資料館編 昭和45年
『日本の楽器』 神奈川県立博物館編 昭和46年

管楽器

『笛』―その芸術と科学 田辺尚雄著 わんや書店 昭和22年
『笛・Flute』 国立音楽大学 楽器学資料館編 1990年
『楽器資料集Ⅵ』 喇叭 国立音楽大学楽器資料館 昭和61年
『笛の文化史第2号』 和泉村教育委員会発行 平成8年
『岩手県陸前高田市教育委員会のまとめ』 堂の前遺跡について 昭和47年
『琉球横笛考』 玉木 繁編 那覇出版社 1992年
『石笛考季刊人類学 石笛考』 上山春平著 1976年
『長野県考古学会誌28号(ひとつの石笛をめぐってより)』 宮下健司著 1977年
『サバンナの音の世界』 川田順造著 白水社 1988年
『上尾駮(2)遺跡調査報告書第115集』 青森県教育委員会 1988年
『六郷のカマクラ』 六郷町教育委員編 六郷町カマクラ保存会他 平成5年

尺八

『一節切(音取・調子)』という写本の巻末に、この一書は洛陽(京都)の今西一音翁が伝えたもので、目の前で話してくださったお言葉を、一節切演奏家の魯窠(ろか)が、元禄15年4月吉祥日に記録したものである。

『尺八史考』 栗原廣太著 竹友社 大正7年
『日本音楽の歴史』 吉川英史著 創元社 昭和44年
『尺八の歴史』 上野堅實著 キョウワ出版 昭和58年
『黒谷に眠る人びと』 北川敏於著 黒谷文庫第八巻 平成2年再刷

笛

『篠笛独稽古』 小川源次郎著 矢島嘉平次発行 明治26年
『普通教育理科資料』 第2編 明治35年
『万葉集の文化史的研究』 西村真次著 東京堂 昭和22年
『出雲大社由緒略記』 出雲大社社務所 昭和48年
『日本の美術№86号』仏像から出てきた横笛 昭和48年
『佐賀民族学』民族芸能の楽器第13号 金子信二著 昭和49年
『星塚・小路遺跡の調査 第四集』 天理市教育委員会 1990年

『青葉の笛』　美濃晋平著　福井県泉村教育委員会　平成３年
『文化財発掘調査報告書』　静岡県明ケ島５号墳　磐田市教育委員会　平成15年

和琴

『家庭日用婦女宝鑑』　大倉書店　国立国会図書館蔵より　1911年
『日本歌謡集成』　南京異響　神楽和琴秘譜　他編　高野辰之編　昭和９年
『楽家録』　安倍季尚編　巻之７　和琴　昭和10年
『古楽の真髄』　出雲路敬和著　桜橋書院　昭和18年

雅楽

『雅楽』　多 忠龍著　六興商会出版部　昭和18年
『日本の音楽』　田辺尚雄著　文化研究社　昭和29年
『雅楽鑑賞』　押田良久著　文憲堂七星社　昭和44年
『雅楽への誘い　和楽器の世界』　熱田神宮宝物館編　平成10年

箏

『教訓抄』　鎌倉時代の雅楽書　南都興福寺の楽人　狛 近真著　1233年成立
『琴曲鈔』　新組入　表　元禄龍飛乙　元禄８年
『琴曲洋峨』　撫箏雅譜集上　宝暦５年
『撫箏雅譜大成抄　上・下』　文化２年
『日用百科全書　第五編　琴曲独稽古』　明治28年
『正卜考三の巻　琴占の項』　伴 信友著　林兵芳衛　明治36年
『教訓抄』　正宗敦夫編　日本古典全集刊行会　昭和３年
『家庭科学大系より箏曲』　宮城道雄著　非売品　家庭科学大系刊行会　昭和５年
『箏曲の知識』中島利之著　前川合名会社　昭和11年
『邦楽文化』　邦楽器製作研究所　水野佐平著　昭和31年
『東洋音楽研究第28・29号』　1969年
『琴作り一代』　水野佐平著　大阪音楽大学編集　非売品　昭和45年
『邦楽の友　９～12月号』　吉村武夫著　山田検校 / 重元平八　1972年
『日本の職人』　吉田光邦著　角川選書　昭和51年
『奈良大学紀要第八号・日本古代琴資料集成』　水野正好著　昭和54年
『考古学雑誌』古代琴の論文　水野正好・佐田 茂著　第66巻1号　昭和55年
『楽器資料集　琴』　国立音楽大学音楽研究所　楽器資料館編　昭和56年
『楽器の事典・箏(琴)』　谷村 晃監修　松田 明編者　東京音楽社　平成４年
『日本の琴始め　福山琴の流れ』　広島県立歴史博物館編　平成６年
『日本の楽器・新しい楽器学へ向けて』　東京文化財研究所編　平成15年
『筑紫箏音楽史の研究』　宮崎まゆみ著　同成社　2003年
『八橋検校13の謎』　釣谷真弓著　アルテスパブリッシング社　2008年

一絃琴参考資料

『須磨琴之記』　麦飯眞人著　享和２年写本
『板琴知要』　中川蘭窓著　享和３年写本
『浦の松風』　磯田種正著　文化２年写本
『須磨琴咏弾録』　矢作正香著　文化２年写本、刊本
『須磨琴記』　鶏窓居時恭著　文化11年写本

『須磨の藻塩』　杉浦桐邨著　長崎春徳寺に在る時編纂　写本　世に伝わらず
『当流板琴大意抄』　松平四山著　天保12年刊本
『観世居一絃琴譜』　大島秋琴著　万延元年刊本
『須磨の栞』　真鍋豊平著　嘉永元年　慶応2年
『須磨の琴歌』　吉田令世著　稿本　嘉永3年
『琴弁』　石黒俊業著　刊本
『板琴雑話』　斉藤利行著　写本　明治6年
『一絃琴考』　井上淑蔭著　明治11年
『一絃琴新譜』　斎藤利行著　明治12年写本
『一絃琴曲雅俗辨』　柴田花守著　明治20年
『物識天狗』　木葉山人編　清楽には一・二絃琴(p61)も使用　明治26年
『清虚洞一絃琴譜』　徳弘太𤅬著　明治32年
『一絃琴正曲譜本』　島田勝子著　岡崎實桃四・高知市毎日堂印刷　明治34年
『琴曲独稽古』　日用百科全書第五編　大橋又三郎編　明治34年
『支那仙人列伝』　東海林辰三郎著　東京聚精堂　明治44年
『家庭日用婦女宝鑑』　清楽には一・二絃琴(p916)も使用。　大倉書店　明治45年
『考古学雑誌第2巻10号』須磨寺の古琴　上田芳一郎著　明治45年
『一絃琴』　上田芳一郎著　法木書店　大正3年
『一絃通志』　中根香亭著　大正5年の遺文に収められている
『豊平読本』　加地守助著・発行　昭和11年
『一絃琴』　吉本青司著　松山秀美発行　昭和31年
『阿闍梨覚峰の伝』　白井繁太郎著　大阪府立図書館　昭和32年
『一絃琴の記』　秋沢久寿栄著　高知市一絃琴白鷺会　昭和47年
『一絃琴』　吉本青司著　山伏堂　1977年
『論語』　金谷 治訳注　岩波文庫　昭和55年
『潮騒はとこしえに』　和田玉邦追悼集　竹村玉葉著　神戸共同印刷　昭和56年
『藻汐のしらべ』　一絃琴あけぼの会20年史　小路玉翠　昭和57年

二絃琴

『八雲琴譜』　中山琴主著　安政5年
『八雲琴譜』　村田友琴編　明治10年
『東流弐弦琴唱歌集』　藤舎芦船(本名・加藤蘆舩)著　杉 則英他　明治18年
『新撰八雲琴譜上下』　近藤儀兵衛著　田中太右衛門発行　明治28年
『琴曲独稽古日用百科全書第五編』　大橋又三郎編　明治34年
『季刊「山陰民俗」第21号』より　八雲琴私考　横山直材 文　昭和36年
『中山琴主と八雲琴』　山本震琴著　1967年
『中山八雲琴・琴主物語』三木筆太郎(愛媛県人で琴主と同郷)川柳「赤星」という小冊子の中で琴主物語を連載　1～26まで確認　第71号が1回目　昭和46年から連載
『八雲琴』　楽譜と詳解　山本震琴著　雄山閣　昭和52年
『葛原勾当日記』　小倉豊文校訂　小林秀雄発行　緑地社　昭和55年
『井伏鱒二自選全集第九巻』　井伏鱒二著　新潮社　昭和61年
『八雲琴の調べ』　窪田英樹著　東方出版　1986年

トンコリ

『樺太アイヌの民族』　葛西猛千代著　みやま書房　昭和18年
『アイヌの弦楽器トンコリ』　富田歌萌著　1960年代
『北海道の文化10より』　昭和41年

『樺太アイヌのトンコリ』　金谷栄二郎ほか　常呂町郷土研究同好会　1986年

琴（キン）

『淡友會誌・法橋奥野友桂伝』より　奥野春雄 文　財団法人大阪淡友会　1983年

『江戸時代の琴士物語』　岸辺成雄著　夕隣堂　平成12年

琵琶関係

『音楽取調成績新報書』「東京」文部省　明治17年2月

『薩摩琵琶淵源録』　上田景二著　日本皇學館　大正元年

『古寺巡礼京都』　仁和寺　山本健吉・森 諦圓　淡交社　昭和52年

『筑前琵琶』　製作技術調査報告書　筑紫 豊編集　昭和52年

『琵琶・忘れられた音の世界135号』　村山道宣 文　あるくみるきく　1978年

『楽器資料集　琵琶』　国立音楽大学音楽研究所　楽器資料室編　昭和55年

『師長ロマン』　琵琶の名器を尋ねて25年　広瀬清一著　2003年

螺鈿紫檀五絃琵琶の資料

『シルクロード文化史1』　長澤和俊著　白水社　1983年

『中国音楽再発見楽器編』　瀧 遼一著　第一書房　1991年

『エリュトゥラー海案内記』　村川堅太郎訳　中央公論社　1993年

三絃・三線

『中山世鑑』　羽地朝秀編　1650年成立

『群書類従・補遺』第3巻第7より引用　昭和2～8年

『世界歴史地図』　波多野公介著　朝日＝タイムズ　朝日新聞社　1979年

『琉球芸能教範』　池宮喜輝著　月刊沖縄社　1987年

『琉球芸能事典』　当間一郎監修　那覇出版社　1992年

『沖縄の三線』　島袋正雄著　沖縄教育委員会　平成5年

『中国と琉球の三弦音楽』『中国の三弦とその音楽』　王 耀華著　第一書房　1998年

『沖縄三線の起源と各型について』　三線楽器保存育成会　島袋正雄 会長　2000年

三味線

『続群書類従、補遺』第3巻第7より引用　大正13～15年

『三絃楽史』　中川愛水著　大日本芸術協会　昭和16年

『田辺先生還暦記念　東亜音楽論叢』　岸辺成雄編　山一書房　昭和18年

『日本音楽』　雑誌　藤田俊一編集・発行　日本音楽社　昭和19年

『三味線の研究・淀の三味線について』　東洋音楽研究14・15合併号　昭和33年

『犬猫革のこと』　坂本光史著　昭和47年

『三味線とその音楽』　東洋音楽選書七　東洋音楽学会　昭和53年

『曳山博物館図録と寛文年間の話「芸能史研究会例会報告」』　1988年

『彦根屏風と遊学の世界』　彦根城博物館　彦根教育委員会　1990年

『京都の響き柳川三味線』　津田道子著　社団法人京都当道会　1998年

『国宝彦根屏風』　彦根城博物館・東京文化財研究所編　中央公論出版　平成20年

『まるごと三味線』　田中 悠美子 / 配川 美加 / 野川 美穂子共著　青弓社　2009年

胡弓

『胡弓之栞』　百足登著　博文館発行　駒上方設置　明治27年
『胡弓教本』　須山知行・中島警子共著　白水社　1993年

打楽器

『鼓筒之鑑定』　生田耕一 / 山崎楽堂共著　わんや書店刊　大正6年
『新訂・舞楽図説』　大槻如電著　六合館　昭和2年
『梵鐘』　坪井良平著　日東書院　昭和5年　非売品
『梵鐘』　坪井良平著　雄山閣　昭和11年
『李王家楽器』　李 王職著　京城府　門田写真印刷所　昭和14年
『銅鐸』　日本古代史を解く銅鐸の謎！　藤森栄一著　学生社　昭和39年
『日本の美術』　仏具　蔵田 蔵編　昭和42年
『三重県仏教美術資料』　古磬　鈴木敏雄編　昭和43年
『古代民謡　筑子の起源考』　高森敬親著　五ヶ山筑子唄保存会　昭和45年
『東アジア楽器考』より、銅鼓と唐代に発生した一付会説　昭和48年
『春日大社重要文化財鼉太鼓(左方)調査報告』　財団法人春日顕彰会　昭和50年
『歌舞伎下座音楽』　望月太意之助著　演劇出版社　昭和50年
『日本の土鈴』　森瀬雅介 / 斉藤岳南共著　徳間書店　1977年
『古事類苑普及版』　楽舞部二より　昭和54年
『平野・有東木の盆踊り』　静岡県教育委員会　昭和56年
『マンモスの骨で作った楽器』　新堀友行 / 金光不二夫訳　築地書館　1985年
『南国の響き　銅皷』　岡本文雄編集　平成2年発行　非売品
『楽器資料集X　太鼓・Drum』　国立音楽大学楽器学資料館編　1992年
『銅鑼　そのルーツを訪ねて』　岡本文雄著　ビジネス教育出版社　平成7年
『銅鐸の絵を読み解く』　国立歴史民族博物館編　佐原真 構成　1997年
『太鼓の世界』　ニューギニア・アフリカ・アジア　天理参考館編　2002年
『太鼓が分かる本』　小野三枝子著　財団法人浅野太鼓文化研究所　2002年
『音具』　第22回入札オークション別冊　古裂会編　平成16年

狩猟

『ヤマダチ　失われゆく狩りの習俗』　図録　岩手県遠野市立博物館　1998年
『東北学3 狩猟文化の系譜』　東北芸術工科大学編　赤坂憲雄発行人　2000年

明治・大正・昭和(戦前)時代

『音楽取調成績申報書』(音楽取調所編　国立国会図書館蔵)　文部省　明治17年
『音楽雑誌第1号』　深川三壽堂の広告に明治琴あり　明治23年9月25日
『音楽雑誌第7・8号』　明治24年の3・4月発行に「田村竹琴伝」掲載広告あり
『紙腔琴の栞』(国立国会図書館蔵)詳しい経過や内容が書かれている。明治26年
『明治音楽史考』　メーソン氏功績調査書　明治28年
『手風琴独案内』　征清歌曲集　明治28年
『音楽雑誌第50号』『音楽雑誌第50～52号』『音楽雑誌第51号』　明治28年
『音楽雑誌第57号』　明治29年
『日用百科全書第五編』　琴曲独稽古　明治28年
『音楽雑誌第58号』『音楽雑誌第64号』　明治29年
『横笛(ハーモニカと読む)独まなび』　倉田初四郎編　十字屋製　明治31年
『銀笛独まなび』　倉田初四郎編　十字屋　明治31年

『皷笛喇叭軍歌実用新譜』　国立国会図書館蔵　明治32年
『新式楽器　陽琴歌譜　独案内』　池田長七発行　明治33年
『新版吹風琴月琴鉄琴独まなび』　陽琴の公告あり　明治34年
『流行新曲　月花雨雪之誉　吹風琴独案内』　福岡県久留米市　平岡藤助　明治34年
『久留米案内』　浅野陽吉・武田令太郎著　明治35年
『陽琴使用法及歌譜』(国立国会図書館蔵)川口仁三郎編　岩田みね　明治36年
『鉄心琴歌譜』　中村寅吉著　鍾美堂　明治36年
『鉄心琴独まなび』　岩崎亀次郎著　十字屋楽器部　明治36年
『共益商社楽器店西洋楽器目録』　明治37年
『エヂソン言行録』　田中豊松編　内外出版協会　明治41年
『明笛・清笛独習案内』　香露園主人著　松陽堂書店　明治42年
『明清楽独まなび』　大塚寅蔵著　十字屋　明治42年
『ヨウキン・鉄琴・独まなび』　柏屋楽器問屋　非売品
『理化工業発明界之進歩』　服部春之助著　東京光風館　明治43年

大正
『大正琴　一名菊琴　使用法及曲譜』　考案者 川口音階識　大正元年
『楽隊用吹奏楽器』教本　陸軍一等楽長　小畠賢八郎著　京都十字屋　大正3年
『大正琴　明笛銀笛　独まなび』　大塚寅蔵著　十字屋　大正3年
『都琴独習音譜・和洋楽器合奏自在』　朝比奈慶治編　斎藤操商店　人正6年

昭和
『僕等のトンボ手風琴』　トンボ手風琴研究部編　昭和9年
『ぼくらのトンボ手風琴』　トンボ手風琴研究部編　昭和11年
『トンボ半音附手風琴』　クロマチック・アコーディオン　教則本　昭和12年
『和音笛に就いて』　小倉太郎編　日本楽器製造　昭和16年　非売品
『音楽50年史』　堀内敬三著　鱒書房　昭和17年
『ひとことはなし・その3』　中山正善著　天理教道友社　立教109年　昭和21年
『天理教要義』　生駒藤雄著　天理教道友社　昭和23年
『新版　音楽50年史』　堀内敬三著　鱒書房　昭和23年
『明治音楽史考』　遠藤 宏著　有朋堂　昭和23年
『明治文化史9』　音楽・演芸編　開国百年記念文化事業会編　昭和29年
『東京芸術大学音楽学部　音楽教育創始80周年記念誌』　昭和34年
『音楽教育成立への軌跡』　東京芸術大学音楽取調掛研究班編　音楽之友社　昭和52年
『手風琴の本』　尾上隆治著　名古屋豆本　昭和52年

平成
『オルガンの文化史』　赤井 励著　青弓社　平成7年
『音楽研究、大阪音楽大学研究所年報第13巻』　明治期の洋楽器製作より
『明治の楽器製造者物語』　西川虎吉 / 松本新吉 / 松本雄二郎著　三省堂出版　平成9年
『ヤマハ草創譜』　三浦啓市著　按可社　2012年
『文部科学省公開資料』　—変遷・学校系統等図表資料
『楽器試製改造及模造ノ事』
『トンボ70年の歩み』　トンボ楽器製作所

継続は力なり
努力は無限なり
日本人のこころの継承について伝えたい。
先祖を大切に……。

及川尊雄　Takao Oikawa

1942年8月生まれ。北海道十勝清水町出身。音大を卒業後、東京都の公立中学校の音楽教師になる。合唱部・吹奏楽部の指導者として全国大会に出場。教職のかたわら、1969年より和楽器の蒐集を始める。定年退職後、「及川鳴り物博物館」を開設。

Takao Oikawa was born in August 1942 in the town of Shimizu in Hokkaido, Japan's northernmost island. After graduating from a college of music, he taught music at public junior high schools in Tokyo. His efforts in conducting the choir and brass band took his groups to national competitions. While continuing a career in education, Oikawa began his hunt for Japanese musical instruments in 1969. He established the Oikawa Museum of Sound Instruments after retirement.

阿弗利加《あふりか》から旅して来た
日本の楽器たち
音の図書館をめざして

二〇一八年一月十一日　初版第1刷発行

著者　及川尊雄
デザイン　淡海季史子
写真　尾崎満雄／藤牧徹也
翻訳　木下マリアン／ステファニー・クック
校正　小堀満子
DTP　ダイワコムズ
編集　ブリッジブック

発行所　及川鳴り物博物館
〒二〇三-〇〇五一　東京都東久留米市小山二-十一-三
電話　〇四二-四七三-五七八五
oikawanarimono@gmail.com

発売所　株式会社アルテスパブリッシング
〒一五五-〇〇三二
東京都世田谷区代沢五-一六-二三-三〇三
電話　〇三-六八〇五-二八八六
FAX　〇三-三四一一-七九二七
info@artespublishing.com

印刷・製本　株式会社東京印書館

ISBN978-4-86559-178-1　C1073

Musical Instruments of Japan – Travelers from Africa –　Creating a library of sounds